natürlich oekom!

Mit diesem Buch halten Sie ein echtes Stück Nachhaltigkeit in den Händen. Durch Ihren Kauf unterstützen Sie eine Produktion mit hohen ökologischen Ansprüchen:

- 100 % Recyclingpapier
- mineralölfreie Druckfarben
- Verzicht auf Plastikfolie
- Kompensation aller CO_2-Emissionen
- kurze Transportwege – in Deutschland gedruckt

Weitere Informationen unter www.natürlich-oekom.de und #natürlichoekom

Wir danken der
Rosa-Luxemburg-Stiftung
für die Förderung

ROSA
LUXEMBURG
STIFTUNG

Bibliografische Information der Deutschen Nationalbibliothek:
Die Deutsche Nationalbibliothek verzeichnet diese Publikation
in der Deutschen Nationalbibliografie; detaillierte bibliografische
Daten sind im Internet über www.dnb.de abrufbar.

2. Auflage

oekom – Gesellschaft für ökologische Kommunikation mbH
Goethestraße 28, 80336 München
+49 89 544184 – 200
www.oekom.de

Umschlaggestaltung: Laura Denke
Lektorat: Laura Kohlrausch
Korrektorat: Petra Kienle
Typografie & Satz: Ines Swoboda
Druck: CPI Books GmbH, Leck

ISBN 978-3-98726-065-0
https://doi.org/10.14512/9783987262951

ULRICH BRAND, MARKUS WISSEN

Kapitalismus am Limit

Öko-imperiale Spannungen, umkämpfte Krisenpolitik und solidarische Perspektiven

»Kapitalismus am Limit von Ulrich Brand und Markus Wissen ist ein brillant geschriebenes, von großem empirischen und konzeptuellen Wissen genährtes Zeitdokument. Der Kapitalismus wird in naher Zeit enden. Hoffentlich, bevor er den Planeten und die menschliche Gesellschaft zerstört hat. Wie eine postkapitalistische Produktionsweise beschaffen sein wird, hängt weitgehend von der solidarischen Überwindung der imperialen Lebensweise ab. Die Kämpfe, die uns dazu bevorstehen, analysiert dieses höchst eindrückliche Buch.«

Jean Ziegler

»Ich habe mich auf der Stelle festgelesen. Wer sich fragt, wie wir noch Bewegung in die spätkapitalistische Todesstarre kriegen, findet hier systematische Antworten und einen Wegweiser in die solidarische Selbstbegrenzung. Ein unverzichtbares Buch!«

Eva von Redecker

» *Corona-Pandemie, Inflation, Klimakrise – der Kapitalismus hat keine Lösungen für die Probleme unserer Zeit. Vielmehr noch: Die Krise ist Normalzustand. Dieses Buch ist nicht nur eine Erklärung, sondern auch Anleitung für ein anderes Morgen.* «

Carla Reemtsma

» *Der Systemsturz des Kapitalismus findet nicht automatisch und egalitär statt. Das bedeutsame Buch von Ulrich Brand und Markus Wissen beleuchtet die Bedingungen für die solidarische Überwindung der imperialen Lebensweise im globalen Norden und für den Kampf gegen Krieg und Faschismus. Es ist ein Muss für alle, die an einer emanzipatorischen Zukunft mitarbeiten wollen.* «

Kohei Saito

» *Die imperiale Lebensweise ist schon ins progressive Wörterbuch eingegangen. Es steht schwer zu befürchten, dass die Argumente und Formulierungen im neuen Buch von Brand und Wissen unseren Diskurs – geradezu sprichwörtlich – bereichern werden.* «

Ilija Trojanow

Inhalt

Abkürzungsverzeichnis

BIP	Bruttoinlandsprodukt
BRI	Belt and Road Initiative
BRICS	Forum der Staaten Brasilien, Russland, Indien, China und Südafrika (erweitert Mitte 2023)
BUND	Bund für Umwelt und Naturschutz Deutschland
CBD	Convention on Biological Diversity (Übereinkommen über die biologische Vielfalt)
COP	Conference of the Parties (Vertragsstaatenkonferenz)
EGD	European Green Deal
EU	Europäische Union
FFF	Fridays for Future
IEA	International Energy Agency (Internationale Energieagentur)
IGBCE	Industriegewerkschaft Bergbau, Chemie, Energie
IPCC	Intergovernmental Panel on Climate Change (Weltklimarat)
IPCEI	Important Project of Common European Interest (Wichtiges Vorhaben von gemeinsamem europäischen Interesse)
IRA	Inflation Reduction Act (Gesetz zur Reduzierung der Inflation – Investitionsprogramm der Biden-Administration von 2022)
IWF	Internationaler Währungsfonds
OECD	Organisation for Economic Cooperation and Development (Organisation für wirtschaftliche Zusammenarbeit und Entwicklung)
OPEC	Organization of the Petroleum Exporting Countries (Organisation erdölexportierender Länder)
ÖPNV	Öffentlicher Personennahverkehr
ÖVP	Österreichische Volkspartei
SIPRI	Stockholm International Peace Research Institute
SUV	Sport Utility Vehicle
UNEP	United Nations Environment Programme (Umweltprogramm der Vereinten Nationen)
UNO	United Nations Organization (Organisation der Vereinten Nationen)
UNFCCC	United Nations Framework Convention on Climate Change (Klimarahmenkonvention der Vereinten Nationen)
WTO	World Trade Organization (Welthandelsorganisation)

Vorwort

Dieses Buch ist das Produkt einer langjährigen freundschaftlichen wissenschaftlichen und politischen Kooperation der beiden Autoren. Nach anfänglichen Zweifeln und Suchprozessen, ob wir es uns in dieser sich rasch verändernden und unübersichtlichen Welt zutrauen können, das große Ganze zu denken, haben wir es aus unserer Sicht zu einem guten Ende gebracht. Doch es wäre in der vorliegenden Form nicht möglich gewesen ohne die vielen Diskussionen, Anregungen und Rückmeldungen zu Kapitelentwürfen und einzelnen Argumentationsgängen. Dafür bedanken wir uns sehr herzlich bei allen Beteiligten. Wir schätzen uns sehr glücklich, in inhaltlich derart inspirierende und solidarische Kontexte eingebunden zu sein.

Zuvorderst ist der Rosa-Luxemburg-Stiftung – allen voran Mario Candeias und Barbara Fried, damalige Direktor*innen des Instituts für Gesellschaftsanalyse (IfG), sowie Dagmar Enkelmann, ehemalige Vorsitzende des Vorstands der Stiftung – für die Gewährung von Forschungsstipendien zu danken, mit denen wir zwischen 2021 und 2023 die Grundlage zu diesem Buch legen konnten. Ein wichtiger Diskussionszusammenhang während dieser Zeit war neben dem monatlichen IfG-Kolloquium der Jour fixe »Ökosozialistische Strategien«. In diesem Rahmen haben wir uns zehnmal getroffen, um begrifflich, konzeptionell und ausgehend von konkreten Erfahrungen in Bereichen wie Energie, soziale Infrastrukturen, Landwirtschaft oder Mobilität die Eckpunkte eines emanzipatorischen sozial-ökologischen Projekts zu diskutieren. Wir danken allen Teilnehmer*innen und Vortragenden für die vielfältigen Anregungen. Besonders bedanken wir uns bei Nina Treu, die den Jour fixe koordiniert hat.

Bei einem eintägigen Workshop in der Stiftung im Dezember 2022 haben wir erste Überlegungen zu einzelnen Buchkapiteln vorgestellt und aufgrund der instruktiven Rückmeldungen das Konzept noch einmal überarbeitet. Das Graduiertenkolleg »Krise und sozial-ökologische Transformation«, das das Studienwerk der Stiftung gemeinsam mit der Hochschule für Wirtschaft und Recht (HWR) Berlin initiiert hat, war und ist für uns ein wichtiger und äußerst anregender Kontext. Ein großes Dankeschön dafür geht an die Stipendiat*innen, die Assoziierten, die Steuerungsgruppe sowie an Marcus Hawel und Jane Angerjärv, ohne die es das Kolleg nicht gäbe. Bei zwei Dissertant*innen-Seminaren von Kristina Dietz und Ulrich Brand im Mai und im Dezember 2023 gab es hilfreiche Rückmeldungen zu spezifischen Ideen.

Für wichtige Rückmeldungen danken wir: Frank Adler, Axel Anlauf, Lia Becker, Alexander Behr, Tobias Boos, Alina Brad, Michael Brie, Achim Brunnengräber, David Caicedo Sarralde, Kristina Dietz, Ines Dombrowsky, Simon Dreier, Wiebke Dreier, Dennis Eversberg, Gabriel Eyselein, Daniel Fuchs, Karin Gabbert, Christoph Görg, Tobias Haas, Christine Höbermann, Uwe Hoering, Sagal Hussein, Thomas Jahn, Tim Köhler, Mathias Krams, Stephan Krull, Steffen Kühne, Andreas Lob-Hüdepohl, Danyal Maneka, Julian Niederhauser, Anna Niesing, Carla Noever Castelos, Benjamin Opratko, Lia Polotzek, Oliver Prausmüller, Johannes Rendl, Wolfram Schaffar, Jakob Scherer, Nina Schlosser, Stefan Schmalz, Matthias Schmelzer, Etienne Schneider, Dieter Segert, Stefan Schoppengerd, Florian Steig, Anne Tittor, Johannes Waldmüller, Christa Wichterich, Gerrit von Yorck und Florian Zschoche. Pia Kauer und Patrick Makal danken wir für ihre engagierte Recherche und Zuarbeit, Christian Prinz für seine versierte technische Unterstützung bei der Erstellung des Manuskripts. Und wir danken unseren Familien für die Toleranz in intensiven Arbeitsphasen.

Die Zusammenarbeit mit dem oekom-Verlag ist eine Freude. Wir bedanken uns bei allen Mitarbeiter*innen für die professionelle Kooperation bei der Bucherstellung und für die Vorbereitung der vielen Tätigkeiten, die auf die Veröffentlichung des Buches folgen. Ein ganz besonderes Dankeschön geht an Laura Kohlrausch, die uns im letzten Jahr intensiv begleitete und viele gute Ratschläge gab. Sie hat das Manuskript mit ihrer inhaltlichen Neugierde am Thema sowie mit Vorschlägen, den Text an wichtigen Stellen lesbarer und verständlicher zu machen, wesentlich verbessert.

Uns alle verbindet das gemeinsame Interesse am Verstehen der Dynamiken und Ursachen, welche die Lebensverhältnisse von immer mehr Menschen sowie die biophysischen Grundlagen des Zusammenlebens zunehmend verschlechtern. Und uns eint die Überzeugung, dass über engagiertes und strategisch umsichtiges Handeln doch eine bessere Zukunft und die Bedingungen für ein gutes Leben für Alle entstehen können. Wenn das Buch auch bei den Leser*innen Denkprozesse auslöst, Zusammenhänge erkennen und aktuelle Entwicklungstendenzen besser einordnen lässt, wenn es zum Handeln und Weitermachen ermutigt, dann hat es seinen Sinn erfüllt.

Berlin / Wien, im Januar 2024

Kapitel 1

Kapitalismus und Klimakrise

> Die sozial-ökologische Krise ist so schwerwiegend, dass wir uns der Realität des Kollapses nicht entziehen können: Er findet statt und wir müssen jetzt Entscheidungen treffen.
>
> *Maristella Svampa*[1]

Im Jahr 2022 sorgte eine Gruppe prominenter Klimaforscher*innen für Aufsehen. Das internationale Team warnte vor der Gefahr eines möglichen *climate endgame*.[2] Die Klimakrise, so das Argument, könnte sich zu einer globalen Katastrophe entwickeln, die nicht nur den Kollaps von Gesellschaften, sondern die komplette Auslöschung der Menschheit zur Folge haben würde. Die gängigen Klimaszenarien unterschätzten diese Möglichkeit. Sie konzentrierten sich zu sehr darauf, die Auswirkungen eines Temperaturanstiegs um 1,5 oder 2 Grad Celsius gegenüber dem vorindustriellen Zeitalter abzubilden. Gegenwärtig steuere die Welt aber auf einen Anstieg von 2,1 bis 3,9 Grad bis zum Jahr 2100 zu. Die damit verbundenen Risiken, vor allem jene, die aus der wechselseitigen Verstärkung unterschiedlicher Krisen resultieren – Klimakrise, Biodiversitätsverlust oder Pandemien –, seien noch zu unbekannt, um das Schlimmste auszuschließen. Wir sollten daher ernsthaft auch mögliche *worst-case*-Szenarien analysieren. Zu diesem Zweck schlagen die Klimawissenschaftler*innen Untersuchungen vor, die neben der Modellierung von Risiko-Kaskaden und extremen Temperaturanstiegen auch die Erforschung von früheren gesellschaftlichen Zusammenbrüchen beinhalten.

Bemerkenswert an dem *climate-endgame*-Text ist zweierlei: Zum einen werfen die Autor*innen äußerst dringende und relevante Fragen auf. Ihre Annahme, dass alles noch schlimmer kommen könnte als in den bisher entwickelten Szenarien vorhergesagt, klingt durchaus plausibel: So zeigt der *Copernicus Climate Change Service* in einer Studie, dass das Jahr zwischen November 2022 und Oktober 2023 wahrscheinlich das wärmste seit 125.000 Jahren war.[3] Dazu kommen die jüngsten politischen Entwicklungen wie Kriege, umweltpolitisches Versagen und der Aufstieg einer autoritären Rechten.

Umso auffälliger ist es zum anderen, dass sich die vorgeschlagene Forschungsagenda nahezu gänzlich über die gesellschaftlichen Ursachen der Klimakrise ausschweigt: über die ihr zugrunde liegenden sozialen Verhältnisse und die Akteure,[4] die eine Katastrophe vielleicht noch verhindern könnten. Um was genau wird beim *climate endgame* gespielt? Wer sind die Spielerinnen und Spieler? Spielen sie alle mit denselben Voraussetzungen oder starten einige mit einem riesigen Sack voller Macht und Geld, während die anderen eher schlechte Karten haben? Wer bestimmt die Spielregeln? Und arbeiten in diesem makabren Spiel wirklich alle darauf hin, den *worst case* möglichst zu verhindern? Solche Fragen sucht man in dem Text vergeblich. Wenn es ums Ganze der Menschheit geht, so ließe sich die implizite Prämisse etwas überspitzt charakterisieren, dann zählen primär die harten naturwissenschaftlichen Fakten. Mit sozialwissenschaftlichen Differenzierungen kann man sich nicht länger aufhalten. Schließlich sitzen alle im selben Boot. Und das droht akut zu sinken.

Die Autor*innen des *endgame*-Textes lassen sich den Erdsystemwissenschaften zurechnen. Diese befassen sich mit den ganz großen Fragen: den »planetaren Grenzen« oder dem Übergang der Menschheit in ein neues Erdzeitalter namens »Anthropozän«. Zunehmend werfen sie auch einen Seitenblick auf die sozialen Dimensionen der ökologischen Krise: Sie nehmen zur Kenntnis, dass soziale Ungleichheit ein Krisentreiber ist, und merken kritisch an, dass diejenigen, die am wenigsten Verantwortung für die Krise tragen, am stärksten von ihr betroffen sind. Nach den gesellschaftlichen Verhältnissen, die diese Ungleichheiten hervorbringen, fragen sie jedoch nur selten.[5] Eher scheint die Überzeugung vorzuherrschen, dass die dramatischen Befunde irgendwann schon aufrütteln würden, dass »die Macht« in Form von staatlichen und gesellschaftlichen Entscheidungsträger*innen letztlich nicht mehr umhinkönne, »der Wahrheit«, also der Wissenschaft, Gehör zu schenken und deren Erkenntnisse in eine wirksame Krisenpolitik zu übersetzen. »Die effektive Kommunikation der Forschungsergebnisse wird entscheidend sein«, schreiben die *endgame*-Autor*innen hoffnungsvoll.[6]

Nicht zuletzt die Erfahrungen mit der deutschen Ampel, die 2021 als »Fortschrittskoalition« gestartet war und die soziale Marktwirtschaft als sozial-ökologische Marktwirtschaft neu begründen wollte, zeigen, dass es sich bei dieser Hoffnung um einen Trugschluss handelt.[7] Das liegt nur zum Teil daran, dass in der Ampel mit der FDP eine reformresistente Klientelpartei über ein enormes Erpressungspotenzial verfügt und nicht zögert, dieses bei jeder sich bietenden Gelegenheit zu aktivieren. Das Problem hat vielmehr tiefere Ursachen: Die Apparate des kapitalistischen Staates verfügen über eine enorme Kapazität, noch das größte Problem kleinzuarbeiten oder gar zu ignorieren. Wird dann doch einmal ein ambitionierterer politischer Entwurf gewagt, so gerät dieser schnell in die Mühlen einer durch die Boulevardpresse verstärkten konservativ-populistischen Meinungsmache. Ganz ähnlich kann man das in Österreich beobachten, wo die konservativ-grüne Regierungskoalition Anfang 2020 mit dem Motto »Das Klima und die Grenzen schützen« antrat. Die ÖVP, große Teile der staatlichen Apparate, in denen es bis heute kaum ökologische

Orientierungen gibt, sowie konservative Medien und der Boulevard erschweren eine weitreichende sozial-ökologische Politik.

Das ist kein Zufall und auch nicht nur eine Frage der Parteienkoalition, die im jeweiligen Parlament gerade über eine Mehrheit verfügt. Vielmehr handelt es sich, so eine bereits 50 Jahre alte, aber immer noch treffende Formulierung von Claus Offe, um »die nicht-zufällige (d. h. systematische) Restriktion eines Möglichkeitsraumes«[8]: Staatliche Politik im Kapitalismus ist strukturell begrenzt durch gesellschaftliche Orientierungen und tief verankerte Herrschaftsverhältnisse, die sich in die staatlichen Apparate (Ministerien, Parlamente oder Notenbanken) einschreiben, vom staatlichen Personal verinnerlicht werden und den Horizont dessen abstecken, was politisch als möglich gilt.

So müssen Umweltpolitiker*innen, die für den Übergang zur Elektro-Automobilität kämpfen, zwar mit dem Widerstand der Verfechter fossiler Freiheiten rechnen. Aber ihr Anliegen ist dennoch anschlussfähig an die grundlegenden Logiken, die in Gesellschaft und Staatsapparaten walten: die Logik der Innovation, der Stärkung einer Kernindustrie des deutschen beziehungsweise österreichischen Exportmodells, des Erhalts von Arbeitsplätzen für eine mehrheitlich männliche Industriearbeiterschaft, des Ausbaus automobiler Infrastrukturen, der automobilen Lebensweise. Wer sich dagegen für eine – aus klimapolitischen Gründen dringend gebotene – Überwindung des autozentrierten Verkehrssystems und der automobilen Lebensweise einsetzt, gerät mit genau diesen Logiken in Konflikt. Solch ein Anliegen befindet sich jenseits des Horizonts dessen, was als sag- oder machbar gilt, es hat den viel beschworenen »Boden der Realität« verlassen – einer sehr spezifischen Realität freilich, die sich systematisch gegen eine problemadäquate Wahrnehmung und Behandlung der sehr realen Klimakrise sperrt. Hier auf die aufrüttelnde Wirkung wissenschaftlicher Befunde und eine effektive Kommunikation derselben zu vertrauen, ist ein unzureichendes und mitunter durchaus frustrierendes Unterfangen.

Das gilt noch stärker im Hinblick auf internationale Organisationen, in die sich die Kräfteungleichgewichte einer fossil getriebenen Weltwirtschaft noch viel unvermittelter einschreiben können als in die zumindest teilweise noch liberaldemokratisch ausbalancierten nationalen Arenen. Dies zeigte etwa die Weltklimakonferenz 2023 in Dubai. Sie wurde vom Industrieminister der Vereinigten Arabischen Emirate, Sultan Ahmed al Dschabir, geleitet, der gleichzeitig dem staatlichen Ölkonzern vorsteht. Die vermeintliche Kraft des besseren, weil durch wissenschaftliche Einsichten gestützten Arguments kollidierte hier besonders augenfällig mit den Interessen einer fossilistischen Politik und Ökonomie, die versuchen, auch die umweltpolitischen Arenen zu übernehmen.[9]

Kapitalismus am Limit

Damit wollen wir nicht sagen, dass man sich gar nicht erst auf (internationale) staatliche Politik und bürgerliche Öffentlichkeit einlassen und versuchen sollte, den Horizont des hier Sag- und Machbaren zu erweitern. Es ist aber wichtig, sich der systemischen Grenzen eines solchen Unterfangens ebenso bewusst zu sein wie der Tatsache, dass dieses nur dann erfolgreich sein kann, wenn es vom Rückenwind progressiver gesellschaftlicher Kräfte angetrieben wird. Letztlich kommt es darauf an, die politischen Handlungsmöglichkeiten dadurch zu erweitern, dass die sie einschränkenden *gesellschaftlichen* Verhältnisse überwunden werden: Verhältnisse, die nicht nur die Natur und nicht-menschliche Lebewesen im großen Stil zerstören, sondern in denen auch der Mensch – als Teil der Natur – »ein erniedrigtes, ein geknechtetes, ein verlassenes, ein verächtliches Wesen ist«.[10]

Dazu bedarf es eines klaren Blicks auf die gesellschaftlichen Verhältnisse und die oft als selbstverständlich oder natürlich hingenommenen Logiken, die unserer Lebensweise zugrunde liegen – und die nicht selbstverständlich oder alternativlos sind. Wir brauchen ein Verständnis des Kapitalismus und dessen vielfältiger Verbindungen mit patriarchalen, rassifizierten und kolonialen Herrschaftsverhältnissen. Und vor allem brauchen wir angesichts der tiefen Krise, in der wir uns befinden, eine Vorstellung von den *Grenzen* des Kapitalismus, genauer gesprochen von den vielfältigen Grenzen, an die kapitalistische Gesellschaften aufgrund der ihnen innewohnenden Funktionslogiken heute stoßen und die sie mit katastrophalen Folgen zu überschreiten drohen. Um die Zeitdiagnose eines *Kapitalismus am Limit* geht es in diesem Buch.

Unsere These ist, dass die kapitalistische Produktionsweise und die mit ihr verbundene imperiale Lebensweise die entscheidende Ursache dafür sind, dass die Menschheit die planetaren Grenzen überschreitet und sich in einen potenziell katastrophischen Bereich manövriert. Dies führt zu vielfältigen Konflikten, die die Krise potenziell noch verschärfen, in denen aber auch solidarische Alternativen aufscheinen. Zu deren Stärkung beizutragen, ist unser zentrales Anliegen.

Der Kapitalismus ist aufgrund der ihm innewohnenden Konkurrenz-, Wachstums- und Profitlogik strukturell blind gegenüber seinen eigenen sozialen und ökologischen Voraussetzungen. Der Zwang, wachsen und in einem Konkurrenzumfeld profitabel sein zu müssen, führt kapitalistische Unternehmen auf Kollisionskurs mit den reproduktiven Notwendigkeiten der menschlichen und nicht-menschlichen Natur. Für unzählige Menschen und nichtmenschliche Lebewesen bedeutete dies auch in der Vergangenheit schon enormes Leid oder gar Tod. Soziale und ökologische Standards im Sinne von Grenzziehungen mussten und müssen der Kapitalseite und dem Staat in harten Kämpfen immer wieder abgetrotzt werden.

In den geographischen Räumen und den sozialen Klassen hingegen, in denen sich die kapitalistischen Reichtümer konzentrieren, wird die sozial-ökologische Destruktivität der Produktion und des Warenkonsums kaum als solche empfunden, sondern in der Öffentlichkeit sowie in den Alltagspraktiken und -wahrnehmungen zum Verschwinden gebracht. Es wird verdrängt, dass wir die Erde und unsere Mitmenschen zerstören.

Lange Zeit ließen sich die Krisen verbergen: indem das Kapital sozial-ökologische Kosten in den globalen Süden, auf Arbeiter*innen, auf unbezahlte Reproduktionsarbeit oder auf künftige Generationen verlagerte; indem es immer neue Sphären der Rohstoff-Extraktion erschloss (wie aktuell den expandierenden Tiefseebergbau); oder indem es sogar noch im Umweltschutz ein Geschäftsfeld entdeckte. Meist bereitete dabei die gewählte Form der ökologischen Problembearbeitung die nächste, noch tiefere Krise schon vor, die Problembearbeitung war also eher eine Problemverlagerung. Die energetische Nutzung von Kohle etwa wirkte zu Beginn der Industrialisierung einem anderen ökologischen Problem entgegen, nämlich der Holzkrise. Auf lange Sicht ebnete sie jedoch den Weg in ein viel größeres Problem: die Klimakrise.

Das Neue an der gegenwärtigen Situation ist, dass sich die systemimmanenten Möglichkeiten, sozial-ökologische Krisen durch räumliche und zeitliche Verlagerungen zu bearbeiten, der Erschöpfung nähern. Anders gesagt: Die dem Kapitalismus innewohnende Tendenz der Grenzverschiebung gerät selbst an ihre Grenzen.[11] Die Indizien dafür häufen sich. Und sie bemächtigen sich zunehmend des Alltags auch der Menschen im globalen Norden. Es bleibt nicht mehr viel Zeit, um die sich zuspitzenden Katastrophen durch einen konsequenten Klimaschutz und durch wirksame Politiken der Klimaanpassung in ihren negativen Auswirkungen auf Mensch und Natur zumindest zu begrenzen. Deutschland etwa wird voraussichtlich bereits Mitte des Jahrhunderts »mindestens zwei Grad wärmer sein als zu Beginn der Industrialisierung im 19. Jahrhundert. Sommertage mit mehr als 30 Grad werden dann völlig normal sein, die Spitzentemperaturen 40 Grad überschreiten, die Zahl der tropischen Nächte (in denen die Temperatur nicht unter 20 Grad sinkt) wird sich verdoppeln.«[12]

Dabei ist die Klimakrise nur eines der Phänomene, die als Resultat ökologischer Grenzüberschreitungen krisenhaft in den Alltag hineinwirken. Eine weitere, für viele traumatische und in ihren Auswirkungen höchst ungleiche Krise war die Coronapandemie. Sie lässt sich nicht losgelöst von der Expansion einer kapitalistisch-industriellen Landwirtschaft begreifen. Denn in dem Maße, wie die Massentierhaltung zunimmt und Lebensräume für Tiere durch Abholzung und Monokulturen zerstört werden, wächst die Gefahr von Zoonosen: Menschen geraten mit Wildtieren in Kontakt, Mikroorganismen werden auf menschliche Körper übertragen, wo sie gefährliche Krankheiten auslösen können. SARS-CoV-2 ist das Resultat einer Strategie grenzenloser Expansion, die plötzlich an Grenzen gerät.[13]

Die Krise ist somit nicht länger lokal begrenzt, sondern global. Sie ist auch nicht länger ein zukünftiges Phänomen, das für Teile der Menschheit, vor allem die Wohlhabenden im globalen Norden, primär über wissenschaftliche Beschreibungen zugänglich wäre. Vielmehr bricht die sozial-ökologische Krise auf vielfache Weise auch in den Alltag derer ein, die bislang – auf sehr unterschiedliche Weise – von der kapitalistischen Naturzerstörung in Form der imperialen Lebensweise profitierten. Trotzdem bleibt diese inklusive des Versuchs, ihre negativen Folgen zu verlagern, weiterhin attraktiv und interessierte politische und ökonomische Kräfte tun viel dafür, sie dauerhaft zu erhalten.

Die Krise wird dadurch verschärft, dass der Bedarf an Rohstoffen und Energie für die globale kapitalistische Produktions- und Wachstumsmaschinerie immer noch zunimmt, nicht zuletzt durch die Digitalisierung und partielle Dekarbonisierung, die sogenannte *twin transition*. Die Folgen dieser Entwicklung sind immens: Die »billige Natur«[14] in Form von Rohstoffen, Energie oder CO_2-Senken, auf die der Kapitalismus angewiesen ist, wird teurer und ist zunehmend umkämpft. Zudem lassen sich die Kosten der bereits entstandenen und künftig zu erwartenden Schäden aus Katastrophenereignissen wie der Überflutung im Ahrtal oder den Waldbränden in Griechenland kaum quantifizieren. Im selben Maße, wie der Kapitalismus die Menschheit in das ungewisse Terrain jenseits der planetaren Grenzen befördert, sieht er sich also mit immer höheren selbst verursachten Kosten konfrontiert und untergräbt seine eigenen Existenzbedingungen.

Öko-imperiale Spannungen

Die staatliche Politik wird dieser Entwicklung in keiner Weise gerecht. Sie befindet sich selbst in einer tiefen Krise. Statt zur Einhegung trägt sie zur weiteren Entgrenzung des Kapitalismus und zur Eskalation des gesellschaftlichen Stoffwechsels mit der Natur bei. Das ist selbst dort der Fall, wo aktuell Strategien für eine Dekarbonisierung der Wirtschaft verfolgt werden. Im internationalen Maßstab werden die Versuche, die sozial-ökologische Krise zumindest teilweise abzufedern, von rasant zunehmenden geopolitischen und geoökonomischen Rivalitäten überformt. Diese entzünden sich nicht zuletzt am Zugang zu den Rohstoffen und Infrastrukturen, die für eine ökologische Modernisierung erforderlich sind, etwa Metallen oder den Kapazitäten für die Produktion grünen Wasserstoffs. Insofern handelt es sich um »öko-imperiale Spannungen«. Sie entstehen im Verhältnis der kapitalistischen Zentren untereinander sowie zwischen diesen und aufstrebenden Ländern wie China und Indien. Öko-imperiale Spannungen werden zu einem Strukturmoment der internationalen Politik und manifestieren sich immer wieder in offenen politischen Konflikten bis hin zu Kriegen.

Auch der Aufstieg rechter Kräfte in vielen Teilen der Welt ist ein politischer Ausdruck vielfältiger Krisenerscheinungen. Wir verstehen ihn als Indikator dafür, dass die Fähigkeit kapitalistischer Gesellschaften, die eigenen Widersprüche im Rahmen liberaldemokratischer Verfahren zu bearbeiten, erodiert: Die Grenzen der liberalen Demokratie als eine dem Kapitalismus im globalen Norden lange Zeit adäquate politische Form zeichnen sich ab.

Umkämpfte Krisenpolitik

All dies bedeutet nicht, dass das Ende von Kapitalismus und liberaler Demokratie unmittelbar bevorstünde. Vielmehr befinden wir uns in einer Phase des Übergangs, deren Verlauf und Dauer ebenso ungewiss sind wie das, was nach ihr kommt.

Es ist eine Phase der Suchprozesse und Kämpfe, die durchaus auch kurzzeitige, sehr selektive Stabilisierungen in Gestalt eines autoritären und/oder ökologisch modernisierten Kapitalismus beinhalten kann. So werden aktuell weltweit die Produktionsanlagen und Infrastrukturen für erneuerbare Energien stark ausgebaut, insbesondere im Strombereich.[15] Viele Staaten haben sich zum Ziel gesetzt, ihre Ökonomien zu dekarbonisieren und klimaneutral zu werden. Insofern leben wir auch und gerade wegen der Krisen in einer Zeit der dynamischen Restrukturierung des Kapitalismus, die in vielerlei Hinsicht nicht nur von den wirtschaftlichen und politischen Eliten, sondern auch von breiten Teilen der Bevölkerung willkommen geheißen oder zumindest als alternativlos angesehen wird. Die Ökologisierung des Kapitalismus mit dem Fokus auf seiner Dekarbonisierung hat in den letzten Jahren also deutlich an Konturen gewonnen.

Gleichzeitig steigen der Verbrauch fossiler Energieträger und entsprechend deren Förderung weltweit weiter an – buchstäblich befeuert durch einen wachsenden Energiebedarf der Weltwirtschaft etwa im Zuge der Digitalisierung, aber auch durch hohe Energiepreise, die die Investitionen in die Förderung und Verbrennung fossiler Energieträger attraktiv machen.[16] Im Jahr 2022 wurden 80 Prozent der globalen Energie mit Erdöl, Kohle/Torf und Erdgas erzeugt, elf Prozent mit Biokraftstoffen – die nicht per se ökologisch und sozial nachhaltig sind – und nur jeweils ein Prozent mit Windenergie und Photovoltaik.[17] Christian Zeller zufolge investiert das fossile Kapital »nach einigen Jahren zurückhaltender Investitionstätigkeit wieder verstärkt in die Erneuerung und Erweiterung der fossilen Infrastruktur«.[18]

Die ökologische Modernisierung des Kapitalismus – das deutet sich in diesen Entwicklungen an – birgt durchaus ökonomische und ökologische Potenziale. Aber sie konkurriert oder koexistiert mit fossilen Strategien und den konservativen sowie rechts-autoritären Kräften, die diese verfolgen. Die Kehrseite eines Grünen Kapitalismus, eines autoritär-fossilen Entwicklungsmodells oder einer denkbaren Kombination zwischen autoritär-fossilen und grünen Elementen in den Zentren sind weiter zunehmende Katastrophen: sowohl an der Peripherie des kapitalistischen Weltsystems als auch im Verhältnis zwischen Zentren und Peripherien und im Verhältnis der Zentren untereinander. Keineswegs ausgeschlossen ist auch ein »Kollaps« in dem Sinne, dass Infrastrukturen wegbrechen, die für die Versorgung mit basalen Gütern und Dienstleistungen – Lebensmitteln, Kleidung, Energie oder Wohnraum – essenziell sind.[19] Politik reduziert sich in diesem Szenario auf ein reaktives Krisenmanagement, das wesentlich über Appelle an die individuelle Anpassungsfähigkeit und Resilienzsteigerung funktioniert. Die Funktionalitäts- als auch die Legitimationsreserven von grünen und autoritären Kapitalismusmodellen – das heißt ihr hegemoniales Potenzial, worauf wir noch eingehen werden – dürften folglich äußerst begrenzt und schnell aufgebraucht sein.[20]

Die sich zuspitzende sozial-ökologische Krise und die damit einhergehenden Verunsicherungen resultieren in Transformationskonflikten. Diese entstehen dort, wo die vielfältigen ökologischen Krisenerscheinungen auf gesellschaftliche Widersprüche treffen und sich in soziale Auseinandersetzungen übersetzen. Gekämpft wird um die künftigen Formen des Produzierens und Konsumierens, um die Tiefe und Reichweite der nötigen Veränderungen, um die Verteilung von deren Kosten. Es geht also um das Was und Wie der Transformation.[21] Der Frankfurter Soziologe Dennis Eversberg spricht gar von einem Transformationskonflikt im Singular, denn die sozial-ökologische Krise sei »die grundlegende Matrix [...], auf die fast jeder Konflikt in irgendeiner Weise zumindest partiell bezogen sein wird«.[22] Das werden wir im Verlauf des Buches an verschiedenen Stellen zeigen.

Genau aus diesem Grund müssen auch die kritischen Sozialwissenschaften – im Verbund mit emanzipatorischen gesellschaftlichen und politischen Kräften und bezogen auf deren Kämpfe – die großen Fragen stellen. Das sind weniger Fragen nach den planetaren Grenzen – diesen widmen sich die Erdsystemwissenschaften. Im kritischen Dialog mit Letzteren wäre vielmehr die Frage nach den Funktionsmechanismen und Grenzen eines sozialen Systems mit seinen immer zerstörerischen kapitalistischen Naturverhältnissen aufzuwerfen, das die Menschheit mit fatalen und höchst ungleich verteilten Folgen über die planetaren Grenzen hinaus zu katapultieren droht.[23]

Solidarische Perspektiven

Sicherlich wäre es ein mühsames Unterfangen, dieser Frage nachzugehen, ohne dass die Kritik des Bestehenden die Chance hätte, zur praktischen Kritik im Handgemenge zu werden. Aber diese Chance besteht. Denn trotz der und gegen die dystopisch anmutenden Entwicklungen gibt es relevante gesellschaftliche Kräfte, die eine grundlegende sozial-ökologische Transformation vorantreiben. Die Bewegung für Klimagerechtigkeit und ihre jüngsten und dynamischsten Teile, *Fridays for Future* (FFF), *Ende Gelände* und *Letzte Generation*, tun dies vor allem im Hinblick auf das Verhältnis zwischen den Generationen: Die ökologischen Hinterlassenschaften der heute Lebenden, so das Argument, schränken die Möglichkeiten künftiger Generationen zu einem selbstbestimmten Leben drastisch ein. Die linke Strömung von FFF hat diese Sichtweise um eine Analyse der sozialen Verhältnisse innerhalb der Generationen erweitert. Demnach gibt es heute wie in der Zukunft Gewinner*innen und Verlierer*innen der ökologischen Krise. Damit rücken etwa Klassenfragen ins Zentrum, der Protest verschiebt sich von Appellen an »die Politik«, den Interessen künftiger Generationen Rechnung zu tragen, zur konkreten Intervention beispielsweise in betriebliche und tarifpolitische Auseinandersetzungen.[24]

Der in der Arbeiter*innenbewegung und von Seiten der Gewerkschaften erhobenen Forderung nach einer *just transition*, einem gerechten Strukturwandel, wohnt die Verbindung von ökologischer und Klassenfrage schon terminologisch inne. Allerdings wird sie in sehr unterschiedlicher Radikalität thematisiert: einerseits in eher dialogorientierten Ansätzen, die das Problem vorrangig in den Beschäftigungswirkungen des *Übergangs* sehen – also im drohenden oder bereits stattfindenden Abbau von Arbeitsplätzen im Bergbau, in der Autoindustrie oder anderen Problembranchen; andererseits in radikalen Positionen, die aus einer internationalistischen Perspektive die Ungerechtigkeit des *Status quo* beim Namen nennen und sich für einen grundlegenden Strukturwandel und für eine gebrauchswertorientierte Reorganisation der Ökonomie einsetzen.[25]

Das ist auch die Stoßrichtung von dekolonialen und (öko-)feministischen Bewegungen, die die Klimakrise als Teil neokolonialer Nord-Süd-Beziehungen und einer umfassenden Krise der sozialen Reproduktion begreifen. Neben dem Kampf gegen patriarchale Gewalt sowie für eine Aufwertung von Sorgearbeit und sozialen Infrastrukturen geht es dabei zunehmend auch um die Frage, wer für die Kosten der Klimafolgenanpassung aufzukommen hat, wie diese so gestaltet werden kann, dass soziale und globale Ungleichheiten abgebaut werden, und welche Reparationen von Seiten des globalen Nordens als Ausgleich für die Schäden zu zahlen sind, die die Klimakrise im globalen Süden bereits verursacht hat.[26]

Viele dieser Ansätze konvergieren in der Degrowth- und Postwachstumsdebatte, die sich in jüngerer Zeit sehr dynamisch entwickelt hat.[27] In ihr gehen kapitalismuskritische, dekoloniale und feministische Ansätze, kritische Sozialwissenschaft und emanzipatorischer Aktivismus eine sehr lebendige und fruchtbare Verbindung ein. Ausgehend von einer Vielzahl von Kämpfen um eine sozial-ökologische Alternative zum Bestehenden wird die reale Utopie einer Welt entwickelt und in Ansätzen praktiziert, die die absolute Reduktion des Ressourcenverbrauchs und der Umweltbelastung mit einem Zuwachs an Gleichheit und Demokratie verknüpft. Der japanische Philosoph Kohei Saito hat jüngst das ökologische Denken des (späten) Marx für die Postwachstumsdebatte fruchtbar gemacht und deren Zielhorizont auf den Begriff des »Degrowth-Kommunismus« gebracht.[28]

Zum Anliegen und Aufbau des Buches

Die tiefe Krise, in der wir uns befinden, hat viel dystopisches Potenzial. Oft scheint es so, als gehe es nur noch um eine »Überlebenswirtschaft« (Ulrike Herrmann).[29] Die Widersprüche des Kapitalismus werden aber auch auf eine emanzipatorische Weise politisiert. Wir befinden uns mithin in einem Kairos-Moment: einer keineswegs völlig offenen, aber gestaltbaren Situation, in der soziale Kämpfe geführt werden, die über die Zukunft der Menschheit mitentscheiden. Mit diesem Buch möchten wir ein Deutungsangebot machen, das die Krise und die Widersprüche besser zu verstehen hilft. Und wir wollen zum Handeln ermutigen sowie Debatten voranbringen, in denen nach emanzipatorischen Alternativen gesucht wird. Diese werden ebenso reformorientiert wie radikal sein müssen. Ihr emanzipatorischer Gebrauchswert wird sich daran bemessen, inwieweit sie das ganz Andere und Neue in konkreten Veränderungen sichtbar werden lassen und mit diesen vorbereiten. Damit stellen wir uns in eine Denktradition, in der die notwendigen Spannungen zwischen konkreten Schritten und weitreichenden strukturellen Veränderungen strategisch produktiv gemacht werden – man denke etwa an »revolutionäre Realpolitik« (Rosa Luxemburg), »nicht-reformistische Reformen« (André Gorz), »radikalen Reformismus« (Joachim Hirsch) oder »doppelte Transformation« (Dieter Klein).

Im folgenden **zweiten Kapitel** schlagen wir eine Brücke zu unserem Buch *Imperiale Lebensweise*. Ausgehend vom Diskurs über die »Zeitenwende«, dessen Vorstellungen von gesellschaftlicher Normalität wir kritisieren, rekapitulieren wir das Grundanliegen des Konzepts der imperialen Lebensweise und erweitern dieses vor allem um klassentheoretische sowie die globalen und die Geschlechterverhältnisse betreffenden Aspekte. Das zweite Kapitel steckt damit den begrifflichen Rahmen für die Zeitdiagnose ab, die wir in den folgenden Kapiteln vornehmen.

Im **dritten Kapitel** setzen wir uns zunächst mit dem Konzept der planetaren Grenzen, dem Anthropozän-Narrativ, der ökologischen Ungleichheits- und der soziologischen Nachhaltigkeitsforschung auseinander. Sodann entwickeln wir unseren eigenen Begriff von der sozial-ökologischen Krise. Dabei beziehen wir uns auf einschlägige öko-marxistische, gramscianische, feministische und dekoloniale Arbeiten. Das qualitativ Neue an der heutigen Situation besteht für uns darin, dass ökologische Krisenphänomene disruptiv in die Menschheitsgeschichte einbrechen und soziale Krisen verstärken.

Im vierten bis sechsten Kapitel betrachten wir die Entwicklungen, die aus dieser Situation resultieren.[30] Das **vierte Kapitel** widmet sich am Beispiel des *European Green Deal* den Tendenzen in Richtung eines Grünen Kapitalismus. Unsere These ist, dass dieser zwar wirkungsmächtig ist, aber nur über sehr begrenzte Potenziale der Krisenbearbeitung verfügt. Das liegt an den sozial-ökologischen Kosten, die er selbst produziert und auf andere in Raum und Zeit verlagert, an geopolitischen und geoökonomischen Konkurrenzen, die auch wegen der ökologischen Krise zunehmen, sowie an den sich häufenden disruptiven Krisenereignissen, die sich kaum mehr umfassend bearbeiten lassen.

Die unübersichtliche und sich rasch wandelnde internationale Lage ist Gegenstand des **fünften Kapitels**. Wir entwickeln den bereits erwähnten Begriff der »öko-imperialen Spannungen« vor dem Hintergrund der sich verschärfenden ökologischen Krise und von drei weiteren globalen Entwicklungen: der Krise der neoliberalen Globalisierung, wie sie sich unter anderem in einer partiellen »De-Globalisierung« zeigt, des Aufstieg Chinas zu einem Herausforderer der etablierten imperialen Zentren USA und EU sowie einer intensiveren Ausbeutung von Rohstoffen in Ländern des globalen Südens – Rohstoffen, die teilweise für eine Dekarbonisierung der kapitalistischen Zentrumsökonomien benötigt werden. Bei allen weltpolitischen und -wirtschaftlichen Veränderungen scheint ein Konsens darüber bestehen zu bleiben, die imperiale Lebensweise auszuweiten und zu vertiefen.

Im **sechsten Kapitel** untersuchen wir das Erstarken einer autoritären Rechten in der Krise der imperialen Lebensweise. Die Rechte versucht, dem Überschreiten und Durchlässig-Werden verschiedenster Grenzen durch neu-alte Grenzziehungen (gegen Migrant*innen und Geflüchtete) und Identitäten (Stärkung einer in die Krise geratenen Männlichkeit) zu begegnen. Damit treibt sie die bürgerlichen Parteien so vor sich her, dass diese sich selbst autoritäre Positionen zu eigen machen und z. B. in eine tödliche Asylpolitik übersetzen. Unsere Kritik richtet sich auch gegen links-autoritäre, sich selbst als »links-konservativ« bezeichnende Strömungen, die in jüngster Zeit in Deutschland eine zunehmende Rolle spielen. Bei allen Unterschieden verstehen wir die autoritären Tendenzen als ein Symptom für die Grenze, an die die liberale Demokratie geraten ist. In deren Rahmen lassen sich die vielfältigen Krisenphänomene nicht mehr bearbeiten. Die Alternative besteht darin, hinter die liberale Demokratie zurückzufallen oder aber im Sinne einer »Demokratisierung der Demokratie« über sie hinauszugehen.

Im abschließenden **siebten Kapitel** skizzieren wir die Horizonte einer solidarischen Krisenpolitik. Unser Ausgangspunkt ist der Konflikt um das Dorf Lützerath im rheinischen Braunkohlerevier, der zu Beginn des Jahres 2023 für Aufsehen sorgte. Wir fragen, was sich aus den Erfolgen und dem Scheitern der Klimabewegung in Lützerath lernen lässt, und beschreiben die Elemente einer emanzipatorischen Alternative, wie wir sie in zahlreichen Kämpfen zu erkennen glauben: solidarische Begrenzungen, Vergesellschaftung als Basis für eine sozial-ökologische Wirtschaft, solidarische Resilienz, Reparatur sowie ein anderes Verständnis und eine andere Praxis von Freiheit. Am Ende stellen wir Überlegungen im Hinblick auf »transformative Zellen« an.

Unser Buch versteht sich als Analyse und Kritik im Handgemenge. Wir untersuchen die Grenzen von Kapitalismus und liberaler Demokratie, sind uns dabei aber der notwendigen Grenzen unserer eigenen Überlegungen bewusst. Diese liegen vor allem in der Dynamik der aktuellen Krisensituation und der Unvorhersehbarkeit der konkreten Entwicklungen begründet. Wir wollen die Möglichkeiten identifizieren, die sich im Guten wie im Schlechten angesichts des Manifest-Werdens zahlreicher Widersprüche andeuten – im Wissen um die Vorläufigkeit unserer Überlegungen und im Bestreben, zur Orientierung emanzipatorischer Praxis beizutragen, als deren Teil wir uns selbst begreifen.

Kapitel 2
Monströse Normalität

> Wann immer wir uns auf Konsum- oder Produktionsmuster einlassen, die mehr verbrauchen, als wir brauchen, üben wir Gewalt aus.
>
> *Vandana Shiva*[1]

Es wird ungemütlich auf der Erde – inzwischen nicht nur im globalen Süden, in dem ökologische Katastrophen fast schon zur Tagesordnung gehören, sondern auch im globalen Norden. Überflutungen, Trockenheit, Waldbrände oder Stürme sind Unterbrechungen, die Normalitäten erschüttern, für selbstverständlich gehaltene, weil weitgehend im Unsichtbaren funktionierende Infrastrukturen außer Betrieb setzen und unendliches Leid hervorrufen. Die Klimakrise, die für viele Menschen im globalen Norden bisher vor allem in wissenschaftlichen Modellen und Medienberichten existierte, wird zunehmend zur Alltagserfahrung.[2]

Dazu kommen die Nachwirkungen der Coronapandemie, die ihrerseits eng mit der ökologischen Krise zusammenhängt und deswegen nicht die letzte ihrer Art bleiben wird. Der russische Angriff auf die Ukraine im Februar 2022 hat sein Übriges getan, um Selbstverständlichkeiten zu entsorgen, in diesem Fall: dass eine Versorgung mit preiswerter Energie jederzeit gesichert ist und dass konventionelle Kriege der Vergangenheit angehören – eine eurozentrische Selbstverständlichkeit freilich, die über die Alltäglichkeit von Energiearmut und kriegerischer Gewalt in vielen Teilen der Welt hinwegsieht. Der Krieg im Nahen Osten ist ein weiterer, in seinen Konsequenzen kaum absehbarer weltpolitischer Einschnitt.

Zeitenwende – welche Zeitenwende?

Dass es sich hierbei nicht um temporäre Phänomene handelt, deutet sich in der »Zeitenwende« an, die seit der einschlägigen Rede des deutschen Bundeskanzlers unmittelbar nach Beginn des russischen Angriffskriegs beschworen wird.

Zwar ließe sich diese Rhetorik leicht und ideologiekritisch als Rechtfertigung eines beispiellosen Aufrüstungsprogramms enttarnen: In einem Land mit dem siebtgrößten Rüstungsetat weltweit wird ein 100 Milliarden Euro starkes Sonderprogramm aufgelegt, nicht etwa um der existentiellen ökologischen Bedrohung zu begegnen, sondern um die Armee schlagkräftiger zu machen. Künftig sollen zwei Prozent des Bruttoinlandsprodukts für das Militär ausgegeben werden. Aber zum einen sind Ideologien nicht einfach nur Schleier, die sich über die Wirklichkeit legen und von ihr getrennt existieren. Vielmehr sind sie Wahrnehmungsformen der Wirklichkeit, die das Handeln von Akteuren anleiten und insofern selbst Wirklichkeit schaffen. Zum anderen ist die Rede von der Zeitenwende ein Symptom der tiefen Verunsicherung (nicht nur) der politischen Eliten angesichts eines epochalen Umbruchs, der nicht erst mit dem russischen Angriffskrieg begann und dessen konkreter Verlauf und Ausgang im Ungewissen liegen. Als solches reiht sie sich ein in andere diskursive und politisch-strategische Verschiebungen, die sich etwa im *European Green Deal* oder dem europäischen Streben nach »strategischer Autonomie« gegenüber den USA, vor allem aber gegenüber China, manifestieren.[3]

Mit Stephan Lessenich ließen sich solche Verschiebungen im gesellschaftlichen Diskurs als Spuren einer Krise von lange Zeit vorherrschenden Normalitäten begreifen:[4] Das auf fossilen Energieträgern beruhende Energieregime und die von ihm geprägten gesellschaftlichen Mentalitäten stoßen angesichts der Klimakrise unweigerlich an ihre Grenzen; Finanzkrisen werden zu Alltagsphänomenen; das lange Zeit für selbstverständlich gehaltene Wirtschaftswachstum und der damit einhergehende »Fortschritt« werden brüchig.[5] Flucht- und Migrationsbewegungen stellen das europäische Grenzregime in Frage, mit diesem geraten die dominanten Vorstellungen von »Ordnung«, »Sicherheit« und »Stabilität« ins Wanken, und das unermessliche Leid der Geflüchteten an den Außengrenzen der EU lässt sich kaum mehr verdrängen. Dazu kommt das Aufbegehren feministischer, queerer und antirassistischer Bewegungen, das sowohl die von einer weißen, heterosexuellen Männlichkeit geprägte soziale Positionsordnung als auch die alltäglichen Praktiken der rassifizierenden Zuschreibungen gegenüber »anderen« erschüttert.[6]

Der globale Norden befindet sich also in einer epochalen und irreversiblen »Denormalisierung«,[7] die mit der großen Wirtschaftskrise Ende der Nuller-Jahre einsetzte und in der sich die bis dahin meist latenten und im Sinne der Herrschenden einigermaßen bearbeitbaren Widersprüche sichtbar in den Alltagsverhältnissen und gesellschaftlichen Auseinandersetzungen manifestieren.

Mit den vielfältigen und sich häufenden Krisen verschwinden die Normalitätsvorstellungen gleichwohl nicht. Im Gegenteil: Je mehr das, was lange Zeit als normal galt, in Frage gestellt wird, desto stärker scheint der Wunsch zu sein, es zu verteidigen und zur Normalität zurückzukehren – etwa in Form von wirtschaftlichem Wachstum um (fast) jeden Preis. Bestenfalls ist dabei von Anpassung und Resilienz die Rede: Es gelte, jene flexible Widerstandsfähigkeit zu stärken, die es Individuen, Gesellschaften oder Ökosystemen erlaube, Störungen zu absorbieren, ohne dabei aus dem Takt zu geraten und in einen gänzlich anderen Zustand überzugehen. Resilienz, so heißt es kritisch-pointiert bei Stefanie Graefe, »stimmt uns nicht nur auf eine in multipler Weise ungewisse, undurchschaubare und deshalb eben prinzipiell auch bedrohliche Gegenwart ein, sondern gibt uns zugleich ein Mittel an die Hand, mit dieser Situation fertigzuwerden.«[8]

So verstanden sollen die Maßnahmen, wie sie in jüngerer Zeit vom Staat im Rahmen der Zeitenwende ergriffen werden, die Resilienz und Anpassungsfähigkeit steigern. Bei aller Betonung grundlegender Veränderungen beanspruchen sie, die für eine Verteidigung des Bestehenden nötigen gesellschaftlichen und wirtschaftlichen Ressourcen zu mobilisieren: Mit höheren Rüstungsausgaben wird auf militärische Bedrohungen reagiert; im Rekordtempo geschaffene Flüssiggasterminals sollen als infrastrukturelle Schnittstellen die Voraussetzungen dafür schaffen, dass die fossilen Energieträger aus den USA, Afrika und anderen Teilen der Welt auch in die deutschen Netze eingespeist werden können. Resilienz in diesem Sinne verhält sich *affirmativ* zum Bestehenden. Sie wird zur Anforderung, der die Gesellschaft und die Individuen angesichts des Unvermeidlichen gehorchen müssen. Das Unvermeidliche selbst gilt als äußere Bedrohung einer verteidigungswerten Normalität.

Aus einer kritischen, *transformativen* Perspektive, wie wir sie einnehmen, kommt es dagegen darauf an, das scheinbar Unvermeidliche in seinen gesellschaftlichen Ursachen zu begreifen und damit in seiner untrennbaren Verbindung mit der Normalität, die mit den affirmativen Politiken verteidigt werden soll: Die Krisen und Bedrohungen sind keine äußeren Phänomene. Vielmehr hat die lange Zeit für selbstverständlich gehaltene imperiale Lebensweise die Gefährdungen, mit denen sie sich heute konfrontiert sieht und vor denen sie geschützt werden soll, selbst hervorgebracht. Das Problem liegt also in eben jener Normalität, die mit der Zeitenwende verteidigt werden soll.

Offensichtliche Beispiele dafür sind die Abhängigkeit von russischem Gas und Öl sowie die jahrzehntelange Weigerung, einen Pfad der konsequenten Dekarbonisierung einzuschlagen. Sie haben ein autoritäres Regime gestärkt, das sich nun nach innen immer repressiver und nach außen kriegerisch gebärdet. Wladimir Putin, so der britische Historiker und Energieforscher Simon Pirani,[9] war seit seinem Amtsantritt der »Gendarm des Kapitals«, der mit einem zentralisierten Staatsapparat nach den krisenhaften 1990er-Jahren die oligarchisierte Gesellschaft stabilisierte und dafür Anerkennung im Westen erhielt – etwa durch die Mitgliedschaft in der Gruppe der führenden Industrieländer (G8) bis zur Annexion der Krim 2014. Grundlage seiner Macht waren und sind die hohen Einnahmen aus den Exporten fossiler Energieträger, insbesondere in den Westen. Spätestens mit dem Angriff auf die Ukraine ist der Gendarm außer Kontrolle geraten.

Auch der Klimawandel ist eine direkte Folge unserer Normalität: Er resultiert aus dem Wachstumszwang eines Wirtschaftssystems, das nur auf Basis von Konkurrenz und fossilen Energien aufrechterhalten werden kann. Der Klimawandel ist die Kehrseite der gesellschaftlichen Normalisierung und globalen Ausbreitung emissionsintensiver Produktions- und Konsummuster; nicht zuletzt ist er der Tatsache geschuldet, dass die soziale Ungleichheit und die zerstörerischen Aktivitäten der Superreichen – in Deutschland emittiert diese Gruppe, die 0,001 Prozent der Bevölkerung ausmacht, mit 11.700 Tonnen CO_2 pro Kopf und Jahr das Tausendfache des Bundesdurchschnitts[10] – zumindest toleriert werden.

Pandemien wie Covid-19 häufen sich nicht durch unglückliche Zufälle, sondern hängen mit der globalisierten industriellen Landwirtschaft und Lebensmittelerzeugung zusammen. Denn das Landwirtschafts- und Ernährungssystem ist entlang der gesamten Produktkette »um Praktiken herum organisiert, die die Entstehung und anschließende Übertragung von Krankheitserregern beschleunigen«.[11] Die Krankheiten, die es hervorbringt, bilden folglich die Kehrseite von normalisierten Annehmlichkeiten wie der ständigen Verfügbarkeit vieler Lebensmittel, die der Agrarsoziologe Philip McMichael als »food from nowhere« bezeichnet hat.[12] Bewusster Konsum allein, so wichtig er ist, kann daran nichts ändern. Er reicht nicht an die systemischen Ursachen des

Problems heran: Der Anbau, die Transportwege und die Distribution von Lebensmitteln über Supermärkte stellen eine notwendige Infrastruktur kapitalistischer Gesellschaften dar, die auch dann, wenn ihre Widersprüche nicht in Form von Pandemien manifest werden, für die Natur und viele Menschen zerstörerisch ist.[13]

Die Liste der monströsen Kehrseite unserer Normalität ließe sich fast beliebig erweitern. Sie zeigt, dass die Normalität das Problem ist und dass jeder Versuch, sie zu schützen oder wiederherzustellen, auf Dauer nur tiefer in die Krise hineinführt.

Begreift man die als Zeitenwende titulierte Häufung von Krisen auf diese Weise, dann liegt eine wichtige Herausforderung darin, einen klaren und kritischen Blick auf unseren Normalzustand zu werfen und die krisenerzeugenden Mechanismen darin zu verstehen: die vorherrschenden Produktions- und Konsummuster, wie sie in den gesellschaftlichen Kräfte- und Machtverhältnissen, den politischen und wirtschaftlichen Institutionen und den Infrastruktursystemen der Ernährung, der Energieversorgung oder der Mobilität verankert sind, sich im Alltag reproduzieren und durch eine ungleiche internationale Ordnung abgesichert werden.

Interessant und politisch dringend geboten ist es vor allem, zu begreifen, wie Produktions- und Konsummuster, die weltweit derart viel Leid und Zerstörung verursachen, überhaupt als normal gelten können und warum eine Sicherung dieser monströsen Normalität – nichts anderes verbirgt sich hinter der Politik der Zeitenwende – ernsthaft als erfolgreiche Resilienz- und Anpassungsstrategie erscheinen kann.

Imperiale Lebensweise

Wir möchten mit dem Konzept der imperialen Lebensweise einen Beitrag zum Verständnis der geschilderten Paradoxie leisten: Warum halten wir so sehr an der monströsen Normalität fest? Warum verteidigen wir sie und versuchen sogar, sie mit viel Aufwand wiederherzustellen, obwohl ihre Destruktivität kaum mehr geleugnet werden kann? Vor allem wollen wir die Dynamiken verstehen, die aus diesem Widerspruch entstehen: die widerstreitenden Kräfte und Bewegungen für eine autoritäre Stabilisierung, eine ökologische Modernisierung und eine solidarische Überwindung der imperialen Lebensweise.

Unser Erkenntnisinteresse ist ein praktisches: Indem wir die sozial-ökologischen Widersprüche, ihre Zuspitzung und ihre zunehmend konflikthafte Manifestation analysieren, wollen wir zu einer Reflexion und Stärkung solcher Praxen beitragen, die die Grenzen des Kapitalismus in einem emanzipatorischen Sinn zu überschreiten versuchen. Es sollen also Optionen und Wege aufgezeigt werden, wie sich eine weitere Verschärfung der vielfältigen Krisen vermeiden lässt, wie die Anpassung an das nicht mehr Vermeidbare solidarisch gestaltet und wie das Zer- und Gestörte so weit wie möglich repariert beziehungsweise regeneriert werden kann.

Als imperiale Lebensweise haben wir in unserem gleichnamigen Buch[14] Produktions- und Konsummuster bezeichnet, die den tendenziell unbegrenzten Zugriff auf Natur und Arbeitskraft in einem globalen Maßstab voraussetzen. Die Organisation von Produktion und Konsum in Teilen der Welt (globaler Norden) beziehungsweise durch dominante gesellschaftliche Gruppen, so unsere Annahme, beeinträchtigt die Naturverhältnisse anderer Gruppen und anderer Teile der Welt oder zerstört gar deren Lebensgrundlagen.

Ein Ausgangspunkt unserer Überlegungen war die in sozial-ökologischer Hinsicht paradoxe Konstellation der 2010er-Jahre: Einerseits wurde die ökologische Krise damals stark politisiert, und im Pariser Klimaabkommen von 2015 sowie in den UN-Zielen für nachhaltige Entwicklung, die im selben Jahr verabschiedet wurden, fand diese Politisierung einen prominenten Ausdruck. Andererseits wurden wesentliche Maßnahmen gegen die Wirtschafts- und Finanzkrise nach 2008 im Sinne eines bestenfalls leicht modifizierten »Weiter so« formuliert, das den Interessen der dominanten gesellschaftlichen Kräfte folgte. Ikonische Beispiele waren die »Abwrackprämie« in Deutschland und die »Schrottprämie« in Österreich: staatliche Zuschüsse in Höhe von 2.000 beziehungsweise 2.500 Euro für die Verschrottung eines noch intakten Autos und die Anschaffung eines Neuwagens. Die Umweltzerstörung schritt in den 2010er-Jahren trotz aller Politisierung weiter voran, indem sich jene Produktions- und Konsummuster vertieften und verallgemeinerten, die den Problemkern der ökologischen Krise bildeten: Die Autos wurden größer, schwerer und mehr, der Flugverkehr intensivierte sich und der Verzehr von Fleisch und anderen Lebensmitteln, die unter einem hohen Ressourceneinsatz und oft miserablen Arbeitsbedingungen sowie unter Inkaufnahme von großem Tierleid hergestellt wurden, nahm zu. Das galt im lokalen ebenso wie im globalen Maßstab, wobei die dynamische wirtschaftliche Entwicklung von Ländern wie China und Indien eine zentrale Rolle spielte.

Mit dem Konzept der imperialen Lebensweise wollen wir ein Angebot machen, die widersprüchliche Gleichzeitigkeit einer Infragestellung der krisengenerierenden Prozesse und ihrer Verstetigung, Ausbreitung oder gar Intensivierung hegemonietheoretisch zu begreifen. Dabei spielt der Begriff des »Alltagsverstands« von Antonio Gramsci eine zentrale Rolle. Gramsci zufolge nehmen die Menschen die Welt und die gesellschaftlichen Verhältnisse, in denen sie leben, nicht auf eine kohärente und reflektierte Art und Weise wahr. Es sind vielmehr nicht weiter hinterfragte, durchaus widersprüchliche Traditionsbestände, die ihren Blick auf die Welt und die Gesellschaft prägen und den Alltagsverstand konstituieren. Der Alltagsverstand ist also ein Deutungsrahmen, den Menschen benötigen, um sich in den Verhältnissen zu orientieren und zu bewegen. Er ist

> »keine einheitliche, in Raum und Zeit identische Auffassung: er ist die ›Folklore‹ der Philosophie, und wie die Folklore bietet er

sich in unzähligen Formen dar: sein grundlegender Charakter ist es, eine auseinanderfallende, inkohärente, inkonsequente Weltauffassung zu sein, der Beschaffenheit der Volksmengen entsprechend, deren Philosophie er ist. [...] Die Hauptelemente des Alltagsverstands werden von den Religionen geliefert, und zwar nicht nur von der aktuell herrschenden Religion, sondern auch von den vorangegangenen Religionen, ketzerischen Volksbewegungen, von früheren wissenschaftlichen Auffassungen usw.«[15]

Der Alltagsverstand ist widersprüchlich, weil die Welt widersprüchlich ist. Menschen leben unbewusst oder auch absichtlich ignorant die imperiale Lebensweise, sie arbeiten und konsumieren in ihr. Oft wissen sie um die Ausbeutung anderer Menschen in Textilfabriken, um die Zerstörung von Regenwäldern für die industrielle Landwirtschaft oder um die Klimakrise. Diese Widersprüchlichkeit des Alltagsverstands, die Ahnung und Erfahrung, dass nicht alles in Ordnung ist, stellt zugleich ein politisches Terrain von Auseinandersetzungen dar. Dabei kann auch ein kritisches Denken und Handeln bei einzelnen, wie auch in kollektiver Form, entstehen. In diesem Fall wird Hegemonie, die Zustimmung zu den bestehenden Verhältnissen, angegriffen (zum Hegemoniebegriff ausführlich in Kapitel 4). Dazu bedarf es neben oft wenig sichtbaren gesellschaftlichen Verschiebungen auch krisenhafter Momente und bewussten Handelns.

Warum ist diese widersprüchliche Lebensweise aber »imperial«, ist der Imperialismus nicht längst Geschichte? Denker*innen wie David Harvey argumentieren, dass der Imperialismus nicht nur eine historische Phase des Kapitalismus ist, deren Spannungen sich im Ersten Weltkrieg entluden.[16] Vielmehr handelt es sich um einen Reproduktionsmodus kapitalistischer Gesellschaften und somit um ein Strukturmerkmal derselben: Der Kapitalismus ist immer räumlich expansiv und damit imperialistisch. Allerdings lässt er sich als solcher mit den klassischen und neueren Imperialismustheorien allein nicht begreifen. In diesen wird der Imperialismus vor allem als Gewalt- und geopolitisches Konkurrenzverhältnis betrachtet.[17] Das ist zweifellos zutreffend. Um jedoch zu verstehen, wie dieses Verhältnis sich nicht nur wegen, sondern auch trotz der ihm innewohnenden physischen und strukturellen Gewalt reproduziert, müssen wir seine hegemoniale Verankerung in den Alltagspraxen und -wahrnehmungen vor allem im globalen Norden, aber auch in den Mittel- und Oberklassen der Gesellschaften des globalen Südens untersuchen.

Das ist das Anliegen, das wir mit dem Konzept der imperialen Lebensweise verfolgen. Dieses verbindet Alltagsverhältnisse mit übergreifenden kapitalistischen gesellschaftlichen und internationalen Strukturen und Imperativen wie der Kapitalakkumulation und des Wirtschaftswachstums. Es verdeutlicht, dass der Imperialismus auch deshalb funktioniert, weil die ihm innewohnende Gewalt in unzähligen Akten des Produzierens und Konsumierens zum Verschwinden gebracht und gleichsam normalisiert wird: Man sieht den Autos nicht an, unter welchen Bedingungen die Ressourcen extrahiert wurden, aus denen sie hergestellt worden sind. Ebenso wenig lässt das Fleisch im Supermarkt das Leid der Tiere, die Arbeitsbedingungen in der Fleischproduktion oder die Treibhausgasemissionen der industriellen Landwirtschaft erkennen, ohne die es sich niemals in derart großen Mengen zum sprichwörtlich kleinen Preis verkaufen ließe. In den Supermärkten und Autohäusern sowie in der Werbung werden ganz andere Assoziationen hervorgerufen. Es geht beim Auto um Kraft, Schnelligkeit, Männlichkeit und Freiheit beziehungsweise um Sicherheit und Schutz vor Bedrohungen, beim Fleischkonsum um normalisierte oder statusorientierte Ernährung, das heißt um Versprechen und positiv konnotierte Eigenschaften von Produkten, deren sozial-ökologisch destruktive Voraussetzungen systematisch verdunkelt werden.

Die imperiale Lebensweise ist ebenso ein Ermöglichungs- wie ein Zwangsverhältnis, in das Menschen qua ihrer Zugehörigkeit zu einer kapitalistischen Gesellschaft hineinsozialisiert werden. Sie ist für viele attraktiv und erstrebenswert. Gleichzeitig kann man sich ihr aber auch nicht einfach entziehen. Der Begriff der imperialen Lebensweise ist eine gesellschaftliche Strukturkategorie. Er soll die existenziellen und gegenseitigen Abhängigkeiten verdeutlichen, die tief in den ökonomischen, politischen und kulturellen Verhältnissen verankert sind und zu sehr ungleichen Lebenschancen führen: Die Notwendigkeit, die eigene Arbeitskraft gegen Lohn verkaufen und sich dabei oft in der Produktion sozial-ökologisch problematischer Waren verdingen zu müssen, oder die Infrastrukturen einer autozentrierten Mobilität und eines agrarindustriellen Ernährungssystems lassen vielen kaum eine andere Wahl als die Partizipation an der imperialen Lebensweise.

Deren Kern besteht deshalb nicht aus individuellen Konsumentscheidungen, die prinzipiell auch anders getroffen werden könnten, wenn die Konsument*innen nur ausreichend über die sozial-ökologischen Folgen aufgeklärt würden. Vielmehr sind Konsumentscheidungen in den meisten Fällen *»notwendige* Praktiken der sozialen Reproduktion, mit denen sich erst der Lebensunterhalt in einer kapitalistischen Wirtschaft bestreiten lässt (wohnt man auf dem Land, muss man zum Beispiel Benzin verbrauchen, um zur Arbeit zum kommen)«.[18] Ferner wird die imperiale Lebensweise durch die unzähligen strategischen Entscheidungen und Handlungen herrschender Akteure stabilisiert und immer wieder dynamisch verändert. Und schließlich sind es gesellschaftliche Diskurse, Narrative und mitunter tief verankerte Selbstverständlichkeiten wie etwa Vorstellungen von gutem Leben oder kaum hinterfragtem und als notwendig erachtetem Wirtschaftswachstum, welche integraler Bestandteil der imperialen Lebensweise sind. Auch diese werden durch Werbung, Marketing und politische Öffentlichkeit reproduziert.

Die imperiale Lebensweise resultiert somit einerseits daraus, dass sich sozial-ökologisch destruktive Produktions- und Konsummuster gesellschaftlich verallgemeinern. Im globalen Norden geschah dies in der zweiten Hälfte des 20. Jahrhunderts: Innergesellschaftliche Wohlstandsunterschiede wurden auf Kosten von Menschen und Natur im globalen Süden sowie der – meist unentgeltlichen und weiblichen – Reproduktionsarbeit im globalen Norden tendenziell *nivelliert*. Andererseits basiert die imperiale Lebensweise auf einer klassen- und geschlechtsspezifischen *Hierarchisierung*. Die Wohlstandssteigerungen im globalen Norden sind das Ergebnis eines von der Arbeiter*innenbewegung hart erkämpften, seit den 1970er-Jahren wieder erodierenden Kompromisses, ihnen liegt also immer schon ein Herrschaftsverhältnis zugrunde, das sie zugleich bearbeitbar machen. Die prinzipielle Zustimmung der Arbeiter*innenklasse zu ihrer subalternen Position in der kapitalistischen Gesellschaft wird erkauft mit ihrer begrenzten Teilhabe an dem Reichtum, den diese Gesellschaft hervorbringt, oder zumindest mit einem Teilhabeversprechen, wobei sich mit der Art und Weise der Teilhabe, dem Familienernährer-Modell, die geschlechtsspezifische Arbeitsteilung verfestigt.

Das erklärt die relative Stabilität und Normalität der imperialen Lebensweise, die die kapitalistischen Zentren auch in den sozialen Krisen seit 2008 und in Zeiten einer sich verschärfenden Klimakrise kennzeichnen. Voraussetzung dafür ist freilich die Möglichkeit, die enormen sozial-ökologischen Kosten der vorherrschenden Produktions- und Lebensweise in Raum und Zeit zu externalisieren und für die Nutznießer*innen unsichtbar zu machen. Tatsächlich kann das »Wir« des globalen Nordens, das in sich selbst entlang vielfältiger Gegensätze gespalten ist, seine sozial-ökologischen Existenzbedingungen nur so lange ignorieren, wie die Kosten der imperialen Lebensweise räumlich und zeitlich von anderen getragen werden. Wie wir schon angedeutet haben und in den nächsten Kapiteln noch vertiefen werden, wird dies jedoch umso schwieriger, je mehr die ökologische Krise auch im globalen Norden nicht länger nur über wissenschaftliche Beschreibungen, sondern zunehmend auch als katastrophisches Alltagsphänomen erfahrbar wird. Dann ist eine Reaktion erforderlich: Zeitenwenden werden ausgerufen, Anstrengungen zur Verteidigung oder auch ökologischen Modernisierung einer bedrohten Normalität werden verstärkt. Gleichzeitig, auch darum wird es im Verlauf des Buches gehen, wird die imperiale Lebensweise ausgehend von den Rändern der Gesellschaft auf eine emanzipatorische Weise in Frage gestellt und in ihren zerstörerischen Problemkernen attackiert, um Räume für solidarische Alternativen zu schaffen.

Produktions- und Lebensweise

Der Begriff der imperialen Lebensweise lässt vor allem an eine globale Nord-Süd-Beziehung denken. Ebenso wichtig sind aber die sozialen Verhältnisse in den Gesellschaften des globalen Nordens selbst.[19] Ohne sie lässt sich die systemische Tendenz zur Externalisierung und Normalisierung sozial-ökologischer Kosten nicht begreifen.

So sind die Schaffung und Reproduktion der Akkumulationsbedingungen des Kapitals und die damit einhergehende Bearbeitung des Klassenwiderspruchs im globalen Norden auf die Existenz nicht-kapitalistischer beziehungsweise weniger stark kapitalistisch entwickelter geographischer und sozialer Sphären angewiesen: auf Natur und Arbeitskraft im globalen Süden sowie auf Natur und die unbezahlte Reproduktionsarbeit im globalen Norden selbst. Insofern setzt die »normale« kapitalistische Ausbeutung im globalen Norden die Gestaltung der gesellschaftlichen Naturverhältnisse andernorts voraus. Ohne diese, und das heißt auch ohne eine Aneignung dessen, was in einem kapitalistischen Sinn keinen Wert schafft – Natur, Reproduktionsarbeit – gibt es keine Ausbeutung und damit keine Kapitalverwertung. Feministische Autorinnen haben darauf schon früh hingewiesen. So vergleicht Maria Mies die kapitalistische Ökonomie mit einem Eisberg, von dem nur die Spitze aus Kapital und Lohnarbeit (im globalen Norden) aus dem Wasser ragt, während der große Rest (Reproduktionsarbeit, Natur, Kolonien …) unsichtbar unter der

Wasseroberfläche verbleibt, obwohl er die Spitze trägt, d. h. die Kapitalverwertung und die Ausbeutung der Lohnarbeit im globalen Norden erst ermöglicht.[20]

In der Zeit nach dem Zweiten Weltkrieg haben sich die Lebensbedingungen vieler Lohnabhängiger im globalen Norden verbessert: Als Resultat gesellschaftlicher Auseinandersetzungen etablierte sich eine ressourcen- und emissionsintensive Konsumnorm, die den Arbeiter*innen selbst eine begrenzte Teilhabe am kapitalistisch produzierten Reichtum ermöglichte.[21] Kühlschränke, Radios, Fernseher, Waschmaschinen und andere dauerhafte Konsumgüter sowie industriell gefertigte Lebensmittel fanden Eingang auch in die Haushalte der Subalternen, der von kapitalistischen Unternehmen organisierte Tourismus nahm deutlich zu, das Auto wurde zum wichtigen Mittel der Fortbewegung, seine Produktion erforderte viele Arbeitskräfte, die aufgrund eines hohen gewerkschaftlichen Organisationsgrads vergleichsweise gut entlohnt wurden. Nicht nur die kapitalistische Produktionsweise, sondern auch die Lebensweise der Arbeiter*innenklasse des globalen Nordens wurde dadurch deutlich energie-, material- und emissionsintensiver und damit abhängiger von Rohstoffen und Vorprodukten, die andernorts unter sozial-ökologisch oft destruktiven Bedingungen extrahiert und weiterverarbeitet beziehungsweise hergestellt wurden.[22] Die imperiale Lebensweise, die bis in die erste Hälfte des 20. Jahrhunderts hinein den oberen Klassen vorbehalten war, verallgemeinerte sich gesellschaftlich im globalen Norden auf Kosten von Natur und Arbeitskraft, die zunehmend auch im globalen Süden in Wert gesetzt und ausgebeutet wurden.

Lebensweise bedeutet dabei nicht einfach »Konsum«. Auch kann die Alltagspraxis der Lohnabhängigen nicht einfach als solche von »Konsummonaden« begriffen werden.[23] Konsum ist zweifellos eine zentrale Dimension des Alltags. Aber er lässt sich nur im Kontext kapitalistischer Produktion verstehen. Die viel bemühte Rede von der »Konsumentensouveränität« ist deshalb eine Mär. Konsument*innen sind vielfältigen Einflüssen ausgesetzt, nicht zuletzt seitens kapitalistischer Unternehmen und ihrer Werbestrategien, die auf subtile Weise Bedürfnisse generieren. Sie unterliegen zudem handfesten infrastrukturellen Restriktionen, in denen sich gesellschaftliche Macht- und Herrschaftsverhältnisse materialisieren. Das zeigt sich etwa an dem auf die individuelle Automobilität ausgerichteten Verkehrssystem. In manchen Regionen ist es kaum möglich, sich ohne Auto fortzubewegen. Konsum ist insofern immer zutiefst gesellschaftlich. Daher argumentieren wir bewusst mit dem regulationstheoretischen Begriff der Konsum*norm*,[24] der die Reproduktion der kapitalistischen Produktionsweise in den Alltagsverhältnissen der Arbeiter*innenklasse verstehbar macht.

Die sozial-ökologischen Kosten, die die imperiale Lebensweise verursacht, sind enorm. Sichtbar werden sie dann, wenn sich Katastrophen ereignen: in Form von brennenden Ölplattformen, havarierten Öltankern, eingestürzten Textilfabriken oder geborstenen Dämmen von Rückhaltebecken, die den schwermetallhaltigen Schlamm des Eisenerzbergbaus eigentlich daran hindern sollen, die Ortschaften und Ökosysteme der näheren und ferneren Umgebung unter sich zu begraben. Solche Ereignisse wirken, vor allem wenn sie sich andernorts zutragen, meist nicht lange nach. Sie irritieren die ökonomischen Prozesse und Alltagsroutinen, denen sie geschuldet sind, allenfalls kurzfristig, um dann recht bald in der Erinnerung zu verblassen und schließlich vergessen zu werden. Dazu kommt, dass Katastrophen allenfalls eine Ahnung von der weit weniger spektakulären alltäglichen Gewalt vermitteln, die die vorherrschenden Produktions- und Konsummuster dort verursachen, wo ihre Voraussetzungen geschaffen werden. Rob Nixon hat dies als »slow violence« bezeichnet. Es ist die »Gewalt der zeitverzögerten Wirkungen«,[25] wie sie etwa die giftigen Hinterlassenschaften des Vietnam-Kriegs noch Jahrzehnte nach dessen Ende zeitigen, wie sie durch die in der zweiten Hälfte des 20. Jahrhunderts beschleunigte Extraktion und Verbrennung von fossilen Ressourcen hervorgebracht werden oder wie sie sich toxisch in den Körpern der Arbeiter*innen ausbreiten, die unter Einsatz von gefährlichen Herbiziden auf Plantagen schuften, nachdem sie zuvor gewaltsam von ihrem Land vertrieben wurden.

Es ist wichtig zu betonen, dass es sich bei der gesellschaftlichen Verallgemeinerung der imperialen Lebensweise nicht um eine zwangsläufige Entwicklung oder um das Ergebnis der Strategien aufgeklärter, also den Sinn sozialer Kompromisse verstehender Kapitalfraktionen[26] handelte, sondern um das – nicht intendierte – Resultat langer Auseinandersetzungen um soziale Sicherungssysteme und höhere Löhne. Zudem bedurfte es in den Ländern des globalen Nordens eines Staates, der in der Lage war, die Interessen des Gesamtkapitals nicht nur gegen die Subalternen, sondern auch gegen die oft bornierten und selbstzerstörerischen Interessen einzelner Kapitalfraktionen durchzusetzen.[27] Diese Kämpfe resultierten nicht nur in reproduktionsnotwenigen, gleichzeitig aber rohstoff-, energie- und emissionsintensiven Institutionen und Infrastrukturen (der Energieversorgung, der Mobilität, der Ernährung oder des Wohnens), sondern auch in breit geteilten Vorstellungen von Wohlstand und einem guten Leben. Nur so lässt sich begreifen, warum die imperiale Lebensweise bis heute gesellschaftlich kaum an Attraktivität verloren hat und als Normalität verteidigt wird.

Dabei sind allerdings Differenzierungen angebracht. Wenn sich die fossile Autoindustrie gegen Grenzwerte für Emissionen wehrt, wenn FDP und CDU die Tempolimit-freie Raserei auf deutschen Autobahnen als Bürgerrecht bezeichnen oder wenn die Produktion und Nutzung von SUVs als Ausdruck von unternehmerischer Freiheit und Konsumentensouveränität beschönigt werden, dann handelt es sich um die Verteidigung illegitimer, da auf Kosten anderer gehender Privilegien von Erdzerstörern, wie die betreffenden Personengruppen und Kapitalfraktionen in einem Arte-Film treffend bezeichnet werden.[28] Auch Teile der

Arbeiter*innenklasse nehmen insofern Privilegien in Anspruch, als sie sich etwa auf eine automobile Weise fortbewegen, die global nicht verallgemeinerbar ist. Aber – und dies ist eine Lehre aus den Gelbwesten-Protesten in Frankreich[29] – sie tun dies unter anderen Bedingungen und aus einer anderen Motivation: Die imperiale Lebensweise der Subalternen lässt sich als Nachwirkung vergangener Kämpfe begreifen, als tiefe Spur, die diese im kollektiven Gedächtnis hinterlassen haben, als Institutionalisierung der in ihnen errungenen Kompromisse, als Ausdruck tief sedimentierter Vorstellungen eines guten Lebens ebenso wie als Angewiesensein auf fossilistische Formen des Produzierens, Konsumierens und der Infrastrukturversorgung.[30] Das erdölbasierte Konsummuster ist, so Matt Huber mit Blick auf die USA, eine Hinterlassenschaft »des Klassenkampfes um den ›Lebensstandard‹ und tief eingelassen in die common-sense-Ideologien von Familie, Freiheit, Mobilität und ›American way of life‹«. Die Verfügbarkeit von billigem Öl wird vor diesem Hintergrund zu einer »Frage des ökonomischen Überlebens für die Mehrheit der Arbeiter*innen«.[31]

Das hat durchaus widersprüchliche Implikationen. Wenn die Industriegewerkschaft Bergbau, Chemie, Energie (IGBCE) für eine zeitliche Streckung des Kohleausstiegs eintritt, handelt sie im zweifelsohne nachvollziehbaren Interesse der Bergbau-Beschäftigten am Erhalt ihrer Arbeitsplätze. Aber dieses Interesse ist nicht universalisierbar. Es zu bedienen, bedeutet, mit der Verbrennung von Braunkohle fortzufahren und damit die Klimakrise zu verstärken. Das aber geht zulasten anderer in Raum und Zeit. Damit machen wir kein moralisches Argument, werfen also den Bergleuten oder der IGBCE nicht vor, bornierte Interessen zu verfolgen. Auch bagatellisieren wir nicht die harten, gefährlichen und der Gesundheit abträglichen Arbeitsbedingungen im Bergbau, also die strukturelle, ins Physische ausschlagende Gewalt des kapitalistischen Produktionsprozesses.[32] Lohnabhängige im globalen Norden sind strukturell und dennoch auf sehr unterschiedliche Weise in die imperiale Lebensweise integriert. Und sie stehen dabei in hierarchischen Verhältnissen. Sie werden ausgebeutet, erfahren häufig Unterdrückung und Verachtung, aber auch Handlungsfähigkeit und Sinnstiftung. Dabei ist die lohnarbeitende Klasse aufgrund unterschiedlicher Lebenslagen – aufgrund von Einkommen, Bildung, Geschlecht, Herkunft und Stellung im Produktionsprozess – gespalten. Und diese Spaltung wird von oben, also von den herrschenden Kräften, aktiv betrieben. Gemeinsame Bedürfnisse, Interessen sowie Machtpositionen im Klassenkampf müssen bewusst geschaffen und auch von den Subjekten gewollt werden.[33] Welche Konsequenzen im Alltag oder auch im Hinblick auf politische Orientierungen daraus gezogen werden, ist eine offene Frage.

Darin liegt die Ambivalenz der imperialen Lebensweise aus der Perspektive der Arbeiter*innenklasse im globalen Norden. Sie ist gleichzeitig Teilhabeversprechen und Zwang, dem sich die Lohnabhängigen aufgrund ihres subalternen Status in einer kapitalistischen Gesellschaft nicht entziehen können und der ihr Leben und ihre Gesundheit beeinträchtigt.

In der imperialen Lebensweise manifestiert sich zudem eine Entfremdung von den natürlichen Lebensgrundlagen: Je stärker der Produktionsprozess in kleinste Abschnitte unterteilt wird, je weniger der Gesamtprozess aus der Perspektive der Einzelnen also zu durchschauen ist und je mehr die Unmöglichkeit, etwas anderes zu produzieren, in eine inflexible Maschinerie eingeschrieben ist, desto unsichtbarer wird aus Sicht der einzelnen Lohnabhängigen die Angewiesenheit der industriellen Produktion und Dienstleistungen auf natürliche Kreisläufe und die Vorleistungen von andernorts. Deren Unterbrechung beziehungsweise Abwertung und Aneignung lässt sich folglich umso leichter aus dem Bereich der Alltagserfahrungen verdrängen, mit anderen Worten: symbolisch externalisieren. Die Grundbedingung des »environmentalism of the poor«[34] – nämlich eine Produktions- und Lebensweise, die nicht aus Altruismus oder aus einem Naturschutzdenken heraus ökologisch reflexiv ist, sondern weil die Berücksichtigung der

Reproduktionsnotwendigkeiten von Natur ihre Existenzbedingung darstellt – wird damit außer Kraft gesetzt.[35]

Gleichzeitig – auch dies gehört zur Ambivalenz der imperialen Lebensweise – stellt sich diese Grundbedingung in anderer Form wieder her: in Gestalt von monotonen, belastenden und gesundheitsgefährdenden Arbeitsbedingungen etwa in tayloristisch durchorganisierten Fabriken und in Gestalt von lebensweltlichen Gefährdungen der Arbeiter*innenfamilien durch die Umweltverschmutzung in den Zentren von Produktion und Extraktion des globalen Nordens. Die intrinsische Verbindung von Klassenherrschaft und einem im nationalen wie internationalen Maßstab zerstörerischen Naturverhältnis, die ansonsten von der imperialen Lebensweise überlagert wird, bricht sich hier Bahn. Und damit deutet sich auch die Möglichkeit (wenn auch keineswegs Zwangsläufigkeit) eines »working-class environmentalism« an:[36] Arbeiter*innen kämpfen gemeinsam mit ökologischen und feministischen Bewegungen dafür, dass die Produktion und die Erbringung von Dienstleistungen nicht länger einer sozial-ökologisch destruktiven Profitlogik folgt, sondern sich an gesellschaftlichen Bedürfnissen und ökologischen Restriktionen orientiert.

Exemplarisch zeigte sich diese Orientierung im Kampf der Beschäftigten des britischen Rüstungsunternehmens Lucas Aerospace in den 1970er-Jahren: Der Widerstand gegen eine menschenfeindliche, die Kontrolle des Kapitals über die Arbeit perfektionierende Technologie ging darin einher mit der Forderung, das Unternehmen von der Rüstungsproduktion auf die Herstellung sozial-ökologisch sinnvoller Produkte – Wärmepumpen, Windkraftwerke oder medizinische Geräte – umzustellen.[37] Dass der »Lucas-Plan« letztlich scheiterte, kann nicht darüber hinwegtäuschen, dass er heute aktueller ist denn je und einen wichtigen Bezugspunkt für alle Kämpfe darstellt, die in der Überwindung von Herrschaft im Klassen- und Geschlechterverhältnis eine Voraussetzung für ein Ende der Naturzerstörung sehen (siehe Kapitel 7).

Die Klassenfrage und das Nord-Süd-Verhältnis

Der Zusammenhang von Externalisierung und Entfremdung sowie die Ambivalenz von Attraktivität und Abhängigkeit (von) einer ressourcen- und emissionsintensiven Produktions- und Lebensweise konsolidierten sich in der zweiten Hälfte des 20. Jahrhunderts. Sie wirken bis heute. In ihren stofflichen und energetischen Dimensionen ermöglicht wurden sie durch die dominante Stellung der früh industrialisierten Länder im kapitalistischen Weltsystem. Diese Dominanz versetzte die herrschenden Klassen in den Ländern des globalen Nordens in die Lage, die gesellschaftlichen Natur- und sozialen Herrschaftsverhältnisse sowohl innergesellschaftlich als auch andernorts in ihrem Sinn zu gestalten und die sozial-ökologischen Kosten einer ressourcen- und emissionsintensiven Produktions- und Lebensweise zu externalisieren.

Mit dem Konzept der imperialen Lebensweise relativieren oder negieren wir folglich nicht den Klassenwiderspruch im globalen Norden zugunsten der Annahme eines alles überlagernden Nord-Süd-Konflikts. Im Gegenteil, es ist gerade die *Existenz* des Klassenwiderspruchs, genauer: seine Bearbeitung durch eine von den Lohnabhängigen selbst erkämpfte politische und materielle Teilhabe, die als ein zentrales Moment der Verursachung und Externalisierung sozial-ökologischer Kosten begreifbar wird.

Auch die Frage, ob wir einen Begriff von Externalisierung und ungleichem Tausch überhaupt brauchen, um die Produktions- und Lebensweise des globalen Nordens zu begreifen, oder ob Letztere nicht vielmehr der höheren Arbeitsproduktivität und den Klassenkämpfen in den kapitalistischen Zentren geschuldet ist,[38] erscheint uns müßig. Sie ist nur unter der Voraussetzung sinnvoll, dass die stoffliche Seite der Transfers zwischen dem globalen Süden und dem globalen Norden vernachlässigt wird. Sobald man diese Seite aber – und darauf kommt es uns an – in Rechnung stellt, wird der *ökologisch* ungleiche Tausch als *Voraussetzung* der Produktivkraftentwicklung im globalen Norden sichtbar, und zwar insofern, als die Materialien und die Energie, mit denen Maschinen hergestellt und angetrieben werden, aus dem globalen Süden kommen: Derselbe Prozess, der die Lebensbedingungen in dem einen Teil der Welt durch die Extraktion von Metallen, Mineralien oder fossilen Rohstoffen untergräbt, ermöglicht in dem anderen Teil die Erhöhung von Arbeitsproduktivität und -intensität, die Senkung der Reproduktionskosten der Arbeitskraft, die Steigerung des relativen Mehrwerts.[39]

Wie Alf Hornborg betont, haben die technologisch fortgeschrittenen Sektoren des Weltsystems die Ausbeutung ihrer eigenen Arbeiter*innen intensiviert, indem sie »gleichzeitig die Rate der Nettoressourcenimporte von anderswo gesteigert haben«.[40] Die kapital- und materialintensive Produktion, idealtypisch verkörpert im Fließband, war ein Instrument der Disziplinierung. Sie unterwarf die Arbeiter*innen im selben Maße der Kontrolle des Kapitals, wie sie Energieeinsatz und Materialverbrauch steigerte. »Menschliche Arbeit wird durch fossile Energie und Maschinen ersetzt, Arbeiter*innen werden dem Takt der Maschinen unterworfen.«[41]

Die konstitutive Rolle zu berücksichtigen, die die Klassenverhältnisse in den fortgeschrittenen kapitalistischen Gesellschaften für die Vertiefung und Reproduktion der imperialen Lebensweise spielen, hat auch Implikationen für unser Verständnis der Begriffe »globaler Süden« und »globaler Norden«. Wir begreifen diese nicht nur als internationale beziehungsweise territoriale Kategorien, sondern auch in ihren innergesellschaftlichen Ausprägungen: Der Nord-Süd-Gegensatz prägt die sozialen und räumlichen Strukturen nahezu aller Gesellschaften. Insofern gehen wir nicht vereinfachend vom sozial-räumlich integrierten globalen Norden und dem in der Funktion von Extraktion und Überausbeutung gehaltenen globalen Süden aus.[42] Aber wir betonen, dass sich die sozial-räumlichen Ungleichheiten im Norden von denen im Süden insofern unterscheiden, als sie wohlfahrtsstaatlich und infrastrukturell in weitaus stärkerem Maße abgefedert werden.[43] Sie sind in –

durchaus brüchige und in jüngerer Zeit erodierende – soziale Kompromisse eingebettet, die ebenso das Resultat vergangener Klassenkämpfe sind, wie sie sich der dominanten Position der früh industrialisierten Länder in der geopolitischen Konkurrenz verdanken, sprich: dem Imperialismus.

Umgekehrt ist es auch die subalterne Stellung der Länder des Südens in eben dieser imperialistischen Weltordnung, die dort eine wohlfahrtsstaatliche und einigermaßen zivilisierte Bearbeitung der sozial-räumlichen Widersprüche blockiert.[44] Die asymmetrischen Auswirkungen der Coronapandemie und der höchst ungleiche Zugang zu Impfstoffen haben dies in jüngerer Zeit unterstrichen. Insofern sind die sozial-räumlichen Widersprüche des Nordens nicht nur qualitativ andere als die des Südens. Vielmehr bedingen sich die unterschiedlichen Qualitäten auch wechselseitig. Wenn dem aber so ist, dann spricht vieles dafür, an den Bezeichnungen »Norden« und »Süden« auch als territorialen Kategorien festzuhalten. Die Fragmentierung des kapitalistischen Weltsystems in Nationalstaaten, die unter ungleichen Bedingungen miteinander konkurrieren, ist für die Bildung sozialer Kompromisse ebenso essenziell wie für die Bearbeitung der Widersprüche zwischen unterschiedlichen Kapitalfraktionen.[45]

Im Folgenden wollen wir in Diskurse wie jenen über die Zeitenwende intervenieren und die zerstörerischen Voraussetzungen für die Normalitäten offenlegen, die darin suggeriert werden. Das ist deshalb wichtig, weil diese Diskurse zutiefst eurozentrisch sind und weil die Politiken, denen sie den Weg bahnen, der Tiefe und Reichweite der gegenwärtigen Umbrüche in keiner Weise gerecht werden. Im Gegenteil: Anstatt die für immer mehr Menschen existenzgefährdenden Krisen einzudämmen, drohen sie diese zu verschärfen. Es bedarf deshalb der Arbeit an alternativen Analysen und Erzählungen, die die Herrschaftsförmigkeit nicht nur der Krisen selbst, sondern auch der dominanten Formen ihrer Bearbeitung offenlegen und damit die Voraussetzungen dafür schaffen, Alternativen überhaupt erst denken zu können.

Kapitel 3

Chronologien einer Krise

> Nach meiner Auffassung ist Geschichte in ihrer besten Form die subversivste Disziplin, insofern sie uns sagen kann, wie Dinge, die wir für selbstverständlich halten, entstanden sind.
>
> *James Scott*[1]

Es gilt mittlerweile als weitgehend gesichert, dass die Menschheit in ein neues Erdzeitalter eingetreten ist. Dieses wird als »Anthropozän« bezeichnet – das Menschenzeitalter. Spätestens seit der »großen Beschleunigung« des Ressourcenverbrauchs und der Umweltbelastung, wie sie Mitte des 20. Jahrhunderts einsetzte, ist das Handeln von Menschen »zu einem der wichtigsten Einflussfaktoren auf die biologischen, geologischen und atmosphärischen Prozesse auf der Erde«[2] geworden. Und nicht nur das: Die Menschheit überschreitet dabei jene natürlichen »planetaren« Grenzen, deren Einhaltung eine Existenzbedingung menschlichen und nicht-menschlichen Lebens auf der Erde ist. Die Erdsystemwissenschaften haben den Begriff des Anthropozäns popularisiert. In jüngerer Zeit ist er aber auch von anderen Disziplinen wie der Geschichtswissenschaft aufgegriffen worden. Es handelt sich also um ein wirkmächtiges Narrativ, das wir zu Beginn dieses Kapitels auf seinen kritischen Gehalt ebenso wie auf seine Begrenzungen untersuchen möchten.

Anschließend wenden wir uns der soziologischen These der »nachhaltigen Nicht-Nachhaltigkeit« zu. Diese versucht zu verstehen, warum trotz der alarmierenden Befunde der Erdsystemwissenschaften, des immer genaueren Wissens über die ökologische Krise und der zunehmenden alltäglichen Erfahrbarkeit letzterer nicht-nachhaltige Politiken und gesellschaftliche Praxen derart beständig sind oder sich sogar noch intensivieren.

Die sozial-ökologische Ungleichheitsforschung ist der dritte Ansatz, den wir erörtern möchten. Sie schlüsselt die im Anthropozän-Diskurs populäre Figur der »Menschheit« auf und nimmt die ungleiche Verteilung von Verantwortung und Betroffenheit im Hinblick auf die ökologische und insbesondere die Klimakrise in den Blick.

Viertens befassen wir uns mit historisch-materialistischen Krisendiagnosen. Sie identifizieren den fossilen und kolonialen Kapitalismus, wie er sich im 19. Jahrhundert durchgesetzt hat, als den Problemkern der heutigen Krisen. Folglich sprechen sie nicht vom Anthropozän, sondern vom »Kapitalozän« und konzipieren historische Nord-Süd-Verhältnisse unter anderem mit dem Begriff der »ökologischen Verschuldung«.

Vor diesem Hintergrund ordnen wir unseren Ansatz der imperialen Lebensweise ein. Wir legen den Fokus insbesondere darauf, dass die kapitalistische Ökonomie für ihre dynamische Existenz ein Außen benötigt und dass ihre treibenden Kräfte dieses Außen tendenziell zerstören. Damit verbinden wir unser Verständnis des Imperialismus und entwickeln am Ende eine zentrale Überlegung, warum die aktuelle Krise nur unzureichend bearbeitet wird.

Die Erörterung dieser Debatten soll uns helfen, die Dramatik der gegenwärtigen Situation als Verschränkung von Krisenprozessen zu begreifen, die auf sehr unterschiedlichen Zeitebenen ablaufen: der geologischen Zeitebene, der Zeitebene der kapitalistischen Produktionsweise und der Zeitebene des »Postfordismus«, also jener kapitalistischen Formation seit den 1970er-Jahren, deren Grenzen sich seit der Finanzkrise 2008/2009 immer deutlicher zeigen. Unser Argument ist, dass sich die sozial-ökologischen Krisenphänomene unter den Vorzeichen des Kapitalismus nicht mehr bearbeiten lassen. Gleichzeitig kann Letzterer nicht einfach überwunden werden, weil er vermittelt über die imperiale Lebensweise tief in den gesellschaftlichen Orientierungen, Alltagspraxen, sozialen Kräfteverhältnissen, Infrastrukturen und Institutionen verankert ist. Diese widersprüchliche Konstellation bildet den Hintergrund für die in den dann folgenden Kapiteln genauer zu untersuchenden Kämpfe und Krisenstrategien.

»Die Menschheit« im Anthropozän

Mit dem Konzept der »planetaren Grenzen« hat eine Gruppe aus Wissenschaftler*innen um Johan Rockström 2009 einen mittlerweile mehrfach aktualisierten Rahmen vorgelegt, der die Veränderungen des Erdsystems und seiner Einzelbereiche abbildet. Ihren Befunden zufolge haben mehrere biophysische Prozesse, die die Stabilität der lebensnotwendigen Erdsysteme regulieren, ihren »sicheren Handlungsraum« *(safe operating space)* bereits verlassen, also jene Belastungsgrenzen überschritten, innerhalb derer der Planet in einem stabilen Zustand funktioniert. Dabei handelt es sich um den Klimawandel, den Biodiversitätsverlust, den Süßwasserverbrauch, Landnutzungsänderungen, die Störung des Stickstoffzyklus und die Einbringung neuer Substanzen wie etwa Atommüll, Pestizide oder Mikroplastik in die Umwelt.[3]

Diese alarmierenden Entwicklungen sind nicht auf natürliche Veränderungen zurückzuführen, sie sind vielmehr anthropogen, also von Menschen gemacht. Deshalb steht ihre Diagnose in einem engen Zusammenhang mit der bereits zu Beginn der 2000er-Jahre formulierten These, dass die Menschheit in ein neues Erdzeitalter, das Anthropozän, eingetreten ist.[4] Im Unterschied zum Holozän, also jener Warmzeit, die vor fast 12.000 Jahren begann und den Hintergrund für das Sesshaftwerden von Menschen und das Entstehen menschlicher Zivilisationen bildete, ist das Anthropozän dadurch gekennzeichnet, dass die Menschheit sich zu einem geophysischen Einflussfaktor entwickelt hat.[5] Der

Mensch hat die natürlichen Systeme in einem Ausmaß verändert, »dass sie nicht mehr als ›natürlich‹ betrachtet werden können« und dass die Folgen der Veränderungen nun negativ auf ihre Urheber zurückwirken.[6]

Das ist eine historisch völlig neuartige Situation. Die Menschheit ist erstmals damit konfrontiert, dass die stabilen Hintergrundbedingungen ihrer Geschichte aufgrund menschlichen Handelns in Bewegung geraten und sich die Lebensbedingungen auf der Erde grundlegend verändern.

Grundsätzlich ist die Frage, wie sich epochale Kontinuitäten und Brüche auf das menschliche Handeln auswirken, für die Geschichtswissenschaft nicht neu. Schon lange bevor die Erdsystemwissenschaften über das Anthropozän und das Überschreiten planetarer Grenzen zu forschen begannen, hat der Historiker Fernand Braudel zwischen verschiedenen Zeitlichkeiten beziehungsweise zeitlichen Ebenen unterschieden: dem kurzen Zeitablauf oder dem *Ereignis*, dessen »täuschender Rauch [...] das Bewußtsein der Zeitgenossen« erfüllt, ohne lange vorzuhalten;[7] der *Konjunktur* oder dem Zyklus, das heißt einer (wirtschaftlichen) Entwicklungsphase, die sich über mehrere Jahrzehnte erstrecken kann; und der langen Dauer *(longue durée)* oder *Struktur*, die den Prozessen auf der Ereignis- und Konjunkturebene über mehrere Jahrhunderte hinweg bei allen Veränderungen eine gewisse Kohärenz verleiht.[8] Ein Beispiel für die Ebene der Struktur, der Braudels vorrangiges Interesse galt, ist der westeuropäische Handelskapitalismus des 15. bis 18. Jahrhunderts. Die ihn konstituierenden Elemente waren neben den innergesellschaftlichen und kolonialen Beziehungen – und mit diesen interagierend – auch die biologischen und geographischen Bedingungen: das Klima, die Vegetation, die Siedlungsstruktur oder die Verkehrsinfrastrukturen. Die Ebene der Struktur und der langen Dauer zu fokussieren und sie in diesem umfassenden Sinn zu begreifen, bedeutete also auch, die Aufmerksamkeit auf die gesellschaftlichen Beziehungen zur Natur zu richten.

Insofern gingen Braudel und die Umweltgeschichte nach ihm, wie Dipesh Chakrabarty bemerkt, über eine Geschichtsschreibung hinaus, die »die Umwelt einfach als stille und passive Kulisse für ihre historischen Narrative« behandelte.[9] Was Braudel jedoch fremd war, war der Gedanke, dass die natürlichen Bedingungen sich als Folge menschlichen Handelns rapide verändern und katastrophisch in die Ereignisgeschichte einbrechen würden. Struktur meinte in Braudels Denken »eine Realität, die von der Zeit wenig abgenutzt und sehr lange fortbewegt wird«, eine »verlangsamte [...] Zeit, die manchmal fast an der Grenze von Bewegung überhaupt steht«.[10] Dass Elemente der Struktur aufgrund der von Menschen verursachten Veränderungen in Bewegung geraten und ihrerseits zu sich häufenden Katastrophenereignissen werden könnten, war in seiner Vorstellung nicht vorgesehen. Genau dies ist aber die Situation, in der wir uns befinden beziehungsweise der wir uns mit dem Überschreiten der Kipppunkte des Klimasystems bedrohlich schnell annähern.[11] Chakrabarty schreibt: »Was wir für den – in menschlicher Zeit – unbeweglichen Hintergrund menschlichen Handelns gehalten haben, ist dabei, sich aufgrund menschlichen Handelns zu verändern, und gefährdet die Menschheit.«[12]

Der Beginn des Anthropozäns wird – das scheint sich als wissenschaftlicher Konsens herauszubilden – auf die Mitte des 20. Jahrhunderts datiert. Für diesen Zeitpunkt votierte 2016 eine damit betraute Arbeitsgruppe, die *Anthropocene Working Group*.[13] Diese Datierung ist kein Zufall: Die Mitte des 20. Jahrhunderts markiert den Beginn einer auch als »große Beschleunigung« bezeichneten »Periode des dramatischen und beispiellosen Wandels in der Menschheitsgeschichte«, in der zahlreiche geologisch, biologisch und atmosphärisch relevante Parameter enorm in die Höhe schießen: Bevölkerung, Verkehrsaufkommen, Urbanisierung, Bruttoinlandsprodukt, Wasserverbrauch, Einsatz von Dünger etc.[14] Die jüngsten Forschungen der *Anthropocene Working Group* haben die geologischen Folgen dieser Entwicklung nachgewiesen. Demnach lassen sich zwar für Großbritannien und das übrige nördliche Europa die Spuren der Verbrennung fossiler Rohstoffe in den Sedimenten bereits für das frühe 19. Jahrhundert nachweisen. Wie Bohrungen an zwölf verschiedenen Orten der Welt ergeben haben, ist dies im globalen Maßstab aber erst seit der Mitte des 20. Jahrhunderts der Fall.[15]

Aus einer sozialwissenschaftlichen Sicht entscheidend ist neben der Frage des Beginns vor allem die nach der *Verursachung* des Anthropozäns und, damit zusammenhängend, der sozialen Verhältnisse, in denen die biophysischen Prozesse über die Grenzen ihres sicheren Handlungsspielraums katapultiert wurden. Diesbezüglich hat, wie bereits in der Einleitung gezeigt, der Diskurs der Erdsystemwissenschaften Nachholbedarf. Zentrale Debattenbeiträge lassen die sozialen Verhältnisse, die das Anthropozän hervorgebracht haben, im Abstraktum »Mensch« beziehungsweise »Menschheit« verschwinden: »[D]ie Effekte von *Menschen* auf die globale Umwelt sind eskaliert«,[16] »die *Menschheit selbst* ist zu einer globalen geophysischen Kraft geworden«.[17] Es scheint, so Andreas Malm und Alf Hornborg in ihrer kritischen Analyse des Anthropozän-Narrativs, als sei das Überschreiten planetarer Grenzen die Folge einer evolutorischen Entfaltung menschlicher Potenziale, im Hinblick auf die Klimakrise vor allem der Fähigkeit, das Feuer zu manipulieren, die zwangsläufig in der großmaßstäblichen Verbrennung fossiler Energieträger resultierte.[18]

Erst seit kurzem zeichnet sich in den Erdsystemwissenschaften eine höhere Sensibilität für die *gesellschaftlichen* Dimensionen der ökologischen Krise ab, und zwar derart, dass die Spezies »Mensch« gleichsam disaggregiert und die ungleiche Verteilung von Verantwortung und Betroffenheit in den Blick genommen wird. So verweisen Johan Rockström und seine Co-Autor*innen in einer Veröffentlichung aus dem Jahr 2021 auf das Gerechtigkeitsproblem, das darin liege, dass die wohlhabenden Gesellschaften mit ihrem hohen Konsumniveau die Stabilität der lebensnotwendigen Erdsysteme in besonderem Maße bedrohten. Dagegen trügen diejenigen, die von den Umweltveränderungen am stärksten betroffen seien, am wenigsten zu ihrer Verursachung bei und verfügten über die geringste Resilienz und Anpassungsfähigkeit.[19] Zudem wird angemerkt, dass die besondere Vulnerabilität der ärmeren Bevölkerungsgruppen in ungerechten sozialen Strukturen, Einstellungen und Governance-Systemen gründe. Die »große Beschleunigung«, so konstatiert eine Autor*innengruppe um Crelis F. Rammelt, zeichne sich durch eine ebenso »große Ungleichheit« in der Nutzung und Schädigung der Umwelt aus. Der gerechte und zugleich ökologisch tragfähige Zugang zu Energie, Wasser, Nahrung und den lebensnotwendigen Infrastrukturen, also zu jenen Leistungen und Versorgungssystemen, wie sie in den *Sustainable Development Goals* der UNO benannt werden, erfordere deshalb neben technologischen Änderungen und Verhaltensänderungen auch eine Begrenzung des Überkonsums der Reichen und eine faire Umverteilung von Ressourcen.[20]

Über die Tiefe und Form der nötigen Veränderungen ist damit gleichwohl noch nichts gesagt. Dazu bedürfte es einer genaueren Analyse der konkreten Mechanismen, die die Produktion und den Konsum über ein ökologisch verträgliches Maß hinaustreiben und die höchst ungleiche Verteilung der Folgen ökologischer Grenzüberschreitungen vermitteln.[21] Ohne eine solche Analyse vermögen die eindringlichen Schilderungen der dramatischen Zuspitzung der ökologischen Krise seitens der Erdsystemwissenschaften zwar durchaus aufzurütteln. Sie verfehlen aber, wie Christoph Görg zutreffend bemerkt, eine wesentliche Problemdimension: »Einerseits soll die Notwendigkeit und Dringlichkeit politischen Handelns eindrücklich untermauert werden, andererseits kümmert sich die Debatte überhaupt nicht darum, warum bisher keine irgendwie adäquate politische Reaktion erfolgt ist. Dem Anthropozän fehlt eine Debatte über ›den Anthropos‹, genauer: Über die gesellschaftliche Dynamik, die der *great acceleration* zugrunde liegt wie auch über die Probleme einer politischen Gestaltung.«[22]

Letztlich lässt sich diese Auslassung auf ein Paradoxon zurückführen: Das Anthropozän-Narrativ *denaturalisiert* Natur, es macht sie als vom Menschen gestaltete verständlich und zeigt gleichzeitig die Grenzen und kaum mehr beherrschbaren Folgen der menschlichen Naturgestaltung auf.[23] Gleichzeitig *naturalisiert* es aber die gesellschaftlichen Verhältnisse, unter denen Menschen auf Natur einwirken. Es hat keinen Begriff von Gesellschaft, ist also blind für die Tatsache, dass Menschen je nach der Gesellschaft, in der sie leben, sehr unterschiedlich mit der Natur umgehen.

Keine Frage: Menschen befinden sich qua Existenz in einem Stoffwechsel mit der außermenschlichen Natur. Sie müssen sich Natur mittels Arbeit aneignen und sie dabei transformieren, um ihre Bedürfnisse befriedigen, um sich ernähren, sich kleiden und wohnen zu können. Der Arbeitsprozess, aus dem konkrete Gebrauchswerte für menschliche Bedürfnisse hervorgehen, ist folglich eine »ewige Naturbedingung des menschlichen Lebens und daher unabhängig von jeder Form dieses Lebens, vielmehr allen seinen Gesellschaftsformen gleich gemeinsam«.[24] Jedoch kann die Aneignung und Transformation von Natur mittels Arbeit sehr unterschiedliche gesellschaftliche Formen annehmen. Sie kann *mit* der Natur arbeiten, sich also an deren reproduktiven Notwendigkeiten orientieren. Sie kann sich aber auch über diese hinwegsetzen und große und irreversible Naturzerstörungen in Kauf nehmen – etwa im Bestreben, das Wirtschaftswachstum um jeden Preis zu steigern.

Diese zentrale Bedeutung des gesellschaftlichen Charakters beziehungsweise der *gesellschaftlichen Form* der Naturaneignung bleibt im Anthropozän-Narrativ unterbelichtet. Wie die Menschen auf ihre *äußere* Natur einwirken, scheint in diesem Narrativ weniger in den gesellschaftlichen Verhältnissen, als vielmehr in einer davon unberührten inneren Natur des Menschen angelegt zu sein. Die äußere Natur des Anthropozäns ist demnach das Resultat menschlicher Einwirkung, die im Neolithikum begann, die mit der industriellen Revolution intensiviert wurde und deren Bedrohlichkeit für die Fortdauer menschlichen Lebens auf die

»große Beschleunigung« ab Mitte des 20. Jahrhunderts zurückzuführen ist. Als treibende Kraft wird die dem *homo sapiens* innewohnende Fähigkeit gesehen, sich Natur anzueignen, sie im Sinne der Befriedigung seiner Bedürfnisse zu transformieren und dabei seine eigenen, technischen Kapazitäten immer weiter zu entwickeln – leider, aber unvermeidlich, über den Punkt hinaus, an dem diese Fähigkeit in Selbstzerstörung umzuschlagen droht. Diese Geschichte wurde vor allem in den westlichen Gesellschaften so oft wiederholt, dass wir vergessen haben, dass sie eben nur das ist: eine Geschichte.

Als Ausweg aus den ökologischen Krisen verbleibt in diesem Narrativ der Versuch, die Evolution in Richtung Selbsterhaltung umzulenken, also institutionelle Anpassungen vorzunehmen, Katastrophenmanagement zu betreiben und großtechnologische, die Sonneneinstrahlung auf die Erde vermindernde oder die CO_2-Absorptionsfähigkeit von Ökosystemen steigernde Lösungen (Geoengineering) zu entwickeln. Schon in seinem programmatischen *Nature*-Artikel von 2002 schrieb Paul Crutzen, dass das Umwelt-Management im Anthropozän »international akzeptierte, groß-maßstäbliche Geoengineering-Projekte« beinhalten könne.[25] Seitdem wurden einschlägige Forschungen intensiviert und Experimente etwa zur Düngung von Ozeanen durchgeführt, um deren Fähigkeit, CO_2 aufzunehmen, zu vergrößern. Diskutiert wird auch, inwieweit sich die Sonneneinstrahlung auf die Erde etwa durch das Ausbringen von Schwefelpartikeln in der Stratosphäre abschwächen ließe.[26] Das alles ist sowohl im Hinblick auf seine Wirksamkeit als auch wegen der möglichen Nebenwirkungen höchst fragwürdig. Dennoch dürften entsprechende Forschungs- und Entwicklungsanstrengungen in dem Maße intensiviert werden, wie das 1,5-Grad-Ziel durch die Reduktion von Treibhausgasemissionen allein unerreichbar wird.[27] Geoengineering will die Symptome der Krise abmildern. Es handelt sich um den Versuch, ein gesellschaftliches Problem technologisch zu bearbeiten. Im Prinzip wird also dieselbe Rationalität der Naturbeherrschung, die die Krise hervorgebracht hat, in den Dienst ihrer Bearbeitung zu stellen versucht. Das gilt auch für die bestehenden Institutionen und die vorherrschenden Produktions- und Konsummuster. Sie sollen zwar verändert werden, ihre grundlegende Infragestellung verbleibt im Anthropozän-Narrativ aber außerhalb des Denkhorizonts. »Kurz, die Produktivkräfte (Wissenschaft und industrielle Technologie) gelten als die einzig möglichen Werkzeuge, um die Irrtümer zu verstehen und zu reparieren. Das System selbst steht nicht in Frage; seine Gender-, Klassen-, rassifizierten und räumlichen Ungleichheiten sind entweder unsichtbar oder irrelevant: Kein Paradigmenwechsel ist nötig.«[28]

Der gerade zitierte Erik Swyngedouw hat diese Einschränkung von Möglichkeitsräumen als »Post-Politik« bezeichnet.[29] Es handelt sich um ein weiteres Paradoxon, das sich aus dem der (De-)Naturalisierung ergibt: Wenn die gesellschaftlichen Naturverhältnisse bestimmten angenommenen Zwangsgesetzlichkeiten unterliegen und insofern gar keine *gesellschaftlichen* Verhältnisse mehr sind, sondern bloße Entfaltungen eines evolutorischen Potenzials, dann ist die Schließung politischer Möglichkeitsräume die zwangsläufige Konsequenz. Die Anthropozän-Debatte gerät durch diese Grundannahme unwillentlich in eine »paradoxe Beziehung zwischen einem apokalyptischen ökologischen Denken auf der einen und dem institutionellen Status quo auf der anderen Seite […] Den fundamentalen Herausforderungen, vor die das Anthropozän die Organisation der Gesellschaften stellt, wird paradoxerweise mit vielen derselben Institutionen begegnet, die die jüngste Eroberung der natürlichen Welt durch die Menschen erst ermöglicht haben.«[30]

Nachhaltige Nicht-Nachhaltigkeit

In der soziologischen Ökologie-Debatte finden sich Positionen, die den Erdsystemwissenschaften an dieser Stelle Wasser in den Wein gießen, die also die Veränderungspotenziale der bestehenden Institutionen und den Veränderungswillen der Menschen skeptisch beurteilen. Prominent vertreten Ingolfur Blühdorn und seine Kolleg*innen die These der »nachhaltigen Nicht-Nachhaltigkeit«.

Ihre Grundfrage lautet, warum sich trotz intensiver öffentlicher Debatten und Bekenntnisse zu einem grundlegenden sozial-ökologischen Umbau nichts Substanzielles bewegt beziehungsweise die Bewegung in die falsche Richtung geht: Im Gegensatz zur öffentlichen Politisierung des Klimathemas würden, so Blühdorn, die gesellschaftlichen Mehrheiten und die von ihnen gewählten Regierungen sich immer mehr vom Projekt der Nachhaltigkeit verabschieden. Denn jenseits von Protestbewegungen und Reformprojekten sei ein »Weiter-So faktisch offenbar nicht nur eine Option [...], sondern das demokratisch legitimierte Prioritätsprojekt moderner Konsumgesellschaften – ganz egal, ob das so offen artikuliert wird oder nicht«.[31] An der wachstumsfixierten Moderne, die Freiheit ermögliche oder zumindest verspreche, wird festgehalten. Dafür müssen Klima- und Umweltgesetze am Ende ineffektiv sein und Geflüchtete von den Wohlstandsinseln ferngehalten werden. Entsprechend müsse man heute von »simulativer Demokratie« sprechen, deren hauptsächliche Funktion darin bestehe, soziale Ungleichheit, Exklusion und ökologische Zerstörung abzusichern, politisch zu organisieren und zu legitimieren.[32]

Blühdorn nimmt vor allem die Subjekte in den Blick. Der Anspruch an Aufklärung und Selbstbestimmung komme bei diesen mehrheitlich an ihre Grenzen oder werde aktiv aufgegeben, weil es einer starken Minderheit der Weltbevölkerung vor allem um eine Verteidigung des Status quo gehe. Individuelle Freiheit und »die Befreiung aus Verantwortungen, Verpflichtungen, Beschränkungen und Prinzipien«[33] seien vielen Menschen wichtiger als ökologisch gebotene Begrenzungen. Statt Befreiung aus der selbstverschuldeten Unmündigkeit, politische Aushandlung und bessere Argumente im Hinblick auf die ökologische Krise, das heißt einer Emanzipation erster Ordnung, gehe es heute um »die *Befreiung* aus eben *der Mündigkeit*«, eine Emanzipation zweiter

Ordnung: Mit der Absage an die Verbindlichkeit der bürgerlich-idealistischen Vorstellungen von Zivilisierbarkeit, Verantwortung, Würde und Autonomie könne die imperiale Lebensweise gelebt und gerechtfertigt werden.[34]

Die heute vorherrschenden Prioritäten »Unsere Freiheit, unsere Werte, unser Lebensstil« kämen tendenziell den »Mehrfachprivilegierten« zugute, während die weniger Privilegierten zunehmend den rechtspopulistischen Versprechen auf den Leim gingen und der rechtspopulistischen Revolte Resonanz und mehrheitsdemokratische Legitimität verschafften.[35] Das führt Blühdorn zur provokanten These einer Art »Komplizenschaft«, denn für ihn drängt sich der Verdacht auf, »dass der unmoralische und entzivilisierte Pöbel hier vielleicht eine dreckige Arbeit übernimmt, die das gepflegte Bürgertum zwar weit von sich weist, die ihm aber doch unverzichtbar ist«.[36] Auch sieht er eine »stille Allianz« verschiedenster links-emanzipatorischer, rechtspopulistischer und marktradikaler Akteure. Sie grenzen sich ab, befehden sich, »spielen aber doch ein gemeinsames Spiel«.[37]

In derselben Forschungsgruppe argumentiert Felix Butzlaff, dass die Systemimperative des Parlamentarismus genauso wie die systemstabilisierende Funktion von Massenorganisationen mit ihren eigenen Loyalitäten und Interessen der Amtsträger*innen und der Organisationsbürokratie stabilisierend wirken. Parteien, so eine Schlussfolgerung, »sind kaum mehr Träger und Transmissionsriemen einer sozial-ökologischen Transformation«, sondern müssen »so sehr als Teil des politischen Systems betrachtet werden, dass ein tiefgreifender Veränderungsimpuls nur von Akteuren außerhalb dessen denkbar geworden ist«.[38]

Doch auch um derartige »Akteure außerhalb« sei es nicht gut bestellt. Soziale Bewegungen, so Michael Deflorian, betreiben angesichts unzureichender staatlicher Politiken und der nichtnachhaltigen Wirtschaft mehrheitlich »Nischenaktivismus«, etwa in Form von Gemeinschaftsgärten, Repair- und Näh-Cafés, Foodsharing, Leihläden oder offenen Fahrradwerkstätten. Die

Lebensweise von Nischenaktivist*innen selbst sei aus ökologischer Sicht »durchwachsen«. Denn der Aktivismus sei nur eine begrenzte Praxis beziehungsweise ein eklektischer Lebensstil, sonst herrsche auch dort ein nicht-nachhaltiges Konsumverhalten vor: Flugreisen und der Kauf des neuesten Smartphones stehen neben ökologischem Konsum. Ein mehr oder weniger autonomes und integriertes Subjekt gebe es lediglich »für eine Zeit, an einem begrenzten Ort«.[39]

Auch die Existenz von »grünen Konsument*innen« sei, so Mirijam Mock, eher eine Bestätigung der »nachhaltigen Nicht-Nachhaltigkeit«, weil empirisch der grüne Konsum zwar wichtiger werde, aber minoritär bleibe. Vor allem führe die vermeintliche Verantwortung von Konsument*innen zu einer Individualisierung gesamtgesellschaftlicher Verantwortung; es werde jener Bereich ausgeblendet, in dem die Nicht-Nachhaltigkeit vor allem erzeugt werde, nämlich die Produktion.[40]

Blühdorn und sein Team heben wesentliche Faktoren der herrschenden Nicht-Nachhaltigkeit und damit die relative Robustheit der imperialen Lebensweise hervor und entzaubern viele politische Naivitäten des aktuellen Nachhaltigkeits- und Transformationsdiskurses. Sie kritisieren auch ein in den Erdsystemwissenschaften vorherrschendes Wissenschaftsverständnis, demzufolge es bei ausreichendem Wissen um die ökologische Krise zu einem Umdenken und anderen Handeln kommen würde.

Doch in den Diagnosen von Blühdorn und Kolleg*innen kommt es vielfach zu unterkomplexen und ahistorischen Vereindeutigungen. Es wird eine Art übermächtiger und ungesteuerter Selbstlauf der Moderne angenommen. Blühdorn hat keinen Begriff von gesellschaftlichen Strukturen, sondern spricht von »westlichen Konsumgesellschaften« und betont damit – teilweise sehr erhellend – die Individuen beziehungsweise deren (Nicht-) Handeln. Auch wenn die Produktions- und Arbeitssphäre ab und zu erwähnt wird, spielt sie keine wirkliche Rolle bei der Analyse.[41] Widersprüche und gegenläufige Tendenzen werden dabei kaum in den Blick genommen – und das können Blühdorn und Kolleg*innen mit diesem Analysetypus auch nicht. Ihre Herangehensweise steht zudem für den weitgehenden Verzicht auf eingreifendes Denken und Kritik im Handgemenge. Doch darum geht es unseres Erachtens *auch* in der kritischen Analyse: Diese geht einher mit dem Aufspüren und Benennen von Widersprüchen, dem Hinweis auf bereits sich entwickelnde oder noch zu schaffende Alternativen, mit der schwierigen Suche nach Strategie- und Handlungsfähigkeit.[42]

Die ungleiche Verursachung der sozial-ökologischen Krise und auch ihre höchst ungleichen Auswirkungen werden bei der zweifelsohne wertvollen Beobachtung einer nachhaltigen Nicht-Nachhaltigkeit kaum thematisiert. Doch genau sie führen wesentlich dazu, dass die Formen der Krisenbearbeitung weitgehend im Rahmen der bestehenden Strukturen und im Horizont einer öko-kapitalistischen Modernisierung verbleiben. Zudem gibt es wenig Interesse an der konkreten Materialität der Naturverhältnisse und den unterschiedlichen Ausprägungen der ökologischen Krise in verschiedenen Versorgungsfeldern oder Sektoren wie etwa Wohnen, Mobilität, Ernährung, Kleidung. Doch die sich zuspitzende ökologische Krise führt möglicherweise zu instabilen bis katastrophalen gesellschaftlichen Verhältnissen. Beides – bestehende und wahrgenommene Ungleichheit wie auch instabilere Lebensbedingungen – kann zu kontingenten, nicht per se progressiven sozial-ökologischen Politisierungen, Konflikten und Veränderungen führen.

Schließlich bedarf es eines komplexeren Emanzipationsbegriffs. Die vorgebliche Befreiung aus Verantwortungen, Verpflichtungen, Beschränkungen und Prinzipien findet unter herrschaftlichen Bedingungen statt, die selbst zu analysieren sind. Emanzipation bedeutet aus unserer Sicht nicht vermeintliche Befreiung von Verantwortung, sondern die Infragestellung, Zurückdrängung und Befreiung von Herrschaft, vom kapitalistischen, patriarchalen, imperialen und (post-)kolonialen Regieren und Sich-regieren-lassen. Befreiung von kapitalistischen Zumutungen meint die Infragestellung eines Individualismus und einer vermeintlichen Autonomie, die von den gegenseitigen Abhängigkeiten und der eigenen Verletzlichkeit absehen, die so tun, als wenn alles per Geldbeutel oder im Notfall vom Staat geregelt wird.

Ökologische Ungleichheiten

Dass soziale Ungleichheiten als Ursache der ökologischen Krise nur unzureichend berücksichtigt werden, hat eine bis in die frühen 1970er-Jahre zurückreichende Tradition. Damals ging es in den Erdsystemwissenschaften weniger um die Störung erdsystemarer Prozesse durch die Klimakrise, den Biodiversitätsverlust oder die Versauerung von Ozeanen als um die Erschöpfung natürlicher Ressourcen und die damit einhergehenden »Grenzen des Wachstums«.[43] Die Argumentationsrichtung war aber eine ähnliche: In kritischer Absicht und unter Darlegung alarmierender Befunde zum Ausmaß und Verlauf der ökologischen Krise wurde über deren gesellschaftliche Dimensionen hinweggesehen. Wolfgang Sachs kritisierte das als »Astronautenperspektive«, als globalen Blick, der zwar Großphänomene erfasst, aber den sozial-räumlichen und zeitlichen Differenzierungen des Naturverbrauchs und der Zerstörung von Ökosystemen sowie den höchst unterschiedlichen Betroffenheiten zu wenig Beachtung schenkt.[44]

Nun ließe sich einwenden, dass es sich hierbei um bloß akademische Spitzfindigkeiten handelt: Ob man »die Menschheit« oder die gesellschaftlichen Verhältnisse in den Mittelpunkt stellt, ändert nichts daran, dass wir uns in einer existenziellen Krise befinden und alle Kräfte auf deren Bekämpfung sowie auf die Anpassung an ihre Folgen konzentrieren müssen. Dieser Einwand übersieht aber einen zentralen Punkt: Die Definition eines Problems gestaltet auch den Korridor mit, in dem nach Lösungen gesucht wird.

Aus der »Astronautenperspektive« nimmt man die globalen Treibhausgasemissionen und ihre Konzentration in der Atmosphäre wahr. Entscheidend ist dann eigentlich nur, dass sie reduziert werden. Wo und wie das geschieht, ist zweitrangig, sofern sie nur im globalen Maßstab absolut zurückgehen. So betrachtet liegt es nahe, die Emissionen mit marktwirtschaftlichen Instrumenten dort zu reduzieren, wo dies am kostengünstigsten ist. Ein Instrument dafür ist der Emissionshandel.[45] Auf diesen haben sich die Vertragsstaaten der Klimarahmenkonvention der Vereinten Nationen 1997 im Kyoto-Protokoll verständigt. Auch das Pariser Klimaabkommen von 2015 sieht die Möglichkeit des Emissionshandels vor. Überdies wird er im Rahmen (supra)nationaler politischer Einheiten wie China und der EU praktiziert. Die Resultate sind bislang ernüchternd: Die marktwirtschaftlichen Instrumente haben nicht dazu beigetragen, Treibhausgasemissionen hinreichend beziehungsweise hinreichend schnell zu reduzieren. Eher haben sie von unmittelbar wirksamen Eingriffen wie etwa dem Verbot besonders klimaschädlicher Aktivitäten (beispielsweise Inlandsflügen, Kohleverstromung, Abholzung von Regenwäldern, Massentierhaltung, Produktion und Nutzung von Autos mit Verbrennungsmotoren) abgelenkt. Ähnliches gilt für primär technologische Lösungen, für deren Entwicklung nicht zuletzt die vom Emissionshandel ausgehenden Preissignale die erforderlichen Anreize schaffen sollen. Die Erwartung war, mittels ökologischer Effizienzsteigerungen zu einem CO_2-neutralen Wirtschaftswachstum zu gelangen. Stattdessen steigen die Emissionen weltweit an.[46]

Der globale Blick ist das eine. Daneben gibt es aber noch einen zweiten Grund dafür, dass die soziale Ungleichheit als ökologische Krisentreiberin vernachlässigt oder gar negiert wird. So argumentiert Dipesh Chakrabarty in seinem viel beachteten Beitrag zum »Klima der Geschichte« gegen die Annahme eines notwendigen Zusammenhangs zwischen sozialer Ungleichheit und Klimakrise. Statt die Klimakrise zu verschärfen, habe die soziale Ungleichheit sogar dazu beigetragen, sie hinauszuzögern. Denn unter den Bedingungen des Bevölkerungswachstums und eines fossilen Energieregimes hätte eine gleichmäßigere Wohlstandsverteilung notwendigerweise zu mehr CO_2-Emissionen geführt. Die Klimakrise wäre also in einer egalitäreren Welt größer, sie »wäre sehr viel früher und auf sehr viel drastischere Weise über uns hereingebrochen. Ironischerweise haben wir es den Armen – das heißt der Tatsache, dass die Entwicklung uneinheitlich und unfair *ist* – zu verdanken, dass wir nicht noch größere Mengen an Treibhausgasen in die Atmosphäre entweichen lassen, als wir es derzeit tun.«[47]

Chakrabarty ist ein führender Vertreter der *Subaltern Studies*, also eines Ansatzes, der der historischen Rolle der Subalternen (etwa der Bäuerinnen und Bauern im kolonialen Indien) und ihrer Kämpfe gerecht zu werden versucht, indem er diese nicht als vormodernen Anachronismus, sondern in ihrer Eigenlogik und als Bestandteil der Moderne selbst begreift.[48] Auch insofern verwundern seine Überlegungen zum Verhältnis von Klimakrise und sozialer Ungleichheit, deutet sich in ihnen doch die modernisierungstheoretische Annahme an, dass eine egalitärere Verteilung von Wohlstand zwangsläufig mit einem höheren Verbrauch an Material und (fossiler) Energie einhergeht. Gerechtigkeit, so könnte man Chakrabarty paraphrasieren, bedeutet Gleichheit in der Übernutzung von Natur. Sie ist eine Frage der Überwindung von Armut, nicht aber eine der Deprivilegierung des Reichtums.

Das stellt sich aus der Perspektive der ökologischen Ungleichheitsforschung anders dar, insofern diese die enormen Unterschiede bei der Verursachung von CO_2-Emissionen herausstellt. So argumentiert etwa der *Climate Inequality Report*:

> »Die obersten zehn Prozent der Emittent*innen sind für fast die Hälfte der globalen Kohlendioxid-Emissionen verantwortlich [...]. Mit anderen Worten, die von den unteren 90 Prozent der Weltbevölkerung verursachten Emissionen sind nur geringfügig höher als die der obersten zehn Prozent. [...] Das oberste eine Prozent erzeugt mehr als ein Sechstel der globalen Emissionen, wobei seine Pro-Kopf-Emissionen das 16-fache des globalen Durch-

schnitts von 2019 betragen. Diese Zahlen beinhalten, dass die Gesamtemissionen des obersten einen Prozents die Emissionen der gesamten unteren Hälfte der Weltbevölkerung übersteigen«.[49]

Wichtig ist, dass sich diese Zahlen nicht nur auf den Konsum, sondern auch auf Investitionsentscheidungen beziehen. Wenn die Superreichen in die Öl- und Gasindustrie oder in die für großflächige Abholzungen verantwortliche industrielle Landwirtschaft des globalen Südens investieren, dann finanzieren sie damit ökonomische Aktivitäten, deren klimapolitische Folgen selbst noch ihren extremen Überkonsum in den Schatten stellen.[50]

Die ökologische Ungleichheit offenbart sich nicht nur im räumlichen, sondern auch im zeitlichen Vergleich, in dem die früh industrialisierten Länder des globalen Nordens erwartungsgemäß schlecht abschneiden. Zwar emittiert China seit etwa Mitte der 2000er-Jahre weltweit am meisten CO_2, und bei den kumulierten Emissionen im Zeitraum 1850 bis 2021 liegt es mittlerweile an zweiter Stelle hinter den USA. Legt man aber den Beginn des Anthropozäns Mitte des 20. Jahrhunderts zugrunde, dann wird die primäre Verantwortung des globalen Nordens und hier vor allem Großbritanniens und der Vereinigten Staaten deutlich. Beide Länder zusammen waren 1900 für 60 Prozent der bis dahin kumulierten CO_2-Emissionen verantwortlich, 1950 für 57 Prozent und 1980 für fast 50 Prozent. Christophe Bonneuil und Jean-Bapiste Fressoz spitzen diesen Fakt pointiert zu: »Vom Standpunkt des Klimas sollte das Anthropozän eher ›Anglozän‹ genannt werden.«[51]

Begreift man die Klimakrise in ihren Verteilungsdimensionen, dann ist es nicht länger egal, wo und wie Emissionen reduziert werden. Und statt marktförmiger Instrumente und technologischer Lösungen rücken Maßnahmen gegen die soziale und internationale Ungleichheit in den Vordergrund. Nicht die Entwicklungsansprüche der Armen sind das Problem, sondern der Naturverbrauch der Reichen. Bei diesen gilt es folglich anzusetzen. Um noch einmal den *Climate Inequality Report* zu zitieren:

»Es ist wahrscheinlich, dass dieselbe absolute Reduktion von Emissionen für Individuen (oder Unternehmen) mit hohem Einkommen vergleichsweise leichter zu erreichen ist als für Gruppen mit niedrigem Einkommen und niedrigen Emissionen. Hier sind die Kohlendioxid-Emissionen mit essentiellen Bedürfnissen wie dem Heizen der eigenen Wohnung oder dem Pendeln zur Arbeit verbunden, es mangelt an den ökonomischen Ressourcen, um Änderungen vorzunehmen. Zu den offensichtlichen Gerechtigkeitserwägungen kommt also die Effizienzfrage. Der ›marginale Aufwand‹, der erforderlich ist, um dieselbe Höhe von Emissionsreduktionen zu erreichen, dürfte für Hoch-Emissions-Gruppen deutlich geringer sein. Das schafft einen Anreiz für politische Maßnahmen, die auf diese Gruppen zielen.«[52]

Die ökologische Ungleichheitsforschung hat die Verteilungswirkungen der Klimakrise anschaulich herausgearbeitet. Der Abbau sozialer Ungleichheit erscheint in ihrem Licht als Schlüssel sowohl für Maßnahmen der *mitigation* (Abmilderung der Krise durch Klimaschutz) als auch für solche der *adaptation* (Anpassung an den Klimawandel). Den Fluchtpunkt der Maßnahmen bildet ein »ökologischer Wohlfahrtsstaat«, der über die steuerpolitischen Kapazitäten verfügt, den nötigen Übergang in eine postfossile Gesellschaft gerecht und effizient zu gestalten.[53] Das geht deutlich über den derzeit vorherrschenden Ansatz hinaus, der Krise mittels marktförmiger und technologischer Maßnahmen beizukommen oder die Verantwortung den Individuen zuzuweisen.

Wir halten die Diagnose der ökologischen Ungleichheit deshalb für wichtig. Gleichwohl greift sie zu kurz. Denn sie suggeriert, dass die ökologische Krise vor allem durch Umverteilung von Einkommen und Vermögen bearbeitet werden könnte – und ignoriert strukturelle Veränderungen der Produktions- und Lebensweise. Die gesellschaftlichen Strukturprinzipien, die die Ungleichheiten letztlich hervorbringen, bleiben in der ökologischen Ungleichheitsforschung ebenso unterbelichtet wie die sozialen Kräfte, die auf ihre Überwindung drängen.

Hier müsste tiefer gebohrt werden, um zu jenem Problemkern vorzudringen, der letztlich in der kapitalistischen Produktionsweise liegt: dem Zusammenhang zwischen zerstörerischen Natur- und gesellschaftlichen Herrschaftsverhältnissen. Der primär sozial-strukturelle Ansatz der ökologischen Ungleichheitsforschung würde so um eine historische und gesellschaftsanalytische Betrachtungsweise ergänzt. Dies leisten marxistische, feministische und dekoloniale Beiträge sowie die *Degrowth*-Debatte, die die Treiber der sozial-ökologischen Krise ausgehend von der politischen Ökonomie und politischen Ökologie des Kapitalismus identifizieren, dessen Wachstums- und Wettbewerbszwänge in den Blick nehmen und dafür in die Geschichte des Kolonialismus, der Sklaverei, der industriellen Revolution und der Durchsetzung der Kohle als zentralem Energieträger zurückgehen.

Kapitalozän und *racial capitalism*

Die Verbrennung von fossilen Energieträgern in großem Maßstab begann im England des 18. Jahrhunderts und breitete sich von dort auf andere Länder vor allem des globalen Nordens aus. Das energetische Potenzial der Kohle war aber schon viel früher und andernorts bekannt. Dennoch wurde es nicht in der Weise genutzt, wie sie sich mit der industriellen Revolution etablierte. Wie kam es dazu, oder anders gefragt: Warum ging der gesellschaftliche Stoffwechsel an einem bestimmten Punkt der Menschheitsgeschichte in einem bestimmen Teil der Welt von einer solaren auf eine fossile Grundlage über? Dies primär mit einer »natürlich« verlaufenden Entwicklung technologischer Kapazitäten und als Entfaltung eines der Gattung *homo sapiens* immer schon innewohnenden Potenzials zu erklären, greift zu kurz. Es begründet weder den Zeitraum, in dem sich die fossilen Energien durchsetzten, noch warum diese Entwicklung in England ihren Ausgang nahm.

Überzeugender sind Analysen wie die von Andreas Malm, die den Aufschwung von fossilen Energien mit dem Industriekapitalismus, dem Kolonialismus, dem Klassengegensatz und der kapitalistischen Konkurrenz in Verbindung setzen.[54] Denn im frühen 19. Jahrhundert war keineswegs klar, dass sich die mittels der Verbrennung von Kohle erzeugte Dampfkraft als zentrale Energieform durchsetzen würde. Im Gegenteil, vieles sprach zunächst für eine erneuerbare Energie, die Wasserkraft, für deren umfassende Nutzung in der Textil- und anderen Industrien ausgeklügelte Pläne entwickelt worden waren. Dass diese letztlich nicht realisiert wurden, lag daran, dass das komplexe System aus Wasserreservoirs und Aquädukten, mit dem die Wasserkraft für die industrielle Nutzung verfügbar gemacht werden sollte, die Kooperation von Akteuren erfordert hätte, die ökonomisch miteinander konkurrierten.[55] Es war also die konkurrenzbedingte Unfähigkeit von Kapitalisten, eine zentrale Infrastruktur kooperativ zu betreiben, die einer erneuerbaren und überdies preiswerten Energie schon zu Beginn des Industriekapitalismus den Garaus machte.

Dass sich statt der Wasserkraft die Dampfkraft durchsetzte, hat aber noch einen weiteren Grund. Wesentlich war auch das spezifische Potenzial der Kohle, eine von raum-zeitlichen Schwankungen unabhängige Energieversorgung zu gewährleisten.[56] Im Vergleich zur Wasserkraft war die mittels Kohleverbrennung erzeugte Dampfkraft die zuverlässigere Energiequelle. Wasser konnte im Sommer knapp werden und im Winter frieren, so dass die Wasserkraft für industrielle Zwecke jahreszeitlich bedingt nicht oder nicht in ausreichendem Maße zur Verfügung stand. Kohle ließ sich dagegen jederzeit in Dampfkraft verwandeln, die ihrerseits einen stetigen Betrieb der Maschinen gewährleistete. Das war aus der Perspektive der Kapitalisten wichtig. Denn nur so konnten diese eine anfangs widerstrebende Arbeiter*innenschaft der Fabrikdisziplin unterordnen und zu jeder Jahreszeit ein Maximum an Leistung aus ihr extrahieren. Zudem war Kohle transportabel. Während in einer auf Wasserkraft basierenden Produktion die Arbeitskräfte zu den Orten gebracht werden mussten, die entweder an geeigneten Wasserläufen lagen oder aber über Aquädukte beliefert werden konnten, ermöglichte es die Kohle dem Kapital, dorthin zu gehen, wo es bereits eine große Zahl an ausbeutbaren Arbeitskräften vorfand, also in die urbanen Zentren.

Insofern war der Übergang von einem solaren – also auf Biomasse und Sonnenergie basierenden – zu einem fossilen Stoffwechsel zwischen Gesellschaft und Natur keineswegs zwangsläufig. Er resultierte vielmehr aus der kapitalistischen Konkurrenz und dem Konflikt zwischen Arbeit und Kapital in der industriellen Revolution. Anders gesagt: Das neue Erdzeitalter wurde nicht einfach vom *Menschen* gemacht. Es ist vielmehr das Ergebnis einer bestimmten Einrichtung von *Gesellschaft*: der Durchsetzung des Kapitalismus, in dessen Funktionsmechanismen die umfassende Aneignung, Transformation und Zerstörung von Natur eingelassen sind. In der marxistischen Debatte wird das Anthropozän denn auch als »Kapitalozän« bezeichnet.[57]

Zentral war der Nutzen, den Großbritannien aus seinem Imperium zog – ein Faktor, der nicht nur in der Anthropozän-Debatte, sondern auch in kritischen wirtschafts- und sozialwissenschaftlichen Zugängen wie dem von Ulrike Herrmann vernachlässigt wird, wenn sie die Entwicklung des britischen Kapitalismus vor allem mit der Arbeitskräfteknappheit, den relativ hohen Löhnen sowie der daraus resultierenden Nachfrage-Dynamik und den Anreizen zur Steigerung der Arbeitsproduktivität erklären.[58] Historiker wie Bonneuil und Fressoz schlagen hier eine andere Sichtweise vor. Sie zeigen, dass es neben der Verfügbarkeit der Kohle und deren Rolle in den Klassenauseinandersetzungen vor allem die Ressourcenlieferungen aus den Kolonien waren, die dem Industriekapitalismus in Großbritannien zum Durchbruch verhalfen. Ein Indikator hierfür ist die Fläche, die Großbritannien in anderen Weltregionen in Anspruch nahm, um seinen Bedarf an land- und forstwirtschaftlichen Produkten zu decken, also seine Arbeiter*innen mit Lebensmitteln und seine Fabriken mit biobasierten Rohstoffen zu versorgen. Bonneuil und Fressoz zufolge entsprach diese Fläche 1830 zwei Dritteln der landwirtschaftlich nutzbaren Fläche von England und Wales. Dazu kamen die riesigen Land- und Seeflächen, die über die Photosynthese das Kohlendioxid aufnahmen, an dessen globalen Emissionen Großbritannien 1825 einen Anteil von 80 Prozent hatte.[59]

Diese Entwicklung intensivierte sich im 20. Jahrhundert, als sich mit der »großen Beschleunigung« die ökologische Schuld des globalen Nordens gegenüber dem globalen Süden potenzierte: 1961 betrug der ökologische Fußabdruck[60] der USA 126 Prozent der Biokapazität des Landes, 1973 waren es bereits 176 Prozent. Der britische Fußabdruck betrug 1973 377 Prozent, der französische 141 Prozent, der westdeutsche 292 Prozent und der japanische 576 Prozent der eigenen Biokapazität. Dagegen nutzten viele asiatische, afrikanische und lateinamerikanische Länder zu dieser Zeit nur 50 Prozent ihrer Biokapazität.[61]

> »Dies zeigt, dass das treibende Phänomen der großen Beschleunigung, wie sie zwischen 1945 und 1973 stattfand, die enorme ökologische Verschuldung der westlichen Industrieländer war. Im wahrsten Sinne des Wortes entzogen sie dem Rest der Welt seine Materialien und hochwertige Energie [...] Mittels des Zugangs zu diesen billigen Ressourcen schlugen sie einen nicht-nachhaltigen Entwicklungspfad ein, ihre massiven Emissionen von Schadstoffen und Treibhausgasen hingen von den Aufnahme-Kapazitäten der Ökosysteme andernorts ab. Die große Beschleunigung korrespondiert also mit einer Besitzergreifung der ökologischen Überschüsse der Dritten Welt durch die westlichen Industrieländer. Sie erscheint als der Aufbau einer ökologischen Schuld zwischen nationalen Ökonomien, die ihren Wohlstand steigerten, ohne ihre eigenen Territorien exzessiv zu belasten, und den Ökonomien im Rest der Welt, dessen Territorien ein großer ökologischer Fußabdruck aufgebürdet wurde.«[62]

Die imperiale Lebensweise beinhaltet die ungleiche Aneignung nicht nur von Natur, sondern auch von menschlicher Arbeitskraft. Das zu berücksichtigen, ist wichtig, wenn es darum geht, die kolonial-kapitalistischen Wesenszüge des Anthropozäns zu bestimmen. So spielten der Sklavenhandel und die Sklaverei bei dessen Durchsetzung eine entscheidende Rolle, und dies gleich in mehrfacher Hinsicht: Erstens waren es Sklaven, die in Brasilien oder auf den Westindischen Inseln den Zucker ernteten, der zu einer Quelle billiger Kalorien für die englischen Industriearbeiter wurde. Und es waren ebenfalls Sklaven, deren Arbeit wichtige Rohmaterialen für die industrielle Produktion lieferte. Schon 1846 stellte Marx fest:

> »Die direkte Sklaverei ist der Angelpunkt unserer heutigen Industrie ebenso wie die Maschinen, der Kredit etc. Ohne Sklaverei keine Baumwolle; ohne Baumwolle keine moderne Industrie. Erst die Sklaverei hat den Kolonien ihren Wert gegeben, erst die Kolonien haben den Welthandel geschaffen, der Welthandel ist die notwendige Bedingung der maschinellen Großindustrie.«[63]

Zweitens haben der Sklavenhandel und die Sklaverei den Aufstieg der Bourgeoisie zur dominierenden gesellschaftlichen Kraft unterstützt. C.L.R. James hat dies am Beispiel der Französischen Revolution aufgezeigt, deren ökonomische Grundlage der Handel mit Sklaven und die Arbeit von Sklaven in den Kolonien bildeten. Die »traurige Ironie der menschlichen Geschichte«, so zitiert James den Historiker Jean Jaurès, sei es gewesen, dass die Emanzipation des Bürgertums in Europa auf der Versklavung von Menschen andernorts beruhte. »Der Reichtum, der in Bordeaux und Nantes mithilfe des Sklavenhandels angehäuft wurde, verlieh der Bourgeoisie jenen Stolz, der nach Freiheit verlangte und zur menschlichen Emanzipation drängte.«[64]

Auf einen dritten Aspekt hat Donna Haraway in ihrer kritischen Auseinandersetzung mit dem Begriff des Anthropozäns und dem des Kapitalozäns hingewiesen: Das maschinenbasierte Fabriksystem des fossilen Kapitalismus, das als wesentlicher Treiber des Übergangs in das Anthropozän beziehungsweise des Kapitalozäns gilt, beruht, so Haraway, auch auf Organisationsprinzipien, die zuerst im Rahmen des Plantagensystems, also auf der Grundlage von Sklavenarbeit und der systematischen Kontrolle nicht-menschlicher Lebewesen, entwickelt wurden. Insofern sei »Plantagozän« für das neue Erdzeitalter der angemessene Begriff.[65]

Der fossile Kapitalismus, dessen große Beschleunigung in der zweiten Hälfte des 20. Jahrhunderts die Menschheit in ein neues Erdzeitalter beförderte, war also immer auch ein *racial capitalism*.[66] Sein Aufstieg war »abhängig von Waren, die mit Sklavenarbeit produziert wurden, in Gebieten, die man kolonialisierten Menschen gestohlen hatte, und verarbeitet in Fabriken, in denen europäische Bauern schufteten, die durch *Enclosure* gewaltsam vertrieben worden waren«.[67] Das setzt sich bis heute fort: Die »normale« kapitalistische Ausbeutung von Arbeitskraft geht einher mit der Anwendung direkter Gewalt und mit Sklaverei-ähnlichen Bedingungen für migrantische Arbeitskräfte in der Landwirtschaft, der Textilindustrie, dem Bausektor oder den Exportproduktionszonen des globalen Südens;[68] und nach wie vor werden Indigene in siedlerkolonialer Tradition von ihren Territorien verdrängt beziehungsweise in ihren Lebensgrundlagen bedroht, um Platz für fossile Extraktions- und Pipeline-Projekte zu schaffen.[69]

Anstatt also die Geschichte des Anthropozäns als einen evolutorischen Prozess zu deuten, als eine gleichsam naturwüchsige Entfaltung von ebenso produktiven wie zerstörerischen menschlichen Potenzialen, kommt es darauf an, sie als Geschichte der Kämpfe und der verschütteten Alternativen zu rekonstruieren. Das ist bei weitem nicht nur eine Frage der historischen Korrektheit, sondern gerade auch eine der Gestaltung der Gegenwart, der Öffnung von Denk- und Handlungshorizonten in Zeiten einer existenziellen Krise. »Indem sie die Unaufhaltsamkeit fossiler Brennstoffe relativiert, ermöglicht es uns die Geschichte, deren heutige Vorherrschaft zu re-politisieren.«[70] Das Anthropozän wird dann als Kapitalozän[71] oder auch als »Plantagozän« begreifbar, als, so Farhana Sultana, koproduziert durch »Kolonialismus, Kapitalismus, *white supremacy* und Plantagen-Extraktivismus, die globale und sich ungleich auswirkende klimatische und ökologische Verwüstungen beschleunigt haben«.[72]

Damit wird einerseits der von den Erdsystemwissenschaften entwickelte und mit empirischen Daten untermauerte Befund anerkannt, dass der menschliche Stoffwechsel mit der Natur zutiefst gestört ist, so tief, dass die uns bekannten Bedingungen menschlichen und nicht-menschlichen Lebens auf der Erde in Frage stehen. Andererseits aber wird – im Unterschied zur Anthropozän-These und analytisch tiefergehend als die ökologische Ungleichheits- und die soziologische Nachhaltigkeitsforschung – die Ursache der Krise in den Strukturmechanismen kapitalistischer Gesellschaften sowie in deren kolonialer Geschichte und Gegenwart verortet. Das bedeutet nicht, die menschlichen Zerstörungskräfte zu leugnen. Die Perspektivenerweiterung besteht vielmehr darin, die *Verhältnisse* mit in den Blick zu nehmen, die die Entfaltung dieser Kräfte begünstigen, die Kräfte selbst also als eine *gesellschaftliche* Eigenschaft der Menschen zu begreifen, als ein Resultat ihrer kapitalistischen Subjektivierung.

Das Außen der kapitalistischen Ökonomie

Die Kapitalozän-These lässt sich als eine zeitdiagnostische Aktualisierung von Befunden lesen, wie sie sich schon im Werk von Marx[73] oder auch bei Polanyi finden. Bei Letzterem heißt es:

> »Die maschinelle Produktion in einer kommerziellen Gesellschaft bedeutet letztlich nichts Geringeres als die Transformation der natürlichen und menschlichen Substanz der Gesellschaft in Waren. Die Schlussfolgerung ist zwar unheimlich, aber für die völlige Klarstellung unvermeidlich: Die von solchen Einrichtun-

gen verursachten Verschiebungen müssen zwangsläufig die zwischenmenschlichen Beziehungen zerreißen und den natürlichen Lebensraum des Menschen mit Vernichtung bedrohen.«[74]

Wie gesehen ist es wichtig, in Rechnung zu stellen, dass sich diese Bedrohung oder gar die tatsächliche Vernichtung nicht auf die entwickelten kapitalistischen Gesellschaften beschränkt, sondern jenseits derselben seit Jahrhunderten an der Tagesordnung ist. Mehr noch: Warenproduktion, Produktivitätssteigerungen und materieller Wohlstandszuwachs einerseits sowie Zerstörung und Entwertung andererseits sind zwei Seiten derselben Medaille. Die kapitalistische Ökonomie hat von Beginn an vom Zugriff auf Natur und Arbeitskraft in außerökonomischen Sphären und nicht-kapitalistischen Räumen profitiert, ihre Entwicklung lässt sich kaum von den damit einhergehenden Zerstörungen trennen. Das liegt darin begründet, dass das Kapitalverhältnis sich aufgrund seiner Widersprüche nicht aus sich selbst heraus reproduzieren kann. Es ist, wie Bob Jessop feststellt, »konstitutiv unvollständig« und bedarf deshalb der »außerökonomischen Ergänzung«, wenn der Prozess der Kapitalakkumulation funktionieren soll.[75] Jessop hat dabei vor allem den Staat im Blick. Dieser verleiht den Kämpfen zwischen Arbeit und Kapital sowie zwischen einzelnen Kapitalfraktionen durch das Arbeitsrecht, das Wettbewerbsrecht oder die Garantie der Tarifautonomie eine bestimmte Form. Die Kämpfe verlaufen dadurch in geregelten Bahnen, sie verlieren ihren antagonistischen Charakter, so dass sich das Kapitalverhältnis trotz seiner Widersprüche und durch diese hindurch reproduzieren kann.

Man kann den Gedanken des Außerökonomischen oder des Außens der kapitalistischen Ökonomie aber auch auf andere gesellschaftliche Sphären und geographische Räume ausweiten. Dies hat unter anderem Nancy Fraser getan, indem sie neben dem Staat die Aneignung von Reproduktionsarbeit, von Natur sowie der Arbeit von kolonialisierten und rassifizierten Menschen als notwendige

Voraussetzungen der kapitalistischen Ökonomie bezeichnet.[76] Zwischen diesen Sphären existieren vielfältige Wechselbeziehungen: So haben sich, wie gesehen, die kapitalistischen Zentren die Natur der Kolonien auch mittels Sklavenarbeit angeeignet; und der Staat gestaltet wesentlich die Bedingungen mit, unter denen Reproduktionsarbeit stattfindet, etwa indem er soziale Infrastrukturen schafft oder zurückbaut. Mitunter – das deutet sich in diesem Beispiel schon an – sind auch die Beziehungen zwischen der ökonomischen und der außerökonomischen Sphäre fließend. Außerdem ist der Verlauf der Grenze zwischen ihnen umkämpft: So kann die Reproduktionsarbeit die Form sowohl von Lohnarbeit als auch von unbezahlter, meist weiblicher Arbeit in den Privathaushalten annehmen; und lohnarbeitende Migrant*innen werden sowohl ökonomisch ausgebeutet als auch aufgrund ihrer Herkunft benachteiligt und rassistisch diskriminiert, mangels staatsbürgerlicher Rechte sind sie einer verschärften Ausbeutung oft ungeschützt ausgeliefert. Was die außerökonomischen Sphären und geographischen Räume miteinander verbindet, ist, dass sie in der Gesellschaftsordnung namens Kapitalismus eine subalterne Stellung einnehmen: Von der kapitalistischen Ökonomie werden sie abgespalten und abgewertet, gleichzeitig werden sie angeeignet und mittels der häufig zerstörerischen Form, die die Aneignung annimmt, in ihrer Existenz bedroht.

In kritischen polit-ökonomischen Debatten ist die Bedeutung des nicht-ökonomischen Außens für die kapitalistische Ökonomie umstritten.[77] Während die einen die Steigerung der Arbeitsproduktivität und mit ihr die Dynamik der Klassenkämpfe in den Zentren in den Vordergrund stellen und die Relevanz eines Außens für den entwickelten Kapitalismus negieren oder zumindest relativieren,[78] betonen die anderen eben den Beitrag, den das geographische und gesellschaftliche Außen sowohl zur Herausbildung des kapitalistischen Weltsystems als auch zu seiner heutigen Reproduktion leistet. Wie wir in Kapitel 2 und unter Bezugnahme auf Bonneuil und Fressoz dargelegt haben, tendieren wir zu der zweiten Position, versuchen aber, diese mit der ersten zu vermitteln: Es ist die Existenz eines Außens im globalen Norden und im globalen Süden, das in Gestalt billiger Ressourcen und Senken, kolonialisierter und rassifizierter Arbeitskraft sowie unbezahlter Reproduktionsarbeit die Steigerung der Arbeitsproduktivität, die relative Mehrwertproduktion und die Bearbeitung des Klassenkonflikts in den kapitalistischen Zentren ermöglicht. Damit schieben sich gegenüber den innerökonomischen Widersprüchen des Kapitalismus und mit diesen vermittelt solche Widersprüche in den Vordergrund, die an der Grenze zwischen der kapitalistischen Ökonomie und ihren »außerökonomischen« Existenzbedingungen zu verorten sind. Diese zweite Kategorie von Widersprüchen resultiert daraus, dass der Kapitalismus auf Voraussetzungen angewiesen ist, die er selbst nicht herstellen kann, sondern im Gegenteil ständig zu untergraben droht. Nancy Fraser nennt dies »Abspaltung plus Abhängigkeit plus Nichtanerkennung«.[79]

Ein zunehmendes Krisen- und Konfliktpotenzial liegt darin, dass der Mechanismus des Abspaltens und Aneignens selbst an seine Grenzen gerät: Seine immer schon zerstörerischen Wirkungen auf das Außen, auf menschliches und nicht-menschliches Leben, drohen in Selbstzerstörung umzuschlagen. Für die kapitalistischen Ökonomien des globalen Nordens wird es immer schwieriger, ihre sozial-ökologischen Kosten zu externalisieren und sich ihre äußeren Voraussetzungen in Gestalt von Natur und unbezahlter oder gering bezahlter Arbeit anzueignen, ohne dabei gleichzeitig ihre eigenen Existenzbedingungen zu untergraben. Die Aneignung wird gewaltförmiger.

Davon zeugen die verschiedensten Krisenphänomene. Die systematische und in Krisenzeiten verschärfte Tendenz, Lohnkosten ebenso wie die Kosten der sozialen Reproduktion zu senken, führt nicht mehr nur zu großem Leid bei den Betroffenen. Sie wird für den Kapitalismus selbst zu einem Problem, und zwar insofern, so Gabriele Winker, als »die benötigten qualifizierten, fitten und gesunden Arbeitskräfte kaum mehr in ausreichendem

Umfang zur Verfügung stehen.«[80] Gleichzeitig sind natürliche Ressourcen und Senken zunehmend umkämpft. Ressourcenseitig gilt das sowohl für fossile Brennstoffe als auch für Metalle wie Lithium, denen bei der ökologischen Modernisierung der kapitalistischen Produktionsweise eine zentrale Rolle zukommt. Konflikte um die Senken, vor allem um solche für CO_2, werden auch auf dem Terrain der internationalen Klimapolitik ausgetragen. Sie werden umso schärfer, je mehr der konkurrenzvermittelte Wachstumsimperativ, der immer auch eine gesteigerte Naturaneignung beinhaltet, in Konflikt mit der klimapolitisch unabweisbaren Notwendigkeit gerät, die CO_2-Emissionen drastisch zu reduzieren. Sie werden aber auch in dem Maße intensiviert, wie aufsteigende, (ehemals) dem globalen Süden zugehörige Ökonomien dem globalen Norden das Monopol auf die Senken-Nutzung streitig machen: allen voran China, aber auch Indien, Brasilien oder Südafrika.[81]

Das Vorhandensein eines Außens, von dem die Gesellschaften des entwickelten Kapitalismus lange Zeit profitiert haben, kann also heute nicht mehr vorausgesetzt werden. Seine zunehmende Umkämpftheit beziehungsweise sein Verschwinden ist Resultat einer jahrhundertealten Praxis der Abspaltung und Aneignung. Diese stellte immer schon eine zerstörerische Bedrohung für die Natur, für kolonialisierte, versklavte oder Lohnarbeit leistende Menschen im globalen Süden und für diejenigen dar, die mit ihrer Sorgearbeit die soziale Reproduktion gewährleisteten – meist Frauen, häufig Migrant*innen.

Neu ist, dass eben dieser Prozess der Externalisierung von sozial-ökologischen Kosten in Raum und Zeit, der Übernutzung von Arbeitskräften und Natur, heute von einer Existenzbedingung in eine existenzielle Bedrohung der kapitalistischen Produktionsweise umschlägt. Die Mechanismen der Externalisierung greifen immer weniger, denn die geographischen Räume und gesellschaftlichen Sphären, auf die sich die sozial-ökologischen Kosten der kapitalistischen Produktionsweise in der Vergangenheit verlagern ließen, schrumpfen: Die natürlichen Senken sind mit der Aufnahme der Emissionen, die beim Produzieren und Konsumieren entstehen, überfordert; wichtige Rohstoffe gelten zunehmend als »kritisch«; und die Aneignung und Ausbeutung von Arbeitskraft geraten an ihre Grenzen. Ein »kannibalischer Kapitalismus«, so formuliert es Nancy Fraser, ist drauf und dran, seine eigene Substanz – die außer-ökonomischen Voraussetzungen, die er nicht selbst herstellen kann, auf die er aber angewiesen ist – zu verschlingen.[82] Verschärft wird dieser Prozess noch dadurch, dass sich der Kapitalismus konkurrenzvermittelt über seine historischen Zentren hinaus ausdehnt, so dass immer mehr Ökonomien darauf angewiesen sind, ihre sozial-ökologischen Kosten zu externalisieren.

Man kann hier durchaus Anleihen bei der klassischen Imperialismustheorie machen, namentlich bei der Annahme von Rosa Luxemburg, dass der Kapitalismus auf nicht-kapitalistische Milieus angewiesen ist, die er aber gleichzeitig aufgrund der ihm innewohnenden Tendenz zur imperialistischen Expansion zum Verschwinden bringt. Insofern manifestiert sich im Imperialismus die grundlegende Widersprüchlichkeit der kapitalistischen Produktionsweise: »Der Imperialismus ist ebensosehr eine geschichtliche Methode der Existenzverlängerung des Kapitals, wie das sicherste Mittel, dessen Existenz auf kürzestem Wege objektiv ein Ziel zu setzen.«[83] Das Problem bei Luxemburg war, dass sie die Möglichkeit der »inneren Landnahme«[84] unterschätzte. Nichtkapitalistische Milieus gibt es nicht nur im geographischen Außen der kapitalistischen Zentren, das diese sich mittels imperialistischer Expansion aneigneten, sondern auch im »gesellschaftlichen Außen« der Zentrumsökonomien selbst. Hier zeigten sie sich etwa darin, dass Teile der Lohnabhängigen die zu ihrer Reproduktion notwendigen Lebensmittel lange Zeit noch selbst produzierten. Diese semi-subsistenten Lebensweisen wurden im 20. Jahrhundert nach und nach durchkapitalisiert, die Reproduktion der Arbeiter*innen wurde zunehmend marktabhängig. Neben den (neo) kolonialen Beziehungen zum globalen Süden war es diese Form der Landnahme, aus der der Kapitalismus in der zweiten Hälfte des 20. Jahrhunderts seine Dynamik gewann. Die Grenzen zwischen der kapitalistischen Ökonomie und ihrem Außen wurden also auch innergesellschaftlich neu justiert – ohne dabei gleichwohl gänzlich zu verschwinden: Die Waren, die in den Haushalten der Lohnabhängigen an die Stelle der selbst erzeugten Lebensmittel traten, mussten weiterverarbeitet, das Essen musste zubereitet, die Wohnung sauber gehalten, Kinder mussten großgezogen und Angehörige gepflegt werden. Dass dies alles zum großen Teil von unbezahlter oder gering entlohnter weiblicher Reproduktions- und Sorgearbeit erledigt wurde, war für den fordistischen Kapitalismus hochgradig funktional. Insofern beruhte auch die innere Landnahme auf der Existenz einer außer-ökonomischen Sphäre, in der die Reproduktion der Arbeitskraft durch weibliche und (später) durch migrantische Arbeit gewährleistet wurde.

Ein zweiter Punkt, der bei Rosa Luxemburg zu kurz kam, ist, dass der Kapitalismus mit der Durchdringung aller nicht-kapitalistischen Milieus nicht unbedingt an seine Grenzen gerät. Der Inwertsetzung einer geographischen oder gesellschaftlichen Sphäre kann zu einem späteren Zeitpunkt auch die Außerwertsetzung folgen, etwa weil sich an anderen Orten neue Leitsektoren der Kapitalakkumulation herausbilden. Das ist eine Erfahrung, die weltweit altindustrielle Regionen gemacht haben: Sie wurden außerwertgesetzt, wurden damit aber zumindest in Teilen zu Milieus, die für neue Formen der Inwertsetzung wieder zur Verfügung standen. In noch stärkerem Maße gilt das für viele Regionen des globalen Südens. Deren In- und Außerwertsetzung folgt letztlich dem Takt der sich wandelnden Rohstoffbedarfe der Ökonomien im globalen Norden. Nicht selten hinterlässt sie verbrannte Erde.[85]

Den Problemen ihrer Imperialismustheorie zum Trotz hat Rosa Luxemburg auf einen zentralen Zusammenhang hingewiesen, nämlich das Verhältnis der kapitalistischen Ökonomie zu ihren nicht-kapitalistischen Existenzbedingungen. Die Bedeutung dieses Zusammenhangs erschließt sich erst dann richtig, wenn man ihn ökologisch wendet. *Ökonomisch* gerät der Kapitalismus im Gegensatz zu Luxemburgs Annahme mit der Landnahme nicht-kapitalistischer Milieus nicht notwendigerweise an seine Grenzen. Denn, wie gesehen ist die räumliche und soziale Durchkapitalisierung nie vollständig, es bleiben immer Sphären als nicht-kapitalistische erhalten, obwohl oder auch gerade weil die in ihnen erbrachten Leistungen kapitalistisch angeeignet werden – siehe etwa die unbezahlte Reproduktionsarbeit oder die von Marcel van der Linden untersuchten hybriden Arbeitsverhältnisse an den Grenzen von Lohnarbeit, Sklaverei und Selbständigkeit.[86] Zudem ist die kapitalistische Inwertsetzung nicht-kapitalistischer Milieus nicht notwendigerweise endgültig. Ihr können Außerwertsetzung und neuerliche Inwertsetzung folgen.

In *ökologischer* Hinsicht stellt sich das anders dar: Die Vernichtung von Biodiversität, die Übernutzung natürlicher Ressourcen und die Konzentration von CO_2 in der Atmosphäre sind irreversibel beziehungsweise nur in langen Zeiträumen zu korrigieren. Im Unterschied zu ihren anderen außer-ökonomischen Voraussetzungen impliziert die kapitalistische Aneignung von Natur in aller Regel deren Zerstörung. Hier bewahrheitet sich also die Beobachtung von Luxemburg, dass eine Existenzbedingung des Kapitalismus in eine harte Grenze desselben umschlägt.

An den Grenzen der imperialen Lebensweise

Obwohl die Krise kapitalistischer Naturverhältnisse existenziell ist, zeichnet sich keine auch nur einigermaßen problemadäquate politische und gesellschaftliche Reaktion ab. Das liegt daran, dass Kapitalismus und Imperialismus vermittelt über die imperiale Lebensweise so tief in den gesellschaftlichen Kräfteverhältnissen, den wirtschaftlichen und politischen Institutionen, den physischen Infrastrukturen sowie den Alltagswahrnehmungen und -praxen vieler Menschen verankert sind. Eine effektive Krisenbearbeitung wird dadurch erschwert oder gar unmöglich, der Horizont dessen, was als vorstell- und machbar gilt, wird begrenzt.

Durch die konkurrenzvermittelte räumliche Ausdehnung der imperialen Lebensweise und die damit einhergehende Normalisierung ressourcen- und emissionsintensiver Produktions- und Konsummuster verschärft sich das Problem zusätzlich. Das ist der zentrale Widerspruch unserer Zeit: Mit der Verfestigung und Ausbreitung der imperialen Lebensweise wird der Kapitalismus für immer mehr Menschen zur Normalität und gerät gleichzeitig an seine (ökologischen) Grenzen.

Ein Symptom dieses Widerspruchs ist die Verschränkung verschiedener Chronologien. Mehrere Krisenprozesse, die mit den zuvor diskutierten Zeitdiagnosen in den Blick geraten, sind dabei zu unterscheiden. Erstens, das zeigt die Anthropozän-Debatte, bricht die »planetare Zeit« der geologischen Geschichte in die historische Zeit der Menschheitsgeschichte ein und dynamisiert deren zuvor weitgehend unbewegliche Hintergrundbedingungen in einer für die Menschheit und für nicht-menschliche Lebewesen existenzbedrohenden Art und Weise. Die planetare Krise und das Alltagsleben stehen in einem engen Zusammenhang. Erstere sickert in Letzteres ein und geht gleichzeitig »teilweise auf Entscheidungen zurück […], die wir in unserem Alltagsleben treffen (wie etwa ob wir fliegen, Fleisch essen oder anders mit Energie aus fossilen Brennstoffen umgehen)«.[87] In jedem Fall ist die ökologische Krise eine globale Krise, die sich in ihrem Ausmaß und in ihren *Wirkungen* nur in geologischen Zeiträumen denken lässt.

Im Hinblick auf ihre *Ursachen*, so ein Befund der Kapitalozän-Debatte, handelt es sich jedoch um eine Krise auf einer zweiten, darüberliegenden Zeitebene, nämlich jener der kapitalistischen Produktionsweise. Mit dem fossilen Metabolismus und dem Akkumulations- und Wachstumsimperativ, die dem Kapitalismus innewohnen, hat sich die Menschheit innerhalb weniger Jahrhunderte in die geologische Geschichte eingeschrieben. Bonneuil und Fressoz verdeutlichen die zeitliche Diskrepanz zwischen Ursache einerseits sowie Wirkung und Ausmaß andererseits sehr anschaulich: »Reduziert man die Geschichte unseres Planeten auf einen Tag mit 24 Stunden, dann erschien der *Homo habilis* erst in der letzten Minute, das Holozän begann im letzten Viertel einer Sekunde und die industrielle Revolution in den letzten zwei Tausendsteln einer Sekunde.«[88]

Die Anthropozän-Debatte unterschätzt die zentrale Bedeutung, die der kapitalistischen Produktionsweise aufgrund ihrer ökologischen Destruktivkraft zukommt. So ist bei Chakrabarty zu lesen, »dass die Geschichte der Menschheit sich nicht mehr aus der Perspektive von (höchstens) 500 Jahren Kapitalismus erzählen lässt.«[89] Zweifellos zeitigt der Kapitalismus ökologische Folgen, die weit über seine eigene Existenz hinausreichen. Er erzeugt Hinterlassenschaften wie den Atommüll, mit denen postkapitalistische Gesellschaften noch sehr lange zu kämpfen haben werden, und zwar insofern, als sie erst einmal aufräumen, reparieren und wiedergutmachen müssen. Das ändert aber nichts daran, dass es sich um *kapitalistische* Hinterlassenschaften handelt, dass also in einer kurzen Spanne der Menschheitsgeschichte Prozesse in Gang gesetzt worden sind, die die natürlichen Bedingungen künftiger Geschichte nachhaltig verändern. Das Problem bei Chakrabarty liegt mithin darin, dass er in dem (wichtigen) Bemühen, das Zusammenfallen unterschiedlicher Chronologien zu denken, auch Ursache und Wirkung zusammenfallen lässt – oder, wie Bonneuil und Fressoz Chakrabarty pointiert kritisieren: »[W]eil der Kapitalismus ein geologisches Phänomen hervorgebracht hat, das viel größer ist als er selbst und das ihn überleben wird, reicht eine Kritik des Kapitalismus nicht länger aus.«[90] In ihrem Anspruch, »speziesbezogenes Denken und Kapitalkritik«[91] zusammenzubringen, schlägt Chakrabartys Argumentation trotz der vielen guten Einsichten, die seine Arbeiten ermöglichen, immer wieder in Richtung Spezies aus. So mündet seine Erörterung des Verhältnisses von Klimakrise und sozialer Ungleichheit in der Behauptung, dass »die Bevölkerungszahl oftmals der Elefant im Raum« sei.[92] Wie die ökologische Ungleichheitsforschung zeigt, führt dies in die Irre.

Eine dritte, noch konkretere Zeitskala, auf der sich derzeit krisenhafte Veränderungen ereignen, ist die der kapitalistischen Formation.[93] In der Finanzkrise von 2008/2009 haben sich die Widersprüche des Postfordismus beziehungsweise der Globalisierung zugespitzt. Der Finanzkrise folgte 2019 die Coronapandemie, in deren Zuge viele Lieferketten unterbrochen wurden, die lange Zeit das Rückgrat der kapitalistischen Globalisierung gebildet hatten. Letztere ist zudem durch die zunehmenden geopolitischen und -ökonomischen Spannungen zwischen den USA und China bedroht. Statt von globaler wirtschaftlicher Integration ist nun von Entflechtung und – in der EU – von »strategischer Autonomie« die Rede. Diese Entwicklungen deuten an, dass wir uns in einer Krise des postfordistischen, finanzdominierten Kapitalismus befinden, der sich seit den 1970er-Jahren herausgebildet hat. Auch auf dieser Zeitskala hat die Krise eine sozial-ökologische Dimension: Im Postfordismus hat sich die fossilistische imperiale Lebensweise in den kapitalistischen Zentren vertieft und über diese hinaus weiter ausgebreitet. Der Ressourcenverbrauch und die CO_2-Emissionen sind enorm gestiegen. Zudem hat die drastisch verschärfte soziale Ungleichheit die ökologischen Zerstörungspotenziale, über die die Reichen und Superreichen der Welt verfügen, vervielfältigt. Ein exzessiver Luxuskonsum und Investitionen in ressourcen- und emissionsintensive Aktivitäten seitens dieser Bevölkerungsgruppe haben wesentlich zur Verschärfung der ökologischen Krise beigetragen (siehe die Befunde der ökologischen Ungleichheitsforschung). Trotz der steigenden Sichtbarkeit der Krisen existiert in weiten Teilen der Bevölkerung des globalen Nordens der Wille, die imperiale Lebensweise zu festigen, der auch von den politischen Institutionen abgesichert wird (siehe die soziologische Nachhaltigkeitsforschung).

Die etablierten liberaldemokratischen Verfahren sind für die Bearbeitung von Krisen, die auf derart unterschiedlichen und zugleich miteinander verschränkten Zeitskalen auftreten, denkbar schlecht gerüstet.[94] Die Logiken, denen sie folgen, werden der Tiefe und den zeitlichen Dimensionen der Krisen nicht annähernd gerecht. Das Denken in langen Zeiträumen oder auch in Begriffen wie dem der kapitalistischen Produktionsweise ist in den bestehenden Institutionen kaum möglich, es fällt durch das Raster der epistemischen Selektivitäten, die den institutionellen Vorstellungs- und Machbarkeitshorizont systematisch begrenzen. Bestenfalls erlauben es die Institutionen der liberalen Demokratie, die Krisenbearbeitung als ökologische Modernisierung und als Übergang in eine neue kapitalistische Formation zu imaginieren und zu gestalten.[95] Doch selbst diese ist hochgradig umkämpft. Die politischen und gesellschaftlichen Kräfte, die den fossilen und neoliberalen Kapitalismus hervorgebracht, die ihn getragen und von ihm profitiert haben, sind noch immer stark und widersetzen sich selbst der kleinsten Veränderung. Dies zeigt sich unter anderem an der Ampelkoalition in Deutschland, in der mit der FDP eine antiökologische Klientelpartei die ökologische Modernisierung blockiert. Dass sie dazu in der Lage ist, ist eine Frage der Hegemonie und damit auch der institutionellen Einschreibungen der imperialen Lebensweise. Dass die Kämpfe dennoch geführt werden, verweist auf die objektiven Grenzen Letzterer, die zunehmend sichtbar werden.

»Die Krise besteht gerade in der Tatsache, dass das Alte stirbt und das Neue nicht zur Welt kommen kann.«[96] Diese von Antonio Gramsci 1930 vorgenommene Charakterisierung der Epoche, die mit dem Ersten Weltkrieg begann, lässt sich auf die heutige Zeit übertragen: Aus ökologischen Gründen ist das Alte – der fossile Kapitalismus – nicht mehr funktionsfähig. Allerdings sind die Kräfte, Überzeugungen und Institutionen, die das Alte hervorgebracht und so lange getragen haben, noch stark genug, um jene des Neuen daran zu hindern, ihrerseits wirkmächtiger zu werden. Zudem sind die Konturen des Neuen je nach zeitlicher Ebene sehr unterschiedlich. Auf der Ebene der planetaren Zeit übersteigen sie sogar unsere Vorstellungskraft. Gramsci benutzt für diese Konstellation den Begriff des »Interregnum«, mit dem ursprünglich die Zeit zwischen dem Tod oder dem Abdanken eines Herrschers und dem Amtsantritt seines Nachfolgers bezeichnet wurde. Ob und inwiefern wir uns heute (noch) in einem solchen befinden, ist umstritten. So diagnostiziert Mario Candeias für die Gegenwart ein »Ende des Interregnums«, das mit der Krise 2008/2009 begann.[97] »Wir leben in keiner offenen gesellschaftlichen Situation mehr, die Entwicklungspfade sind umkämpft, viele mögliche Alternativen aber bereits verunmöglicht, Wege verschlossen.« Zu beobachten sei die Herausbildung eines hegemonialen »grünen Katastrophen-Kapitalismus«, der sich räumlich gleichwohl sehr unterschiedlich auspräge. Wir teilen die Diagnose, dass sich derzeit ein Katastrophenkapitalismus mit grünen Elementen herausbildet, halten dessen hegemoniale Potenziale aber für begrenzt. Die Zuspitzung der ökologischen Krise ist der *game changer*. Die disruptiven Ereignisse, die sich nicht länger nur in der Zukunft andeuten oder auf den globalen Süden beschränken, sondern zunehmend auch in den Alltag der kapitalistischen Zentren einbrechen, lassen sich politisch-institutionell kaum einfangen beziehungsweise bearbeiten. Insofern deutet sich eine neue Qualität von sozialen und internationalen Auseinandersetzungen an, für deren geordnete Austragung es weder Erwartungshorizonte noch die entsprechenden Institutionen gibt.

Umso wichtiger erscheint uns eine Analyse der Konflikte, die derzeit um die sozial-ökologische Transformation ausgetragen werden. Sie kann helfen, besser zu verstehen, wie sich der Übergang darstellt, wohin er führt und wie er sich einigermaßen human gestalten ließe, aber eben auch, was genau mit dem Übergang zu Ende geht. Dass die Wirkungen und Hinterlassenschaften des Industriekapitalismus die Geologie und Biologie der

Erde dauerhaft prägen werden, ist unabweisbar. Jedoch sagt dies noch nichts über die künftigen Formen des Zusammenlebens aus, allenfalls über die Hintergrundbedingungen, mit denen diese klarkommen müssen. Wahrscheinlich ist, dass der Kapitalismus in nicht allzu ferner Zeit endet. Aber wie das geschehen wird, ob und inwieweit er sich kurz- bis mittelfristig im Rahmen einer neuen, auf den Postfordismus folgenden Formation stabilisiert und wie eine postkapitalistische Produktionsweise beschaffen sein wird, zeichnet sich erst in Ansätzen ab. Es wird wesentlich vom Ausgang der Kämpfe um eine ökologische Modernisierung, autoritäre Stabilisierung oder solidarische Überwindung der imperialen Lebensweise abhängen. Die Konturen der Kämpfe und der in ihnen aufeinandertreffenden gesellschaftlichen Strategien zeichnen sich gleichwohl in jüngerer Zeit deutlicher ab.

Kapitel 4

Grüner Kapitalismus

> Die Geschichte der Energie ist keine Geschichte der Übergänge, sondern eine der fortlaufenden Hinzufügung neuer Primärenergiequellen.
>
> *Christophe Bonneuil und Jean-Baptiste Fressoz*[1]

Eigentlich interessiert sich im Sommer niemand für Heizungen. Außer 2023. Da stritt die deutsche Ampelkoalition erbittert über das umgangssprachlich als »Heizungsgesetz« bezeichnete neue Gebäudeenergiegesetz. Mit dessen Neugestaltung sollte nach dem Willen des grünen Ministers für Wirtschaft und Klimaschutz, Robert Habeck, ein gesellschaftlicher Bereich auf Klimafreundlichkeit getrimmt werden, der ebenso wie das Verkehrssystem in puncto CO_2-Reduktion erheblichen Nachholbedarf hat: der Wärmesektor. Im Stromsektor war die Energiewende schon vor vielen Jahren eingeleitet worden, der Wärmesektor hinkte bisher hinterher. Umstritten war dabei vor allem die Frage, ab wann Gas- und Ölheizungen in Neubauten verboten und in Bestandsbauten durch Wärmepumpen beziehungsweise Fernwärmeanschlüsse ersetzt werden sollten.

Rechte und Konservative hatten im Verbund mit der Boulevardpresse den ungeschickt kommunizierten Gesetzentwurf innerhalb kurzer Zeit sturmreif geschossen. Die Liberalen nutzten diesen Rückenwind, um das zu tun, was sie immer tun, wenn es darum geht, sozial-ökologisch sinnvolle Vorhaben im Sinne fossiler Kapitalfraktionen auszubremsen: Sie forderten »Technologieoffenheit«, sprich: Gasheizungen sollten weiter erlaubt sein, sofern sie sich auf Wasserstoff oder Biomethan umrüsten ließen. Nach vielen entrüsteten Diskussionen wurde das Gesetz schließlich in einer gegenüber dem ursprünglichen Entwurf deutlich weniger ambitionierten Form verabschiedet.

Ganz ähnlich in Österreich. Das zwischen den Regierungsparteien ÖVP und Grünen im Jahr 2022 ausverhandelte Erneuerbare-Wärme-Gesetz sah vor, dass es bis 2035 keine Ölheizungen und bis 2040 keine Gasheizungen mehr in Österreich geben soll. Dieses Ziel wurde im Oktober 2023 aus dem Gesetz gestrichen. Stattdessen wurde lediglich festgelegt, dass ab 2024 Neubauten keine Öl- und Gasheizungen mehr haben sollen. Dafür wurden andere Maßnahmen verabredet. So will der Staat von Energiearmut betroffene Haushalte künftig stärker unterstützen. Zudem sollen der Heizungstausch und die Installation kleiner Photovoltaikanlagen staatlich bezuschusst werden. Offensichtlich haben sich Kräfte in der Regierungspartei ÖVP gegen den weitergehenden Gesetzesentwurf mit grüner Handschrift gewehrt. Die Wirtschaftsverbände unterstützten die Abschwächung.[2]

An das Verkehrssystem trauen sich die Regierenden in Deutschland erst gar nicht ran. Dabei ist der Handlungsbedarf groß und ebenso einfache wie unmittelbar wirksame Maßnahmen liegen auf der Hand. So könnte ein Tempolimit von 120 Kilometer pro Stunde auf Autobahnen und 80 auf Straßen außerhalb von Ortschaften dem Umweltbundesamt zufolge »den Treibhausgasausstoß des deutschen Straßenverkehrs insgesamt um gut 5 Prozent reduzieren. Das entspricht 8 Millionen Tonnen CO_2-Äquivalenten pro Jahr.«[3] Auch die Zahl der Unfälle könnte zurückgehen. Doch der liberale Bundesverkehrsminister blockiert und stellt sich damit in die Traditionslinie seiner christlich-sozialen Vorgänger: Als »gegen jeden Menschenverstand« gerichtet bezeichnete im Jahr 2019 der damalige Verkehrsminister, Andreas Scheuer (CSU), die Empfehlung einer von der Bundesregierung eingesetzten

Experten*innenkommission, die Geschwindigkeit auf deutschen Autobahnen auf 130 Kilometer pro Stunde zu begrenzen.[4] Scheuer muss dabei von einem sehr begrenzten Menschenverstand ausgegangen sein, denn Deutschland ist das einzige europäische Land, auf dessen Autobahnen kein generelles Tempolimit gilt – und dies obwohl es dafür in der Bevölkerung eine Mehrheit gäbe.[5]

Diese Episoden verdeutlichen exemplarisch, wie schwer sich unsere Gesellschaft mit einer ökologischen Modernisierung tut: Die fossilen Beharrungskräfte sind stark. Nachdem sie jahrelang den ökologischen Fortschritt verschlafen oder gar blockiert haben, werden diese Unternehmen von ihren politischen Fürsprechern, in Deutschland allen voran der »Fortschrittspartei« FDP, so lange protegiert, bis sie die Kurve gekriegt und technologisch halbwegs den Anschluss gefunden haben.

Doch die Kräfte, die die ökologische Modernisierung forcieren, bekommen langsam ebenfalls Rückenwind. Und dieser wird umso stärker, je deutlicher die Klimakrise in den Alltag einbricht, je fortgeschrittener die benötigten Technologien sind und je einflussreicher die Unternehmen werden, die diese zur Verfügung stellen. Von der staatlichen Politik erwarten diese »ökologisch« orientierten Kapitalfraktionen gute rechtliche Rahmenbedingungen, direkte Subventionen und Haftungsübernahmen, die für die nötige Investitionssicherheit sorgen.[6] Solche Entwicklungen begünstigen grüne politische Kräfte, wie sie etwa in Deutschland und Österreich derzeit an nationalen Regierungen beteiligt sind. Zumindest weniger strittige Vorhaben wie die Energiewende und der Ausbau der Elektro-Automobilität, die von den Vorgängerregierungen zum Teil vernachlässigt oder gar ausgebremst wurden, werden nun mit größerem Nachdruck angegangen.[7] Es geht – das ist die Lehre aus den Konflikten um die beiden erwähnten Gesetze – kaum mehr um das Ob, sondern vor allem um das Wie und Wann der ökologischen Modernisierung.

Deutschland und Österreich stehen damit nicht allein. Die ökologische Modernisierung bestimmt zunehmend die internationale politische Agenda. So verbessert der *European Green Deal* die finanziellen Anreize und rechtlichen Bedingungen für grüne Innovationen. In vielen Ländern wird verstärkt eine »grüne« Industriepolitik betrieben.[8] Die Biden-Administration hat im Rahmen ihres *Inflation Reduction Act* von August 2022 unter anderem den Ausbau erneuerbarer Energien und eine Unterstützung beim Kauf von Elektroautos beschlossen. Auch in Ländern wie Indien und China werden die erneuerbaren Energien ausgebaut.[9] In puncto Elektro-Automobilität ist China der europäischen Autoindustrie weit voraus. Schließlich dürfte auch der russische Krieg gegen die Ukraine, neben den Bemühungen westlicher Staaten um eine Diversifizierung der Versorgung mit fossilen Energien, den Ausbau der »Erneuerbaren« beflügeln, um von Energieimporten unabhängiger zu werden.[10]

Die ökologische Modernisierung nimmt also Fahrt auf, obwohl es kontraproduktive Maßnahmen gibt wie die bedingte Aufnahme von Gas- und Atomkraftwerken in die EU-Taxonomie für umwelt- und klimafreundliche Geldanlagen. Mehr noch: Die ökologische Modernisierung wird politisch sehr aktiv und mit beträchtlichen staatlichen Subventionen und konkreten Zeitplänen vorangetrieben, etwa beim Aufbau einer europäischen Batterieproduktion. Auch die EU-Verordnung zu kritischen Rohstoffen (CRMA) formuliert ambitionierte Ziele: Bis 2030 sollen zehn Prozent der Rohstoffe in der EU selbst gewonnen und 25 Prozent der jährlich verbrauchten Rohstoffe in Europa recycelt werden. Zudem wird angestrebt, dass 40 Prozent der Rohstoffe in Europa verarbeitet werden – ein Hinweis auf den sich intensivierenden globalen Wettbewerb um grüne Technologien.[11] Die EU-Verordnung strebt auch eine Beschleunigung der Genehmigungsverfahren, de facto also die Verkürzung öffentlicher Konsultationen, an: Extraktionsprojekte sollen nach maximal 27 Monaten, Verarbeitungs- und Recyclingprojekte nach 15 Monaten genehmigt werden.[12]

Auch die Judikative mischt sich in die ökologische Modernisierung ein und mahnt zu mehr Tempo.[13] So hat das deutsche

Bundesverfassungsgericht in einem Beschluss im April 2021 das Klimaschutzgesetz von 2019 insofern als mit den Grundrechten unvereinbar bezeichnet, als es keine hinreichenden Maßgaben für die Reduktion von Treibhausgasen nach 2030 enthalte. Emissionsminderungslasten würden in die Zukunft und damit auf künftige Generationen verschoben, die dadurch in ihren Freiheitsrechten verletzt würden.[14] Die Klage, auf die der Beschluss antwortete, war von Aktivist*innen von *Fridays for Future* eingereicht worden; unterstützt wurden sie dabei vom BUND, der Deutschen Umwelthilfe und Greenpeace. Sie reiht sich ein in eine Reihe vergleichbarer und durchaus erfolgreicher Aktivitäten auf internationaler Ebene.[15]

Wir sehen in diesen Verschiebungen Anzeichen für eine ökologische Modernisierung der imperialen Lebensweise in Richtung eines Grünen Kapitalismus.[16] Dessen Konturen und die damit einhergehenden Transformationskämpfe wollen wir im Folgenden nachzeichnen. Dabei beschränken wir uns notwendigerweise auf eine Momentaufnahme von Entwicklungstendenzen, deren künftige Entfaltung angesichts vielfältiger Widersprüche, Konflikte und Krisen ungewiss ist.

Dabei darf man sich nie täuschen lassen: Die öko-kapitalistische Modernisierung der imperialen Lebensweise ist nicht deren Überwindung. Ganz im Gegenteil, die selektive Bearbeitung ihrer Widersprüche trägt vielmehr zur Aufrechterhaltung, gar Ausweitung und Vertiefung der imperialen Lebensweise bei. Ein Grüner Kapitalismus, so unsere These, verursacht neue sozialökologische Kosten und verlagert sie auf andere in Raum und Zeit. Er verändert Formen und Dynamiken gesellschaftlicher (Re-)Produktion sowie gesellschaftliche Kräfteverhältnisse. Die ökologische Krise wird auf lange Sicht und im globalen Maßstab nicht erfolgreich bearbeitet. Eben deshalb erscheint es uns wichtig, das Projekt eines Grünen Kapitalismus genauer und in seinen Widersprüchen zu analysieren. Es geht aber auch darum, die Dynamiken zu verstehen, die freigesetzt werden könnten und die gegebenenfalls über seine eigenen sozial-ökologischen Begrenzungen hinausweisen.[17]

Wir beginnen mit einigen Begriffen von Antonio Gramsci, mit deren Hilfe sich unseres Erachtens ein Grüner Kapitalismus gut fassen lässt. Die entwickelte Perspektive ist auch für das sechste Kapitel zur autoritären Stabilisierung der imperialen Lebensweise relevant. Anschließend wenden wir uns dem *European Green Deal* (EGD) zu, der Ende 2019 von der damals neuen EU-Kommission unter der konservativen Politikerin Ursula von der Leyen vorgestellt wurde. Wir verstehen den EGD als Strategie der relevanten wirtschaftlichen und politischen Kräfte, den europäischen Kapitalismus an eine sich verändernde geopolitische und -ökonomische Konstellation anzupassen, aber auch als einen Versuch, die Klimakrise zu bearbeiten.[18] Zum Abschluss des Kapitels verdichten wir unsere Argumentation in einigen Überlegungen zu der Frage, inwiefern der öko-kapitalistische Umbau im Sinne eines effektiven Krisenmanagements fragil bleibt.

Gramsci und der Grüne Kapitalismus

Manchmal wissen die herrschenden politischen und wirtschaftlichen Akteure selbst nicht genau, wie es weitergehen soll. Oft wird in solchen Momenten auf »alte Rezepte« zurückgegriffen – sofern sie sich mehr oder weniger bewährt haben. Manchmal müssen aber unter dem Druck neuer Krisen neue Strategien entwickelt und Wege beschritten werden.

Insbesondere angesichts der sich zuspitzenden sozial-ökologischen Krise gibt es seitens der Unternehmen und der ihre Interessen vertretenden Politiker*innen aktuell zunehmend Versuche, »grüne« Antworten zu finden. Doch solche Projekte sind hochgradig umkämpft und es ist unsicher, ob sie wie geplant funktionieren. Die Unternehmen beziehungsweise Kapitalfraktionen verfolgen dabei verschiedene Strategien, etwa in ihrer Orientierung auf den transatlantischen oder asiatischen Wirtschaftsraum, und sind unterschiedlich gut organisiert – das fossile Kapital bislang besonders gut. Einige wollen die fossilen Energieträger oder die Atomenergie noch länger behalten, andere sind für einen raschen Umstieg auf erneuerbare Energien; einige sind für eine verstärkte Integration in den Weltmarkt, andere sehen ihre Interessen eher gewahrt, wenn der nationale oder europäische Markt geschützt wird. Mehr oder weniger starke Kompromisse und Konsense zwischen den herrschenden politischen und wirtschaftlichen Akteuren, auch unter Einbezug der Interessensorganisationen der Regierten wie etwa der Gewerkschaften, müssen aktiv organisiert werden. Dabei spielt der Staat eine zentrale Rolle. Dies ist umso mehr in krisenhaften und unübersichtlichen Zeiten der Fall. In supranationalen politischen Einheiten wie der EU sind oft führende Staaten wie Deutschland oder Frankreich wesentlich für die Durchsetzung bestimmter ökonomischer und politischer Interessen.

Durch viele Kompromisse können sich so gewisse Konsense unter den wirtschaftlichen und politischen Eliten herausbilden und Veränderungen wie eine Dekarbonisierung der europäischen Wirtschaft eingeleitet werden. Trotz aller Differenzen überwiegt dann ein gemeinsames Interesse: Es gilt, die umkämpften und unsicheren Veränderungsprozesse weitgehend unter Kontrolle zu behalten und mögliche Gegenkräfte entweder zu inkorporieren, ihre Interessen also zumindest teilweise zu berücksichtigen, oder sie zu demobilisieren.

Passive Revolution

Gramsci verwendete dafür den Begriff der »passiven Revolution«.[19] Diese zeichnet sich dadurch aus, dass die herrschenden Kräfte fähig sind, die aktuelle Produktionsweise in tiefen Krisen und angesichts von Verunsicherungen abzusichern, indem sie sie erneuern. Die herrschenden Kräfte sind dabei dahingehend progressiv, dass sie neue Zukunftsoptionen im Hinblick auf die Produktions- und Lebensweise schaffen sowie Unmut und Forderungen der Regierten aufnehmen und bearbeiten. Aber sie unterbinden dadurch auch aktiv, dass grundlegend Neues entstehen kann. Der Staat spielt in einer passiven Revolution eine wichtige Rolle, insofern er die in Konkurrenz stehenden Kapitalfraktionen in eine neue Entwicklungsweise zu führen versucht.

Eine solche passive Revolution würde auf eine Überwindung der Krise zielen, in der sich der Kapitalismus und seine aktuelle Ausprägung seit 2008 befinden. In der Vergangenheit hat sich der Kapitalismus schon öfter neu erfunden – zuletzt in der Krise des Fordismus ab Mitte der 1970er-Jahre. Die Überwindung der Krise des Wachstums und der Kapitalakkumulation bestand in vielen Ländern in der Durchsetzung neoliberaler Politiken.[20] Von den 1970er- bis zu den 1990er-Jahren war es neoliberalen Kräften europaweit – nicht zuletzt mit Hilfe der auf EU-Ebene etablierten Sachzwänge – gelungen, die Gewerkschaften und sozialen Bewegungen zu schwächen und das Finanzkapital sowie die weltmarktorientierten Fraktionen des industriellen Kapitals zu stärken.[21] Der bis in die 1970er-Jahre vielerorts existierende fordistische Klassenkompromiss – basierend auf hohen Wachstumsraten, hoher Arbeitsdisziplin und Anerkennung der Interessen der (vor allem männlichen) Lohnabhängigen durch das Kapital, aber auch auf der Ausbeutung des globalen Südens und der Natur – wurde aufgebrochen.

Jamie Peck und Adam Tickell haben dies als *roll-back neoliberalism* bezeichnet, als einen Neoliberalismus, dem es gelingt, die Widersprüche der vorausgehenden Entwicklungsweise, des Fordismus, aus Sicht der dominanten Kapitalfraktionen erfolgreich zu bearbeiten.[22] Es folgte ein *roll-out neoliberalism*. Insbesondere die neoliberalen Politiken der Deregulierung und Flexibilisierung von Arbeitsbeziehungen haben sich tief in den Arbeits- und Lebensalltag der Menschen eingeschrieben.

Die EU schrieb die neoliberalen Regeln in Form eines »neuen Konstitutionalismus« fest: Die Möglichkeiten der öffentlichen Haushalte, sich zu verschulden, wurden eingeschränkt. Seit den

1990er-Jahren überwachte die EU die Mitgliedstaaten im Hinblick auf den maximalen Schuldenstand und die jährliche Neuverschuldung.[23] Seit damals ist die EU die »Schutzmacht neoliberaler Global Economic Governance« (Oliver Prausmüller), denn sie sichert die Interessen der transnationalen Wirtschaftsakteure rechtlich ab, unter anderem über Freihandels- und Investitionsabkommen oder ein entsprechendes internationales Wirtschafts- und Vertragsrecht.[24] In den Ländern der europäischen Peripherie, aber auch in Ländern wie Deutschland, sollte die internationale Wettbewerbsfähigkeit unter anderem durch eine neoliberale Agenda der Austeritätspolitik gestärkt werden.

Diese Entwicklungen verknüpften sich seit den 1990er-Jahren mit den weltpolitischen Tendenzen, wie sie sich im Zuge des Falls der Berliner Mauer und des Endes der Sowjetunion verfestigten: einer zunehmend offen gewaltförmigen internationalen Politik und dem Aufstieg einiger »Schwellenländer« wie China, Brasilien oder Indien.

Schien es in der EU mit Hilfe einer neoliberal gewendeten Sozialdemokratie zunächst noch zu gelingen, die Widersprüche mittels einer Disziplinierung von Gewerkschaften und Lohnabhängigen einzudämmen, so wurden die Grenzen der Einhegung mit der Krise seit 2008 manifest: Die von der EU und dem IWF orchestrierte Austeritätspolitik schaffte nicht die Voraussetzungen für einen europaweiten Wirtschaftsaufschwung.

Inzwischen sind die Potenziale des Neoliberalismus ausgeschöpft: Unter neoliberalen Vorzeichen gelingt es weder, eine einigermaßen störungsfreie Akkumulation von Reichtum zu gewährleisten und eine neue anhaltend stabile Wachstumsphase einzuleiten, noch die gesellschaftlichen Widersprüche zu bearbeiten. In Europa zeigt sich das an den desaströsen Folgen der neoliberalen Austeritätspolitik, welche die EU in eine tiefe Funktions- und Legitimationskrise führten.[25]

Deren Symptome sind zum einen die Desintegrationstendenzen, die im Brexit ihren bislang prominentesten und weitestreichenden Ausdruck gefunden haben. Zum anderen erleben wir den Aufstieg rechter Kräfte in nahezu allen EU-Mitgliedstaaten, die den neoliberalen Block an der Macht herausfordern, ohne damit – siehe das sechste Kapitel – den Neoliberalismus notwendigerweise in Frage zu stellen. Doch es gibt auch progressive Initiativen und Formen der Krisenpolitisierung, wie sie sich etwa in diversen linken Neugründungen, sozialdemokratischen Reorientierungen und dem Erstarken der Klimabewegung zeigen.

In jüngerer Zeit wird die strikte Austeritätspolitik in der EU teilweise abgeschwächt – eine erste Antwort auf die Krise. Gestärkt wird die »soziale Dimension« Europas, etwa durch die europäische Mindestlohnrichtlinie oder die Reform der Entsenderichtlinie im Jahr 2017 nach dem Prinzip »gleicher Lohn für gleiche Arbeit am gleichen Ort«, um Sozialdumping zu bekämpfen.[26] Auch die unkonventionelle Geldpolitik der Europäischen Zentralbank in den letzten Jahren gehört dazu.

Ein wichtiges Symptom der Krise sind ferner die Suchprozesse in der EU selbst, deren bislang wichtigstes Ergebnis der *European Green Deal* von 2019 ist. Damit reagieren die herrschenden Kräfte auf die sozialen, ökonomischen und ökologischen Verwerfungen, aber auch – darum geht es im fünften Kapitel – auf die geopolitischen und -ökonomischen Veränderungen. Gramsci hat die Quintessenz eines solchen Versuchs in einem ganz anderen zeithistorischen Kontext klarsichtig erkannt: »Die traditionell führende Klasse […] wechselt Menschen und Programme aus und gewinnt die Kontrolle wieder«.[27]

Hegemonie

In gewisser Weise können die Politiken der Europäischen Union, die verstärkte Ökologisierung von Produktion, Produkten und Konsum, aber auch viele gegenwärtige Politiken in China und den USA als Ausdruck einer passiven Revolution verstanden werden. Angetrieben wird sie vor allem durch die Führung wirtschaftlicher und politischer Repräsentant*innen: Sie treiben Initiativen,

Gesetze, Technologie- und Produktentwicklungen, Investitionen, die Organisation von Lieferketten, Standortentscheidungen und ähnliche Entwicklungen voran, mit denen der Produktionsapparat, die dazugehörigen Infrastrukturen und die Beschaffungssysteme reorganisiert werden sollen. Vieles davon wird gar nicht als Teil umfassender Strategien öffentlich verhandelt, sondern in unzähligen unternehmerischen Entscheidungen oder kleinteiligen staatlichen Politiken einfach umgesetzt.

Was würde all das für einen Grünen Kapitalismus bedeuten? Unternehmen und Kapitalgruppen würden dafür in enger Kooperation mit der EU-Kommission und den Regierungen der einflussreichen EU-Länder ein kapitalistisches Wachstumsprojekt organisieren. Es würden also grün-kapitalistische Sektoren – Unternehmen beziehungsweise Teile von Unternehmen und Verbänden – stärker werden. Die entsprechenden wirtschaftlichen und politischen Kräfte würden sich zunehmend gegen fossile durchsetzen. Damit würden starke Wachstumseffekte und Erfolge in der Weltmarktkonkurrenz einhergehen. Die andere Seite der Medaille – weitere Landnahme, Enteignung und Umweltzerstörung – würde für die grünen Kapitalfraktionen nicht zum größeren Problem werden. Ein solches grün-kapitalistisches Projekt würde auch von bislang fossilen Unternehmen der Automobil- oder der Energiebranche weitgehend mitgetragen, weil sie sich dort gewinnbringend einklinken könnten, oder aber Teile dieser Branchen würden wirtschaftlich und damit auch politisch irrelevant werden.

Wie würden sich in einer solchen Konstellation Macht und Herrschaft entwickeln? Ein Grüner Kapitalismus ist Gramscis Hegemonie-Begriff zufolge vor allem dann möglich, wenn die Kernstrategien des Grünen Kapitalismus, also Dekarbonisierung und selektive Ökologisierung, in der Gesellschaft verankert und breit akzeptiert werden. Gramsci spricht hier von »organisiertem Konsens«, den der Staat verlangt und zu dem er erzieht.[28] Zustimmung zu den Umbauprozessen wird in den Unternehmen und durch den Staat selbst aktiv geschaffen, aber auch in gesellschaftlichen Organisationen wie Medien, Unternehmensverbänden, Gewerkschaften oder Umweltverbänden, in Schulen und Hochschulen, Kirchen, formalisierten NGOs, Parteien, aber auch in gesellschaftlichen Institutionen wie der Familie. Die herrschenden Sichtweisen auf die Verhältnisse, Probleme, Krisen und Lösungsmöglichkeiten werden so vor allem von den politischen und wirtschaftlichen Eliten, in Zusammenarbeit mit Medien und Kulturschaffenden, vorgegeben – es ist eine Art top-down-Kulturwandel.

Die Umbaustrategien reichen also weit in die Gesellschaft hinein: »Zu diesem Zweck werden Kompromissmöglichkeiten ausgelotet, Bedürfnisse der Bevölkerung aufgegriffen und verändert. Ein solches Projekt bietet den Subjekten handlungsleitende Deutungen der gesellschaftlichen Situation und der Veränderungsprozesse an und gibt ihnen so Orientierung.«[29] Insofern geht es auch um die Integration relevanter Interessengruppen – insbesondere der Gewerkschaften und Sozialverbände – und breiter Bevölkerungsteile in dem Sinne, dass sie materiell von solch einer Konstellation durchaus profitieren oder diese wenigstens als Versprechen auf eine bessere Zukunft begreifen.[30] Das grün-kapitalistische Wachstumsmodell wäre zumindest für Teile der Bevölkerung inklusiver, wenngleich damit höchstwahrscheinlich der Ausschluss anderer Teile und eine intensivere Ausbeutung anderer Weltregionen und der Natur einhergehen. Um Missverständnisse zu vermeiden: Denkbar ist auch eine grün-kapitalistische Umorientierung der Wirtschaft, die weitgehend autoritär von oben gesteuert wird und viele Menschen ausschließt. Dies wäre ebenfalls eine passive Revolution, aus der aber keine Hegemonie im Sinne von Kompromissen zwischen den politischen und wirtschaftlichen Eliten und Zustimmung in der Bevölkerung und den jeweiligen Interessensverbänden resultierte.[31]

Egal, ob die Bevölkerung einbezogen wird oder nicht: In einer passiven Revolution werden die vorherrschenden Herrschaftsstrukturen nicht angetastet. Im Gegenteil: Diese sollen gerade durch die ökologische Modernisierung gesichert werden.

Wir unterscheiden in Bezug auf die mögliche Herausbildung eines Grünen Kapitalismus zwischen einer strategischen und einer strukturellen Dimension von Hegemonie.[32] Die *strategische Dimension* besteht in der aktiven Herstellung von Konsens, also der Überzeugung der Bevölkerung, dass die von den Herrschenden angestrebten Veränderungen gut und sinnvoll sind. Möglicherweise gelingt das auch nur in einigen Bereichen oder für einen Teil der Bevölkerung – das würden wir als »fragmentierte Hegemonie« bezeichnen (siehe unten). Die *strukturelle Dimension* von Hegemonie basiert auf breit geteilten gesellschaftlichen Vorstellungen im Alltag. Große Ungleichheiten und Ausbeutungsstrukturen werden durch Gewohnheit ganz praktisch und alltäglich gelebt und als alternativlos, ja quasi »natürlich«, wahrgenommen.[33]

Der als »Fordismus« bezeichnete Nachkriegskapitalismus, mag hier als Veranschaulichung dienen. Er bestand aus einer bestimmten Organisation des (Massen-)Produktionsprozesses und der Lohn- und Reproduktionsarbeit sowie der Durchsetzung einer damit korrespondierenden (Massen-)Konsumnorm, die vor allem in den Gesellschaften des globalen Nordens sozialstaatlich eingebettet und Teil einer imperialen internationalen Arbeitsteilung waren.[34] In der Gesellschaft wurde damals ein Konsens darüber hergestellt, dass diese Art der Organisation von Arbeit sinnvoll sei, da sie für die Bevölkerung ein Leben in materiellem Wohlstand sichere – oder zumindest die Möglichkeit dafür eröffne. Gleichzeitig gewöhnten sich die Menschen im globalen Norden daran, in einer Welt zu leben, in der Rohstoffe und billige Arbeitskräfte aus weit entfernten Teilen der Erde kamen, sie selbst an Fließbändern schufteten und mit dem Lohn sehr viele vergleichsweise billige Konsumgüter kauften, die ihren Alltag leichter machten (oder dies zumindest in der Werbung versprachen). Diese Art zu leben etablierte sich bald so sehr, dass sie den Menschen als normal erschien – Gramsci sprach schon in den 1930er-Jahren von einem »neuen Menschentyp«, der eine »psycho-physische Anpassung an die neue industrielle Struktur«[35] des Fordismus durchlief.

Durch die herrschende Orientierung an einer bestimmten Lebensweise – an Konsummustern, Vorstellungen eines angemessenen Einkommens, von Arbeitsteilung, Arbeitsformen und Arbeitsdisziplin – wird die kapitalistisch-imperiale Produktionsweise in den Alltagspraxen und dem Alltagsverstand der Menschen verankert. Auch strukturell ungleiche soziale Verhältnisse zwischen Klassen, Geschlechtern, dem globalen Süden und dem globalen Norden sowie rassifizierte Verhältnisse gewinnen ihre Stabilität und Dauerhaftigkeit gerade dadurch, dass sie in den Alltagsverhältnissen normalisiert und in hegemonialen Diskursen legitimiert werden: Ausbeutung im kapitalistischen Produktionsprozess erscheint als freiwilliges Vertrags- oder zumindest als legitimes Unterordnungsverhältnis zwischen »Arbeitgeber« und »Arbeitnehmer«, Aneignung unbezahlter Reproduktionsarbeit (meist von Frauen verrichtet) als normal, neokoloniale Ungleichheit im Nord-Süd-Verhältnis als notwendiges Resultat kultureller Differenzen. Entscheidend ist dabei, dass Hegemonie einen materiellen Kern hat, die Verhältnisse also praktisch lebbar und akzeptiert sein müssen. Hegemonie ist entsprechend in der Produktions- und Arbeitswelt verankert und damit in den alltäglichen sozialen Praxen auch der Lohnabhängigen.[36]

Den Grünen Kapitalismus in diesem Sinne zu durchleuchten bedeutet, auf den umkämpften und prekären Charakter seiner Herausbildung hinzuweisen. Aus unserer Sicht handelt es sich bislang nicht um ein umfassendes *hegemoniales Projekt*, also um eine neue Entwicklungsweise in den Ländern des globalen Nordens unter Führung des Staates und von grünen Kapitalfraktionen sowie unter Einbindung relevanter Teile der Regierten.

Wir würden den Grünen Kapitalismus deshalb als ein *Hegemonieprojekt* bezeichnen, das in der Krise des Neoliberalismus mit anderen Hegemonieprojekten konkurriert (etwa mit einem rechtsautoritären – siehe Kapitel 6).[37] Allerdings sind die hegemonialen Potenziale eines Grünen Kapitalismus begrenzt. Das hängt auch an der Neuartigkeit der Krisensituation: Wir haben es nicht nur mit der großen Krise des Neoliberalismus und mit geopolitischen Spannungen zu tun, die eher zunehmen als erfolgreich bearbeitet zu werden. Ein entscheidendes Merkmal der gegenwärtigen Krisensituation, die diese von den großen Krisen früherer Stadien des Kapitalismus unterscheidet, ist die fundamentale Störung des gesellschaftlichen Stoffwechsels mit der Natur. Diese lässt sich, so unser Argument, auch unter grün-kapitalistischen Vorzeichen kaum mehr hegemonial bearbeiten. Was wir allenfalls erwarten können, ist eine selektive, räumlich und zeitlich begrenzte ökologische Modernisierung mit dem Ergebnis einer »fragmentierten Hegemonie«, also eines partiellen Konsenses innerhalb der Gesellschaften des globalen Nordens, der – letztlich mit geringen Erfolgsaussichten – gegen die Verlierer*innen im globalen Süden und globalen Norden zu verteidigen versucht wird.[38] In den kommenden Jahren wird sich deshalb die Frage stellen, ob der Kapitalismus die Grenze seiner Stabilisierungsmöglichkeit bereits überschritten hat.

Im Folgenden machen wir mit dem European Green Deal eine supranationale *staatliche* Strategie zum Ausgangspunkt unserer Analyse des Grünen Kapitalismus. Wir konzentrieren uns auf die staatlichen Politiken, weil die ökonomisch herrschenden Kapitalfraktionen von sich heraus nicht in der Lage sind, ein Hegemonieprojekt zu formulieren und durchzusetzen, denn sie verfolgen zuallererst ihr eigenes partikulares Interesse und stehen in Konkurrenz zueinander.[39] Die EU in Form der Kommission, des Ministerrats oder des Parlaments, ist auch deshalb wichtig, weil die nationalen Machtblöcke – etwa jene Deutschlands und Frankreichs – selbst in Konkurrenz zueinander stehen. »Gemeinsame europäische Interessen« müssen aktiv und durch Kompromisse hindurch formuliert werden, an denen Unternehmensverbände, Gewerkschaften, Denkfabriken oder NGOs beteiligt sind.

Die wesentlichen Aushandlungsprozesse finden deshalb auf staatlichem Terrain und mittels des Staates statt. Auch die Europäische Union fassen wir in dem dargestellten Sinne als Form von Staatlichkeit beziehungsweise als Ensemble von Staatsapparaten, die eng mit der nationalstaatlichen Ebene verbunden sind.[40] Nicht selten sind es staatliche Akteure, die wichtige Veränderungen gerade auch gegen bestimmte Kapitalfraktionen durchsetzen, die also die Reproduktion der kapitalistischen Produktionsweise gewährleisten, indem sie den Interessen von Einzelkapitalen zuwiderhandeln beziehungsweise diese transformieren. Sie schaffen die Erwartungssicherheit, die sowohl für Investitionen als auch für die Zustimmung seitens der Subalternen unabdingbar ist. Für diese Zwecke mobilisieren die Staaten der kapitalistischen Zentren die ihnen eigenen enormen finanziellen, rechtlichen, administrativen und Wissensressourcen. Die Rolle des Staates oder von Staatengebilden wie der EU nimmt gerade angesichts der Krise des Neoliberalismus, der sich zuspitzenden ökologischen Krise und zunehmender geopolitischer und -ökonomischer Konkurrenz zu.

Greening the Empire? Der European Green Deal

Dass die herrschende Politik zunehmend auf die Klimakrise reagiert, zeigt sich insbesondere beim European Green Deal (EGD), den die Europäische Kommission im Dezember 2019 präsentierte. Der EGD wurde in den letzten Jahren zur neuen Leiterzählung und zum zentralen Rahmen für vielfältige Programme und Strategien in Europa.[41] Im Kern geht es darum, die CO_2-Emissionen in der EU bis 2030 um 55 Prozent im Vergleich zu 1990 zu reduzieren. Dafür muss, so die Selbstbeschreibung, nichts Geringeres geschehen, als die EU »zu transformieren«. Der EGD sei eine Antwort auf die entscheidende Aufgabe unserer Zeit, nämlich »die Bewältigung klima- und umweltbedingter Herausforderungen«. Es handle sich »um eine Wachstumsstrategie, mit der die EU zu einer fairen und wohlhabenden Gesellschaft mit einer modernen, ressourceneffizienten und wettbewerbsfähigen Wirtschaft werden soll, in der im Jahr 2050 keine Netto-Treibhausgasemissionen mehr freigesetzt werden und das Wirtschaftswachstum von der Ressourcennutzung abgekoppelt ist.«[42]

Dafür soll es zum einen massive öffentliche Investitionen geben, zum anderen sollen die Bemühungen intensiviert werden, »privates Kapital in Klima- und Umweltmaßnahmen zu lenken und gleichzeitig die Abhängigkeit von nicht nachhaltigen Praktiken zu vermeiden«.[43] Zentral seien der Aufbau einer Kreislaufwirtschaft, ein Umbau der Industrie, der Ausbau erneuerbarer Energien, nachhaltiges Bauen, die nachhaltige Gestaltung von Mobilität, Landwirtschaft und Ernährungssystemen sowie der Erhalt der biologischen Vielfalt und eine schadstofffreie Umwelt. Ein »gerechter Übergang« solle »niemanden zurücklassen«. Dazu werden Ziele wie soziale Inklusion und der Schutz schwächerer Bevölkerungsteile formuliert. Über den »Mechanismus für einen gerechten Strukturwandel« *(just transition)* sollen bis 2027 etwa 100 Milliarden Euro an privatem und öffentlichem Kapital für Regionen mobilisiert werden, die vom ökologischen Strukturwandel besonders betroffen sind, etwa solche, in denen der Kohlebergbau dominiert.[44]

Der grundlegende Ton des EGD ist trotz der dramatischen Klimakrise optimistisch. Die EU-Kommission geht davon aus, dass die Bearbeitung der Krise zum einen neue Geschäftsfelder und »grüne« Wachstumsmöglichkeiten erschließen und zum anderen die moralische Überlegenheit der EU beweisen kann. Europa als »erster klimaneutraler Kontinent« – das ist ein häufig verwendeter Slogan.

Werfen wir kurz einen Blick auf den historischen Kontext des EGD. Unter José Manuel Barroso, Präsident der EU-Kommission von 2004 bis 2014, wurde die neoliberale Politik in der EU vorangetrieben.[45] So sollten laut Maastricht-Vertrag von 1992 etwa das jährliche Haushaltsdefizit eines Mitgliedsstaats maximal drei Prozent und die staatliche Verschuldung maximal 60 Prozent des Bruttoinlandsprodukts betragen. Der 1997 geschaffene und seitdem mehrfach verschärfte »Stabilitäts- und Wachstumspakt« sah bei Nichteinhaltung der Maastricht-Kriterien Sanktionen etwa in Form von Geldstrafen vor. Es bildete sich ein »autoritärer Krisenkonstitutionalismus« heraus, der die innereuropäischen Ungleichheiten eher vergrößerte und Desintegrationstendenzen förderte.[46] Überragendes Kriterium war der Erhalt oder die Herstellung der Wettbewerbsfähigkeit der europäischen Wirtschaft. Treibende politische Kräfte dieser neoliberalen Wettbewerbsorientierung waren die deutsche Bundesregierung und die von der neoliberalen Orientierung profitierenden Unternehmen.[47]

Klima- und Umweltpolitik waren zu dieser Zeit wenig ambitioniert. Das änderte sich, als die Klimakrise immer deutlicher wurde und damit das gesellschaftliche Unbehagen sowie die Bewegungen für Klimagerechtigkeit zunahmen. Darauf reagierten die Regierungen, mit der EU als treibender Kraft, etwa mit dem Pariser Klimaabkommen von 2015.[48] Ein weiterer wichtiger Grund für die mit dem EGD anvisierten weitreichenden Veränderungen war die zunehmende geopolitische und -ökonomische Konkurrenz (siehe Kapitel 5).

Umgekehrt ist der EGD selbst ein Baustein der globalen Politik der EU.[49] In den letzten Jahren wurden verstärkt Projekte formuliert, mit denen die EU und ihre Unternehmen stärker im globalen Wettbewerb positioniert werden sollen. Nach innen hat die EU etwa die strikten Regeln des Beihilferechts für den internen Wettbewerb gelockert und setzt nun stärker auf Kooperation.[50] Über Industriepolitiken sollen vor allem strategische Sektoren wie die Produktion von Batterien oder Mikroelektronik stärker in Europa verankert werden. Dies ist ein großer Unterschied zur EU-Integration früherer Jahre, als es vor allem um Wettbewerbs- und weniger um Industriepolitik ging; auch die EU-Fusionskontrolle beim Zusammenschluss potenziell marktbeherrschender

Unternehmen wurde aufgeweicht.[51] Nicht zuletzt hat die Kontrolle über ausländische Direktinvestitionen – etwa im Bereich kritischer Infrastruktur, im Rohstoffsektor oder in der Telekommunikation (5G-Standard) – zugenommen.[52] Der EGD fügt sich damit auch in eine Tendenz staatlicher Politik ein, die Daniela Gabor als »derisking« bezeichnet: Die öffentliche Hand übernimmt die Risiken der privaten Unternehmen.[53]

Ein jüngeres Element der EU-Politik sind die sogenannten »Vorhaben von gemeinsamem europäischen Interesse« (engl. IPCEI)[54], mit denen die EU-Kommission forschungs- und entwicklungsintensive Produkte und Produktionsprozesse mit öffentlichen Geldern fördert. Diese Vorhaben wurden unter anderem in den Bereichen Mikroelektronik (2018), Batteriezellen (2018), Cloud-Technologie sowie Wasserstofftechnologie (beide 2021) aufgelegt, wobei vor allem die großen Firmen profitieren. Die Rolle des Staates und der europäischen Bürokratie wird damit in Bereichen wie der Industrie-, Technologie- oder Außenwirtschaftspolitik aufgewertet. Die Implementierung des EGD erfolgt in enger Kooperation zwischen Spitzenpolitik, Bürokratie und Unternehmensmanagement.

Nach außen hin werden diese Politiken durch eine aktive Handelspolitik ergänzt, insbesondere in Form von bilateralen Abkommen wie dem mit der lateinamerikanischen Wirtschaftsorganisation Mercosur, in der Definition von technischen und administrativen Standards und Normen und in der Kontrolle von Auslandsinvestitionen, Infrastrukturen und Technologien.[55]

Vor den IPCEIs hat bereits 2017 die strategische Neuausrichtung der Batterieproduktion mit der »Europäischen Batterieallianz« begonnen. Sie wurde von der EU-Kommission gemeinsam mit einzelnen Ländern – insbesondere den Regierungen Deutschlands und Frankreichs –, Unternehmen (vor allem aus der Autobranche) und Forschungseinrichtungen gegründet. Den damaligen Plänen zufolge sollten bis zum Jahr 2025 Batteriezellen für sieben bis acht Millionen Elektroautos in Europa produziert werden, um die »strategische Autonomie« – der Begriff wird seit 2016 immer häufiger verwendet – gegenüber dem bislang den Weltmarkt dominierenden China zu erhöhen.[56] Es sollten 15 Milliarden Euro investiert und dafür die EU-Beihilferegeln gelockert werden. Benötigt werden schätzungsweise 800.000 qualifizierte Beschäftigte.[57]

Die EU reagiert damit auf die Krise der europäischen, vor allem auch der deutschen Autokonzerne, die im Gegensatz zu US-amerikanischen und chinesischen Unternehmen den rechtzeitigen Einstieg in die Elektrifizierung und Digitalisierung der Automobilität verpasst haben und ihren Wettbewerbsnachteil nun teilweise durch *joint ventures* mit Batteriezellen-Herstellern aus China zu kompensieren versuchen. Das ist eine Umkehrung der lange Zeit vorherrschenden chinesischen Praxis, die Technologieentwicklung über *joint ventures* mit europäischen Unternehmen voranzutreiben.[58]

Übergeordnetes Ziel ist es, die europäischen Unternehmen besonders im Hightech-Bereich besser in den globalen Wertschöpfungsketten zu positionieren und bestimmte Produktionsschritte nach Europa zurückzuholen.[59] Dabei geht es auch um die Beschaffung »strategischer« und »kritischer« Rohstoffe sowie der Vorprodukte wie Halbleiter, die derartige Rohstoffe enthalten, sowie um »kritische« Infrastrukturen, die für die Aufrechterhaltung essenzieller gesellschaftlicher Funktionen wie des Gesundheitswesens nötig sind. Die EU-Kommission schätzt, dass sich die globale Nachfrage nach Rohstoffen von 79 Milliarden Tonnen im Jahr 2023 auf 167 Milliarden Tonnen im Jahr 2060 verdoppeln könnte. »Der weltweite Wettbewerb um Ressourcen wird im kommenden Jahrzehnt immer härter werden. Die Abhängigkeit von kritischen Rohstoffen könnte bald die heutige Abhängigkeit vom Öl ersetzen.«[60]

Die partielle Abkehr von der neoliberalen Austeritätspolitik, die sich im EGD Ende 2019 bereits andeutete, verstärkte sich im Zuge der Pandemie ab März 2020. Das Bruttoinlandsprodukt in der EU ging im Jahr 2020 um 6,5 Prozent zurück, am stärksten in Spanien mit über 12 Prozent. Im Dezember 2020 wurde ein EU-Rettungspaket *(Recovery Plan for Europe)* über 750 Milliarden Euro geschnürt, die zum Teil als Kredite zur Verfügung gestellt wurden. 37 Prozent davon sollten in Klimaschutzmaßnahmen gehen, so wie sie vom EGD ein Jahr vorher geplant worden waren. Im Juli 2021 konkretisierte die EU-Kommission den EGD weiter durch das Programm »Fit for 55«. Das übergeordnete Ziel des EGD, bis 2030 die CO_2-Emissionen im Vergleich zum Jahr 1990 um 55 Prozent zu reduzieren, soll mit ausgeweiteten Maßnahmen in Bereichen wie Emissionshandel, Gebäudeeffizienz und erneuerbare Energien erreicht werden. Ein CO_2-Grenzausgleichssystem soll etwaige Nachteile emissionshandelspflichtiger europäischer Unternehmen gegenüber ihren außereuropäischen Konkurrenten kompensieren und das Abwandern von emissionsintensiven Unternehmen in Drittstaaten (»carbon leakage«) verhindern.[61]

Die Pandemie entblößte die Fragilität globaler Wertschöpfungsketten und die Importabhängigkeit der EU bei bestimmten Produkten. Auch darauf reagiert die EU mit dem Bemühen um »strategische Autonomie«, also um geringere Abhängigkeiten bei Rohstoffen und strategischen Industriesektoren von einzelnen Ländern wie China. Die angestrebte Versorgungssicherheit hängt bei den meisten Rohstoffen nicht von ihrem physischen Vorkommen ab, sondern von einem gesicherten Zugang zu einem aus Sicht der Nutzer angemessenen Preis. Die EU hat inzwischen 34 Rohstoffe zu »kritischen« beziehungsweise »strategischen« erklärt. Dazu gehören Kupfer, Nickel, Kobalt, Lithium, natürlich vorkommendes Graphit, Seltene Erden und Bauxit.[62] Die Herkunftsorte sind bei einigen Metallen sehr eingeschränkt: Aktuell kommen 100 Prozent der »schweren« Seltenen Erden und 85 Prozent der »leichten« Seltenen Erden für die EU aus China, 79 Prozent des Lithiums kommen aus Chile. Diese monopolartigen Lieferketten enthalten das Potenzial für vielfältige Spannungen und Transformationskonflikte innerhalb der EU und auf internationaler Ebene.

Grüner und fossiler Kapitalismus

Der EGD ist Ausdruck der Bemühungen, das Projekt des Grünen Kapitalismus gemeinsam mit »grünen« Kapitalfraktionen und »grünen« Unternehmensstrategien voranzutreiben. Es handelt sich um eine passive Revolution im Sinne Gramscis, denn durch den EGD sollen die Dynamik und Legitimität der kapitalistischen Produktionsweise in einer akuten Krisensituation wiederhergestellt werden.[63] Der Bevölkerung wird signalisiert, dass die EU-Kommission, die Regierungen und die Parlamente die Dringlichkeit der ökologischen Krise ernst nehmen. Der EGD und die einzelnen Maßnahmen zu seiner Umsetzung passen die Veränderungen in die bestehenden Machtstrukturen ein und versuchen, diese in einigen Bereichen zu ökologisieren. Man könnte den EGD als zentralen Baustein einer hegemonialen Verallgemeinerung öko-kapitalistischer Strategien verstehen. Die EU verabschiedet sich damit partiell von einer lange Zeit dominanten neoliberalen Orientierung.

Angesichts der Klimakrise, zunehmender internationaler Konkurrenz um zentrale Technologien sowie einer bedrohlichen, auch durch die Austeritätspolitik bewirkten Deindustrialisierung in den südeuropäischen Mitgliedstaaten scheint sich in der Industriepolitik eine staatsinterventionistische Wende zu vollziehen.[64] Das ist keineswegs widerspruchsfrei, denn die industriepolitisch erforderlichen Investitionen des Staates stehen im Gegensatz zu einer nach wie vor neoliberal ausgerichteten Wettbewerbspolitik und einer Fiskalpolitik, deren Handlungsmöglichkeiten durch den Stabilitäts- und Wachstumspakt sowie durch den Fiskalpakt beschränkt werden.[65] Allerdings sind diese Regelungen und ihre nationale Umsetzung in Gestalt von verfassungsrechtlich verankerten Schuldenbremsen angesichts der enormen Investitions- und Kriseninterventionserfordernisse in die Kritik geraten. Selbst in Deutschland – lange Zeit ein Widersacher einer aktiveren europäischen Industriepolitik –

werden jene gesellschaftlichen und politischen Kräfte stärker, die eine solche Politik für nötig halten.[66] In Ländern wie Frankreich wurde ein »Ministerium für den ökologischen Übergang und den territorialen Zusammenhalt« gebildet, in Spanien ein »Ministerium für den ökologischen Umbau«. Strategien zur Stärkung der Kreislaufwirtschaft werden formuliert. Beschäftigte und Gewerkschaften könnten ein wachsendes Interesse an »grünen« Jobs in den entsprechenden Branchen haben. Zudem gibt es stark entwickelte Klimadiskurse und ein Klimabewusstsein in Wissenschaft und Bevölkerung.

Das führt zu erheblichen Konflikten und entsprechend wird der EGD insbesondere von »fossilen« Kapitalfraktionen attackiert oder instrumentalisiert.[67] Denn neben dem Hegemonieprojekt des Grünen Kapitalismus gibt es auch eines der weitgehenden Erhaltung der fossilen Wirtschaft. Und es spricht einiges dafür, dass auch dieses aktuell stärker wird. Christian Zeller weist darauf hin, dass die Profite bislang vor allem in den fossilen Sektoren hoch sind, weniger im Bereich der erneuerbaren Energien. Das wurde besonders befeuert durch die steigenden Energiepreise im Zuge des russischen Krieges gegen die Ukraine und die im Anschluss daran verhängten Sanktionen:

> »ExxonMobil, Shell, Chevron, TotalEnergies und BP konnten 2022 ihre Profite jeweils mehr als verdoppeln und erzielten zusammen einen Überschuss in der Höhe von 200 Milliarden USD. ExxonMobil setzte sich mit einem Profit von 59,2 Milliarden USD als Branchenprimus durch. Shell erzielte den höchsten Profit der 115-jährigen Unternehmensgeschichte.«[68]

Auch die Investitionen in die Förderung und den Vertrieb fossiler Energieträger haben deutlich zugenommen; damit werden Entwicklungspfade auf Jahre festgeschrieben. Im Juli 2023 kündigte die britische Regierung an, die Förderung von Erdöl und Erdgas in der Nordsee deutlich zu intensivieren.

Dennoch gehen wir davon aus, dass zumindest mittelfristig die Kräfte in Richtung einer ökologischen Modernisierung stärker werden. Umso wichtiger ist es, neben den Potenzialen auch auf die Probleme dieses Projekts hinzuweisen.

Ein Hauptproblem besteht darin, dass de facto die Dekarbonisierung der europäischen Wirtschaft bis 2050 mit einem enormen Anstieg des Verbrauchs von Rohstoffen einhergeht. Zwar wird im EGD suggeriert, dass erneuerbare Energie im Überfluss vorhanden sei. Dabei wird jedoch übergangen, dass die technischen Systeme zu ihrer Produktion und Distribution fossile Energieträger und andere Rohstoffe wie Stahl, Zement und Seltene Erden benötigen.[69] In einer Studie mit zwei Szenarien kalkulieren der Verband Eurometaux und die Uni Leuven, dass für eine Dekarbonisierung bis 2050 der globale Verbrauch an Aluminium im Vergleich zu 2020 um 43 Prozent, an Nickel um 168 Prozent, an Kupfer um 51 Prozent und an Kobalt um 403 Prozent zunehmen wird.[70] In Bezug auf Lithium stellt eine Foresight-Studie von 2023 für die EU fest, dass für Batterien in der EU die Lithiumnachfrage zwischen 2020 und 2030 um den Faktor 12 steigen wird, bis 2050 um den Faktor 21. Global soll die Nachfrage um den Faktor 18 bis 2030 und um den Faktor 90 bis 2050 steigen.[71] Denn auch der Übergang zur Elektro-Automobilität ist nicht nur energie-, sondern auch rohstoffintensiv.[72] Und so wichtig der rasche Ausbau der Produktion erneuerbarer Energien ist, so sehr müssen diese Zielkonflikte berücksichtigt werden.

Das Außen des Grünen Kapitalismus

Der EGD und die sich daran anschließenden Politiken sehen vor, dass über »Energie-Diplomatie« und »Rohstoff-Partnerschaften« die Verfügbarkeit von Energieträgern und Rohstoffen für die europäische Wirtschaft gesichert werden soll. Die Absicherung des Zugangs zu Rohstoffen und Energie ist Bestandteil der europäischen Strategien zur Liberalisierung des Außenhandels.

Die materiellen Folgen der Dekarbonisierung der europäischen Wirtschaft werden im EGD als geopolitische Risiken und Herausforderungen gerahmt. Diana Vela Almeida und Kolleg*innen sprechen nach einer eingehenden Analyse vieler EU-Strategiepapiere in diesem Zusammenhang von einem »greening« des europäischen Imperiums. Sie kritisieren unter anderem die einseitige Interessendurchsetzung bei der Beschaffung von Rohstoffen und Energieträgern aus Ländern des globalen Südens für die Dekarbonisierung in Europa.[73]

Der EGD beinhaltet die Weiterführung eines Wirtschaftsmodells, das auf Externalisierung beziehungsweise Verschiebung der Kosten in Länder des globalen Südens und an die europäische Peripherie basiert.[74] Insofern gibt es eine starke Kontinuität des grün-kapitalistischen Projekts zu früheren Entwicklungsphasen des Kapitalismus. Beispielhaft dafür steht die bereits erwähnte EU-Verordnung zu kritischen Rohstoffen (CRMA). Sie beinhaltet zwar durchaus ein Einsparziel: Die Rohstoffimporte sollen um zehn Prozent reduziert werden. Aber sie sieht eben auch vor, den Zugang zu kritischen Rohstoffen in anderen Ländern zu sichern und zu diversifizieren.[75]

Zudem präsentiert sich die EU in der angestrebten ökologischen Modernisierung positiv als »moralische Interventionskraft« und »globale Verwalterin« eines Allgemeininteresses, nämlich des erfolgreichen Kampfes gegen den Klimawandel. Dabei versucht sie, globale Standards zu setzen und neue Märkte zu schaffen – oft im Interesse der eigenen Unternehmen. Das zeigt sich auch in der Annahme, dass vor allem eurozentrisches und wissenschaftlich-technokratisches Wissen dafür geeignet sei, die als grundsätzlich lösbar erachteten Probleme anzugehen.[76] Mit einem geflügelten Wort des Entwicklungsforschers Wolfgang Sachs aus den 1990er-Jahren ließe sich sagen: »Wie im Westen, so auf Erden.«[77] Insofern steht der EGD für eine Kontinuität in Sachen Rohstoffkolonialismus.[78] Die hohen Investitionen in erneuerbare Energien und die rasche Entwicklung der dazugehörigen Infrastrukturen wie etwa

Hochleistungs-Stromtrassen führen zu einer »infrastrukturellen Kolonisierung«.[79] Auf der internationalen Ebene treibt die Kommission zudem nicht nur Freihandelspolitiken voran, sondern stärkt auch den Grenzschutz und das Budget für EU-externe Militäroperationen.[80]

Festhalten lässt sich also, dass Teile der wirtschaftlichen und politischen Eliten eine Dekarbonisierung der Weltwirtschaft und insbesondere der Wirtschaften des globalen Nordens sowie Chinas durchaus als notwendig erachten. Das grün-kapitalistische Projekt kann sich folglich auf relevante gesellschaftliche Kräfte und Orientierungen stützen. Denn es stellt die Wachstumslogik nicht infrage und suggeriert, dass die ökologische Krise mit der versöhnlerischen Zauberformel des Kapitalismus bearbeitet werden kann: Wirtschaftswachstum – nun eben »grün«. Zudem wird konkret mit der Umsetzung des EGD angestrebt, die imperiale Lebensweise und damit die systematische Ausbeutung eines Außen zu vertiefen. Auch das stößt weiterhin auf Zustimmung bei den wirtschaftlichen und politischen Eliten und in weiten Teilen der Bevölkerung. Ob das aber reicht, um den Krisen zu entgehen, ist fraglich.

Die Fragilität des grün-kapitalistischen Krisenmanagements[81]

Wir haben gezeigt: Der Grüne Kapitalismus wird in Form einer passiven Revolution vorangetrieben. Man könnte ihn dahingehend verstehen, dass er die Widersprüche der imperialen Lebensweise entpolitisiert und auf eine eher technokratische Weise zu bearbeiten versucht. Die relevanten politischen und wirtschaftlichen Kräfte des Hegemonieprojekts Grüner Kapitalismus versuchen, die künftigen Bedingungen der Kapitalakkumulation durch eine ökologische Modernisierung zu gewährleisten und dafür die politischen Rahmenbedingungen zu sichern. Gleichzeitig intensivieren sie die Bemühungen, den Zugriff auf ein Außen zu organisieren, insbesondere auf Rohstoffe und Vorprodukte, aber auch auf die globalen Senken. Der EGD steht exemplarisch für ein solches Projekt. Die nationalen Staaten und das europäische Ensemble der Staatsapparate übernehmen hier eine organisierende Funktion im Hinblick auf die Konfliktbearbeitung und die Bildung von Kompromissen zwischen den dominanten Akteuren und gegenüber den Regierten.

Das große Problem ist jedoch, dass der Grüne Kapitalismus nur über geringe hegemoniale Potenziale verfügt. Es dominieren Probleme und Widersprüche, die sich kaum bearbeiten lassen. Der ökonomische Umbau beschränkt sich auf Teilbereiche und seine ökologischen Wirkungen drohen durch das angestrebte Wirtschaftswachstum konterkariert zu werden.

Der *erste* Widerspruch liegt daher im Akkumulations- und Wachstumszwang begründet: Im Kapitalismus kann Stabilität nur geschaffen werden, wenn die Wirtschaft wächst und Kosten in Zeit und Raum externalisiert werden können. Daher steht und fällt das Vorhaben, die ökologische Krise mit kapitalistischen Mitteln in den Griff zu kriegen, mit der Möglichkeit, ökonomisches Wachstum absolut vom Ressourcenverbrauch und von der Nutzung natürlicher Senken zu entkoppeln. Vieles deutet darauf hin, dass diese Möglichkeit schlicht nicht existiert. Zwar lässt sich durchaus beobachten, dass es bezogen auf einzelne Regionen, Länder und ökologische Belastungen zu absoluten Entkopplungen kommt, etwa bei der Gewässerverschmutzung oder bei den Treibhausgasemissionen. So gingen Letztere in der EU zwischen 1990 und 2021 um fast 29 Prozent zurück, in Deutschland um fast 40 Prozent, in Österreich um zwei Prozent.[82] Teilweise ist das jedoch auf die Auslagerung von besonders energieintensiven industriellen Aktivitäten zurückzuführen, die die Bilanz des einen Landes zu Lasten anderer Länder schönt. Zudem ist das Tempo der absoluten Entkopplung, dort, wo sie stattfindet, nicht hinreichend, um die Klimakrise in einem beherrschbaren Rahmen zu halten, ganz zu schweigen davon, dass es im *globalen* Maßstab keinerlei Anzeichen für eine absolute Entkopplung des Wirtschaftswachstums von der Naturzerstörung gibt.[83]

Ein *zweiter* zentraler Widerspruch der grün-kapitalistischen Modernisierung bleibt die Rohstofffrage. Die Schaffung der Infrastrukturen und Produkte eines Grünen Kapitalismus ist energie- und materialintensiv. Vor allem der Bedarf an Metallen wird zunehmen, wenn der Ausbau erneuerbarer Energien und der Elektroautomobilität forciert wird. Damit droht sich, das führen wir im nächsten Kapitel aus, die internationale Konkurrenz zwischen den kapitalistischen Staaten beziehungsweise Staatenblöcken um strategische und kritische Rohstoffe zu verschärfen. Es besteht die Gefahr, dass ressourcenreiche Länder des globalen Südens die sozial-ökologischen Kosten zu tragen haben, die die Dekarbonisierung des globalen Nordens verursacht. Die kapitalistische Ökonomie ist auf ein Außen angewiesen und tendiert gleichzeitig systematisch dazu, es durch Aneignung zu zerstören. In dem Maße aber, wie das Außen verschwindet, zerstört wird, sich erschöpft oder aber – wie im Falle des Staates – strukturell in seinen Problembearbeitungsmöglichkeiten begrenzt, geht der Kapitalakkumulation die Existenzgrundlage verloren.

Drittens werden grün-kapitalistische Strategien dauerhaft damit konfrontiert sein, dass ökologische Katastrophen disruptiv in gesellschaftliche Prozesse hereinbrechen und die Bearbeitung der ökologischen Krise wie auch anderer Krisenphänomene ungleich schwerer machen als in der Vergangenheit. Insofern kann immer weniger von mittelfristiger wirtschaftlicher und politischer Stabilität in den Ländern des globalen Nordens ausgegangen werden – in vielen Ländern des globalen Südens war eine dem Norden vergleichbare Stabilität historisch ohnehin die Ausnahme. Die Unmöglichkeit, die konkreten Erscheinungsformen der Krise vorherzusagen sowie zeitlich und räumlich zu lokalisieren, aber auch die zu erwartenden sozialen Verwerfungen machen jede Form der technokratischen und/oder autoritären Krisenbearbeitung zu einer höchst fragilen Angelegenheit. Nicht zuletzt die Sommer 2022 und 2023 haben gezeigt, dass die EU-Staaten unzureichend auf punktuelle Kollapse vorbereitet sind. Außerdem werden aufgrund von ökologischen Katastrophen die Reparaturkosten, die nicht gerade wohlstandssteigernd sind, steigen. Die Politik droht hier immer wieder in Legitimationsprobleme zu geraten, weil sie für milliardenschwere Reparaturen finanzielle Mittel bereitstellen muss, die für andere Verwendungen fehlen.

Viertens sind die Politiken des (supranationalen) Staates im Zuge einer öko-kapitalistischen Modernisierung notwendigerweise selektiv. Der Staat ist, darauf haben wir bereits in der Einleitung hingewiesen, kein neutraler Akteur und kein neutrales Terrain. Er ist in seinen Politiken, seinem Personal und seiner Logik darauf ausgerichtet, die Bedingungen für Akkumulation, Wachstum und Wettbewerbsfähigkeit zu schaffen und dabei Legitimität zu sichern. Viele Konflikte werden in den Staatsapparaten und ihrem Umfeld ausgetragen. Dabei verbleiben staatliche Politiken in einem gewissen Korridor, ihr Möglichkeitsraum wird durch die bestehenden Machtverhältnisse sowie den Akkumulations- und Wachstumsimperativ begrenzt. Grundlegende sozial-ökologische Alternativen können auf den staatlichen Terrains deshalb kaum sichtbar gemacht werden, geschweige denn sind sie verhandelbar.

Dazu kommt: Die institutionellen Hinterlassenschaften aus der neoliberalen Phase der europäischen Integration (Stabilitäts- und Wachstumspakt, Fiskalpakt, Wettbewerbspolitik, nationale Schuldenbremsen) schränken die Möglichkeiten einer ökologischen Modernisierung ein. Der EGD korrigiert zwar neoliberale Politiken in Bereichen wie der Industriepolitik, insbesondere aufgrund der geoökonomischen Konkurrenz. Dabei sieht er sich aber – das zeigen etwa die Konflikte in der deutschen Ampelkoalition – mit starken, weil primärrechtlich verankerten fiskalpolitischen Restriktionen konfrontiert. Zudem scheint er nicht mit den neoliberalisierten Arbeits- und gesellschaftlichen Spaltungstendenzen zu brechen. Im Bereich der Lohnarbeit hält trotz einer versuchten Stärkung der »sozialen Dimension« der EU die Prekarisierung an. Auch wenn der EGD *green jobs* verspricht, führt das nicht per se zur Verbesserung der Lebensbedingungen der Lohnabhängigen. Die Unternehmen üben Druck auf Löhne und soziale Leistungen aus, um die Profitraten zu sichern. Die Beschäftigten werden in der Standortkonkurrenz sowie entlang von Geschlechter- und rassifizierten Verhältnissen gegeneinander ausgespielt. Kostensenkung aus Sicht der Unternehmen wird auch dadurch betrieben, dass bestimmte Tätigkeiten als unbezahlte Reproduktionsarbeit ausgelagert und sozialstaatliche Leistungen, die über Sozialbeiträge, Steuern und Abgaben finanziert werden müssen, reduziert werden. Auch die *care crisis*[84] wird in den Projekten des EGD nicht angegangen, was die Organisierung von Zustimmung für den grünen Umbau erschweren dürfte.

Schließlich sind ein grün-kapitalistisches Krisenmanagement und öko-kapitalistische Strategien mit starken wirtschaftsliberalen und rechten Strömungen konfrontiert. Die wirtschaftsliberalen Kräfte – in Deutschland politisch organisiert in der FDP und Teilen der Unionsparteien, in Österreich in Teilen der ÖVP – setzen alles daran, ein grün-kapitalistisches Projekt im Interesse der alten fossilen Kapitalfraktionen und im Namen von »Freiheit« und »Wachstum« auszubremsen. Dabei werden sie von rechtsautoritären Kräften wie der AfD beziehungsweise der FPÖ unterstützt, die die ökologische Krise und damit auch die Notwendigkeit eines Krisenmanagements entweder leugnen oder aber nationalistisch und rassistisch kodieren. Die Rechten geben vor, »heimische Ressourcen« vor ihrer Übernutzung schützen zu wollen, indem die Grenzen für Migrant*innen geschlossen werden. Damit dürften sie umso stärker reüssieren, je mehr die klimapolitischen Maßnahmen von grün-kapitalistischen Kräften als unausweichlich dargestellt werden und je mehr die Umsetzung der Maßnahmen zu sozialen Härten, etwa dem Verlust von Arbeitsplätzen, führt und die gesellschaftliche Ungleichheit verschärft. Das wäre dann eine grüne TINA-Politik *(There is no alternative)*, eine »Austeritäts-Ökologie«, bei deren reaktionärer Politisierung die autoritäre Rechte leichtes Spiel hätte.[85] Ob es dazu kommt, ist unklar. Aber zumindest gibt es Indizien wie die starken austeritätspolitischen Vorbehalte, die die FDP in den Vertrag der Ampel-Koalition hineinverhandelt hat. Die Alternativlosigkeit, die der Neoliberalismus über Jahrzehnte hinweg propagiert hat, erhielte einen neuen, grünen Anstrich. Und erneut wären es nicht zuletzt (links-)liberale und sozialdemokratische Akteure, die eine solche Politik der (ökologischen) Sachzwänge exekutierten. Damit würde einer autoritären Rechten der Nährboden bereitet. Bevor wir darauf in Kapitel 6 näher eingehen, beschäftigen wir uns im nun folgenden fünften Kapitel mit den internationalen Entwicklungen und Konfliktpotenzialen, die aus den Widersprüchen der imperialen Lebensweise und ihrer ökologischen Modernisierung resultieren.

Kapitel 5
Öko-imperiale Spannungen

> Die internationale Arbeitsteilung und die ungleiche Entwicklung sind gewissermaßen die Achillesferse jeder emanzipatorischen Politik.
>
> *Thomas Sablowski*[1]

In der ersten Hälfte des Jahres 2023 versuchten die dominanten politischen und wirtschaftlichen Kräfte der Europäischen Union, ein Freihandelsabkommen zwischen der EU und der lateinamerikanischen Wirtschaftsorganisation Mercosur zum Abschluss zu bringen.[2] Doch die Präsidenten der im Mercosur zusammengeschlossenen Länder Argentinien, Brasilien, Paraguay und Uruguay wehrten sich gegen das seit 1999 (!) verhandelte und 2019 vorerst fertiggestellte Abkommen. Das damalige argentinische Staatsoberhaupt Alberto Fernández sagte, durch das Abkommen würde Südamerika »zum ewigen Rohstofflieferanten« degradiert. Brasiliens Staatschef Lula da Silva nannte das Abkommen in der vorliegenden Form »inakzeptabel«.[3]

Wie bei anderen Handelsabkommen der neoliberalen Ära geht es auch hier um Zollsenkungen, den Abbau nicht-tarifärer Handelshemmnisse, die Sicherung geistiger Eigentumsrechte und Deregulierungen beim öffentlichen Beschaffungswesen. Damit soll der Austausch von Waren zwischen den beiden Regionen angekurbelt werden – und letztendlich auch die Produktion und

Profite. Aus der EU sollen mehr Autos, Maschinen, Chemikalien und Pestizide in den Mercosur-Raum geliefert werden.[4] Umgekehrt sollen mehr Rindfleisch, Soja und Agrartreibstoffe, aber auch metallische und mineralische Rohstoffe aus den vier Ländern nach Europa exportiert werden.

Um das Abkommen angesichts der Skepsis auf lateinamerikanischer Seite doch noch zu retten, entwickelten europäische Spitzenpolitiker*innen eine rege Reisediplomatie. Der deutsche Bundeskanzler Olaf Scholz besuchte Argentinien und Brasilien im Januar 2023 und versprach »Partnerschaften auf Augenhöhe«. Im März reisten Wirtschaftsminister Robert Habeck und sein Kollege aus dem Landwirtschaftsressort, Cem Özdemir, in die Region, um Bedenken zu zerstreuen.[5] Im Juni desselben Jahres folgten ihnen erst die deutsche Außenministerin Annalena Baerbock und Arbeitsminister Hubertus Heil und kurz darauf die Präsidentin der EU-Kommission. Ursula von der Leyen betonte bei ihrem Besuch, dass die EU, unabhängig vom Abkommen, im Rahmen der Global-Gateway-Initiative zehn Milliarden Euro in den Ausbau der Infrastruktur Lateinamerikas investieren möchte.[6]

In den Argumenten für und gegen den Abkommensentwurf spiegeln sich vielfältige Interessen, Erwartungen und Probleme wider. So sehen die Befürworter*innen des Abkommens die Möglichkeit, aufgrund der Spezialisierungen in beiden Regionen den materiellen Wohlstand insgesamt zu steigern. Das Abkommen wird auch aus klimapolitischen Gründen als wichtig erachtet: Die EU benötige dringend metallische und mineralische Rohstoffe für die Technologien der Dekarbonisierung. Nur damit könne der Klimawandel eingedämmt und die Anpassung an diesen betrieben werden. Kommissionspräsidentin von der Leyen sagte bei der erwähnten Reise: »Lithium, Kupfer, grüner Wasserstoff – das sind Dinge, die Europa braucht und die Argentinien liefern kann.«[7]

Zudem war immer wieder zu hören, dass die EU ihre Wirtschaftsbeziehungen zu Regionen wie Lateinamerika ausbauen müsse, um europäische Abhängigkeiten von China zu verringern und nach den Sanktionen gegen Russland die Rohstoffe verstärkt aus anderen Ländern zu bekommen. Als weitere Begründung für das Abkommen wird angeführt, dass China als internationaler Rivale in der Weltwirtschaft und Weltpolitik gesehen wird. Deshalb sollen der Staat und die Firmen des asiatischen Landes in Lateinamerika nicht zu mächtig werden. Ein Tenor in den Auseinandersetzungen um das Abkommen war: Wenn nicht die EU mit Südamerika Geschäfte macht, dann macht es China.[8]

Die Gegner*innen des Abkommens argumentierten ähnlich wie der argentinische Präsident, dass mit dem Abkommen eine neokoloniale, das heißt eine asymmetrische und auf ungleichem Tausch basierende Welt(un)ordnung weiter festgeschrieben würde: Südamerika solle die Industrieländer vor allem mit Rohstoffen und Agrargütern versorgen.[9] Den Regierungen würden über ein solches Abkommen Möglichkeiten genommen, steuernd in die nationale Wirtschaft einzugreifen, etwa zum Aufbau eigener Industrien. Das sei ungerecht, denn genau diese Art von bewusster staatlicher Förderung zum Aufbau eigener Industrieproduktion hätten die alten Industrieländer in Europa und den USA sowie die neuen Industrieländer in Asien auch betrieben.[10] Ein weiterer Einwand gegen das Abkommen lautet, dass die Strategien für die Dekarbonisierung der europäischen Wirtschaft unter den vorgeschlagenen Bedingungen einen »grünen« Extraktivismus beziehungsweise Kolonialismus stärken würden. Kurzum: Das Abkommen atme den Geist der neoliberalen Globalisierung der 1990er-Jahre, durch die der globale Norden systematisch vom globalen Süden profitierte.

Das umstrittene und vorerst gescheiterte Abkommen muss unseres Erachtens in einem breiteren Kontext verstanden werden, und nicht nur als Handelsabkommen zwischen zwei wichtigen Wirtschaftsräumen. Es ist einerseits Ausdruck einer sich wandelnden Weltordnung, verbunden insbesondere mit dem wirtschaftlichen und politischen Aufstieg Chinas und mit einer intensiven Konkurrenz im Hightech-Bereich zwischen China, den

USA und der EU. Die Regierungen der Mercosur-Länder lassen das Abkommen bislang auch scheitern, um sich verschiedene handels- und investitionspolitische Optionen offen zu halten – insbesondere gegenüber Großinvestoren aus China.[11] Das Vorgehen ist aus Sicht der politischen und wirtschaftlichen Eliten in Südamerika erst einmal nachvollziehbar: China war im Jahr 2022 mit 25 Prozent aller Importe und Exporte ein wichtiger Handelspartner der Mercosur-Länder, deutlich vor der EU und den USA.[12]

Andererseits ist das Abkommen Teil der europäischen Bemühungen, den Status quo der imperialen Lebensweise aufrechtzuerhalten. Kann die EU sich den Zugang zu klassischen, aber auch zu »kritischen« und »strategischen« Rohstoffen, die die kapitalistischen Zentren für die ökologische Modernisierung ihrer eigenen Ökonomien benötigen, nicht sichern, ist diese Lebensweise in Gefahr. Neben den Metallen und Mineralien aus anderen Weltregionen geht es auch um Wasserstoff, der für die europäische Industrie (etwa zur Dekarbonisierung der Stahlproduktion) oder den Flugverkehr wichtig werden könnte.[13]

Am Beispiel des gescheiterten Abkommens kann man gut beobachten, dass sowohl die ökologische Krise als auch die unterschiedlichen Lösungsansätze, die Gesellschaften derzeit für sie entwickeln, zu verstärkten öko-imperialen Spannungen führen – also Spannungen zwischen Staaten oder Staatenverbunden, die aus dem Zugriff des Kapitalismus auf ein »Außen« resultieren, das in der ökologischen Krise zunehmend unverfügbar und umkämpfter wird. Diese öko-imperialen Spannungen werden zu einem Strukturmoment internationaler Politik, sind also nicht nur vorübergehend, sondern dauerhaft vorhanden.

Die Spannungen resultieren erstens aus den wirtschaftlichen Aufholbewegungen einiger Länder, allen voran Chinas, und der damit einhergehenden Infragestellung der US-dominierten Weltordnung mit der EU als Juniorpartnerin; zweitens aus dem unverminderten Zugriff auf Rohstoffe – auch und gerade im Zuge der Strategien zur Dekarbonisierung der Wirtschaft im globalen Norden und in China; drittens aus dem dargestellten Sachverhalt, dass herkömmliche Strategien und Möglichkeiten der Externalisierung der negativen Voraussetzungen und Folgen der imperialen Lebensweise abnehmen. Viertens strukturieren die öko-imperialen Spannungen zunehmend nicht nur die internationale Wirtschafts-, Finanz- oder Sicherheitspolitik, sondern auch die internationale Umweltpolitik. Fünftens ist der Umgang mit den Folgekosten der zunehmenden ökologischen Katastrophen ein enorm spannungsgeladenes Thema und sechstens nimmt nicht zuletzt aufgrund der ökologischen Krise die Gefahr von militärischen Auseinandersetzungen zu, auch wenn zwischen Klimakrise und Kriegen kein einfacher Kausalzusammenhang besteht. Es lohnt sich, die Gründe und Folgen dieser globalen Spannungen näher zu betrachten, um zu verstehen, welche Herausforderungen die ökologische Krise für globale Politik mit sich bringt.

Zunächst beleuchten wir einige zentrale strukturelle Rahmenbedingungen des kapitalistischen Weltsystems und jüngere Entwicklungen seit den 1970er-Jahren, die mit dem Begriff der Globalisierung gefasst wurden. Anschließend zeichnen wir aktuelle Entwicklungstendenzen und Strategien nach, die wir mit den Begriffen Krise der Globalisierung und Deglobalisierung, Aufstieg Chinas und Zweiter Kalter Krieg sowie »grüner Extraktivismus« diskutieren. Aus diesen Tendenzen heraus präzisieren wir den Begriff beziehungsweise zentrale Dimensionen der öko-imperialen Spannungen.

Hegemonie, Dominanz und Abhängigkeit im globalen Kapitalismus

Wenn die Politiker*innen der EU in Südamerika ein Abkommen für einen gleichberechtigten Handel versprechen, dann verschweigen sie einen brutalen Tatbestand: Die Weltwirtschaft ist kein Marktgeschehen, bei dem Güter und Dienstleistungen per

Angebot und Nachfrage zwischen Gleichberechtigten gegen Geld getauscht werden. Sie ist vielmehr Teil eines institutionalisierten Systems, in dem sehr unterschiedlich mächtige Akteure ihre Interessen verfolgen. Die Weltwirtschaft basiert auf internationalen und nationalen bis hin zu lokalen Regeln und Institutionen, durch die Unternehmen Zugang zu Arbeitskraft, Energie, Rohstoffen und Land haben. Das ermöglicht ihnen Produktion, Distribution und Konsum von Waren sowie Gewinne. Die kapitalistische Ökonomie ist strukturiert entlang von Merkmalen wie Konkurrenz und Dominanz, internationale Arbeitsteilung, Abhängigkeit und Ausbeutung. Sie ist tendenziell expansiv, produziert immer mehr und durchdringt die Gesellschaften immer stärker mit Warenproduktion, damit Profite entstehen. Gleichzeitig benötigt sie ein Außen.

Die wesentlichen Akteure der konkurrenzbasierten Weltwirtschaft sind transnational agierende, profitorientierte private und öffentliche Unternehmen. Sie versuchen, möglichst effektiv zu produzieren, zu ihren Gunsten Vorprodukte zu kaufen oder die eigenen Güter und Dienstleistungen zu verkaufen. Gleichzeitig sind sie selbst Teil mehr oder weniger komplexer Güterketten, in denen sie in der Regel eine dominante Machtposition gegenüber anderen Unternehmen und Akteuren einnehmen.[14] Diese Unternehmen und ihre Eigentümer*innen versuchen, oft über Wirtschaftsverbände, wirtschafts- und finanzpolitische Rahmenbedingungen zu ihren Gunsten zu beeinflussen. Dabei stehen sie jedoch in Konkurrenz zueinander und sind nicht in der Lage, ein gemeinsames politisches Interesse zu formulieren. Dafür und für die Austarierung von Kompromissen bedarf es des Staates und der internationalen politischen Institutionen.

Ein weiteres Strukturmerkmal des Weltsystems ist, dass die Warenproduktion und der Handel in vielen Bereichen grenzüberschreitend organisiert sind, während das politische System territorialstaatlich oder in politischen Zusammenschlüssen wie der EU fragmentiert ist. Die fragmentierten Räume stehen in einem konkurrierenden, ungleichen und machtförmig geprägten Verhältnis zueinander. Sie sind Teil der internationalen Arbeitsteilung, deren Asymmetrie sich unter anderem in sehr unterschiedlichen Durchschnittslöhnen für die Beschäftigten und in verschiedenen Umweltstandards zeigt.[15] Diese Unterschiede sind ein Anreiz dafür, dass Unternehmen in Ländern mit geringeren sozialen und ökologischen Standards produzieren.[16]

Die früheren Kolonien waren von Beginn an und sind bis heute zentral für die Herausbildung beziehungsweise Reproduktion des Kapitalismus im globalen Norden – durch die von dort angeeignete Arbeitskraft in Form von Sklaverei sowie durch die dort erfolgte Warenproduktion und Ressourcenausbeutung, eingebettet in rassifizierte Verhältnisse.[17] Seit dem Kolonialismus hat sich eine internationale Arbeitsteilung herausgebildet, derzufolge bestimmte Länder vor allem Rohstoffe extrahieren und exportieren.[18] Dabei werden Material und Energie in die industriellen Zentren geschafft, wobei auf den Primärgütermärkten in der Regel eine intensive Preiskonkurrenz herrscht. Die Produktion und der Verkauf von international gehandelten Industriegütern finden eher auf oligopolistischen Märkten statt, weshalb es zu Preisaufschlägen kommen kann.[19] Die kapitalistischen Zentren eignen sich dabei durch die Importe überproportional Reichtum an; zudem lagern sie viele emissionsintensive industrielle Vorprodukte in die (Semi-)Peripherie aus.

Die heutigen Länder der kapitalistischen Semi-Peripherie und Peripherie[20] sind aus einer im Vergleich zu den Zentren schwächeren Position in die weltwirtschaftlichen, politischen und kulturellen Strukturen eingebunden. Ihre Regierungen können weniger die internationalen Regeln bestimmen. Und ihre Bewohner*innen erfahren eher als jene in den Ländern des Nordens strukturelle oder gar offene Gewalt.[21]

Die Konstellation einer hierarchisch-imperialen internationalen Arbeitsteilung wird nicht nur über die starken Staaten, sondern auch über politische Institutionen wie die Welthandelsorganisation oder die Weltbank beziehungsweise über Freihandelsabkommen abgesichert. Internationale Kredite und Verschuldung sind eine weitere Form von Dominanz und Abhängigkeit, weil Überschüsse von den oft im globalen Süden befindlichen Schuldnerländern in den globalen Norden und zunehmend nach China, wo meist die Kreditgeber sitzen, transferiert werden.[22] Sie sind auch ein Mechanismus der neoliberalen Disziplinierung der verschuldeten Länder, insbesondere wenn diese Regierungen haben, die eigenständige Wirtschaftspolitiken betreiben wollen.[23] Der ungleiche Transfer von Werten und Naturstoffen, oft als »ungleicher ökologischer Tausch« bezeichnet, ist strukturell eng verbunden mit der imperialen Lebensweise. Soziale Kompromisse können in den Ländern des globalen Nordens eher geschlossen werden, da deren Kosten ins Außen verschoben werden. Im globalen Süden trägt der Werttransfer zu erzwungenem Wohlstandsverzicht bei und es gibt weniger Spielräume für eine sozial gerechte Verteilung.[24]

Die internationale Arbeitsteilung ist nicht nur produktionsgetrieben, sondern sie nistet sich in den Alltag der Gesellschaften und der Menschen ein. Denken wir nur an Technologien, Maschinen und die Arbeitsorganisation in Fabriken und Büros, an Bildungs- und Forschungssysteme, an als attraktiv empfundene Konsumgegenstände wie Autos und modische Kleidung oder an Hightech-Geräte wie Computer und Smartphones. Oder an Architekturen, Stadtplanung oder als attraktiv empfundene Mobilitätsinfrastrukturen.

Die imperiale Produktions- und Lebensweise führt dazu, dass immer mehr Menschen in die vollständige Lohnabhängigkeit geraten, weil sie von den für ihre Selbstversorgung nötigen Mitteln – Land, Gemeingüter – getrennt wurden. Das führte in der europäischen Industrialisierung dazu, dass Bauern und Bäuerinnen ihr Land verloren und in die Städte und Fabriken gedrängt wurden, und es führt bis heute in den Gesellschaften der kapitalistischen Semi-Peripherie und Peripherie wie den afrikanischen

Staaten dazu, dass Menschen ihre Lebensgrundlage verlieren und in die Lohnabhängigkeit gedrängt werden. Einmal in der Lohnabhängigkeit stehen die Beschäftigten von der betrieblichen bis zur internationalen Ebene in einem Konkurrenzverhältnis zueinander. Dabei haben sie ein legitimes Interesse an guten Arbeitsmöglichkeiten und Löhnen. Doch genau diese basieren im Kapitalismus auf der (Über-)Ausbeutung anderer Weltregionen und dem ungleichen Tausch von »kostenlosen« beziehungsweise möglichst preisgünstigen Naturstoffen, verschärfen also die öko-imperialen Spannungen.[25] Wohlstand ist dementsprechend zwischen den Lohnabhängigen sehr ungleich verteilt und basiert im globalen Norden strukturell auch für jene, die weniger wohlhabend sind, auf der Existenz der imperialen Lebensweise. Dies ist einer der Gründe, warum die imperiale Lebensweise insbesondere im globalen Norden so wirkmächtig und attraktiv ist.

Der globale Kapitalismus ist in seinen Grundstrukturen nicht starr, das heißt die Expansion kapitalistischer Produktions- und Konsummuster vollzieht sich nicht entlang fixer Dominanz-, Abhängigkeits- und Ausbeutungsverhältnisse. Über gewisse Zeiträume können die hierarchischen Strukturen der Weltwirtschaft und -politik zwar relativ stabil sein. Doch es kommt auch immer wieder zu Umbrüchen, nämlich zum wirtschaftlichen Aufstieg neuer Mächte und damit zu geopolitischen Verschiebungen. An den Rändern der kapitalistischen Weltwirtschaft entstehen neue Pole der Kapitalakkumulation. Sie fordern die herrschenden Mächte und die von ihnen etablierte Ordnung heraus.

Solche Verschiebungen und Übergangsperioden sind dynamisch, unsicher und voller Verwerfungen. So stieg Großbritannien beispielsweise im 18. Jahrhundert von einem Land an der Semi-Peripherie des europäischen Handelskapitalismus zum Zentrum des sich entwickelnden Industriekapitalismus auf und bestimmte wesentlich die Weltordnung des liberalen Kapitalismus, die »Pax Britannica«. Im 19. Jahrhundert breitete sich die Siedlerkolonie USA durch Eroberungen auf dem amerikanischen

Kontinent immer weiter aus, in der ersten Hälfte des 20. Jahrhunderts rückte sie von der Semi-Peripherie ins Zentrum und wurde zur überragenden Industrienation der kapitalistischen Welt. Sie gestaltete wesentlich die »Pax Americana« als westliche Weltordnung, der eine von der Sowjetunion dominierte »Pax Sovietica« gegenüberstand. Die führenden Mächte, die jeweils auch Zentren der Kapitalakkumulation waren, setzten finanzielle, politische und militärische Ressourcen ein, um die Regeln der Weltwirtschaft zu bestimmen, Sicherheit in ihrem Interesse zu garantieren und Infrastrukturen zu schaffen und zu kontrollieren. Sie dominierten die Diplomatie und die internationalen politischen Institutionen. Im Fall der USA waren dies nach dem Zweiten Weltkrieg etwa die Weltbank und der Internationale Währungsfonds.[26]

Seit den 1990er-Jahren erleben wir mit dem Aufstieg insbesondere Chinas eine neuerliche Umbruchphase, auf die wir noch genauer eingehen werden. Die neuen Konkurrenten versuchen, die Kontrolle über Teile der physischen Infrastrukturen – Handelsrouten, Häfen, Telekommunikationssysteme – zu bekommen beziehungsweise eigene Infrastrukturen aufzubauen, um die wirtschaftlichen Verlagerungen zu ermöglichen und abzusichern. Sie stellen die bestehenden, westlich dominierten Arrangements infrage. So kommt es zur Auseinandersetzung darüber, wer die Institutionen der Weltwirtschaft und auch regionaler Wirtschaften gestaltet. Gestritten wird dabei über den Welthandel, die Investitionsbedingungen, den Schutz von (geistigen) Eigentumsrechten, das Weltfinanzsystem, die Verfügung über starke Währungen, die Kontrolle über Produktionsnetzwerke, Handelswege und Infrastrukturen, Normen und Standards, den Zugriff auf schlecht entlohnte Arbeitskräfte sowie energetische, metallische und mineralische Rohstoffe.

Bei allen Konflikten scheint es jedoch einen Konsens zu geben, der gleichzeitig die Ursache von vielfältigen Spannungen darstellt: Die Existenz, Ausbreitung und Vertiefung der imperialen Lebensweise wirkt bisher wie eine Kompromissformel in den Ländern des globalen Nordens und Südens. Trotz aller weltwirtschaftlichen und -politischen Veränderungen und Konflikte bleibt das System auf Wachstum und Akkumulation und damit auf mehr oder weniger rücksichtslose Naturausbeutung getrimmt. Und genau dieser Konsens vertieft die globale (Über-)Ausbeutung der Lohnabhängigen, liegt den öko-imperialen Spannungen zugrunde und treibt uns zügig in den ökologischen Kollaps. Zudem stellt er eine harte Restriktion für einen tiefgreifenden und umfassenden sozial-ökologischen Umbau der Weltwirtschaft dar. Internationale Umweltpolitik bleibt unter den gegenwärtigen Bedingungen strukturell im Schatten von Wachstumspolitik.

Dynamik und Krise der Globalisierung

Werfen wir einen genaueren Blick auf wichtige globale Entwicklungen der letzten Jahrzehnte.[27] Die jüngere Phase der Globalisierung seit den 1970er-Jahren und vor allem seit den 1990er-Jahren bestand wirtschaftlich aus einer Vertiefung der internationalen Arbeitsteilung durch die Internationalisierung von Wertschöpfungsketten. Unter anderem wurden ressourcen- und emissionsintensive Industrien wie die Textil- und Stahlproduktion in Länder verlagert, die sich nun zunehmend industrialisierten. Dies führte für die Unternehmen zu Produktivitätsgewinnen durch die Nutzung spezifischer Standortvorteile, zur Ausbeutung schlecht entlohnter Arbeitskräfte in den Ländern des globalen Südens inklusive Osteuropas und für die Investoren zu hohen Profiten. Eine Voraussetzung dafür waren technologische und organisatorische Umbrüche, unter anderem neue Informations- und Kommunikationstechnologien, Digitalisierung, flexiblere Formen der Unternehmensorganisation sowie eine beschleunigte Warenproduktion und -zirkulation. Die Einführung des normierten Containers seit den 1970er-Jahren revolutionierte den – sehr umweltbelastenden – Schiffsverkehr, der sich im Zuge der Globalisierung des Handels mit Halbfertig- und Endprodukten enorm ausweitete.[28]

Dass die wirtschaftliche Globalisierung und die internationale Arbeitsteilung ab 1970 stetig intensiviert wurden, kann man an der Zunahme des internationalen Handels, gerade mit Zwischengütern, im Vergleich zur Zunahme der globalen Produktion ablesen. Bis zur Wirtschaftskrise 2007/2008 wuchs der globale Handel stärker als die globale Produktion.[29] Mit dem Anstieg von Handel und Produktion steigen auch Naturnutzung und Emissionen. Dazu kommen das enorme Verkehrswachstum (gemessen etwa in Form von Autokilometern, Tourismus oder internationalen Flügen), rasch wachsende internationale Finanztransaktionen oder das Wachstum der internationalen Kommunikation. Ab dem Zweiten Weltkrieg spricht man wegen des rasanten Anstiegs dieser Zahlen, wie in Kapitel 3 angesprochen, von einer »großen Beschleunigung« der materiellen Wohlstandsentwicklung, aber eben auch des Verbrauchs von Energie und Rohstoffen.[30]

Die Globalisierung war aber kein rein technologisch oder ökonomisch getriebener Prozess, sondern wurde von Beginn an politisch von den führenden Staaten beziehungsweise deren Regierungen sowie starken Wirtschaftsakteuren gefördert.[31] Wichtige Schritte dazu waren die Aufgabe fester Wechselkurse und die Liberalisierung der Finanzmärkte zu Beginn der 1970er-Jahre.[32] Gleichzeitig gelang es den Regierungen, auch in der Wirtschaftskrise der 1970er-Jahre die Weltwirtschaft offen zu halten, sodass es keine Rückkehr zum handelspolitischen Protektionismus gab wie in den 1930er-Jahren.[33] Die im Zuge der Krise durchgesetzten neoliberalen Politiken beinhalteten, dass jeder Staat Bedingungen für ökonomischen Wettbewerb schaffen und die »eigenen« Unternehmen darin unterstützen sollte, international erfolgreich zu sein. Doch de facto begünstigt der Freihandel die wirtschaftlich Stärkeren.[34]

In der internationalen Politik gilt die Gründung der Welthandelsorganisation (WTO) im Jahr 1995 als Meilenstein eines »globalen Konstitutionalismus« (Stephen Gill), also der Absicherung einer neoliberalen Weltwirtschaftsordnung, die von ihren

Protagonisten seit dem Zweiten Weltkrieg angedacht und seit den 1970er-Jahren nach und nach umgesetzt wurde.[35]

Die Globalisierung ermöglichte schnelle Industrialisierungsprozesse in einigen Ländern des globalen Südens, insbesondere in Südkorea, Taiwan, Singapur und Hongkong und ab Anfang der 1990er-Jahre in China. Zunächst wurden aus dem globalen Norden einzelne Fertigungsschritte dorthin verlagert, aus Profitinteressen, aber auch wegen verbesserter Transport- und Kommunikationsmöglichkeiten. Dann aber bauten die Länder eigenständige Industrien auf. Das führte zu einem starken Wachstum. In China etwa wuchs das Bruttoinlandprodukt von umgerechnet 400 Milliarden US-Dollar im Jahr 1990 auf fast 18.000 Milliarden im Jahr 2022.[36] Dies ging einher mit materiellen Wohlstandsgewinnen für Teile der Bevölkerung, die sich infolgedessen an den Verheißungen der imperialen Lebensweise orientierte: motorisierter Individualverkehr, das Auto als Statussymbol, Tourismus, die private Eigentumswohnung als Norm. Das wurde etwa durch die Verkehrs- und Stadtplanung befördert. Der »urbane Konsument« wurde zum Vorbild, beispielsweise durch den Ausbau von Straßennetzen oder das statusorientierte Bild einer als westlich begriffenen Lebensweise.

Bemerkenswert ist, dass die Industrialisierung in diesen Ländern gerade deshalb funktionierte, weil sie sich nicht den Prinzipien der neoliberalen Globalisierung und dem sogenannten Washington-Konsens von US-Regierung, Weltbank und Weltwährungsfonds fügten.[37]

Ebenfalls ab den 1970er-Jahren wurde die ökologische Krise global zum politischen Thema: Die Umweltbewegung brachte sie genauso auf die politische Tagesordnung wie Publikationen wie »Grenzen des Wachstums«[38] oder ein paar Jahre später die von US-Präsident Jimmy Carter in Auftrag gegebene Studie »Global 2000«. Mit der ersten Weltumweltkonferenz 1972 in Stockholm erkannten auch Regierungen offiziell das Problem der Übernutzung von Rohstoffen an.[39]

Der Begriff der Nachhaltigkeit beziehungsweise der nachhaltigen Entwicklung wurde wenig später zum globalen Leitstern. 1980 nahm die *International Union for the Conservation of Nature* (IUCN) ihn in seine globale Naturschutzstrategie auf. Die Brundtland-Kommission der Vereinten Nationen veröffentlichte 1987 ihren Bericht »Unsere gemeinsame Zukunft«.[40] Seit der Weltkonferenz zu »Umwelt und Entwicklung« 1992 in Rio de Janeiro ist nachhaltige Entwicklung als politisches Ziel fest etabliert. In der brasilianischen Metropole wurden damals etwa die internationalen Rahmenabkommen zum Klimaschutz und zur biologischen Vielfalt unterzeichnet, die wenig später in Kraft traten.

Doch die politischen Ansätze einer nachhaltigen Entwicklung konnten dem weiterhin eskalierenden Rohstoff- und Energieverbrauch sowie den steigenden Treibhausgasemissionen bislang nichts entgegensetzen, im Gegenteil: Wissenschaftler*innen diagnostizierten – in Anlehnung an die große Beschleunigung nach dem Zweiten Weltkrieg – eine zweite große Beschleunigung seit der Jahrhundertwende, die insbesondere vom Aufstieg Chinas, Indiens und anderer Schwellenländer angetrieben wird.[41]

Die Globalisierung lief also nicht so rund wie erhofft. Seit den 1990er-Jahren wurden die Widersprüche, Probleme und Krisen der Globalisierung verstärkt thematisiert: die Prozesse der Deindustrialisierung in Regionen des globalen Nordens, eine entsprechende Arbeitslosigkeit, die zunehmende soziale Polarisierung, Verarmung und Verunsicherung – emblematisch stand dafür der sich rasch deindustrialisierende *rust belt* im Nordosten der USA, der tausende Menschen in die Arbeitslosigkeit trieb.[42] Die globalisierungskritische Bewegung sowie eine kritische Publizistik und Wissenschaft problematisierten die zunehmende Macht der transnationalen Unternehmen und den eingeschränkten Handlungsspielraum der Regierungen südlicher Länder. Dazu kamen erste »Globalisierungskrisen« Ende der 1990er-Jahre in den »Tiger-Staaten« sowie in einigen BRICS-Ländern wie beispielsweise in Russland und Brasilien.

Insgesamt hat die neoliberale Globalisierung die sozial-ökologischen Widersprüche verschärft, durch die enorme wirtschaftliche Expansion, die zunehmende Integration von Ländern des globalen Südens in den kapitalistischen Weltmarkt und die damit einhergehende Vertiefung der imperialen Lebensweise. Diese Veränderungen finden nicht nur international statt, sondern sie sind eng mit den Alltagsverhältnissen von Menschen verbunden, nämlich mit dem stark zunehmenden Konsum im globalen Norden und der grundsätzlich wünschenswerten materiellen Besserstellung von Hunderten von Millionen Menschen in den Ländern des globalen Südens – beide Tendenzen sind von großer Ungleichheit geprägt. Die Veränderungen führen zu verstärkter Konkurrenz um Rohstoffe und zu neuen Formen der Externalisierung. Zudem verschärfen sie dramatisch die ökologische Krise und steigern die Katastrophenrisiken weltweit.

Nach und nach verlor die neoliberale Globalisierung als Projekt der Vermögenden und der ihre Interessen vertretenden politischen Repräsentant*innen so ihre Attraktivität und Funktionalität.

Globalisierung und selektive Deglobalisierung

In der Krise der neoliberalen Globalisierung und angesichts der sich vertiefenden ökologischen Krise kam es zwar bisher nicht zu umfassenden sozial-ökologischen Reformen. Dennoch setzte ein Strukturwandel der Weltwirtschaft ein. Der britische *Economist* brachte im Januar 2019 – also vor Beginn der Coronapandemie – eine jüngere Entwicklung mit einem ikonischen Bild und Begriff auf den Punkt: Eine Schnecke mit der Weltkugel als Schneckenhaus zierte das Cover. »Slowbalization. Die Zukunft des globalen Handels« steht dort als Titel, gemeint ist eine beobachtbare Verlangsamung des vermeintlich alles beschleunigenden Globalisierungsprozesses. Ein Indikator für diese Behauptung des

Economist ist, dass der Welthandel in absoluten Zahlen zwar weiterhin zunimmt, aber der Anteil des Welthandels an der globalen Produktion seit 2009 langsam abnimmt.[43]

Hinter diesem Phänomen steht eine Tendenz, die auch als »Deglobalisierung« bezeichnet wird:[44] Unternehmen strukturieren die Wertschöpfungsketten und transnationalen Produktionsnetzwerke neu. Vielen Regierungen geht es darum, dass möglichst viel Wertschöpfung wieder im eigenen Land erfolgt und technologieintensive Branchen über eine möglichst große »technologische Souveränität« und Kompetenz vor Ort verfügen. Man könnte von einer »strategischen Deglobalisierung von oben« sprechen.[45] Die dominanten politischen Akteure in den USA und der EU versuchen, durch aktive Industriepolitik – in China schon länger betrieben – eigene Kapazitäten aufzubauen, um die Verfügbarkeit von wichtigen Produkten und die Wertschöpfung in der jeweiligen Region zu sichern.[46] Das betrifft Forschung und Entwicklung sowie die Schlüsselbranchen der Hightech-Industrie, insbesondere die Produktion von Batteriezellen und Halbleitern, die wiederum zentraler Bestandteil von Mikrochips sind. Doch Deglobalisierung bedeutet nicht Abschottung oder den Aufbau zuvorderst regionaler Wirtschaftskreisläufe. Vielmehr verbindet sie sich mit staatlicher Exportförderung und dem Bemühen um internationale Wettbewerbsvorteile.

Dazu kommt eine politische Dynamik der Deglobalisierung, nämlich der Aufstieg rechtsautoritärer oder gar faschistischer Kräfte, denen es auch um die Verteidigung der imperialen Lebensweise geht. Besonderen Ausdruck fand diese Entwicklung im früher wirtschaftlich offenen Großbritannien. Das erfolgreiche Brexit-Referendum im Juni 2016 war Konsequenz einer jahrelangen Kritik an den »globalisierungsfreundlichen Machteliten« und an der wirtschaftsliberalen Art und Weise der EU-Integration *(»take back control!«)*. Die rechten Kräfte schüren die Stimmung gegen Migration, sie politisieren die Zukunftsängste vieler Menschen, die wiederum mit Arbeitslosigkeit sowie dem Abbau sozialstaatlicher Leistungen und öffentlicher Infrastrukturen zusammenhängen, auf eine reaktionäre Art und Weise. Das Programm des im November desselben Jahres zum US-Präsidenten gewählten rechten Globalisierungskritikers Donald Trump war im Kern die aggressive Verteidigung einer exklusiven imperialen Lebensweise *(»America First!«)*.

Diese Tendenzen der Deglobalisierung wurden durch das Coronavirus nochmals verstärkt.[47] Die durch die Pandemie verursachte Unterbrechung von Lieferketten nahm einigen bisherigen Annahmen der neoliberalen Globalisierung ihre Selbstverständlichkeit, so etwa der Annahme »freier« Weltmärkte oder der Überzeugung, dass der Zugriff auf Arbeitskraft und Rohstoffe überall auf der Welt jederzeit gesichert sei. Das wurde mit dem russischen Angriffskrieg nochmals verstärkt. In einigen Branchen versuchen Unternehmen seitdem, ihre Wertschöpfungsketten dadurch zu stabilisieren, dass sie Güterketten regionalisieren beziehungsweise diversifizieren.[48] Günther Maihold spricht von einer »neuen Geopolitik der Lieferketten«. Er argumentierte im Jahr 2022, dass sich in den nächsten fünf Jahren 25 Prozent der Warenströme weltweit verlagern könnten. Das sind bis zu 4,6 Billionen US-Dollar. Diese Veränderung dürfte mit einem hohen Zeit- und Kostenaufwand für die Unternehmen sowie höheren Preisen einhergehen.[49]

In anderen Bereichen sind die Ökonomien des globalen Nordens noch wenig auf eine strategische Deglobalisierung von oben vorbereitet. Das betrifft die enorme Abhängigkeit von der Konsumgüternachfrage in Asien, vor allem in China. Diese Nachfrage wird zunehmend dadurch befriedigt, dass die Wirtschaften asiatischer Länder vermehrt für den Binnenmarkt produzieren. Das bereitet vielen exportorientierten Branchen in Europa Probleme. Der chinesische Autohersteller BYD hat beispielsweise im ersten Quartal 2023 von VW die Marktführerschaft in China, dem wichtigsten Auslandsmarkt von VW, übernommen. Ein Grund liegt unter anderem darin, dass in China der Absatz von E-Autos massiv gefördert wird und VW in diesem Segment bisher deutlich weniger konkurrenzfähig ist.[50]

Eine Deglobalisierung im Sinne eines Rückgangs internationaler Wirtschaftsbeziehungen findet zudem nicht in allen Bereichen statt. So kann in Bezug auf die starke Abhängigkeit der Europäischen Union von fossilen und metallischen Rohstoffen kaum von Deglobalisierung gesprochen werden. Im Gegenteil: Der Versuch von US-amerikanischen und europäischen Regierungen, in einigen Branchen die Produktion in die eigenen oder in benachbarte Länder zurückzuholen, geht mit einer verstärkten Weltmarktintegration insbesondere der rohstoffexportierenden Länder einher.

Daher erscheint es uns sinnvoll, von einer *selektiven Deglobalisierung* zu sprechen: Die Unterbrechung von Produktions- und Lieferketten führt zur Diversifizierung und Verlagerung innerhalb von Produktionsnetzwerken, Unternehmen machen sich nicht länger von einer Bezugsquelle abhängig. Die globalen Güter- und Wertschöpfungsketten samt der damit verbundenen Infrastrukturen und Interessen – insbesondere globaler Investoren an Profiten – bestehen weiter und können nur nach und nach verändert werden.[51]

Eine simple Gegenüberstellung von globalen versus lokalen Produktionsnetzwerken unterschlägt zudem, dass diese Netzwerke sehr dynamisch sind:

> »Obwohl in vielen Produktionsnetzwerken Produkte von globalen Zulieferfirmen, insbesondere aus Ländern des Globalen Südens, bezogen werden, hat die globale Produktion immer auch eine lokale und regionale Dimension, wobei globale Auslagerungen, regionale Produktionscluster und lokal konzentrierte Operationen eng miteinander verbunden sind. Auch bei den am stärksten globalisierten Sektoren wie der Bekleidungs- oder Elektronikindustrie spielen regionale Zulieferer und die Konzentration der Produktion in regionalen Clustern eine wichtige Rolle.«[52]

Es spricht einiges dafür, dass die wirtschaftlichen Verflechtungen des oben skizzierten Globalisierungsprozesses der letzten Jahrzehnte sich nicht vollständig zurückdrehen lassen. Und zudem könnten im Zuge der Umwelt- und Klimapolitik globale Verflechtungen vorangetrieben werden: durch Emissionshandel, Offsetting oder Finanzialisierung der Natur.[53]

Ein Zweiter Kalter Krieg?

Nicht nur die Integration der Weltwirtschaft und die Stabilität von Lieferketten, sondern auch die bisherige globale Ordnung unter der Vorherrschaft des Westens befindet sich in einer tiefen Krise. Die dominanten Mächte gehen damit unterschiedlich um. Während sich die USA und die EU darum bemühen, den Status quo zu erhalten, wird dieser – und mit ihm die »Pax Americana« – durch die Politik Chinas oder gar durch offene militärische Angriffe wie im Fall der fossilen Großmacht Russland auf die Ukraine infrage gestellt. Die konkurrierenden Strategien wirken destabilisierend, sie resultieren in einer Welt*un*ordnung.[54] Viele südliche Länder – etwa die Mercosur-Staaten – suchen in der Konkurrenzsituation nach eigenen Spielräumen.

Eine derzeit brennende Frage ist entsprechend, welche Rolle China und die von ihm dominierten Allianzen künftig in der Weltwirtschaft und -politik spielen werden. Die Strategien der chinesischen politischen und wirtschaftlichen Eliten scheinen darauf hinauszulaufen, die US-dominierte Weltordnung herauszufordern, um damit die zunehmende eigene wirtschaftlich-technologische Bedeutung zu untermauern. Der holländische Sozialwissenschaftler Kees van der Pijl hat den Begriff des »Herausforderer-Staates« *(contender state)* für solche Länder vorgeschlagen, die ab einem bestimmten Punkt der eigenen wirtschaftlichen Entwicklung die Vorherrschaft des »Kernlandes« *(heart land)* infrage stellen, verstärkt eigene internationale Produktionsnetzwerke und Infrastrukturen aufbauen und kontrollieren sowie die Regeln der Weltwirtschaft und -politik mitgestalten möchten. Van der Pijl streicht ein Charakteristikum bei den Herausforderer-Staaten hervor:

> »In solchen Staaten fallen die Rollen der herrschenden und der regierenden Klasse, ökonomische und politische Kontrolle, in eins. Dies gilt in praktisch allen politischen Formationen außerhalb des reichen liberalen Westens. In den Herausforderer-Staaten besaß der Gesellschaftsvertrag immer autoritäre Züge. Neuerdings wurden diese Verträge so revidiert, dass sich auch eine Oligarchie kapitalistischen Stils formieren kann. Dies gilt am offenkundigsten für Russland und China, aber auch für den Iran, die arabischen Staaten und andere.«[55]

China ist primärer Herausforderer, weil es zum Akkumulationszentrum des globalen Kapitals geworden ist, wobei die Reichtums- und Vermögenskonzentration in den kapitalistischen Zentren hoch bleibt.[56] Der Aufstieg Chinas spiegelt sich nicht nur darin, dass seine Wirtschaft (kaufkraftbereinigt) im Jahr 2023 etwa 18,5 Prozent des Weltsozialprodukts erzeugte – im Vergleich zu gut zwei Prozent im Jahr 1980 und sieben Prozent im Jahr 2000.[57] In China fand nach Weltbankangaben im Jahr 2022 auch etwa ein Viertel der globalen Industrieproduktion (inkl. Bausektor) statt.[58] Chinesische Unternehmen wie die Energiekonzerne Sinopec und China National Petroleum, der Bauriese China State Construction Engineering, Hightech-Konzerne wie Huawei und Lenovo und der Online-Händler Alibaba gehören in ihren Branchen zu den größten Unternehmen der Welt. Die in der Bilanzsumme vier größten Banken der Welt waren im Jahr 2021 alle in chinesischem Besitz, allen voran die Industrial and Commercial Bank of China, die zum zehnten Mal in Folge die weltweit größte Bank war. Die Rolle Chinas als »Herausforderer« zeigt sich auch an diesen Zahlen.

Im sich globalisierenden Kapitalismus lag die Dynamik der wirtschaftlichen Aufholbewegung von Ländern wie China oder

Indien darin begründet, dass sie als Zulieferer mit preislich günstigeren Gütern und Dienstleistungen zur Vertiefung der imperialen Lebensweise im globalen Norden beigetragen haben. Das wiederum hängt mit einer starken Ausbeutung menschlicher Arbeitskraft, Nichteinhaltung von Menschen- und Arbeitsrechten bis hin zu massenhafter Zwangsarbeit zusammen. Die chinesische Provinz Xinjang, die dortige Unterdrückung der Uiguren und die Inhaftierung vieler Menschen in Arbeitslagern ist nur ein drastischer Ausdruck dieses Sachverhalts. Viele Menschen in China leben weiterhin ohne Zugang zu Energie, zu sauberem Wasser und zur Gesundheitsversorgung. Gleichzeitig haben sich die materiellen Lebensbedingungen von Millionen Menschen in China in den letzten Jahrzehnten verbessert. Nicht nur durch die Produktion für den Weltmarkt, sondern auch durch den raschen Ausbau des Wohnsektors, der Verkehrsinfrastruktur und der Nahrungsmittelproduktion für China selbst ist der Rohstoffbedarf des Landes gewaltig gestiegen.

Politisch abgesichert wird der autoritäre Staatskapitalismus Chinas durch starke wirtschaftliche, parteistaatliche und soziale Kontrolle, starke Eingriffe in den Markt und eine merkantilistische Außenwirtschaftsorientierung. Unter der Regierung Xi Jinping wurden zudem »die Flammen eines gekränkten chinesischen Nationalismus angefacht«, um die Unterstützung der Bevölkerung zu sichern; es handelt sich um eine Form strategischer Hegemonie (vgl. Kapitel 4).[59] Der US-Führung wird vorgeworfen, sie wolle die bestehenden strategischen und territorialen Verhältnisse im westlichen Pazifik zu ihren Gunsten verändern.

Die rasche wirtschaftliche und gesellschaftliche Dynamik Chinas wurde ab 2008 erstmals erschüttert. Die Weltwirtschaftskrise und das rasche Wegbrechen von Exportmärkten zogen auch in China wirtschaftliche Probleme, Arbeitslosigkeit, innergesellschaftlichen Unmut und Streiks von Lohnabhängigen nach sich. Die chinesischen Entscheidungsträger*innen stabilisierten die eigene Wirtschaft mit umgerechnet mehreren Hundert Milliarden Euro. Um die Wertschöpfung im Land zu erhöhen, setzten sie verstärkt auf technologische Innovationen und den Aufbau von Hightech-Branchen. Bei der Entwicklung der fünften Mobilfunkgeneration, von künstlicher Intelligenz, Big Data und Speichertechnologien ist China daher heute weltweit führend. Das entspricht dem technologischen Führungsanspruch, den die Regierung in ihrer Strategie »Made in China 2025« formuliert hat, und betrifft auch die Bereiche der »grünen« Technologien: E-Automobilität, Hochgeschwindigkeitszüge sowie Sonnen- und Windkraft.[60] Die massive Förderung von E-Autos in China kann auch als Einsatzpunkt im globalen Technologiewettbewerb verstanden werden, da China in der Produktion von Lithium-Ionen-Batterien mit großem Abstand Weltmarkführer ist.[61]

Ein weiteres Ziel Chinas ist, den Binnenmarkt – und entsprechend die Kaufkraft – stärker zu entwickeln, ohne die Exporte zu vernachlässigen. Die chinesische Wirtschaft soll über den zusätzlichen Aufbau von Zulieferern in China von Importen unabhängiger werden. Produktionsstandorte wurden nach West- und Zentralchina verlagert beziehungsweise dort aufgebaut.[62]

Die chinesischen politischen und wirtschaftlichen Eliten scheinen rascher als der Westen erkannt zu haben, dass die Länder des globalen Südens in den geopolitischen Rivalitäten und Auseinandersetzungen um die Regeln und Ressourcen der Weltwirtschaft wichtig sind.[63] Sie bauen Verbindungen zu ihnen aus, indem sie in Infrastrukturen, in den Bergbau oder in Technologiekooperationen investieren. Chinesische Unternehmen und die Regierung wurden in den letzten Jahren so zum internationalen Player. Prominent ist hier die *Belt and Road Initiative* (begrifflich-historisch verklärt als »Neue Seidenstraße«) oder die 2015 gestartete Initiative für eine »Digitale Seidenstraße«, die zu einer Diversifizierung von Zulieferer- und Absatzmärkten beitragen soll.[64] Damit einher gehen Entwicklungsversprechen gegenüber südlichen Ländern, in denen chinesische Firmen massiv investieren und die chinesische Entwicklungsbank eine wichtige Rolle spielt.[65] Weil für die chinesische Wirtschaft künftig auch der Zugang zu Rohstoffen wichtig ist, zieht es chinesische Investoren in afrikanische Länder und nach Lateinamerika.[66] Im Hinblick auf die Versorgung mit Öl und Gas erklärt das auch teilweise die Hinwendung zu Russland.

China bemüht sich, aktiv internationale Bündnisse zu stärken und mehr Einfluss in internationalen politischen Institutionen zu gewinnen. Die BRICS-Staaten können als Versuch der Regierungen von Brasilien, Russland, Indien, China und Südafrika gewertet werden, sich mehr weltpolitisches Gehör und Einfluss zu verschaffen. Ein Beleg für die Stärkung des Bündnisses ist das 15. Treffen der Regierungen der BRICS-Staaten im August 2023 in Johannesburg, bei dem 68 Staats- und Regierungschefs zusammenkamen. Ägypten, Äthiopien, Argentinien, die Vereinigten Arabischen Emirate sowie die lange verfeindeten Länder Iran und Saudi-Arabien wurden in den Verbund aufgenommen. Nach vielen Jahren scheint hier nun ein Gegengewicht zur »Gruppe der 7« der etablierten imperialen Mächte zu entstehen. Der BRICS-Zusammenschluss ist weiterhin von vielen Widersprüchen durchzogen. Seine Mitglieder sind ungleich groß und verfolgen unterschiedliche Interessen. Das äußerte sich bisher etwa darin, dass wichtige Initiativen wie ein eigener Reservefonds zur Stabilisierung der Währungen als Alternative zum IWF oder eine eigene Entwicklungsbank nicht fruchteten. Zudem plant Indien mit der EU eine eigene Handelsinfrastruktur nach Europa, durchaus in Konkurrenz zur chinesischen BRI.[67] Aus einer ökologischen Perspektive sollte die Erweiterung zu »BRICS-plus« Anlass zu Sorge sein, denn hier versammeln sich vor allem Länder wie Argentinien, Iran und Saudi-Arabien – allesamt Stützen der fossilen Weltwirtschaft.[68]

Die USA vertreten offen aggressive Positionen gegenüber dem Herausforderer China. Bereits die Regierung Barack Obama verkündete 2011 einen »Schwenk nach Asien«. Obamas Nachfolger Donald Trump erklärte 2017, dass die zentrale internationale Auseinandersetzung für die USA nicht mehr der »Krieg gegen den Terrorismus« sei, sondern der Konflikt mit China.[69] Er verlieh dieser Ankündigung mit einer aggressiveren Handels- und Sanktionspolitik Nachdruck, die von chinesischer Seite mit einer Erhöhung von Importzöllen beantwortet wurde.[70] Die Biden-Administration setzte den Konfrontationskurs fort. Die politisch-militärischen Spannungen im südchinesischen Meer und um den Status von Taiwan sind Teil des Konflikts. Aktuell verstärken die USA ihre Militärbasen im West- und Ostpazifik. Der Politikwissenschaftler Ingar Solty vermutet, dass die US-Regierung damit die Bedingungen für eine mögliche Seeblockade Chinas schaffen will. Die BRI muss auch in diesem Kontext gesehen werden.[71]

Eine wichtige Dimension des Konflikts besteht darin, dass es nicht nur um die unmittelbare Ausweitung des territorialen Einflusses in verschiedenen Weltregionen geht, sondern um die Setzung internationaler Regeln, um Einfluss auf die internationale Sicherheitsarchitektur und um die Schaffung und Kontrolle von Produktionsnetzwerken und Infrastrukturen, etwa in den Bereichen Logistik, Energie und Finanztransaktionen sowie digitale Netzwerke.[72]

Die EU und ihre Mitgliedsstaaten sind in dem Konflikt zwischen den beiden Großmächten teilweise eingezwängt: Die chinesische Produktion und der dortige Absatzmarkt spielen eine wichtige Rolle für die europäische Wirtschaft. Dasselbe gilt für europäische Investitionen in China und chinesische Investitionen in der EU.[73] In einem Strategiepapier der EU-Kommission von 2019 wird China »als Kooperationspartner und Systemrivale« bezeichnet. Josep Borrell, Hoher Vertreter der EU für die Außen- und Sicherheitspolitik und Vizepräsident der Europäischen Kommission, sagt, die »Welt wird zunehmend von reiner Machtpolitik« beherrscht, Ursula von der Leyen betont, die EU müsse die »Sprache der Macht neu erlernen«.[74]

Wir müssen an dieser Stelle und zu diesem Zeitpunkt (Anfang 2024) offenlassen, inwieweit das politische System und die wirtschaftliche Dynamik in China ins Straucheln geraten oder das Land weiterhin ein Zentrum der globalen Kapitalakkumulation bleiben wird und entsprechend selbstbewusste politische Strategien formulieren kann.[75]

In jeden Fall wird die Legitimität des chinesischen politischen Regimes wesentlich davon abhängen, ob es die für viele Menschen durchaus attraktiven Erfahrungen der imperialen Lebensweise weiterhin ermöglichen und seine Versprechungen einlösen kann. Doch auch China kämpft mit dem Paradoxon, dass die Ausweitung und Vertiefung der imperialen Lebensweise die ökologische Krise verschärfen und dass die Möglichkeiten der nötigen Externalisierung abnehmen.

»Grüner« Extraktivismus

Wir haben in anderen Teilen des Buches argumentiert, dass in den Ländern des globalen Nordens und in China die politischen und wirtschaftlichen Eliten Strategien einer selektiven grün-kapitalistischen Modernisierung und Deglobalisierung verfolgen. Auch wenn damit die globale Klimakrise nicht angemessen bearbeitet wird, entwickelt sich dadurch ein Ausbau »grüner« Geschäftsfelder, insbesondere von forschungsintensiven und kapitalstarken Unternehmen. Damit wird die internationale Konkurrenz um Rohstoffe und Hochtechnologien intensiviert, weil eben diese für den partiellen ökologischen Umbau der Wirtschaften von zentraler Bedeutung sind.

Ulrike Herrmann betont in ihrem Buch »Das Ende des Kapitalismus«, dass die Energiewende »eine gigantische Materialschlacht« ist.[76] Dazu kommt der enorme Bedarf an Rohstoffen im Zuge der Digitalisierung der Gesellschaft. Die meisten dieser Rohstoffe befinden sich in den Ländern des globalen Südens und werden dort vor allem für den Export gefördert.

Ein Beispiel: Ein Elektroauto benötigt für Kabel, E-Motor und Lithium-Ionen-Batterie durchschnittlich vier Mal so viel Kupfer wie ein mit Verbrennungsmotor betriebenes Fahrzeug. Auch wenn es inzwischen recht hohe Recyclingraten gibt, sind die Wirtschaften des globalen Nordens dadurch auf einen stetigen Zufluss an neu gefördertem Kupfer angewiesen. Die Förderung ist aufwendig, energie- und wasserintensiv. Prognosen gehen global von einer jährlichen (!) Zunahme der Produktion von Batterien um 30 Prozent aus. An den Lithium-Ionen-Batterien für Elektroautos – dort kommen sie neben Laptops und Smartphones am stärksten zum Einsatz – lassen sich neu entstehende Abhängigkeiten und Probleme beobachten. Batterien sind die zentralen Komponenten der Elektroautos, sie machen aktuell etwa 20 bis 40 Prozent des Fahrzeugpreises aus. In einer 400 Kilogramm schweren Batterie, die Volkswagen für einen Mittelklassewagen produziert, befinden sich unter anderem 126 Kilogramm Aluminium, 41 Kilogramm Nickel, 22 Kilogramm Kupfer, neun Kilogramm Kobalt und acht Kilogramm Lithium.[77] Die aktuelle Unternehmensstrategie von VW zielt allerdings darauf ab, vor allem SUVs zu produzieren, deren Rohstoffbedarf noch deutlich höher ist.

Mit dem enormen Rohstoffhunger der Energie- und Verkehrswende rücken nicht nur die kapitalistischen Zentren und China in den Fokus, sondern auch die rohstoffexportierenden Länder des globalen Südens. Unsere These ist, dass der erwähnte Kampf um eine neue Weltordnung ganz zentral entlang des Zugangs zu Rohstoffen stattfinden wird. Das hat weitreichende Auswirkungen auf die Rohstoffpolitiken in Form der Extraktion, der Weiterverarbeitung und des Exports, aber auch auf die Strategien von oft transnational agierenden Rohstofffirmen.

Vor dem Hintergrund dieser Dynamiken beziehen wir uns auf die seit fünfzehn Jahren zuvorderst in Lateinamerika intensiv geführte Debatte um den »Rohstoff-Extraktivismus«.[78] So wird ein Wirtschaftsmodell bezeichnet, bei dem große Mengen natürlicher Rohstoffe in einem Land abgebaut und weitgehend unverarbeitet in andere Länder exportiert werden; damit erzielen die betreffenden Länder in der Regel mehr als die Hälfte ihrer

Exporteinnahmen. Die ökologischen Kosten bleiben dabei in den Extraktionsländern zurück, getragen werden sie von der Natur und der ärmeren Bevölkerung. Die Einnahmen fließen an profitorientierte Unternehmen mit oft monopolisierter Macht, unterstützt von Regierungen.

Die Rohstoffe werden unter höchst ungleichen wirtschaftlichen und politischen Bedingungen gefördert, verarbeitet, vertrieben und genutzt – nämlich unter Bedingungen der globalen Konkurrenz von Bergbau- und Industrieunternehmen sowie von Ländern und Regionen. Der Abbau und mögliche erste Verarbeitungsschritte finden auf dem Rücken jener statt, die in den Gebieten leben, wo die Rohstoffe abgebaut werden und Natur beschädigt oder sogar zerstört wird. Bei erneuerbaren Ressourcen wie Holz oder Fischereiprodukten ist die Ausbeutung meist intensiv, dass sich die Bestände nicht regenerieren können. Der Rohstoff-Extraktivismus ist damit Teil eines globalen Systems von ökonomischer Konkurrenz und Staatenkonkurrenz sowie des ungleichen ökologischen Tauschs.

Historisch dominierten in Lateinamerika Bergbau und Landwirtschaft, später die Förderung fossiler Energieträger und monokulturelle industrialisierte Landwirtschaft. Die extraktivistischen Aktivitäten sowie die dazugehörigen Infrastrukturen sind kapitalintensiv und werden meist von großen privaten oder auch staatlichen Unternehmen betrieben, die Teile globaler Güter- und Wertschöpfungsketten sind. Lokale oder kleinere Unternehmen können hier nicht einfach miteinsteigen, denn Bergbau bedarf vieler Maschinen, der Agrar-Extraktivismus mit seinen Monokulturen hängt an teuren chemisch erzeugten Inputs wie Düngemitteln, Pestiziden und gentechnisch verändertem Saatgut.[79] Die ökologischen Folgen auch dieser Vorprodukte sind hoch: Seit 1950 stieg der weltweite Verbrauch von Stickstoffdünger um den Faktor 23, wobei die Herstellung von einer Tonne Dünger so viel fossile Energie benötigt wie die von zwei Tonnen Benzin. Der Abbau von Phosphatgestein, ein weiterer Rohstoff für Düngemittel, erhöhte sich von zehn Millionen Tonnen im Jahr 1945 auf über 160 Millionen Tonnen im Jahr 1990.[80]

Ein weiteres Problem: Trotz der oft geringen Wertschöpfung in den Extraktionsländern sind die ersten Verarbeitungsschritte sehr material- und energieaufwendig: »Bis beispielsweise chilenisches Kupfererz, mit weniger als einem Prozent Metallgehalt, zu dem exportierten Kupferkonzentrat oder -draht verarbeitet worden ist, müssen – unter Einsatz hoher Mengen fossiler Energieträger – erhebliche Massen an Erz abgebaut und bearbeitet werden, die nicht direkt im Exportfluss aufscheinen.«[81]

Das Wirtschaftsmodell des Rohstoff-Extraktivismus prägt viele Gesellschaften des globalen Südens, deren formelle Ökonomien zum größeren Teil vom Rohstoffexport abhängig sind. In den extraktivistischen Ländern sind die Eigentums- und Klassenstrukturen stark um den Rohstoffsektor und die Verfügung über Land organisiert. Dasselbe gilt für die materiellen Infrastrukturen – Straßen, Eisenbahn, schiffbare Flüsse, Häfen, Lagermöglichkeiten – sowie für die Energie- und Wasserversorgung. Wirtschaftliche Wettbewerbsfähigkeit der Rohstoffe am Weltmarkt wird auch erreicht durch eine massive Ausbeutung der lokalen Arbeitskraft: durch prekäre Arbeitsbedingungen, lange Arbeitszeiten und einen großen informellen Sektor.[82] Die staatlichen Politiken und Apparate orientieren sich weitgehend an den extraktivistischen Sektoren. Denn von diesen hängen die staatlichen Einnahmen aus Steuern, Zöllen und Konzessionsvergaben ab. Diese Einnahmen sind oft eine wichtige Finanzierungsquelle für staatliche Sozial-, Bildungs- und Gesundheitspolitiken.

Die Verfügung über Land ist für die Extraktion von Rohstoffen zentral und deshalb geht das extraktivistische Wirtschaftsmodell mit autoritärer, mitunter gewaltförmiger Kontrolle und Landraub einher. Regierungen weisen immer wieder Vorzugsgebiete für den Bergbau aus, in denen ohne große Rücksicht auf soziale und ökologische Folgen Rohstoffe extrahiert werden. In der kritischen politischen und wissenschaftlichen Debatte werden diese verloren gegebenen Gebiete und die gegebenenfalls dort lebenden Menschen als »Opferzonen« *(sacrifice zones)* bezeichnet.[83]

Dessen ungeachtet stößt das extraktivistische »Entwicklungsmodell« durchaus auf Zustimmung. Allen voran ist das bei Regierungen und Unternehmen der Fall, aber auch in den Teilen der Bevölkerung, denen Arbeitsplätze, eine wachsende Wirtschaft und mehr Verteilungsspielräume für den Staat in Aussicht gestellt werden. Die argentinische Soziologin Maristella Svampa spricht in diesem Zusammenhang von einem »Rohstoff-Konsens« *(consenso de los commodities)*.[84]

In der Zeit zwischen 2003 und 2013 kam es zu einem globalen Nachfrage- und Preisboom bei Rohstoffen. Dieser hing mit dem wirtschaftlichen Aufstieg von Ländern wie China und Indien, aber auch mit der Ausweitung der Warenproduktion in den kapitalistischen Zentren zusammen. Die hohen Staatseinnahmen infolge des Booms ermöglichten es in Lateinamerika, die extreme Armut zu reduzieren. Neben den Unternehmen und dem Staat profitierten in der Regel die politisch artikulationsstarken städtischen Mittelklassen, deren Einkommen, Kaufkraft und damit Konsummöglichkeiten stiegen.[85] Anna Landherr und Jakob Graf bezeichnen das als »periphere imperiale Lebensweise«: Materielle Konflikte zwischen verschiedenen Klassen werden durch höhere Staatseinnahmen befriedet; doch damit werden auch die Klassenstrukturen stabilisiert.[86]

Derzeit könnte die Weltwirtschaft wieder am Beginn eines Rohstoffbooms stehen. Bereits seit Ende 2020 steigt die Nachfrage nach Rohstoffen stark an. Manche sprechen – in Anlehnung an die letzte Boomphase – von einem möglichen »neuen Super-Zyklus«. Angesichts der hohen Nachfrage ist es für die dominanten Akteure in den lateinamerikanischen Ländern und für transnationale Unternehmen nach wie vor attraktiv, Rohstoffe zu fördern und neue Quellen zu erschließen. Allerdings haben sich die hohen Preise von 2022 im Jahr 2023 nicht stabilisiert, sondern sind in den meisten Rohstoffgruppen gesunken, teilweise erheblich.[87] Die Nachfrage und damit die Rohstoffförderung bleiben jedoch hoch.

Die Lateinamerikaspezialistin Kristina Dietz verortet die Gründe für den sich intensivierenden Rohstoff-Extraktivismus in der wachsenden Suche nach sicheren Kapitalanlagen im Zuge der globalen Pandemie und in den Wachstumserwartungen der Zeit nach der Coronakrise. Durch den Ukrainekrieg wird das weltweite Angebot an fossilen Energieträgern und Weizen drastisch eingeschränkt, was zu einem weiteren Preisanstieg führt – mit dramatischen Folgen insbesondere für jene, die nicht über ausreichend Kaufkraft verfügen.[88] Ein weiterer entscheidender Grund für die hohe Rohstoffnachfrage sind die vorherrschenden Strategien der Dekarbonisierung im globalen Norden, in China und in anderen Ländern.[89]

Dabei entsteht eine Art »grüner« oder »postfossiler« Extraktivismus, der weder ökologisch noch sozial ist.[90]

Vorhin sind wir am Beispiel der Komponenten für eine Autobatterie auch auf die Lithium-Bedarfe des globalen Nordens eingegangen. Werfen wir nun einen Blick auf die andere Seite der Medaille.[91] Das »weiße Gold«, wie das Leichtmetall auch genannt wird, kommt zwar verglichen mit anderen Rohstoffen in relativ vielen Ländern vor. Etwa die Hälfte der weltweit bekannten Reserven von insgesamt 26 Millionen Tonnen (Stand 2023) befindet sich allerdings im sogenannten Lithium-Dreieck Argentinien–Bolivien–Chile: 9,3 Millionen Tonnen in Chile, 2,7 Millionen in Argentinien und eine bislang nicht quantifizierte Menge in Bolivien. Den Prognosen des *U.S. Geological Survey* zufolge könnten sich die bolivianischen Ressourcen auf 21 Millionen Tonnen belaufen.

»Ressourcen« lassen sich im Unterschied zu »Reserven« aus technischen Gründen noch nicht beziehungsweise noch nicht ökonomisch rentabel abbauen. Zum Vergleich: Australien verfügt über deutlich kleinere Vorkommen (7,9 Millionen Tonnen) als Bolivien, aber dafür über zusätzliche Reserven von etwa 6,2 Millionen Tonnen. Das Land ist aktuell – vor Chile – der weltweit größte Lithiumexporteur. Mittlerweile werden immer mehr Explorationsgebiete in China, das über zwei Millionen Tonnen Lithiumreserven verfügt, erschlossen, wo Lithium hauptsächlich weiterverarbeitet wird.[92] Die Förderung ist attraktiv: Zwischen 2006 und 2022 hat sich der Preis für eine Tonne Lithiumkarbonat von etwa 6.000 US-Dollar auf 37.000 US-Dollar erhöht.[93]

Bleiben wir in Chile. Die dortige Regierung und Unternehmen hoffen, dass das Leichtmetall Chile eine dynamische Wirtschaftsentwicklung ermöglicht und das Land zum »Saudi-Arabien des Lithiums« *(New York Times)* macht. Der chilenische Lithiumkonzern SQM – dessen Anteile unter anderem dem ehemaligen Schwiegersohn des autoritären Diktators Augusto Pinochet gehören – spricht dabei von »grünem Lithium«, weil 95 Prozent der für den Abbau notwendigen Energie solaren Ursprungs seien und in Chile bis 2030 Klimaneutralität bei der Produktion von Lithium angestrebt wird.[94] Selten erwähnt wird in diesen positiven Zukunftsszenarien der immense Wasserverbrauch zur Lithiumförderung in ohnehin trockenen Regionen.[95]

Die Länder des globalen Südens sind keine passiven Behälter, deren Arbeitskräfte und Rohstoffe unendlich entlang der Interessen des globalen Nordens ausgebeutet werden können. Wir haben bereits auf die Mechanismen der peripheren imperialen Lebensweise hingewiesen, die in den Ländern des globalen Südens wirken. Dazu kommt: Auch in Rohstoffländern wie Argentinien, Chile, Kolumbien, Mexiko oder Peru soll eine Energiewende forciert werden, doch diese steht vielfach am Anfang. Kristina Dietz beobachtet, dass es aktuell viele Gesetze und Gesetzesinitiativen gibt, die als Ziel formulieren:

> »Ausstieg aus fossilen Energieträgern mittels der Förderung von Wind- und Solarenergie, Wasserkraft und Geothermie, Elektromobilität sowie der Produktion von vorzugsweise grünem, aber auch blauem und grauem Wasserstoff als alternative Energieträ-

ger. Neben der Transition hin zu einer klimaneutralen Energieproduktion und Mobilität im Inland zielen die Gesetze darauf, das jeweilige Land in einen führenden Exporteur von erneuerbaren Energien, insbesondere grünem Wasserstoff zu verwandeln.«[96]

Insbesondere die Produktion von Wasserstoff ist aktuell ein politisches Topthema. Die deutsche Bundesregierung hat 2020 eine Strategie verabschiedet, der zufolge ein Teil des Wasserstoffs mit Strom aus Deutschland gewonnen werden soll. Allerdings wird das nicht reichen, um den Wasserstoffbedarf vor allem für die Dekarbonisierung der industriellen Produktion zu decken. Deshalb werden Importe aus anderen Ländern nötig sein.[97] In diesem Kontext spielen die in den vergangenen Jahren vielfach etablierten »Energiepartnerschaften« eine wichtige Rolle: Bei den Kooperationen mit Ländern wie Brasilien, Chile, Marokko, Südafrika, Tunesien oder der Türkei geht es explizit um Wasserstoff.[98] Besonders wichtig ist dabei die Gewinnung von »grünem« Wasserstoff aus erneuerbaren Energien. Doch die »Partnerschaften« thematisieren nicht die Bedingungen, unter denen Wasserstoff erzeugt wird oder erzeugt werden soll: Denn der dafür benötigte Strom aus erneuerbaren Energien bedarf enormer Windkraft- und Solaranlagen, die nicht nur selbst sehr materialintensiv sind, sondern angesichts ungleicher Machtverhältnisse in den Ländern zu einer neuen Runde von Landraub und Vertreibungen führen könnten.

In den hehren Zielen der grünen Modernisierung steckt durch den Rohstoffhunger also eine Vertiefung des klassischen Extraktivismus, dass heißt der kapitalistisch getriebenen Suche und Förderung nach fossilen Brennstoffen, Metallen und Mineralien, sowie die Ausweitung der industriellen Landwirtschaft und Tierzucht im »Außen«. In diesem »grünen« Extraktivismus bleiben die internationale und innergesellschaftliche Arbeitsteilung, die Dynamiken kapitalistischer Inwertsetzung und die ihr zugrundeliegenden Interessen sowie Kontroll-, Macht- und Herrschaftsverhältnisse unangetastet. Das »grün« darf hier also keineswegs als ein sozialer oder ökologischer Fortschritt missverstanden werden.

Das Begründungsmuster der dominanten Akteure lautet, dass beim Projekt der Dekarbonisierung der Weltwirtschaft alle gewinnen können: Das Klima wird geschützt, die Ökonomien des globalen Nordens ergrünen und die des globalen Südens profitieren von der erhöhten Nachfrage nach den dafür benötigten Rohstoffen. Die Rohstoffgewinnung selbst soll ökologischer werden: Begriffe wie »grüner Bergbau«, »kohlenstoffarme Infrastrukturen« oder »smarte Landwirtschaft« sollen andeuten, dass Ökologie und Ökonomie in der Rohstoffproduktion in Einklang gebracht werden können.[99] Die negativen Folgen für Mensch und Natur vor Ort werden in diesen Diskursen wie bisher unsichtbar gemacht.[100]

Die Bergbaukonzerne scheinen ihre Lektion aus den jahrelangen Protesten gelernt zu haben. Für eine größere Zustimmung seitens der betroffenen Bevölkerung implementieren immer mehr Unternehmen *corporate-social-responsibility*-Projekte. So binden sie etwa lokale und/oder indigene Gruppen ein, indem sie mit den Einnahmen aus dem Rohstoffverkauf Bildungs- und Gesundheitsprojekte finanzieren. Im Norden Chiles, in der Atacama-Wüste, wo das Lithium ausgebeutet wird, proklamiert der US-amerikanische Chemiekonzern Albemarle, er wolle das indigene Wissen erhalten, und finanziert Kulturfeste. Damit fördert er die Zustimmung der Bevölkerung zur Expansion des Lithiumbergbaus in der Region. Die hier operierenden Firmen stellen sich als »gute Arbeitgeber und Nachbarn« dar. Und ihre Strategien zur Bildung eines Rohstoff-Konsenses – Nina Schlosser spricht im Hinblick auf Chile von einem »Lithium-Konsens« – scheinen erste Früchte zu tragen.[101]

Dennoch können angesichts des wachsenden »grünen« Extraktivismus bereits verschiedene Widersprüche und Spannungen beobachtet werden. Auf der politischen Ebene liegt ein Konflikt darin, wie viel Wertschöpfung in den Extraktionsländern erfolgen soll. Werden die Rohstoffe weitgehend unverarbeitet exportiert oder findet zumindest ein Teil der Weiterverarbeitung oder gar eine Industrialisierung in den Ländern statt? Ökonomisch gesprochen: Auf welcher Stufe der Wertschöpfungskette sollen Rohstoffe exportiert werden? Aber auch in der Höhe der Steuern oder Exportzölle liegt immer wieder politischer Sprengstoff zwischen nationalen Regierungen, die etwas vom »Kuchen« abhaben wollen, und (trans-)nationalen Unternehmen. Das ist insbesondere bei Regierungen der Fall, die Politiken der Umverteilung oder der Diversifizierung der Wirtschaft verfolgen.

Eine andere Konfliktachse, die der »grüne« Extraktivismus verursacht, besteht zwischen denen, die an der Förderung der Rohstoffe interessiert sind, und der lokalen Bevölkerung, die ein historisch begründetes, tiefes Misstrauen gegenüber den Versprechen von Unternehmen und Regierung hegt. Kaum ein Bergbaugebiet hat sich wirtschaftlich nachhaltig entwickelt, zumeist werden die Regionen beziehungsweise einzelne Bevölkerungsgruppen ärmer.

An vielen Orten der Rohstoffextraktion organisiert sich deshalb die Bevölkerung, um gegen den Angriff auf ihre Lebensgrundlagen zu protestieren und für Umweltgerechtigkeit zu kämpfen.[102] Oft werden diese Proteste gewaltsam unterdrückt, teilweise gespalten und/oder kooptiert. Mitunter sind sie aber auch erfolgreich. Sie übersetzen sich teilweise auch in staatliche Konflikte, etwa zwischen Parteien oder zwischen Bergbau- und Umweltministerien. Im Zuge der enormen Zunahme von Bergbauprojekten und der Re-Politisierung ökologischer Fragen gibt es vielfältige Widerstände gegen diese Projekte. Maristella Svampa spricht in diesem Zusammenhang von einer »öko-territorialen Wende« sozialer Kämpfe in Lateinamerika.[103] Diese Auseinandersetzungen können unter bestimmten Umständen auch staatlich oder sogar durch Verfassungen gestützt werden. Allerdings hat die Intensität der Widerstände und Transformationskämpfe der Jahre 2005 bis 2008 in letzter Zeit deutlich abgenommen.

Wir wollten in diesem Abschnitt zeigen: Die grün-kapitalistischen Strategien der Dekarbonisierung sind nicht nur von geopolitischen und geoökonomischen Dynamiken zwischen alten und neuen kapitalistischen Zentren geprägt, sondern sie ergänzen auch den »klassischen« Extraktivismus in rohstoffexportierenden Ländern des globalen Südens um einen »grünen« Extraktivismus.

Öko-imperiale Spannungen

Viele der zurzeit zu beobachtenden internationalen Spannungen und kriegerischen Auseinandersetzungen haben einen ökologischen Gehalt. Sie werden zunehmend von der ökologischen Krise, besonders von der Energie- und Klimakrise, überformt (nicht determiniert). Deshalb sprechen wir von öko-imperialen Spannungen. Diese werden zu einem bisher unterschätzten dauerhaften Strukturmoment internationaler Politik. Ob und wie sie sich in manifesten Konflikten entladen, zeigt sich jeweils konkret.

Eine *erste* öko-imperiale Spannung entsteht durch die Krise der US-getriebenen neoliberalen Globalisierung, den Aufstieg Chinas und die sich daran entzündenden Auseinandersetzungen zwischen den USA und China, bei denen sich Europa in einer Zwischenrolle wiederfindet. Diese Entwicklung ist voller Widersprüche. So ist der Aufstieg Chinas in gewisser Weise historisch einmalig, denn er ereignet sich unter den Bedingungen der ökologischen Krise. Der Soziologe John Urry argumentiert, dass im Unterschied zum Aufstieg der USA vor 100 Jahren heute die biophysischen Bedingungen für eine chinesische Vorherrschaft unter kapitalistischen Vorzeichen überhaupt nicht mehr gegeben seien. Waren damals Energie und Rohstoffe in großen Mengen und preisgünstig verfügbar, so hat sich heute nicht nur der Energie- und Rohstoffbedarf deutlich erhöht, sondern es gibt auch durch den Klimawandel verursachte Probleme in der Landwirtschaft und in anderen Bereichen. Der Weg zu einem »chinesischen Jahrhundert«, so Urry, wird kein einfacher sein und China wird seine

Vorherrschaft angesichts zunehmender Probleme möglicherweise nur für kurze Zeit sichern können.[104]

Die zunehmenden öko-imperialen Spannungen hängen *zweitens* eng mit der weiterhin bestehenden Expansionsdynamik des Kapitalismus und der entsprechend stetigen Zunahme der Extraktion und des Verbrauchs von metallischen, mineralischen und fossilen Rohstoffen zusammen. Der Zugriff auf »billige« Rohstoffe sichert die globale Produktion von Textilien, Nahrungsmitteln, Autos, anderen alltäglichen Konsum- wie auch Luxusgütern, er ermöglicht Dienstleistungen wie das Fliegen und die digitale Kommunikation. Er ist aber auch die Voraussetzung für die digitale und »grüne« doppelte Transition *(twin transition)*, mit der sich die technologische Basis kapitalistischer Ökonomien verändert.[105] Zwar gibt es Pläne, die Ressourceneffizienz zu erhöhen und damit die Menge der benötigten Ressourcen zu verringern. Doch diese Effizienzgewinne werden durch die im Kapitalismus zwangsweise expandierende Wirtschaft ganz oder zumindest teilweise »aufgefressen« oder überkompensiert, daher sind wachsende Spannungen auf diesem Gebiet vorprogrammiert.[106]

Die *resource frontiers* werden entsprechend stetig ausgeweitet – beispielsweise wird aktuell die Tiefsee für die Extraktion von Ressourcen erschlossen. Auf dem Land erzeugt die Ausweitung insbesondere auf der lokalen Ebene Spannungen und Konflikte.[107] Global gesehen sind die meisten Rohstoffe, auch die »kritischen« und »strategischen«, im derzeit notwendigen Ausmaß vorhanden. Doch es stellt sich die Frage, zu welchem Preis sie gefördert und in den kapitalistischen Verwertungsprozess eingespeist werden können. Hier spielen vielfältige politische und ökonomische Interessen hinein: zwischen Förder- und Abnehmerländern, zwischen verschiedenen Unternehmen entlang der Güterketten, zwischen der betroffenen Bevölkerung und mächtigen wirtschaftlichen und politischen Akteuren.

Dabei geht es nicht nur um die Extraktion und den Transport von Rohstoffen zu ihrer Weiterverwertung, sondern auch um die Kontrolle der Rohstoffe, der dafür erforderlichen Infrastrukturen und der Preisbildungsprozesse. Vor allem in den Extraktionsgebieten kommt es daher immer wieder zu manifesten Konflikten.

Die *dritte* Art öko-imperialer Spannungen liegt darin begründet, dass aufgrund der Ausbreitung der imperialen Lebensweise in immer mehr gesellschaftliche Bereiche und Weltregionen die etablierten Möglichkeiten der Externalisierung abnehmen. Vor allem die enorme wirtschaftliche Entwicklung in den Schwellenländern, nicht zuletzt vorangetrieben durch die massiven Kredite und Investitionen des westlichen und chinesischen Kapitals sowie entsprechende Handelspolitiken, hat diese zu wirtschaftlichen und auch ökologischen Konkurrenten des globalen Nordens gemacht – »ökologisch« nicht im Sinne einer Konkurrenz um die beste Transformationsstrategie, sondern im Sinne eines Anspruchs, die Natur zu nutzen. Die Herausbildung der Mittelklassen in den Schwellenländern führt zu einer Expansion der imperialen Lebensweise und zu einer Verschärfung der ökologischen Krise, aber eben auch zu einer Abnahme der »klassischen« Möglichkeiten der Externalisierung durch den globalen Norden.

Die öko-imperialen Spannungen bestehen und intensivieren sich *viertens* auch auf jenen politischen Terrains, auf denen man sie erst einmal nicht vermutet, nämlich den Institutionen der internationalen Umweltpolitik. Lange Zeit repräsentierten die internationalen Umweltabkommen und -strategien einen Ansatz globaler Kooperation und gemeinsamer Problembearbeitung. Dazu gehören etwa das 1972 gegründete Umweltprogramm der Vereinten Nationen (UNEP), die in den 1990er-Jahren errichtete Klimarahmenkonvention (UNFCCC) – und ihr prominentes Abkommen von Paris 2015 – und die Konvention zum Schutz und zur nachhaltigen Nutzung der biologischen Vielfalt (CBD) mit ihren jährlichen beziehungsweise zweijährlichen Konferenzen. Die ambitionierten UN-Ziele für nachhaltige Entwicklung von 2015 sind wichtige Orientierungspunkte.[108]

Doch gerade das globale Klimaregime steht nicht nur für kooperative Problemlösungen, sondern ist machtvoll und spannungsreich strukturiert. Mächtige politische und wirtschaftliche Akteure mischen sich ein und bremsen weitergehende Klimapolitik. Andere Akteure wollen möglicherweise effektive Maßnahmen gegen die ökologische Krise, doch diese sollen in ihrem Sinne formuliert und umgesetzt werden.[109] Die Strukturen und Prozesse der imperialen Lebensweise werden durch die internationale Klimapolitik nicht infrage gestellt. Vielmehr ist die herrschende Klimapolitik Teil der Versuche, die imperiale Lebensweise selektiv und vor allem in den kapitalistischen Zentren und in China ökologisch zu modernisieren. Dies geschieht unter den Bedingungen der globalen kapitalistischen Konkurrenz und Arbeitsteilung, die auch in den SDGs nicht thematisiert werden.

Insofern zeigen sich globale Rivalitäten auch auf den internationalen umweltpolitischen Terrains. Es geht dabei um die Nutzung der biologischen Vielfalt und den ökonomischen Wert pflanzengenetischer Ressourcen oder um den Zugriff auf CO_2-Senken. Die Terrains wurden in den 1990er-Jahren unter den Bedingungen der neoliberalen Globalisierung und der Dominanz des globalen Nordens geschaffen, was die Priorisierung »marktbasierter Lösungen« erklärt. Hier klafft ein großer Widerspruch: In Zeiten des Aufstiegs der Schwellenländer und einer neuen Systemkonkurrenz zwischen den USA und China funktionieren die Institutionen internationaler Umweltpolitik immer schlechter. Gleichzeitig sind sie dringend nötig, damit multilaterale politische Verständigung stattfindet, die Probleme und Krisen diskutiert und Bearbeitungsstrategien entwickelt werden.

Fünftens nehmen Folgekosten der ökologischen Krise zu, etwa in Form von Trockenheit, Hitzewellen, Waldbränden und Überflutungen. Die Zahl der Hitzetoten und Flutopfer steigt, es kommt zu Ernteausfällen, Menschen werden zu Flucht und Migration gezwungen, Biodiversität und Kulturlandschaft gehen verloren, und immer mehr finanzielle Mittel fließen in die Reparatur von

Gebäuden und Infrastrukturen. Die Liste der Schäden ließe sich fortsetzen. Die Konflikte darüber, wer dafür aufzukommen hat, gewinnen an Intensität. Der pakistanische Staat hat angesichts der Überschwemmung erheblicher Landesteile mit schätzungsweise 30 Millionen betroffenen Menschen im Sommer 2022 weit weniger Mittel zum Umgang mit den Folgen als etwa der deutsche oder der österreichische Staat. Und mit Ernteausfällen und steigenden Lebensmittelpreisen können materiell wohlhabende Gesellschaften anders umgehen als einkommensschwächere. Dazu kommt die Frage, wer sich wie gegen Krisenfolgen wie Hochwasserschäden oder Ernteausfälle versichern kann. Drastisch steigen werden schließlich die Kosten für solche Maßnahmen, mit denen sich Gesellschaften an den Klimawandel und andere biophysische Veränderungen anpassen, um sich gegen die von diesen ausgehenden Bedrohungen zu wappnen.

In den internationalen Klimaverhandlungen werden Ausgleichszahlungen für die Folgen von ökologischen Katastrophen unter dem Stichwort »Verluste und Schäden« *(loss and damage)* diskutiert. Verluste werden dabei als dauerhaft angesehen, Schäden als reversibel. Diese Diskussion wurde seit Beginn der Verhandlungen über die Klimarahmenkonvention Anfang der 1990er-Jahre vor allem von betroffenen Ländern wie den kleinen Inselstaaten eingefordert. Denn diese sind buchstäblich vom Untergang aufgrund steigender Meeresspiegel bedroht. Es dauerte jedoch bis zur 28. Vertragsstaatenkonferenz der UNFCCC 2023 in Dubai, dass sich die Staaten auf einen Fonds für Schäden und Verluste verständigten. Dabei geht es insbesondere um finanzielle, technische und anderweitige Unterstützung für Länder des globalen Südens.[110] Das Thema Schäden und Verluste ist – wie immer, wenn es um Geld geht – sehr konfliktbehaftet (siehe auch Kapitel 7). Es könnte sich künftig zu einem der zentralen Gegenstände zunehmender öko-imperialer Spannungen entwickeln.

Übrigens: Auch die Vorbeugung und Bekämpfung von Pandemien verursachen Kosten. Das zeigte zuletzt die Coronapandemie (vgl. Einleitung). Wir haben daran gesehen, zu welchen gesellschaftlichen und internationalen Spannungen und auch offenen Konflikten eine solche Ausnahmesituation führt: Der Zugang zu medizinischem Material und Gerät wie die Entwicklung und Verwendung von Impfstoffen zeigte, dass die materiell wohlhabenden Länder des Westens zuvorderst an sich denken. Außerdem unterlagen die Produktion und der Vertrieb dem kapitalistischen Profitprinzip. Daher wurden die politisch geforderten und ethisch gebotenen Ausnahmen von den Patenten den Ländern des globalen Südens nicht gewährt.[111]

Sechstens können militärische Bedrohungen und Konflikte tendenziell auch wegen der Verschärfung der ökologischen Krise zunehmen. So lässt sich etwa die Stabilität des Putin-Regimes, die Putin selbst wohl zu einer Überschätzung des außenpolitischen Gewichts und der militärischen Fähigkeiten seines Landes verleitet hat, nicht ohne die fossilistische Produktions- und Lebensweise Westeuropas begreifen.[112] Es ist die westeuropäische Nachfrage nach Gas und Öl, die dem russischen Staat erhebliche Exporteinnahmen bescherte und die es seinem autoritären Herrscher ermöglichte, die Oligarchen seines Landes an sich zu binden, Zustimmung in der Bevölkerung durch Sozialprogramme zu erkaufen und dadurch ein fragiles Kräftegleichgewicht herzustellen. Die russischen politischen und wirtschaftlichen Eliten halten an der fossilistischen Ausrichtung der Weltwirtschaft fest, weil sie ihre Akkumulations- und Legitimationsbasis ist. Bisher fahren sie damit gut: In den ersten sieben Monaten des Jahres 2023 hat die EU 40 Prozent mehr Flüssigerdgas aus Russland importiert als im gleichen Zeitraum vor dem Krieg. Insbesondere Spanien, Belgien und Österreich sind von Gasimporten aus Russland abhängig. Das funktioniert, da Flüssigerdgas nicht unter die EU-Sanktionen fällt.[113] Düngemittel, die bislang in Europa auf der Basis von russischem Gas hergestellt wurden, importieren die europäischen Staaten nun zum Teil direkt aus Russland, wo die Produktion einen größeren Fußabdruck verursacht. Marc Widmann hat für *Die Zeit* recherchiert, dass der Anteil des russischen Düngers am europäischen Verbrauch in nur einem Jahr von sechs auf 23 Prozent gestiegen ist.[114] Diese Konstellation ist exemplarisch: Der Fossilismus des globalen Nordens stärkt Regime, die sich dann mitunter gegen den globalen Norden selbst richten.[115] Das galt in den 1990er-Jahren für den Irak unter Saddam Hussein. Heute gilt es für Putins Russland.

Kriege selbst verursachen neben unsäglichem menschlichen Leid hohe Treibhausgasemissionen. Das gilt auch für den russischen Angriffskrieg gegen die Ukraine. Dessen erstes Jahr verursachte etwa so viele Emissionen wie ein Land in der Größe Belgiens im selben Zeitraum. »Fachleute schätzen den Anteil der Emissionen, der durch das direkte Kampfgeschehen verursacht wird, auf 19 Prozent des Gesamtausstoßes. Den größten Teil der Emissionen – nämlich rund 50 Millionen Tonnen – veranschlagt die Berechnung für den Wiederaufbau nach dem Krieg.«[116] Stuart Parkinson geht davon aus, dass die globalen Streitkräfte und die Produktion ihrer Ausrüstung für sechs Prozent der globalen Treibhausgasemissionen verantwortlich sind.[117]

Militarisierung und Kriege sind für bestimmte Wirtschaftsbranchen ein gutes Geschäft. So profitieren vom aktuellen Krieg auch die westlichen Öl- und Gaskonzerne wie BP, Chevron, ExxonMobil, Total und Shell durch den enormen Preisanstieg infolge der Sanktionen gegen Russland. Die weltweiten Militärausgaben haben sich nach Angaben des Stockholmer Friedensforschungsinstituts SIPRI zwischen 1998 und 2022 verdoppelt und werden absehbar deutlich ansteigen.[118] Davon profitieren Rüstungsunternehmen wie Northrop Grumman, Raytheon oder Lockheed Martin in den USA sowie Rheinmetall, Airbus oder ThyssenKrupp in Deutschland.[119] Der Rüstungssektor ist selbst ein wichtiger Bereich kapitalistischer Akkumulation und eine zentrale Stütze militaristischer Politik, das heißt der Drohung oder Anwendung physischer Gewalt in der internationalen Politik. Der »militärisch-industrielle Komplex«, eine für das Parlament und die Öffentlichkeit wenig transparente und kontrollierbare Zweckgemeinschaft von Rüstungsindustrie, Militär und Teilen der staatlichen Apparate, ist Nutznießer der öko-imperialen Spannungen und sich immer wieder entladender Konflikte.[120]

Reduktion statt Verlagerung

Zusammengefasst drängt sich folgende Schlussfolgerung auf: Angesichts der sich zuspitzenden ökologischen Krise und der damit verbundenen öko-imperialen Spannungen wird es immer unwahrscheinlicher, dass tragfähige internationale politische Kompromisse sowie einigermaßen stabile Rahmenbedingungen für die internationale Politik und Wirtschaft entstehen werden. Rahmenbedingungen und Kompromissstrukturen, in denen Konflikte friedlich ausgetragen, die Ursachen der Krisen angegangen und stabile Lebensverhältnisse geschaffen werden und in denen der globale Norden eine Bereitschaft zum Ausgleich zeigt, sind akuell in weiter Ferne. Stattdessen werden öko-imperiale Spannungen zu einem Strukturmoment der internationalen Politik, der Umgang mit ihnen wird zu einem zentralen Moment politischer und wirtschaftlicher Strategien – aber auch der Organisationen der Subalternen und der solidarischen Kräfte.

Zwar sind internationale Kooperationen für die Bearbeitung der ökologischen Krise wie auch anderer Probleme und Krisen dringend geboten. Doch unter Bedingungen der expansiven kapitalistisch-imperialen Produktions- und Lebensweise, der sich intensivierenden politischen, wirtschaftlichen, aber auch »ökologischen« Konkurrenz sowie der sich zuspitzenden ökologischen Krise sind sie höchst unwahrscheinlich.[121] Die alten kapitalistischen Zentren, der neue Herausforderer China, aber auch die anderen Länder müssen sich angesichts der ungebrochenen kapitalistischen Expansionsdynamik und der fortwährenden Attraktivität der imperialen Lebensweise die Rohstoffe für ihre Wirtschaften in ihren Ländern, aber auch international organisieren – mit Geld, mit Diplomatie, mit Regeln, die ihnen Vorteile verschaffen, notfalls auch mit Gewalt.

Die Auswirkungen der ökologischen Krise werden dramatisch zunehmen, die damit einhergehenden Reparaturarbeiten folglich monetär ansteigen und materiellen Wohlstand kosten. Solange aber die Vermögensbesitzer*innen und ihre politischen Repräsentant*innen sich selbst und ihren Gesellschaften eine Weiterführung und Vertiefung der imperialen Lebensweise versprechen, dürften die Expansion und Extraktion von Naturstoffen weiter intensiviert werden. Die Konkurrenz um Rohstoffe wird zunehmen, gerade auch um solche, die für die ökologische Modernisierung der imperialen Lebensweise gebraucht werden.

Deshalb sind Strategien unzureichend, die den Fokus darauflegen, die Wirtschaften zu dekarbonisieren, ohne sie grundlegend umzubauen und in wichtigen Sektoren zurückzubauen. Unter der Bedingung kapitalistischen Wachstums bedeuten Strategien der Dekarbonisierung keine *Reduktion* des Rohstoffverbrauchs. Sie bedeuten nur dessen *Verlagerung* im Sinne einer selektiven Veränderung der Rohstoffbasis. Insgesamt droht der gesellschaftliche Stoffwechsel mit der Natur derzeit weiter zu eskalieren.

Internationale Dominanz- und Abhängigkeitsstrukturen werden durch den Aufstieg Chinas reorganisiert. In dem Maße, wie die alten kapitalistisch-imperialen Zentren am überkommenen Gefüge festhalten, nehmen die öko-imperialen Spannungen zu. Die Gesellschaften der kapitalistischen Semi-Peripherie und Peripherie werden weiterhin rücksichtslos ausgebeutet. Allerdings könnten für sie in der sich intensivierenden Konkurrenz zwischen den alten imperialistischen Zentren und ihren Herausforderern, allen voran China, neue Handlungsspielräume entstehen, die sich für ein *upgrading* in den rohstoffbezogenen Wertschöpfungsketten nutzen ließen. Dies würde jedoch den ökologisch zerstörerischen Rohstoffkonsens eher festigen als in Frage stellen. Schon gar nicht handelte es sich um eine solidarische Reorganisation der internationalen Arbeitsteilung »auf Augenhöhe«.

Die beschriebenen Tendenzen bedeuten nicht, dass umsichtiges und problembewusstes politisches Handeln nicht möglich wäre. Es ist dringend geboten, dass fossile Energieträger im Boden bleiben, es müssen offene militärische Konfrontationen vermieden werden, es lohnen sich Initiativen wie ein Lieferkettengesetz. Es bedarf sowohl umfassender als auch tiefgreifender Vorschläge, neuer Initiativen beziehungsweise der Stärkung bestehender, oft lokaler und regionaler Ansätze, um den beschriebenen und besorgniserregenden Dynamiken etwas entgegenzusetzen.

Kapitel 6
Autoritäre Politiken

Die liberale Demokratie lässt
die Tür zum Faschismus offen,
besonders in Zeiten der Krise.
Sabrina Fernandes[1]

Antonio Gramscis im dritten Kapitel zitierte Krisendiagnose, dass das Alte sterbe und das Neue noch nicht zur Welt kommen könne, wird oft mit der Äußerung in Verbindung gebracht, diese Zwischenzeit – das Interregnum – sei »die Zeit der Monster«. Vermutlich handelt es sich dabei nicht um Gramscis eigene Worte, sondern um eine recht freie Übersetzung, die durch einen Aufsatz von Slavoj Žižek bekannt geworden ist.[2] Bei Gramsci selbst heißt es, dass es im Interregnum »zu den unterschiedlichsten Krankheitserscheinungen« kommt.[3] Nichtsdestotrotz ist die Bezeichnung »Monster« für viele der derzeitigen Krisenphänomene und die Kräfte, die davon in einflussreiche Positionen gespült werden, nicht unangemessen. Die »Monster« werden von tiefgreifenden Umbrüchen hervorgebracht, sind mittels der etablierten liberaldemokratischen Verfahren kaum mehr zu kontrollieren, setzen diese vielmehr gezielt außer Kraft und vertiefen die Krise, deren Ergebnis sie sind, nicht zuletzt, indem sie deren tatsächliche Ursachen leugnen.

Die »Systemfrage« wurde in den letzten Jahren insbesondere von rechtspopulistischen und rechtsextremen Kräften gestellt. In gewisser Weise ist es eine Kritik an Globalisierung und Neoliberalismus von rechts, mit einem autoritären, militaristisch-männlichen und menschenfeindlichen Angebot, das Menschen entlang von Kriterien wie Herkunft oder Religion sortiert, mit Kategorien wie »das Volk« vermeintlich Einheitlichkeit schafft und verlorengegangene Regierbarkeit zurückzugewinnen verspricht.[4] Wir erleben einen zunehmenden Autoritarismus, der sich in der Verachtung Andersdenkender bis hin zu physischer Verfolgung in Ländern wie Russland, Ungarn, Indien, den Philippinen oder der Türkei äußert, in Anti-Genderismus, Antisemitismus und anti-muslimischem Rassismus in westlichen Ländern. Der Autoritarismus beinhaltet Politiken der Abschottung, aber auch neue Formen einer exklusiven Solidarität im Sinne des sozialstaatlichen Schutzes der einheimischen Bevölkerung gegenüber angenommenen Bedrohungen »von außen«.[5] Die konservativ-grüne Regierung in Österreich etwa präsentierte Anfang Januar 2020 ihr Programm mit dem Motto »Das Klima und die Grenzen schützen«.[6]

Die Politiken rechter Kräfte stellen einen Versuch dar, die in die Krise geratene imperiale Lebensweise autoritär zu stabilisieren.[7] Ähnlich wie beim Grünen Kapitalismus handelt es sich bei der autoritären Stabilisierung also um ein Hegemonieprojekt. Wie der Titel des Programms der österreichischen Regierung zeigt, ist dabei eine Verbindung zwischen beiden Projekten durchaus denkbar. Sie könnte die Gestalt einer nach außen und innen autoritär abgesicherten, selektiven Ökologisierung des Kapitalismus annehmen. Die autoritäre Rechte bricht nicht mit dem Neoliberalismus, sondern setzt die Politiken der Liberalisierung, Privatisierung, Deregulierung, Finanzialisierung und Austerität in vielen Bereichen fort. Dabei profitiert sie von zwei miteinander zusammenhängenden Entwicklungen und verleiht diesen einen reaktionären politischen Ausdruck: zum einen von der Verschärfung des Klassengegensatzes und dem Versäumnis beziehungsweise der Unfähigkeit der Linken, dem eine progressive politische Antwort entgegenzusetzen; zum anderen von der Verunsicherung, die aus der Infragestellung einer hegemonialen weißen Männlichkeit resultiert.

Die Zuspitzung der sozial-ökologischen Krise überlagert und dynamisiert diese Verunsicherungen und führt zu Transformationskonflikten. In den Alltagserfahrungen manifestiert sich zunehmend die Ahnung, dass sich alles, für immer und in einem erdgeschichtlichen Ausmaß verändern wird. Damit verstärkt die ökologische Krise auch die Verlustängste und die tatsächlichen oder wahrgenommenen Erfahrungen sozialer Missachtung, die in der Krise des (neoliberalen) Kapitalismus gründen. In ihren geschlechtsspezifischen Dimensionen wirkt sie verstärkend auf die Krise der Männlichkeit ein, die aus feministischen Kämpfen resultiert.

Die autoritäre Rechte macht sich das zunutze. Sie zieht ihre Stärke gerade daraus, dass sie die von den etablierten Parteien dethematisierten Klassenkonflikte regressiv politisiert, das Ideal weißer Männlichkeit bekräftigt und die ökologische Krise entweder leugnet oder nationalistisch und rassistisch zu bearbeiten versucht. Die verlorene männliche und weiße Dominanz lässt sich wiederherstellen, solange es nur gelingt, die immer größer werdende und sich immer wahrnehmbarer artikulierende Zahl der »Anderen« kleinzuhalten, auszugrenzen, zu bekämpfen – so lautet das Versprechen einer autoritären Stabilisierung der imperialen Lebensweise.[8]

Wir möchten im Folgenden die beiden Verunsicherungen in ihrer Verbindung mit der imperialen Lebensweise, in ihren demokratiepolitischen Implikationen und im Hinblick auf ihre Herausforderungen für solidarische Strategien genauer betrachten. Dabei geht es uns erstens darum, die autoritären Tendenzen sowohl unter den Subalternen als auch im bürgerlichen Spektrum im Kontext einer sich zuspitzenden sozial-ökologischen Krise zu begreifen. Zweitens untersuchen wir, wie diese Krise und ihre Bearbeitung eine bestimmte, klassenübergreifende Form von Männlichkeit tangieren: die von Cara Daggett so genannte »Petromaskulinität«[9], die ihrerseits eine hohe Affinität zu rechtsautoritären Positionen aufweist. Im Rahmen der liberalen Demokratie, so unser Argument im dritten Schritt, lässt sich die sozial-ökologische Krise nicht mehr bearbeiten. Die Alternative ist stattdessen, hinter die liberale Demokratie zurückzufallen und die imperiale Lebensweise autoritär zu stabilisieren oder über beide hinauszugehen, das heißt die Demokratie zu demokratisieren und eine solidarische Lebensweise anzustreben. Mit Letzterer beschäftigen wir uns ausführlich in Kapitel 7. Im letzten Abschnitt des vorliegenden Kapitels wollen wir diesbezüglich bereits einige vorbereitende Bemerkungen machen, die sich unmittelbar aus der Analyse von Kämpfen für und gegen eine autoritäre Stabilisierung der imperialen Lebensweise ergeben.[10]

Die autoritäre Rechte und der sozial-ökologische Klassenkonflikt

In seinem autobiographischen Buch *Rückkehr nach Reims* schildert der Soziologe Didier Eribon die Hinwendung von Teilen der französischen Arbeiter*innenklasse zum *Front National* (heute *Rassemblement National*) als ein Scheitern der linken Parteien. Diese hätten sich von der Vorstellung verabschiedet, dass die Gesellschaft in Klassen gespalten und vom Gegensatz zwischen links und rechts strukturiert sei. Sie hätten sich den Gedanken der »Individualisierung« zu eigen gemacht und damit verlernt, die Sprache der Regierten zu sprechen.

> »Die Idee der Unterdrückung, einer strukturierenden Polarität zwischen Herrschenden und Beherrschten, verschwand aus dem Diskurs der offiziellen Linken und wurde durch die neutralisierende Vorstellung des ›Gesellschaftsvertrags‹ ersetzt, in dessen Rahmen ›gleichberechtigte‹ Individuen (gleich? was für ein obszöner Witz) auf die Artikulation von Partikularinteressen zu verzichten (das heißt zu schweigen und sich von den Regierenden nach deren Gusto regieren zu lassen) hätten.«[11]

Die Linke, so Eribon, entfernte die Klassen und Klassenverhältnisse »aus den Kategorien des Denkens und Begreifens und damit aus dem politischen Diskurs«. Damit ließ sie all jene kollektiv im Stich, »die mit den Verhältnissen hinter diesen Wörtern objektiv zu tun haben«.[12] Die Lücke, die sie damit schuf, füllte die Rechte: Ihr gelang es, jene Klassenerfahrungen regressiv zu politisieren, die eine in Teilen neoliberal gewendete Linke als nicht länger existent betrachtete, die aber angesichts wachsender sozialer Ungleichheit und Unsicherheit im Alltag der Arbeiter*innen fortwirkten.

Die Entwicklungen in Deutschland ähnelten denen in Frankreich. Spätestens mit der Kanzlerschaft und dem Parteivorsitz von Gerhard Schröder begann die SPD, die Relevanz der Unterscheidung von links und rechts zu negieren und sich einer sogenannten »neuen Mitte« zuzuwenden.[13] Die arbeitsmarkt- und sozialpolitischen Reformen der von Schröder geführten rot-grünen Bundesregierung trugen dazu bei, die Verantwortung für soziale Notlagen zu individualisieren. Die »Reformen« verschärften jene sozialen Spaltungen und Klassenerfahrungen, die sie gleichzeitig aus ihrer Programmatik verbannten. Im Zuge der Krise ab 2008 gelang es einer sich neu formierenden autoritären Rechten, in das dadurch entstandene politische Vakuum vorzustoßen: Sie griff den politisch dethematisierten, gleichwohl fortexistierenden oder gar verschärften *vertikalen* Konflikt zwischen Kapital und Arbeit auf und definierte ihn in einen *horizontalen* Gegensatz zwischen innen und außen um: Klassenverhältnisse und Verteilungskämpfe artikulierten sich nun, so Klaus Dörre und Kolleg*innen, verstärkt »im Modus der Konkurrenz, über eine permanente Scheidung der Gewinner von den Verlierern sowie mittels kollektiver Abwertungen und Ausgrenzung sozialer Großgruppen«.[14]

Bei diesen Großgruppen handelt es sich nach 2015 vor allem um Geflüchtete. Sie kommen von »außen« und der rechten Erzählung zufolge geht es ihnen um die Teilhabe an dem von »uns« hart erarbeiteten Wohlstand. Bürgerliche Politiker*innen machen die rechten Ressentiments sprachfähig, so etwa der frühere Bundesinnenminister Horst Seehofer mit seiner Äußerung, die Migration sei die »Mutter aller Probleme«.[15] Bis zur Übersetzung der Ressentiments in eine tödliche Migrationspolitik ist es dann nur noch ein kleiner Schritt. Im Juni 2023 sank vor der griechischen Küste ein Schiff mit Geflüchteten. Mehrere hundert Menschen kamen ums Leben, auch weil die griechische Küstenwache und die europäische Grenzschutzagentur Frontex keine wirksamen Rettungsmaßnahmen ergriffen. Es besteht sogar der Verdacht, dass das Eingreifen der griechischen Küstenwache zum Sinken des Schiffes geführt hat.[16] Im Dezember 2023 einigten sich die EU-Mitgliedstaaten auf eine Verschärfung des Asylrechts. Demnach soll über Asylanträge, die aufgrund der Herkunft der Geflüchteten als wenig aussichtsreich gelten, in Schnellverfahren an den EU-Außengrenzen entschieden werden. Die betroffenen Menschen sollen erst gar nicht in die EU einreisen dürfen, sondern bis zur Entscheidung über ihre Anträge unter haftähnlichen Bedingungen in Auffanglagern festgehalten werden können. Das gilt auch für Familien mit Kindern. Zudem werden mehr Länder als bisher als »sichere Drittstaaten« eingestuft, in die Asylbewerber*innen, sofern ihre Flucht durch deren Territorium führte, leichter abgeschoben werden können.

Ebenso wenig wie »wir« den Wohlstand allein erarbeitet haben, ist das »Außen« mit seinen zunehmend katastrophalen, Menschen zur Flucht zwingenden Lebensbedingungen losgelöst von der Produktions- und Lebensweise im Inneren der kapitalistischen Zentren zu begreifen.[17] Es sind die durch die CO_2-Emissionen des globalen Nordens verursachten Dürren und Überschwemmungen im globalen Süden, die ein Leben in den betroffenen Regionen verunmöglichen und die Flucht zum einzigen Ausweg machen können; es ist der europäische Bedarf an – für die Digitalisierung ebenso wie für die Dekarbonisierung unabdingbaren – Metallen wie Kobalt, der im Kongo die Fluchtursachen produziert; es sind die Supermarktketten und Konsumgewohnheiten in Nordeuropa, für die die Migrant*innen im »Plastikmeer« von Almería schuften;

und es ist die von einer neoliberalen Politik betriebene »Reform« sozialer Infrastrukturen, deren Folgen von weiblichen Pflegekräften aus Osteuropa und dem globalen Süden aufgefangen werden.[18] Die Flucht von immer mehr Menschen ebenso wie das Hereinbrechen der Klimakrise in den Alltag der Gesellschaften im globalen Norden signalisieren die »Heimkehr der Bedrohungen«[19], die einst vom globalen Norden ihren Ausgang nahmen.

Genau genommen handelt es sich hierbei um einen globalen ökologischen Klassenkonflikt. Wie wir im dritten Kapitel gesehen haben, zerstört eine transnationale Gruppe von (Super-)Reichen durch ihren Lebensstil und ihre Investitionstätigkeit die Existenzbedingungen vieler anderer. Zudem organisiert und dominiert sie eine Produktions- und Lebensweise, die strukturell auf der Ausbeutung von Mensch und Natur beruht.

Aber warum wird der ökologische Klassenkonflikt nicht als solcher wahrgenommen und ausgetragen? Wie konnte die (sozialdemokratische) Linke die Kategorie »Klasse« so schnell entsorgen? Und warum gelingt es der Rechten heute, den Konflikt zwischen oben und unten in einen zwischen innen und außen zu transformieren?

Die Antwort auf diese Fragen findet sich nicht in einem wie auch immer gearteten »falschen Bewusstsein« der Menschen oder in damit zusammenhängenden Manipulationsstrategien. Um sich ihr zu nähern, müssen wir vielmehr die realen Widersprüche des Kapitalismus betrachten, vor allem jene Widersprüche, die die Lohnabhängigen-Existenz kennzeichnen: Ebenso wie die Kapitalistenklasse sind auch die Subalternen entlang von nationalen Grenzen gespalten. Lohnabhängige im globalen Norden sind auf das Funktionieren eben jener Produktions- und Infrastrukturen angewiesen, deren Ressourcen- und Emissionsintensität den Lohnabhängigen im globalen Süden das pure Überleben zunehmend verunmöglicht. Diese Überlagerung von globalen vertikalen Gegensätzen durch horizontale Spaltungen entlang nationaler Grenzen ist in das kapitalistische Staatensystem eingeschrieben.

Sie beinhaltet die Möglichkeit, klassenübergreifende Kompromisse in einem nationalen Rahmen zu bilden.[20] Allerdings ist diese Möglichkeit räumlich äußerst ungleich verteilt: Es sind vor allem die früh industrialisierten Staaten des globalen Nordens, die darüber verfügen. Die Hinterlassenschaften ihrer Kolonialgeschichte sowie ihre dominante Position in einer von ungleichem ökologischen und ökonomischen Tausch geprägten Weltordnung versetzen sie in die Lage, sich die für den Klassenkompromiss nötigen Ressourcen zu verschaffen und die entstehenden sozialökologischen Kosten zu externalisieren.[21]

Dazu kommen die horizontalen Ungleichheitsverhältnisse in den Ökonomien des globalen Nordens selbst: Die Spaltung der Subalternen entlang nationaler Grenzen verlängert sich bis in die Belegschaften hinein. Hier sehen sich Beschäftigte mit einem einigermaßen gesicherten Status und relativ hohen Löhnen solchen Gruppen gegenüber, die prekär als Leiharbeiter*innen oder Werkvertragsnehmer*innen beschäftigt und dabei nicht selten vorrangig migrantisch und weiblich sind. Allein die Präsenz dieser Gruppen kann bei den Kernbelegschaften Verunsicherungen hervorrufen, erscheint ihr eigenes Beschäftigungsverhältnis im Lichte der Existenz einer prekären Konkurrenz doch als Privileg, das es zu verteidigen gilt. Dies wirkt disziplinierend und kann zu Anpassungsreaktionen führen, die an rechte Orientierungen anschlussfähig sind.[22]

Wie Stuart Hall im Anschluss an Gramsci bemerkt, sind es diese horizontalen Differenzierungen und Unterschiede, die für das Funktionieren des Kapitalismus so wichtig sind. Denn sie ermöglichen es, den vertikalen Klassenwiderspruch durch die Ausgrenzung anderer zu bearbeiten: »[E]thnische und ›rassische‹ Differenzen [können] als ein System ökonomischer, politischer und ideologischer Antagonismen *innerhalb* einer Klasse konstituiert werden […], die im Hinblick auf den Besitz beziehungsweise die ›Enteignung der Produktionsmittel‹ ansonsten ähnlichen Ausbeutungsformen unterworfen ist.«[23]

Bei der autoritären Stabilisierung der imperialen Lebensweise, wie sie die Rechte am konsequentesten verfolgt, wird genau mit diesen und um diese Differenzen gekämpft. Es geht darum, Letztere zu stärken beziehungsweise wiederherzustellen (das rechte Projekt) oder sie solidarisch zu überwinden (die emanzipatorische Alternative). Denn die gegenwärtige Krise zeichnet sich gerade dadurch aus, dass Differenzen und Trennungen in Frage gestellt und damit die etablierten Formen der Bearbeitung des vertikalen Konflikts in horizontal getrennten Sphären geschwächt werden: Der Klassenkompromiss im globalen Norden erodiert auch deshalb, weil die Möglichkeit zur Externalisierung seiner Kosten aus ökologischen Gründen schwindet. Die Kohlenstoffsenken der Erde, die sich überwiegend im globalen Süden befinden, sind mit der Absorption der Emissionen, für die der globale Norden verantwortlich ist, schon lange überfordert. Durch den Aufstieg Chinas und anderer Länder des globalen Südens, der nichts anderes bedeutet, als dass immer mehr Gesellschaften selbst davon abhängig werden, Kosten externalisieren zu können, verschärft sich dieses Problem. Die Zerstörungen, die die Externalisierung ökologischer Kosten bislang vor allem andernorts verursacht hat, kehren deshalb dorthin zurück, wo sie ihren Ursprung haben.

Alle spüren das, genauer gesagt: Alle spüren, dass es so wie bisher nur dann weitergehen kann, wenn uns die künftigen Generationen und die Menschen andernorts egal sind, wenn also die dem globalen Norden zur Verfügung stehenden politischen und militärischen Ressourcen dafür eingesetzt werden, den Klassenkompromiss der im Hier und Jetzt Lebenden auf Kosten anderer zu erneuern. Sofern es sich bei den anderen um Geflüchtete oder im globalen Süden Lebende handelt, lässt sich dies nur durch rassistische und koloniale Narrative rechtfertigen.

Das ist das Projekt, das die Rechte verfolgt: In einer Situation, in der sich mit dem Erstarken der Klimabewegung, den Befunden der Klimawissenschaft und der zunehmenden Alltagswirksamkeit der Klimakrise die Einsicht Bahn bricht, dass sich vieles geändert hat und noch mehr wird ändern müssen, schwingt sie sich zum Verteidiger des Bestehenden auf. Sie suggeriert, eine von äußeren Gefahren bedrohte Ordnung könne autoritär, exklusiv und ausgrenzend stabilisiert werden, wenn nur die Differenzen, durch die das kapitalistische System funktioniert, gefestigt beziehungsweise wiederhergestellt werden. Die autoritäre Rechte kann glaubwürdiger behaupten, die Außengrenzen zu sichern, Migration und Migrant*innen zu bekämpfen, auf die Interessen des globalen Südens keinerlei Rücksicht zu nehmen und – siehe unten – eine zunehmend infrage gestellte Männlichkeit zu schützen als ihr bürgerlicher Counterpart. Denn dieser sieht sich bei der Stabilisierung horizontaler Differenzen mittels Nationalismus, Rassismus, Kolonialismus und maskulinistischen Gebarens noch zu einer gewissen Zurückhaltung verpflichtet, die allerdings umso brüchiger wird, je mehr sich die bürgerlichen Parteien selbst zu Getriebenen rechter Tabubrüche machen.

Sebastian Friedrich bezeichnet die Strategie der Rechten als »Ethnisierung des Sozialen«. Er zitiert aus einer Rede von Björn Höcke zur »neuen deutschen sozialen Frage«: Höcke zufolge ist die soziale Frage der Gegenwart »nicht primär die Verteilung des Volksvermögens von oben nach unten«, sondern »die Frage der Verteilung des Volksvermögens von innen nach außen«.[24] Damit wird der vertikale Gegensatz gleichzeitig aufgegriffen – die Rechte schwingt sich zum Beschützer der »kleinen Leute« auf – *und* als Strukturmerkmal kapitalistischer Gesellschaften geleugnet – der vertikale Gegensatz erscheint als aus dem horizontalen abgeleitet, der sich aus unterschiedlichen nationalen Zugehörigkeiten ergibt. Es seien, so der ehemalige AfD-Vorsitzende Alexander Gauland, die vielen nach Deutschland kommenden ungelernten Menschen, die das Lohnniveau drückten und die Unternehmen veranlassten, die Lohnkonkurrenz anzuheizen. Der sich verschärfende Gegensatz zwischen oben und und unten resultiere demnach nicht aus der Klassenstruktur kapitalistischer Gesellschaften, sondern aus der Migration und damit aus dem Gegensatz zwischen innen und außen:[25] Die deutschen Lohnabhängigen, so lautet die rechte Erzählung, werden in einen Wettbewerb mit migrantischen Anbieter*innen billiger Arbeitskraft gezwungen, und die deutschen Unternehmen werden *aufgrund* der Anwesenheit von Migrant*innen gleichsam dazu gedrängt, die Lohnkosten zu drücken.

Auch in dieser Sichtweise verschwindet der Klassenwiderspruch als strukturierendes Moment kapitalistischer sozialer Verhältnisse. Allerdings gibt es einen fundamentalen Unterschied zur sozialdemokratischen Entsorgung dieses Widerspruchs: Die neoliberal gewendete Sozialdemokratie begrüßte letztlich die Globalisierung in ihren vielfältigen Ausprägungen. Sie legte es darauf an, ihr mit einem »neuen Unternehmergeist auf allen Ebenen der Gesellschaft« gerecht zu werden, mit einer »neue[n] angebotsorientierte[n] Agenda der Linken«,[26] die letztlich auf einen Abbau sozialer Rechte und eine objektive Verschärfung des Klassenwiderspruchs hinauslief. Wenn man so will, hat die Sozialdemokratie den vertikalen Gegensatz negiert und gleichzeitig horizontale Trennungen abgebaut: indem sie die Globalisierung als alternativlos akzeptierte oder indem sie versuchte, die Einwanderung von Fachkräften zu erleichtern – zweifellos eine höchst instrumentelle und an den Bedürfnissen der deutschen Wirtschaft orientierte Liberalisierung. Die autoritäre Rechte macht sich heute die Tatsache zunutze, dass die sozialdemokratische Linke die sozialen Gegensätze nicht nur nicht mehr artikuliert, sondern durch den Abbau sozialer Rechte sogar noch verschärft hat. Sie tut dies, indem sie den vertikalen Klassenwiderspruch rassistisch und nationalistisch codiert und in einen Innen-Außen-Gegensatz umdeutet, den es gerade durch eine Verstärkung horizontaler Trennungen zu bearbeiten gilt.[27]

»Rohe Bürgerlichkeit«

Es steht außer Frage, dass die autoritäre Rechte sich damit nicht nur rassistischer Ressentiments unter Arbeiter*innen bedient beziehungsweise diese schürt. Ihr Erfolg beruht auch darauf, dass sie nach Jahren einer von neoliberalen Kräften forcierten Erosion des fordistischen Klassenkompromisses ein neues *klassenübergreifendes* Angebot macht.[28] Ebenso wie sie die von der Sozialdemokratie kaum mehr thematisierten Erfahrungen von Missachtung und Verunsicherung auf Seiten der Lohnabhängigen aufgreift und regressiv politisiert, appelliert sie an eine »rohe Bürgerlichkeit«,[29] die sich in ihren vermeintlichen Freiheitsrechten bedroht fühlt. Darin liegt durchaus eine Paradoxie: Rechtsautoritäre Parteien rekrutieren Unterstützer*innen und Wähler*innen auch aus einem Lager, dessen Angehörige – und hier wirkte die Coronapandemie als Katalysator – auf die Straße gehen, um Partizipation einzufordern, den Schutz individueller Freiheiten anzumahnen und vor einer angeblich drohenden Diktatur zu warnen.

Carolin Amlinger und Oliver Nachtwey bezeichnen dies als »libertären Autoritarismus«. Dessen Anhänger*innen »betrachten sich als Opfer vermeintlicher progressiver, ›linksliberaler Kosmospolit:innen‹, die sich des Staates, der Universitäten und der Medien bemächtigt haben.«[30] Sie kämpfen gegen die solidarische Bewältigung der Pandemie, offene Grenzen für Geflüchtete, Geschlechtergerechtigkeit oder wirksamen Klimaschutz. Ihr reaktionäres Aufbegehren, ihre »konformistische Rebellion«[31] oder, wie Nora Räthzel ein ähnliches Phänomen bereits in den frühen 1990er-Jahren nannte, ihre »rebellierende Selbstunterwerfung«[32] kommt nicht zufällig als Partizipationsforderung daher.

Partizipation ist im Neoliberalismus zu einer wichtigen Anforderung an die Subjekte geworden.[33] Diese sollen sich mit ihrer ganzen Person, mit ihrer Kreativität und ihrem Anspruch auf Selbstverwirklichung in die Arbeitswelt einbringen und zudem zivilgesellschaftlich engagieren. Ebenso sehr wie die Partizipation eingefordert und als Begehren von den Subjekten verinnerlicht wird, werden die mit ihr verbundenen Erwartungen aber regelmäßig enttäuscht.[34] Sie kollidieren mit betrieblichen Rentabilitätszwängen und mit einem Modus von Politik, in dem nicht selten Expert*innenwissen die demokratische Auseinandersetzung ersetzt, statt sie zu informieren. Die politische Rechte macht sich dies zunutze. Ähnlich wie sie die Missachtungs- und Verunsicherungserfahrungen von Arbeiter*innen aufgreift, macht sie den Mittel- und Oberschichten ein Angebot, in dem das Partizipationsbegehren gegen die Demokratie gewendet wird, das Äußern von Ressentiments zur Meinungsfreiheit mutiert und das Produzieren und Konsumieren auf Kosten anderer als unverbrüchliches Freiheitsrecht erscheint. »Obwohl sie von konträren Verteilungsinteressen motiviert sind, treffen sich die Aversionen der best- und schlechtestsituierten Fraktionen gegen Veränderung mit denen der rechten Mitte und münden in eine gemeinsame, von ganz oben bis ganz unten reichende Koalition gegen die transformativen Anliegen des ökosozialen Lagers.«[35]

Zwischen der regressiven Politisierung subalterner Interessen und der Mobilisierung einer »rohen Bürgerlichkeit« gibt es allerdings einen zentralen Unterschied: Während die Rechte die materiellen Interessen der oberen Klassen in aller Regel tatsächlich vertritt, täuscht sie dies im Hinblick auf die lohnabhängigen Mittel- und Unterklassen häufig nur vor. Zwar enthält die Programmatik einer Partei wie der AfD auch sozialpolitische Elemente. Im Kern, so Sebastian Friedrich, steht die AfD aber »für eine autoritär-protektionistische Variante des Neoliberalismus«,[36] die darauf zielt, Unternehmen und Besserverdienende zu entlasten und die soziale Sicherung den Familien zu übertragen.

Wie Wolfram Schaffar in seiner global vergleichenden Analyse der autoritären Rechten gezeigt hat, lässt sich die von der AfD verkörperte Verbindung von Neoliberalismus und Autoritarismus vielerorts beobachten.[37] Zwar betreibt die Rechte nicht überall eine neoliberale Politik. Bisweilen zieht sie ihre Stärke auch daraus, dass sie die Subalternen gegen internationale Kapitalfraktionen und eine politische Einmischung von außen mobilisiert. Ihre Programmatik kann dann starke sozialpolitische Elemente enthalten.[38] In anderen Fällen aber geht der Autoritarismus eine enge Verbindung mit dem Neoliberalismus ein, die im Kontext einer Krise der imperialen Lebensweise zu sehen ist. So ging etwa dem Putsch gegen die Regierung von Thaksin Shinawatra im September 2006, der dem von Schaffar so genannten »autoritären Konstitutionalismus«[39] in Thailand den Weg bereitete, eine Krise voraus, die stark ökologische Züge trug und die Grenzen einer Verbreitung der imperialen Lebensweise signalisierte. Unterstützung erfuhr die antidemokratische Bewegung nicht nur aus der Mittelklasse, sondern auch von Gewerkschafter*innen und Arbeiter*innen. Diese ließen sich, so Schaffar, folglich in ein neoliberal-autoritäres Projekt einbinden, »das sich letztlich gegen sie selbst wendet«.[40]

Die Krise der Petromaskulinität

Wenn dem aber so ist, das heißt, wenn rechte Parteien, einmal an die Macht gekommen, häufig Politik gegen die materiellen Interessen eines relevanten Teils ihrer Anhänger*innenschaft betreiben, dann stellt sich die Frage, warum sie von diesen überhaupt gewählt werden. Ein Teil der Antwort ergibt sich aus dem zuvor Gesagten: Sie verleihen realen und wahrgenommenen Erfahrungen von Missachtung, Verunsicherung und Ohnmacht einen politischen Ausdruck, die von einer neoliberalen Politik der Alternativlosigkeit und aufgrund der Dethematisierung gesellschaftlicher Widersprüche durch die Sozialdemokratie jahrelang ignoriert wurden. Die Lösung, die sie anbieten, ist die Verstärkung horizontaler Trennungen. Klassenverhältnisse bleiben unangetastet, die Existenz von Armen und Reichen gilt den Rechten als natürliche Form der Ungleichheit. Der zu politisierende Gegensatz ist deshalb nicht der vertikale zwischen oben und unten, sondern der horizontale zwischen innen und außen. Angestrebt wird eine auf einem klassenübergreifenden Bündnis beruhende exklusive Solidarität, die sich gegen diejenigen richtet, die von außen kommen beziehungsweise irgendwann einmal gekommen sind.

Ein zweiter Teil der Antwort ergibt sich, wenn neben den Klassendynamiken eines zunehmend krisenhaften Kapitalismus auch dessen Subjektivierungsformen in den Blick genommen werden. Wir haben in unserem Buch von 2017 auf die zentrale Rolle von Subjektivierungsprozessen für die Reproduktion einer herrschaftsförmigen Produktions- und Lebensweise verwiesen: »Wenn Herrschaft die Individuen nicht einfach zwingt, diszipliniert und unterdrückt, sondern an ihren Wünschen und ihrem Begehren ansetzt, dann wird sie zum Teil der individuellen Identität, formt diese und ist dadurch umso wirksamer. Sie ist den Einzelnen nicht länger äußerlich, sondern bedient sich eben jener Mechanismen, mit denen sie auf sich selbst einwirken, entfaltet also ihre Wirkung gerade dadurch, dass sie nicht als Herrschaft empfunden wird.«[41]

Das Neue an der heutigen Konstellation liegt darin, dass die Widersprüche der verinnerlichten Herrschaftsverhältnisse zunehmend manifest werden: Die sozial-ökologischen Grenzen der imperialen Lebensweise, möglicherweise sogar der kapitalistischen Produktionsweise, zeichnen sich ab; die globalen sozial-ökologischen Voraussetzungen für Klassenkompromisse erodieren; Geschlechtsidentitäten werden brüchig; Flucht- und Migrationsbewegungen nehmen zu und lassen sich auch durch immer härtere Grenzregime nicht mehr stoppen – Letztere sind eher ein Gradmesser für die Bedeutung des Phänomens der Flucht und für die Ratlosigkeit der Regierungen des globalen Nordens im Umgang mit ihm, eine autoritäre Reaktion auf die Tatsache, dass sich das vom globalen Norden selbst verursachte Leid nicht länger auf Distanz halten lässt.

Cara Daggett interpretiert dieses Aufweichen von unterschiedlichen Grenzen als »Riss im patriarchalen Damm«.[42] Erschüttert oder auch verflüssigt werden jene lange Zeit für selbstverständlich gehaltenen Gewissheiten, die den Kern einer weißen männlichen Dominanz bilden: hierarchische Geschlechterordnungen, eindeutige Geschlechtsidentitäten, Heteronormativität, die rassistische Strukturierung von Arbeitsmärkten, sozialer Teilhabe und politischer Beteiligung, die Legitimität einer auf fossilen Brennstoffen beruhenden Lebensweise, die internationale Dominanz des globalen Nordens, die die Zufuhr der für diese Lebensweise benötigten Rohstoffe auf Kosten anderer jederzeit gewährleistete. Nicht zuletzt, so ließe sich ergänzen, wird die patriarchale Dominanz auch in dem Maße infrage gestellt, wie infolge der Kämpfe für Geschlechterdemokratie die Subventionierung männlicher Lohnarbeit durch unbezahlte weibliche Reproduktionsarbeit nicht länger gewährleistet ist.

Daggett bezeichnet die Subjektivität, die durch die Erschütterung dieser Gewissheiten in Frage gestellt wird, als »Petromaskulinität«. In ihr konvergieren herrschaftsförmige Naturverhältnisse mit rassistischen und patriarchalen Formen der Dominanz. Auf ihre Anfechtung durch Migrant*innen, Bewegungen wie *Black Lives Matter*, queere Menschen, Frauen oder Klimaaktivist*innen reagieren petromaskuline Subjekte mit einer Radikalisierung, die von den rechten Parteien und Regierungen politisch aufgegriffen und artikuliert wird. So verstanden ist die autoritäre Stabilisierung der imperialen Lebensweise eine Reaktion auf die Infragestellung der Herrschaft des weißen Patriarchats. Darin liegt der Wert des Konzepts der Petromaskulinität:

> »Es macht uns auf die Möglichkeit aufmerksam, dass die Klimakrise das faschistische Begehren katalysieren kann, einen Lebensraum zu sichern, einen Haushalt, der verbarrikadiert ist vor dem Gespenst des bedrohlichen Anderen, egal, ob es sich dabei um Schadstoffe, Immigrant*innen oder um von der geschlechtsspezi-

fischen Norm abweichende Personen handelt. Petromaskulinität ernst zu nehmen heißt, auf die durchkreuzten Begierden privilegierter Patriarchate achtzugeben, sobald sie ihre fossilen Fantasien einzubüßen beginnen.«[43]

Noch pointierter formulieren es Andreas Malm und das Zetkin Collective: »Wenn die Männerwelt der Autos und der Kohle und der blutigen Steaks in Frage gestellt wird, wird eine Reaktion ihre kriegerische Wiederbehauptung sein. Der in die Ecke gedrängte Mann schlägt zurück, er reagiert über.«[44]

Daggett hat ihr Konzept am Beispiel der USA entwickelt. Auch wenn deshalb bei der Nutzung ihrer Befunde in anderen räumlichen Kontexten Vorsicht geboten ist, deutet einiges darauf hin, dass das Aufbegehren der Petromaskulinität in der Klimakrise auch andernorts eine wichtige Dimension autoritärer oder gar faschistischer Entwicklungen darstellt. So fällt auf, dass etwa die AfD in Deutschland und die FPÖ in Österreich gerade in Zeiten forcierter Bemühungen um eine Dekarbonisierung zunehmend von offen faschistischen Kräften dominiert werden und gleichzeitig immer mehr Zuspruch bei Wahlen verzeichnen. Unter Männern, vor allem konservativen weißen Männern, ist der Klimawandelskeptizismus besonders ausgeprägt. Dieser korreliert zudem mit xenophoben Einstellungen.[45] Das klassenübergreifende Angebot, mit dem die Rechte aufwartet, findet hier seine subjektivitätsbezogene Entsprechung.

Das ändert nichts daran, dass die Erfahrungen und Interessen weißer Männer je nach Klassenzugehörigkeit höchst unterschiedlich beziehungsweise gegensätzlich sind, dass sich Fossilismus und Patriarchat also auf vielfältige Weise verbinden können: Aggressive junge Männer mit übermotorisierten Autos, die sie weder beherrschen noch besitzen (sondern leasen), unterscheiden sich vom Porsche Cayenne fahrenden Manager, für den sein Gefährt ebenso Statussymbol wie Komfortzone ist; der Automobil-Facharbeiter, der mit seinem Benziner auf der Autobahn den

Tesla-Fahrer zum Kräftemessen bittet, unterscheidet sich vom »Coal-Roller«, also jener vor allem in den USA (aber nicht nur dort) verbreiteten Spezies, die sich an den schwarzen Rauchwolken ergötzt, wie sie von ihren hochgerüsteten Dieseltrucks ausgestoßen werden.[46]

Die autoritäre Rechte vertritt diese Gruppen bei weitem nicht im selben Maße. In der Regel macht sie sich die materiellen Interessen wohlhabender weißer Männer zu eigen, während sie die von Männern aus der Arbeiter*innenklasse sogar missachten kann. Das Angebot, das sie dem petromaskulinen Subjekt jedoch unabhängig von seiner Klassenzugehörigkeit macht, besteht darin, eine geschlechtsspezifische, rassifizierte gesellschaftliche Arbeitsteilung zu stabilisieren, die Möglichkeit zu garantieren, sozial-ökologische Kosten weiterhin zu externalisieren, und die antirassistischen, feministischen und klimabewegten Kräfte kleinzuhalten, die genau dagegen aufbegehren. Die autoritäre Rechte bietet folglich, wie Birgit Sauer und Otto Penz bemerken, »Anknüpfungspunkte für eine Reetablierung alter Gewissheiten, vermeintlich stabiler, weil als natürlich begriffener Geschlechtsidentitäten, traditioneller Geschlechterkonstellationen und -hierarchien sowie binärer Zweigeschlechtlichkeit. Dies wird als ›natürliche Ordnung‹ präsentiert, und ebendiese Verortung in der Natur enthält ein Sicherheitsversprechen.«[47]

Selbst dort, wo die Rechte also gegen die *materiellen* Interessen von Teilen ihrer Klientel agiert, vermag sie dies dadurch zu kompensieren, dass sie deren *emotionale* Interessen bedient und die »affektive Resouveränisierung«[48] einer verunsicherten Männlichkeit betreibt. Arlie Russell Hochschild hat dies eingehend für die USA untersucht. Der hier 2016 zum Präsidenten gewählte Donald Trump war, so Hochschild, »der Kandidat der Identitätspolitik weißer Männer«.[49] Er sprach und spricht diese in einer Gefühlslage an, die von einer Tiefengeschichte der realen oder wahrgenommenen Benachteiligung und vom Vorwurf mangelnder politischer Korrektheit geprägt ist. Indem sich Trump demonstrativ über jede politische Korrektheit hinwegsetzt und hemmungslos gegen Muslime, Migrant*innen, Frauen wettert, rufe er bei seinen Anhängern eine »berauschende, reinigende Erleichterung«, eine »Hochstimmung« hervor, die ihren Grund darin habe, »von den Fesseln politisch korrekter Ausdrucksweisen und Ideen befreit zu sein«.[50]

Hochschild verdichtet ihre empirischen Befunde in der Metapher der Warteschlange, in der die »normalen« weißen Männer geduldig der Erfüllung des amerikanischen Traums eines besseren Lebens harren, das sie sich mit ihrer harten Arbeit redlich verdient zu haben glauben. Doch statt in der Schlange voranzukommen, erleben sie, wie andere – *People of Color*, Frauen, Migrant*innen und selbst vom Aussterben bedrohte Tiere – bevorzugt werden. Derjenige, der sie bevorzugt, ist der Staat, in dem die politisch korrekten liberalen Eliten den Ton angeben.[51] Dagegen wettern Trump und die *Tea-Party*-Bewegung, wobei die politische Inkorrektheit, die Ersterer an den Tag legt, der Enttäuschung der Wartenden über die eigene Benachteiligung und der Wut auf die dafür Verantwortlichen Ausdruck verleiht. Selbst Trumps Politik zu Lasten der unteren Klassen und der Umwelt, unter deren Verschmutzung gerade die Subalternen besonders leiden, korrespondiert insofern noch mit deren emotionalen Interessen, als das Angewiesensein auf staatliche Hilfe, sei es beim Umweltschutz, auf dem Arbeitsmarkt oder bei der Gesundheitsfürsorge, als »unmännlich« gilt.

Die emotionalen Interessen, das zeigt dieser letzte Punkt, haben ihrerseits einen materiellen Kern: Sich einzugestehen, auf Hilfe angewiesen zu sein, stellt immer auch eine Kränkung dar; soziale Widersprüche in Begriffen von Klasse und Ungleichheit zu denken, impliziert das Eingeständnis der Lohnabhängigen, eine subalterne gesellschaftliche Position zu besetzen und daran als Individuen, also durch Bildung, Weiterbildung und harte Arbeit, grundsätzlich nichts ändern zu können, letztlich also fremdbestimmt und machtlos zu sein.[52] Die sexistische und rassistische

Deutung der gesellschaftlichen Widersprüche bietet hier einen Ausweg, und zwar in Gestalt einer emotionalen Selbstermächtigung, die mit der dominant-neoliberalen Orientierung der rechten Politik bestens kompatibel ist: Es sind nicht länger schwer durchschaubare soziale Verhältnisse, denen der Einzelne ausgesetzt ist und deren Veränderung oder gar Überwindung einer kollektiven politischen Anstrengung bedarf, wie sie etwa von Gewerkschaften, Umweltverbänden und sozialen Bewegungen unternommen wird. Vielmehr sind es die »Anderen« – benennbare soziale Gruppen und deren Bevorzugung durch eine *woke* staatliche Politik –, die den Einzelnen daran hindern, die verdienten Früchte seiner harten Arbeit zu ernten. Das Paradox, dass eine autoritär-neoliberale Rechte Politik gegen Teile ihrer eigenen Klientel macht, löst sich in diesen Deutungen und maskulinen Anrufungen auf. Der freie Markt, so Hochschild, wird zum »unerschütterliche[n] Verbündete[n] der guten Bürger, die in der Schlange vor dem amerikanischen Traum warten. Der Staat steht auf der Seite derjenigen, die sich unberechtigterweise ›vordrängeln‹.«[53]

Ähnliche Muster der Deutung und Anrufung finden sich bei rechten politischen Kräften in anderen Ländern sowie bei denen wieder, die ihnen bei Wahlen ihre Stimmen geben. Der durch fundamentale Veränderungen und Erschütterungen hervorgerufenen Krise der (petro)maskulinen Subjektivität wird mit einer »maskulinistischen Identitätspolitik«[54] begegnet, die ihre Attraktivität aus dem Versprechen zieht, ungleiche gesellschaftliche und internationale Verhältnisse autoritär zu stabilisieren.

An den Grenzen der liberalen Demokratie

Das Beunruhigende am Aufstieg der autoritären Rechten ist nicht nur die unmittelbare Bedrohung, die davon für gesellschaftliche Gruppen wie Migrant*innen, Geflüchtete oder queere Menschen ausgeht. Dazu kommt, dass der Autoritarismus sich bis weit in die bürgerliche Mitte hinein als anschlussfähig erweist.[55] Auch die hier beheimateten politischen Kräfte reagieren zunehmend repressiv auf Geflüchtete, Migrant*innen oder die Klimabewegung.[56] Der autoritären Rechten im Grundsatz nicht unähnlich – allerdings meist unter expliziter Abgrenzung von deren rassistischen Begründungsmustern – setzen auch sie auf autoritäre Maßnahmen und die Stärkung horizontaler Trennungen, um exklusive »Freiheitsrechte« zu schützen und die sich verschärfenden sozial-ökologischen Widersprüche zu bearbeiten.[57]

Die sich radikalisierenden Teile der Klimabewegung, wie etwa die *Letzte Generation* und *Extinction Rebellion*, werden für ihren zivilen Ungehorsam kriminalisiert, während sich hochrangige Regierungsvertreter die Freiheit nehmen, offen gegen geltendes Recht zu verstoßen. So weigerte sich Bundesverkehrsminister Volker Wissing, bis zum 17. Juli 2023 ein Sofortprogramm vorzulegen, in dem er darlegt, wie der Verkehrssektor die zum wiederholten Male verfehlten Jahresziele des Klimaschutzgesetzes erreichen will. Laut Letzterem wäre er genau dazu aber verpflichtet gewesen. Dass ihn das nicht kümmerte und dass er dabei sogar noch Rückendeckung von Bundeskanzler Olaf Scholz erhielt, lag daran, dass sich die rot-grün-gelbe Regierungskoalition im Frühjahr desselben Jahres darauf verständigt hatte, die Sektorziele, und damit ein Kernstück des Klimaschutzgesetzes, außer Kraft zu setzen. Im Juni 2023 passierte die neue Regelung das Kabinett – das Parlament hatte dieser zum Stichtag des Sofortprogramms allerdings noch nicht zugestimmt, so dass die alte Regelung noch galt.

In der offenkundigen Diskrepanz zwischen ökologisch gravierenden, gleichwohl ungeahndeten Rechtsverstößen durch staatliches Spitzenpersonal und der Kriminalisierung eines zumindest in seinen Forderungen harmlosen Klimaprotests zeigt sich ein grundlegendes Problem liberaler Demokratien im Umgang mit einer sich verschärfenden ökologischen Krise. Die sozial-ökologischen Kosten der imperialen Produktions- und Lebensweise lassen sich nicht länger in Raum und Zeit verlagern. Ihre Verlagerung im *Raum* stößt mit dem Aufstieg von Ländern wie China und der sich damit intensivierenden Konkurrenz um Ressourcen und Senken an Grenzen. Zudem werden immer mehr Menschen aus dem globalen Süden auch aufgrund von sozialen Ungerechtigkeiten, die durch die Klimakrise verschärft werden, gezwungen, ihre Heimat zu verlassen und im globalen Norden Schutz zu suchen. In der *Zeit* wird die Verlagerung sozial-ökologischer Kosten durch die Klimawissenschaft und Klimagerechtigkeitsbewegung, deren Protest sowohl verzweifelter als auch militanter wird, politisiert und dadurch erschwert. In Aktionen wie Straßenblockaden oder dem Widerstand gegen einen fortgesetzten Abbau von Kohle findet das auch im globalen Norden immer spürbarere und verheerendere Einbrechen der Klimakrise in den Alltag seine politische Entsprechung.

UN-Generalsekretär António Guterres hat Recht, wenn er schreibt: »Klimaaktivisten werden manchmal als gefährliche Radikale dargestellt. Aber die wirklich gefährlichen Radikalen sind die Länder, die die Produktion von fossiler Energie erhöhen. Investitionen in neue Infrastrukturen für fossile Brennstoffe sind moralischer und wirtschaftlicher Wahnsinn.«[58] Eine solidarische Bearbeitung der Krise der Externalisierung erfordert deshalb tiefe Eingriffe in die Eigentums- und Verfügungsrechte der Erdzerstörer sowie eine radikale Beschränkung von solchen »Freiheiten«, auf die vor allem, aber eben nicht nur, die Reichen ein Recht zu haben glauben: das Fliegen (mit Privatjets), die Produktion und Nutzung großer Autos, das Rasen ohne Tempolimit, der Erwerb von Aktien von Rüstungs-, Auto-, Öl- oder Bergbaukonzernen. Das sind Freiheiten, die zu Lasten anderer gehen. Eva von Redecker sieht das Problem im Freiheitsversprechen der Moderne darin, dass es zum einen unbegrenzte Bewegungsfreiheit sowie die Freiheit der Nutzung von Besitz und Eigentum verspricht, zum anderen aber indifferent ist gegenüber allem irdischen Leben, also der menschlichen wie der außermenschlichen Natur. Deshalb funktioniere das dominante liberale Freiheitsverständnis »derzeit vor allem als Gallionsfigur der Verwüstung«.[59]

Die Denkweisen und Praktiken einer unsolidarischen und naturzerstörerischen »Freiheit« zu beschränken, ist unter liberaldemokratischen Vorzeichen jedoch schwierig. Denn die liberale Demokratie besteht in ihrem Kern darin, formale politische Gleichheit zu ermöglichen, die sozio-ökonomische Ungleichheit aber unangetastet zu lassen beziehungsweise ihre Entstehung und Reproduktion durch eine kapitalistische Eigentumsordnung abzusichern und allenfalls in ihrem Ergebnis zu korrigieren.[60] Nur unter diesen Voraussetzungen können Handlungen, die die Rechte anderer infrage stellen und deren Lebensgrundlagen untergraben, als Wahrnehmung von Freiheitsrechten erscheinen, und nur dann kann jeder Versuch, ein Tempolimit einzuführen oder Fleischfabriken, Inlandsflüge und Privatjets zu verbieten, als nicht nur illegitimer, sondern auch völlig abwegiger Eingriff in »Freiheitsrechte« diskreditiert werden.

Aus einer solidarischen Perspektive wären derartige und viel weitergehende Eingriffe unabdingbar. Damit aber stünden Kernelemente der liberalen Demokratie in Frage. Und sie müssten in Frage gestellt werden, um andere Gleichheitsversprechen dieser politischen Form sowie die natürlichen Lebensgrundlagen zu sichern. Gefordert wäre folglich eine Ausweitung demokratischer Verfahren auf solche gesellschaftlichen Bereiche, die bislang systematisch gegenüber ihnen abgeschottet waren. Die Förderung von Öl, die Abholzung von Wäldern für die industrielle Landwirtschaft, die Produktion von Gütern wie Handys, Billigfleisch und Panzern, die Herstellung und Nutzung von unsinnigen und schädlichen Luxusgütern wie SUVs, Privatjets oder Yachten dürften nicht länger eine Angelegenheit privater Entscheidungen sein. Dasselbe gilt für Kernbereiche des Grünen Kapitalismus wie die Elektro-Automobilisierung, die – vorangetrieben von starken Partikularinteressen – viele Menschen andernorts und in der Zukunft schädigt, ohne dass diese die Möglichkeit hätten, an den entsprechenden gesellschaftlichen Weichenstellungen mitzuwirken. Derartige Entscheidungen zu entprivatisieren, würde bedeuten, die liberale Demokratie zu retten, indem man über sie hinausgeht und sie gleichsam in einer solidarisch-radikalen Demokratie aufhebt.

Was sich derzeit jedoch abzeichnet, ist das genaue Gegenteil: nicht Fortschritt zu mehr Demokratie, sondern Rückschritt zu weniger.[61] Statt die sozial-ökologische Krise global-solidarisch zu bearbeiten, setzen die politischen und gesellschaftlichen Eliten auf die national-exklusive Karte, statt über die liberale Demokratie hinauszugehen, fallen sie hinter diese zurück. Die unter liberaldemokratischen Vorzeichen kaum mehr zu sichernden exklusiven Freiheitsrechte einer imperialen Lebensweise ebenso wie der erodierende Klassenkompromiss, der wesentlich auf der Externalisierung sozial-ökologischer Kosten beruhte, werden nach außen und innen zunehmend autoritär abzusichern versucht.

Die grüne Modernisierung kann darüber nicht hinwegtäuschen, denn auch sie hängt von einem Außen ab, das politisch zunehmend umkämpft ist und in seiner Ressourcen- und Senkenfunktion ökologisch an seine Grenzen gerät. Der von Olaf Scholz propagierte »Dialog auf Augenhöhe« mit den Ländern des globalen Südens ist vor diesem Hintergrund wenig mehr als das letzte rhetorische Aufflackern eines sozialdemokratischen Internationalismus, der seine materielle Existenzgrundlage mit der Möglichkeit zur Externalisierung verloren hat.

In Zeiten, in denen sich die sozialen und ökologischen Widersprüche kaum mehr unter liberaldemokratischen Vorzeichen bearbeiten lassen, zeigt sich also das gewaltförmige Gesicht des Kapitalismus immer ungeschminkter. Getrieben von rechten Kräften, gebärden sich nun auch die (früheren) Repräsentant*innen der liberalen Demokratie autoritär und repressiv. Nur so scheint sich die imperiale Produktions- und Lebensweise noch stabilisieren zu lassen: indem sie sich die sozialen und ökologischen Kosten, die sie selbst produziert und lange Zeit erfolgreich externalisiert hat, durch Repression und den Ausbau der Grenzen zwischen einem zu schützenden Innen und einem immer bedrohlicheren Außen vom Leib hält.

Vor diesem Hintergrund erklärt sich die bis in bürgerliche Kreise hineinreichende Affinität für einen Autoritarismus, der sich in der Kriminalisierung von Klimaprotest oder in einer ausgrenzenden Migrationspolitik manifestiert: In einer Situation, in der die Zuspitzung und Häufung von sozial-ökologischen Krisenphänomenen sowie deren Politisierung die liberale Demokratie an die Grenzen ihrer Legitimität und Funktionalität treiben, mobilisieren deren konservative, liberale, grüne und sozialdemokratische Repräsentant*innen alle Mittel zu ihrer Verteidigung und setzen genau damit liberaldemokratische Essentials aufs Spiel oder gar außer Kraft. Zwar grenzen sie sich dabei von der extremen Rechten ab. Im Kern übernehmen sie aber ein wichtiges Element aus deren Repertoire, nämlich, dass in der Krise der imperialen Lebensweise ein kapitalistischer Klassenkompromiss nach außen und innen ungleich autoritärer abgesichert werden muss als noch zu fordistischen Zeiten.[62]

Solidarische Strategien gegen die autoritäre Stabilisierung

Rechtsautoritäre Politiken, so lässt sich unsere Argumentation zusammenfassen, kommen nicht selten im neoliberalen Gewand daher. Sie richten sich damit auch gegen die materiellen Interessen der Subalternen, die zu vertreten sie vorgeben. Aber das ist nur vordergründig ein Paradox. Denn die autoritäre Rechte bietet eine Erklärung für die tatsächlichen und wahrgenommenen Erfahrungen sozialer Missachtung der Lohnabhängigen an, wenn auch nur für die Erfahrungen derjenigen mit der »richtigen« Staatsbürger*innenschaft. Demnach sind es die von einem *woken* Geist beseelten politischen Eliten, die die Institutionen der liberalen Demokratie nutzen, um Politik gegen die »kleinen Leute« zu betreiben. Insofern richtet sich die autoritäre Rechte gegen die politischen Eliten ebenso wie gegen die Institutionen, die ihnen Macht verleihen. Den Markt dagegen versucht sie nicht selten zu stärken. Denn er belohnt aus ihrer Sicht die Leistung der hart Arbeitenden und wehrt die Ansprüche derer ab, die am nationalen Wohlstand partizipieren wollen, ohne durch ihre eigene Arbeit dazu beigetragen zu haben. Den Staat zurückzustutzen, bedeutet auch, der traditionellen Geschlechterordnung wieder zu ihrer Geltung zu verhelfen. Schließlich ist es aus Sicht der autoritären Rechten der bevormundende, in die Reproduktionssphäre eingreifende Staat, der diese Ordnung gestört und die Familie ihrer Funktion beraubt hat, den gesellschaftlichen Zusammenhalt zu gewährleisten.

Die bürgerlichen Verfechter*innen der liberalen Demokratie – Konservative, Liberale, Sozialdemokrat*innen und Grüne – haben der rechten Erzählung wenig entgegenzusetzen. Denn die Überzeugungskraft der Rechten gründet gerade darin, dass die Problembearbeitungspotenziale der liberalen Demokratie angesichts sich häufender und verschärfender Krisen ausgeschöpft zu sein scheinen. Vieles spricht dafür, dass die gesellschaftlichen Widersprüche im Kapitalismus nur noch durch eine autoritäre Transformation der Demokratie bearbeitet werden können. Nur so scheinen sich die horizontalen Grenzen ziehen zu lassen, die eine Einhegung des vertikalen Klassenkonflikts erst ermöglichen.

Insofern verwundert es nicht, dass sich die Bürgerlichen mancherorts selbst immer autoritärer gebärden: ein sozialdemokratischer deutscher Bundeskanzler, der ohne vorausgehende gesellschaftliche Debatte eine Zeitenwende ausruft und Milliardensummen in die Aufrüstung steckt, ein liberaler Verkehrsminister, der mit der Rückendeckung eben dieses Bundeskanzlers offen gegen geltendes Recht, namentlich die Sektorziele des Klimaschutzgesetzes, verstößt, ein konservativer Parteivorsitzender, der sich nicht mehr von Kooperationen mit der AfD auf kommunaler Ebene distanziert, oder eine grüne Außenministerin, die einen für viele Menschen vermutlich leidvollen oder tödlichen »Asylkompromiss« der EU verteidigt – die Anzeichen verstärken sich, dass die Rechte nur der extreme Ausdruck einer Entwicklung ist, die in manchen Bereichen auch von den bürgerlichen Kräften vorangetrieben wird. Das schließt nicht aus, dass in anderen Bereichen wichtige Differenzen fortbestehen beziehungsweise innerhalb des bürgerlichen Lagers um Veränderungen gerungen wird. Dies trifft vor allem auf die Geschlechter- und die Naturverhältnisse zu: Im Hinblick auf beide lässt sich eine liberal gerahmte Modernisierungspolitik im Sinne einer passiven Revolution beobachten, in der sich autoritäre Elemente mit einer Stärkung von Diversität und ökologischer Innovation verbinden.

Was bedeutet all dies nun für emanzipatorische gesellschaftliche und politische Kräfte? Wie sähen Konturen eines alternativen Projekts aus, mit dem sich die »Monster« bekämpfen und solidarische Perspektiven entwickeln ließen? Was könnten progressive Kräfte der rechten Erzählung und den autoritären und grün-kapitalistischen Tendenzen im bürgerlichen Lager entgegensetzen? Wie könnten sie einer Situation gerecht werden, in der verschiedenste Erfahrungen von Missachtung und Verunsicherung von einer fundamentalen Krise der gesellschaftlichen Naturverhältnisse überlagert und dynamisiert werden? Mit der Erörterung dieser Fragen möchten wir die systematischen Überlegungen zu einer emanzipatorischen Alternative im siebten Kapitel vorbereiten.

Kehren wir dazu noch einmal zu Didier Eribon zurück, mit dem wir dieses Kapitel begonnen haben und dessen Analyse ebenso vielschichtig ist wie seine Biographie. Eribon ist schwul, kann seine Homosexualität in dem Arbeiter*innen-Milieu, in dem er aufwächst, aber nicht leben. Die Homophobie, die er hier erfährt, verursacht bei ihm Schamgefühle. Im Pariser Intellektuellen-Milieu, in das er sich als Erwachsener begibt, verhält es sich genau umgekehrt: Während die sexuelle Orientierung hier keine Rolle spielt, ist es sein Arbeiter*innenklassen-Habitus, der zu Akzeptanzproblemen führt. Diese biographischen Erfahrungen verarbeitet Eribon soziologisch und berührt damit ein zentrales Problem der Linken: Deren Versagen, den Klassenerfahrungen der Arbeiter*innen einen politischen Ausdruck zu verleihen, geht einher mit ihrer Unfähigkeit, andere Formen von Unterdrückung zu politisieren und eine »verbindende Klassenpolitik«[63] zu entwickeln, ökologische Fragen als Klassenfragen zu begreifen und Letztere mit den Anliegen anderer gesellschaftlicher Großgruppen zu verbinden, die von der Rechten abgewertet und ausgegrenzt werden. Die Diskriminierung von sexuellen Minderheiten, die patriarchalen Geschlechterverhältnisse, die ungleiche Verursachung und Verteilung (der Folgen) von Naturzerstörung oder die Entrechtung von Migrant*innen sind wesentliche Formen von sozialer Ungleichheit, die sich zwar nicht auf Klassenerfahrungen reduzieren lassen, aber dennoch mit diesen interagieren und sich gegenseitig verstärken.

In der analytischen und politischen Verbindung dieser Formen von Ungleichheit liegen erhebliche Potenziale für die Entwicklung von solidarischen Alternativen. Derzeit spaltet das Verbindende die gesellschaftliche und politische Linke in Deutschland und andernorts jedoch, und zwar so sehr, dass ihre Existenz als relevante Kraft in Frage steht. In Deutschland zeigte sich dies exemplarisch an dem Konflikt, der sich im Sommer 2023 an der Nominierung von Carola Rackete zu einer der Spitzenkandidat*innen der Linken für die Wahlen zum Europäischen Parlament 2024 entzündete. Rackete ist Klimaaktivistin und Seenotretterin. Einer breiteren Öffentlichkeit wurde sie bekannt, als sie 2019 als Kapitänin der *Sea-Watch 3* trotz eines Verbots der italienischen Behörden den Hafen von Lampedusa ansteuerte, um aus Seenot gerettete Geflüchtete an Land zu bringen. Bei ihrer Präsentation als Kandidatin für das EU-Parlament bezeichnete die Vorsitzende der Linken, Janine Wissler, Rackete als eine Person, die Klima- und Klassenpolitik miteinander verbinde.[64] Die Reaktionen des linkskonservativen Parteiflügels um Sahra Wagenknecht, der sich kurze Zeit später von der Linken abspaltete, ließen nicht lange auf sich warten: Die Nominierung von Rackete sei eine »politische Geisterfahrt«, wetterte der Ex-Parteivorsitzende Klaus Ernst. Und der

Bundestagsabgeordnete Alexander Ulrich warnte davor, »allein um frühere Grünen-Wähler zu werben«. Die Partei bringe sich zunehmend um die Stimmen von Arbeiter*innen, sozial Benachteiligten und Friedensbewegten. Statt der Linken zu nützen, sei Racketes Kandidatur eher ein »Geschenk für die AfD«.[65]

Die Linkskonservativen weisen auf einen wichtigen Punkt hin, mit dessen Problematisierung durch Eribon wir dieses Kapitel begonnen haben: Es fehlt an einer linken politischen Kraft, die den lebens- und arbeitsweltlichen Klassenerfahrungen vieler Menschen einen emanzipatorischen Ausdruck verleihen würde. Das ist dem Niedergang von sozialistischen und kommunistischen Parteien sowie der neoliberalen Wende der Sozialdemokratie in den 1990er- und 2000er-Jahren geschuldet. Aber auch den linken Neugründungen beziehungsweise Reorientierungen (etwa der britischen *Labour Party* unter Jeremy Corbyn) ist es in jüngerer Zeit nicht gelungen, diese Leerstelle zu füllen.

Die Schuld dafür nun in deren »Identitätspolitik« zugunsten von Geschlechterdemokratie, migrantischen Rechten und Klimaschutz zu suchen, wie die Linkskonservativen dies tun, ist gleichwohl verfehlt. Es bedeutet, sich nicht nur der Chance auf einen zeitgemäßen und bündnisfähigen Universalismus zu begeben, sondern auch genau das gefährliche Spiel zu betreiben, das den Vertreter*innen einer verbindenden Klassenpolitik gemeinhin vorgeworfen wird. Denn die implizite Botschaft des Linkskonservatismus ist, dass die Vertretung der Interessen der einheimischen Arbeiter*innenklasse oder auch der »normalen kleinen Leute« gegenüber der Anerkennung und Politisierung anderer Unterdrückungserfahrungen Priorität habe. Auch wenn die Linkskonservativen das sicherlich nicht beabsichtigen, drohen sie damit jenen Kräften Vorschub zu leisten, die aus der Priorisierung einen Gegensatz machen, die also die Interessen der einheimischen Arbeiter*innen dadurch zu vertreten beanspruchen, dass sie die Ansprüche anderer rassistisch, sexistisch und nationalistisch bekämpfen.

Bei der Frage von Klasse und Identität handelt es sich um einen politisch falschen Gegensatz. Allerdings gründet dieser in der Widersprüchlichkeit der sozialen Verhältnisse selbst, da der Klassenwiderspruch wie beschrieben auch durch rassistische und sexistische Spaltungen sowie durch die räumliche und zeitliche Externalisierung ökologischer Kosten überlagert und bearbeitet wird. Obwohl politisch falsch, lässt sich der Gegensatz von Klasse und Identität deshalb nicht einfach in die eine oder andere Richtung auflösen. Das ist es aber, was der Linkskonservatismus versucht. Er ist dabei nur der politische Ausdruck einer bestimmten Form der linken Zeitdiagnose, der zufolge Identitätspolitik per se partikularistisch sei und einem linken Universalismus sozialer Gerechtigkeit entgegenstehe. Damit aber verkennt er, worauf es in einem inklusiven und solidarischen Projekt ankäme, nämlich »aufzuzeigen, dass und wo sich universale Versprechen als machtvolle Verallgemeinerungen der partikularen Interessen bestimmter sozialer Gruppen erweisen.«[66]

Das Ergebnis ist, dass die Linkskonservativen die machtvollen Verallgemeinerungen reproduzieren und dadurch wesentliche Dimensionen der Lebensweise einer als höchst klischeehaft und paternalistisch begriffenen Arbeiterklasse missachten. Denn auch unter Lohnabhängigen finden sich verschiedene sexuelle Orientierungen und Geschlechtsidentitäten; ein Großteil der Lohnabhängigen hat eine Migrationsgeschichte; Umweltbelastungen und gesundheitliche Belastungen sind auch Klassenfragen (Arbeiter*innen leiden stärker unter ihnen als Vermögende); und schließlich sind sich auch viele Lohnabhängige des Widerspruchs bewusst, dass die Arbeit, die ihnen Einkommen und Lebensstandard sichert, in globale sozial-ökologische Ungleichheitsverhältnisse eingebettet ist.[67]

Umgekehrt werden Klassenkämpfe vermehrt von Klimaaktivist*innen unterstützt, die die ökologische Frage explizit als soziale Frage begreifen und politisieren.[68] Zudem lässt sich seit einiger Zeit eine Feminisierung von Streiks beobachten: Gegen die jahrzehntelange Neoliberalisierung sozialer Infrastrukturen formiert sich Widerstand, der wesentlich von Frauen getragen wird.[69] Und schließlich gibt es eine lange Geschichte migrantischer Arbeitskämpfe, angefangen mit den Streiks im Ruhrkohlebergbau und bei VW Wolfsburg zu Beginn der 1960er-Jahre, die von sogenannten »Gastarbeiter*innen« getragen wurden, über die wilden Streiks des Jahres 1973, die im Kampf der Kölner Ford-Arbeiter gipfelten und an denen sich zudem migrantische Frauen in der Autozulieferer- und Elektroindustrie beteiligten, bis zum migrantisch geprägten Streik der Kuriere beim Online-Lieferdienst Gorillas 2021.[70]

Ein eindrückliches jüngeres Beispiel für eine ökologische Klassenpolitik führt Simon Schaupp an: die Verbindung von sozialen und ökologischen Fragen in der französischen Gelbwesten-Bewegung. In einer Erklärung derselben vom 7. April 2019 heißt es:

> »Wir sind uns der Umweltkatastrophen bewusst und erklären: ›Ende der Welt, Ende des Monats – die gleiche Logik, der gleiche Kampf!‹ Es ist die gleiche Logik der unendlichen kapitalistischen Ausbeutung, die die Menschen und das Leben auf der Erde zerstört. Die Begrenzung der Ressourcen zwingt uns, die Frage nach ihrer Verteilung und nach der Kontrolle über die Produktion zu stellen. Der Klimawandel, die Zerstörung der biologischen Vielfalt und die atomare Bedrohung gefährden unsere Zukunft. Gemeinschaftsgüter (Wasser, Luft, Boden, Recht auf eine gesunde Umwelt) dürfen nicht zu Waren werden. Die CO_2-Steuer ist ein klassisches Beispiel für eine falsche Umweltpolitik, die diejenigen bestraft, die für die Umweltprobleme gar nicht verantwortlich sind. Es gibt jedoch Verursacher und Umweltverschmutzer, gegen die wir durch gemeinsame Aktionen gezielt vorgehen müssen. Die *Gilets Jaunes* fordern all jene, die der Plünderung aller Lebensformen ein Ende setzen wollen, dazu auf, den Kampf gegen das gegenwärtige System zu führen, um gemeinsam mit allen notwendigen Mitteln, eine neue soziale und ökologische Bürgerbewegung zu schaffen. Empörung reicht nicht mehr aus, wir müssen handeln.«[71]

Diese Erklärung ist im Kontext unserer Überlegungen deshalb bemerkenswert, weil sich unter die Gelbwesten immer wieder auch rechte Kräfte gemischt haben. Oberflächlich betrachtet könnte man deshalb ihren Protest, der sich an einer von der französischen Regierung geplanten CO_2-Steuer entzündete, als ein (petromaskulines) Aufbegehren von Lohnabhängigen gegen eine wirksame Klimapolitik kritisieren. Die Erklärung zeigt, dass eine solche Betrachtung an der Sache vorbeigeht. Zudem zeigt sie, wie man den Rechten durch eine verbindende Klassenpolitik begegnen kann: »Die Tatsache, dass sich linke und ökologische Gruppierungen konsequent in die Gelbwestenproteste einmischten, anstatt auf das Auftauchen rechter Kräfte nur mit Distanzierungen zu reagieren, hat bei der weitgehenden Verdrängung der letzteren aus der Bewegung eine wichtige Rolle gespielt.«[72]

Im nun folgenden abschließenden Kapitel knüpfen wir an diese sowie weitere Erfahrungen aus Kämpfen um Alternativen an und erörtern die strategischen Fluchtpunkte, die sich in diesen abzeichnen. Wir beginnen mit dem Konflikt um Lützerath im rheinischen Braunkohlerevier, der einen ähnlich paradigmatischen Charakter hat wie die Gelbwesten-Proteste in Frankreich.

Kapitel 7

Solidarische Perspektiven

> Ich weiß, ich verlange Unmögliches.
> Doch in unserer Zeit, wie in jeder Zeit, ist das Unmögliche das Mindeste, was man verlangen kann.
>
> *James Baldwin*[1]

Lützerath wird bleiben. Auch wenn die Kohle irgendwann abgebaut ist, wird der Name des Ortes in Nordrhein-Westfalen weiterwirken: als Symbol für den Mut und den Einfallsreichtum von Menschen, die sich gegen einen mächtigen Konzern und die Macht des Staates wehren.

Lützerath ist aber auch ein Symbol für eine Politik, die die Zeichen der Zeit nicht erkennt. Die Zeichen der Zeit sind der rechtzeitige Ausstieg aus der Kohle – wie auch aus Erdgas und Erdöl – und der Übergang zu einer Produktionsweise, in der das gute Leben für alle und nicht die Verteidigung von Partikularinteressen mächtiger Eliten der zentrale Bezugspunkt ist.[2] Verantwortlich für diese verfehlte Politik ist auch die Ampelkoalition, die seit Ende 2021 Deutschland regiert. Gemeinsam mit der nordrhein-westfälischen Landesregierung aus Christdemokraten und Grünen einigte sie sich auf einen Deal mit dem deutschen Energiekonzern RWE: Dieser durfte das im rheinischen Braunkohlerevier gelegene Lützerath zerstören, um die unter dem Ort lagernde Braunkohle abzubauen. Im Gegenzug gab das Unternehmen seinen Plan auf, fünf weitere Dörfer in der Region zu zerstören. Es verpflichtete sich, bis 2030 aus der Kohle auszusteigen, also acht Jahre früher als im sogenannten »Kohlekompromiss« vorgesehen, den Bund, Länder und Energiekonzerne im Jahr 2020 geschlossen hatten. Für die vorzeitige Stilllegung seiner Braunkohlekraftwerke wird RWE vom Staat mit 2,6 Milliarden Euro entschädigt.

Bis zum letzten Moment versuchte eine breite Koalition von Bewegungen, die von *Fridays for Future, Extinction Rebellion, Letzte Generation* und *Ende Gelände* bis zu einem lokalen Protestbündnis, kirchlichen Gruppen, der Linkspartei, der Jugendorganisation der Grünen und kritischen Wissenschaftler*innen reichte, die Zerstörung von Lützerath zu verhindern. Klimaaktivist*innen besetzten die verbliebenen Häuser, nachdem die ursprünglichen Eigentümer*innen enteignet und umgesiedelt worden waren. Mit enormer kreativer Energie bauten sie eine Protestinfrastruktur auf und trainierten sich und andere in zivilem Ungehorsam. Viele Demonstrant*innen harrten in einem Camp in der Nähe des Dorfes aus und trotzten den winterlichen Wetterbedingungen. Am 14. Januar des Jahres 2023, einem regnerischen und stürmischen Wintertag, versammelten sich schließlich rund 35.000 Menschen zu einer Großdemonstration auf den matschigen Feldern rund um Lützerath. An diesem Tag eskalierte die Polizeigewalt, es gab zahlreiche Verletzte.

Vor allem die Grünen sahen sich im Anschluss an die Proteste mit der berechtigten Empörung der Demonstrant*innen konfrontiert: Kaum sind sie zum zweiten Mal nach 1998 Regierungspartei auf Bundesebene geworden, machen sie wieder Politik gegen die Bewegungen, aus denen sie selbst hervorgegangen sind und von denen sie teilweise – siehe *Fridays for Future* – sogar aktiv unterstützt wurden. Beim ersten Mal war es vor allem die Friedensbewegung, die sich gegen die Grünen wandte, nachdem ihr damaliger Vorsitzender und Außenminister einer rot-grünen Regierung, Joseph Fischer, die deutsche Beteiligung am NATO-Krieg im Kosovo unterstützt hatte. Heute enttäuschen die Grünen die Anliegen der Klimabewegung, deren Stärke sie auch ihre jüngsten Wahlerfolge verdanken. Damit fördern sie die Skepsis sozialer Bewegungen gegenüber linken Parteien insgesamt.

Lehren aus Lützerath

Sicherlich hat niemand von einer Regierungsbeteiligung der Grünen eine sozial-ökologische Revolution erwartet, auch wenn sie sicherlich mehr Handlungsspielräume für progressive Anliegen haben, als sie nutzen. Zum einen sind die Grünen nur Teil einer Koalition, in der ökologische Fragen stark umkämpft sind. Zum anderen steht außer Frage, dass die staatliche Politik einer anderen Logik folgt als die Aktionen der sozialen Bewegungen. Wir sind in der Einleitung bereits darauf eingegangen: Der Staat ist kein Instrument, das einfach in den Dienst einer grundlegenden gesellschaftlichen Veränderung gestellt werden kann. Vielmehr sind die Möglichkeiten staatlicher Politik systematisch durch die herrschenden gesellschaftlichen Verhältnisse begrenzt. Diese Verhältnisse haben sich gleichsam in den Staatsapparat eingeschrieben, sie prägen das Denken seines Personals und bestimmen, welche Probleme überhaupt und in welcher Form diskutiert werden können.

Der von den 68ern einst anvisierte »Marsch durch die Institutionen« endete in einem Marsch der Institutionen durch die früheren Protagonist*innen der Bewegung. Diese Erfahrung machten die Grünen bei ihrer ersten Regierungsbeteiligung auf Bundesebene zwischen 1998 und 2005: Schneller als es ihm lieb war und meist ohne es zu merken, verinnerlichte das grüne Spitzenpersonal die institutionellen Restriktionen und missverstand dies als Ankunft auf dem harten Boden der Realität. Gemeint war die Realität der Herrschenden, die sie bis dahin kritisiert hatten und nun mitgestalten wollten. Das Versäumnis der heute tonangebenden Grünen liegt darin, die Erfahrung von damals nicht reflektiert zu haben. Stattdessen liefen sie blindlings und unvorbereitet in eine Situation, in der sie einen Quasi-Freibrief für einen der weltweit größten Umweltsünder als klimapolitischen Kompromiss verkaufen sollten.

Angesichts von so viel grün-kapitalistischem »Realitätssinn« wird sich der fossile Riese RWE vermutlich noch länger die Hände reiben. Denn in Zeiten einer eskalierenden Klimakrise darf der Konzern nun weitere 280 Millionen Tonnen Braunkohle abbaggern und verbrennen. Im Jahr 2030 lässt er es dann gut sein mit der heißen Luft und der verbrannten Erde – und kann sich auf der Gewissheit ausruhen, dass dann die gestiegenen Preise für Zertifikate aus dem europäischen Emissionshandel die Kohleverstromung ohnehin unrentabel gemacht haben. Als Zugabe obendrauf bekommt der Konzern die Zerstörung einer wichtigen Infrastruktur der Klimagerechtigkeitsbewegung, die ihm in den kommenden Jahren noch einiges an Ärger beschert hätte: Das besetzte Lützerath war ein Ort, an dem Menschen zu Aktionstrainings, Workshops und Festivals zusammenkamen.

Nun könnte man auch sagen, dass die Vorgängerregierung der jetzigen Ampelkoalition, die von der CDU mit der SPD als Juniorpartner gebildet wurde, die Energiewende systematisch ausgebremst und damit die derzeitigen Sachzwänge geschaffen hat, mit denen die jetzige Regierung konfrontiert ist. Außerdem ließe sich argumentieren, dass die Situation ohne die Grünen in der Regierung noch schlimmer wäre, da diese Partei unter den drei Koalitionspartnern die ökologischste Agenda verfolgt. Schließlich könnte man einwenden, dass die derzeitige Regierung keine Schuld am Anstieg der Gaspreise nach dem russischen Angriff auf die Ukraine und an der anschließenden Wiederbelebung der Kohle zum Zwecke der »Energiesicherheit« trägt. Das ist alles korrekt, trifft aber nicht den entscheidenden Punkt. Dieser liegt zunächst einmal in der simplen Tatsache, dass der Abbau der Kohle unter Lützerath aus Gründen der Versorgungssicherheit und der Netzstabilität schlicht nicht nötig war. Zu diesem Schluss kommen gleich mehrere Gutachten.[3] Sodann, und in der aktuellen politischen Diskussion weitgehend vernachlässigt, stellt sich die Frage: Für wen und was wird der Strom eigentlich erzeugt? Um wessen Versorgungssicherheit geht es hier eigentlich?

Denn selbst wenn die Kohle benötigt würde, um den bestehenden Strombedarf zu decken, wäre es ökologisch naheliegend, erst einmal diesen Bedarf zu problematisieren, bevor zu seiner Deckung noch mehr CO_2 emittiert wird: Müssen wir Strom für Autofabriken erzeugen, damit darin riesige Mengen an immer größeren Fahrzeugen hergestellt werden, die, einmal freigelassen, selbst Unmengen an Strom verbrauchen oder die fossilen Treibstoffe gleich selbst in Kohlendioxid verwandeln? Brauchen wir Energie für eine chemische Industrie, die Berge von Plastikverpackungen herstellt, die nach einmaligem Gebrauch verbrannt oder nach Malaysia, in die Türkei oder in afrikanische Länder exportiert werden? Was hier sichergestellt wird, ist eine Produktions- und Lebensweise, die bereits heute unzählige Menschen in eine existenzielle Unsicherheit stürzt.

Viel sinnvoller – und angesichts sich häufender und zuspitzender Krisen immer dringlicher – wäre es dagegen, innezuhalten und zu fragen, was gesellschaftlich notwendig ist und so produziert werden kann, dass es die Erde nicht weiter aufheizt und die Lebensgrundlagen der Menschen hierzulande, anderswo und in der Zukunft nicht zerstört: ein nachhaltiges Mobilitätssystem, ein gut ausgebautes und für alle zugängliches Gesundheitssystem, ein Energiesystem aus Erneuerbaren, bezahlbare Wohnungen oder ein Bildungssystem, das Herkunftsunterschiede ausgleicht, statt sie zu reproduzieren.

In Ländern wie Deutschland gibt es dafür genug Geld. Die Gesellschaft ist reicher als je zuvor. Wer es sich leisten kann, 100 Milliarden Euro für die Bundeswehr auszugeben oder ein Rettungspaket für die Banken zu schnüren, das fast 500 Milliarden Euro umfasst, hat auch die Mittel, die Gesellschaft zukunftsfähig zu machen. Warum sollten wir weiterhin Ressourcen und menschliche Kreativität für die Entwicklung neuer Finanzinstrumente, das Design von SUVs oder die Optimierung von Waffensystemen verschwenden? Warum sollten wir wertvolle mineralische Rohstoffe in Elektroautos verbauen? Warum nicht stattdessen die sozialen Anstrengungen, die praktische und kollektive Intelligenz der Beschäftigten in der Produktion, in der Pflege oder im Gesundheitswesen, die Kreativität der Ingenieur*innen in den Dienst eines guten Lebens für alle stellen?

Solche Fragen lassen sich in Parlamenten auf Bundes- und Landesebene oder in den Ministerien bislang kaum diskutieren. Kein Wunder, denn sie berühren den Kern der kapitalistischen Produktionsweise: die Möglichkeit, das Privateigentum an den Produktionsmitteln zum Nachteil der Allgemeinheit einzusetzen, solange sich daraus Gewinne, Wachstum und Steuereinnahmen ergeben. Das wird verklausuliert mit Begriffen wie »Wettbewerbsfähigkeit«, mit dem Verweis auf Arbeitsplätze oder dem Argument, dass »die Chinesen« das Problem beim Klimawandel seien. Europa mache ja schon seine Hausaufgaben. Doch das sind Nebelkerzen.

Deshalb brauchen wir radikale soziale Bewegungen wie die für Klimagerechtigkeit, die in Lützerath und anderswo kämpfen. Sie rütteln an scheinbaren Gewissheiten, sie machen Anliegen sichtbar, die in den Staatsapparaten nicht oder nicht ausreichend vertreten sind, und sie machen vermeintlich selbstverständliche harte Realitäten als das begreifbar, was sie sind: die geronnenen Ergebnisse früherer gesellschaftlicher Konflikte, in denen sich mächtige Kapitalinteressen durchgesetzt haben.

Diese harten Realitäten als geschichtlich gewordene zu begreifen und sich einer Sachzwang-Logik zu verweigern, heißt, die oft verschüttete Möglichkeit von Veränderung freizulegen und deutlich zu machen, dass alles anders hätte kommen können – und heute ganz anders kommen könnte. Das macht radikale soziale Bewegungen so unbequem und gefährlich für die Herrschenden, und es erklärt die Repression, der sie sich gegenübersehen. Das macht sie aber auch so wichtig, denn sie verschieben den Horizont dessen, was denk- und sagbar ist. Sie öffnen einen Möglichkeitsraum, oft im Zusammenspiel mit Verbänden und kritischer Wissenschaft, der der staatlichen Politik allein im Kapitalismus systematisch versperrt ist.[4]

Um das Erreichte zu sichern und Erfolge wirksam werden zu lassen, müssen jedoch Pflöcke eingeschlagen werden. Veränderungen müssen gesetzlich verankert, finanziell unterstützt, gegen Rückschritte gesichert und so gestaltet werden, dass sie vorhersehbaren Angriffen standhalten und die Verteidiger*innen des zerstörerischen Status quo dauerhaft schwächen. Dies ist eine Schwierigkeit, die zum Scheitern vieler fortschrittlicher Bewegungen geführt hat. Viele von ihnen schaffen eine Aufbruchsstimmung, zeigen mögliche Alternativen auf, verschieben öffentliche Debatten und politisieren Teile jüngerer Generationen. Doch ohne greifbare gesellschaftliche Veränderungen, wie ein Ende der Nutzung fossiler Brennstoffe, ein Verbot der industriellen Fleischproduktion, ein konsequenter Rückbau des autozentrierten Verkehrssystems oder den Aufbau einer sozial-ökologischen Wirtschaft, verpuffen sie irgendwann in Frustration.

Eine weitere Gefahr liegt darin, dass Bewegungen zu Beginn vor allem gegen Repression und die herrschende Meinung kämpfen, ihnen auf mittlere und lange Sicht aber die Vereinnahmung droht. Repression kann Bewegungen sogar noch stärken, erhöht sie doch bei aller Gefahr für Leib und Leben auch die Aufmerksamkeit für ihre Anliegen. Vereinnahmung bedeutet dagegen oft das schleichende Ende. Entscheidend ist zunächst einmal, sich dessen bewusst zu sein. Sodann kommt es auf einen kritisch-reflektierten Umgang damit an. Das gilt sowohl für radikale soziale Bewegungen als auch für emanzipatorische Akteure in den staatlichen Apparaten, in Parteien, Gewerkschaften und Verbänden. Ihnen allen stellt sich die Herausforderung, transformative Strategien zu entwickeln und sich dabei wechselseitig zu unterstützen. Emanzipation bedeutet Befreiung von den herrschaftlichen Verhältnissen, also einem die Lebensgrundlagen immer weiter zerstörenden Kapitalismus.

Im Unterschied zu modernisierend-affirmativen Strategien zeichnen sich transformative Strategien dadurch aus, dass sie sich gegen eine Vereinnahmung sperren und Erfolge sichtbar machen. Sie konzipieren konkrete Reformen so, dass in ihnen grundlegende Veränderungen aufscheinen und dass idealerweise Dynamiken in Gang gesetzt werden, die sich der Kontrolle der Herrschenden entziehen.

Emanzipatorische Akteure, denen es um weitreichende Transformationen geht, sollten sich des Spannungsverhältnisses bewusst werden, in dem sie sich notwendigerweise bewegen, nämlich Politik *in den* und gleichzeitig *gegen* die Institutionen des kapitalistischen Staates zu machen. In diesem Widerspruch kann sich emanzipatorische Politik erfolgreich bewegen, wenn sie sich auch als institutioneller Resonanzboden sozialer Bewegungen begreift.[5] Statt nur Wähler*innen oder Mitglieder repräsentieren zu wollen, müssen Regierungen und Parteien, Gewerkschaften und Verbände, denen es um grundlegende Veränderungen geht, zur Ermächtigung von Bewegungen beitragen, aus der sie umgekehrt ihrerseits Kraft ziehen. Nur so lassen sich Dynamiken in Gang setzen, die über die strukturellen Grenzen des kapitalistischen Staates hinausweisen und schließlich in der Absicherung von weitreichenden sozial-ökologischen Errungenschaften münden.

Die Grünen haben dies versäumt. Sie agieren gleichsam auf einem halbierten Resonanzboden: Aus der Selbstermächtigung der Klimagerechtigkeitsbewegung zogen sie bei den letzten Wahlen Kraft in Form von Stimmen. Aber sie geben der Bewegung nichts zurück. Im Schlamm von Lützerath überließen sie die Bewegungen gar der staatlichen Repression, die – den Symbolgehalt der Kämpfe vervollständigend – von einem grünen Polizeipräsidenten orchestriert wurde.

Solidarität

Wie damit umgehen? Was wären emanzipatorische Richtungsforderungen beziehungsweise Elemente eines Hegemonieprojekts, die das Potenzial hätten, von breiten politischen Bündnissen getragen zu werden, in den Staatsapparaten Resonanzen zu erzeugen, aber auch eine attraktive und solidarische Produktions- und Lebensweise zu schaffen? Wie ließen sich transformative Strategien in einer »Zeit der Monster«, also des gesellschaftspolitischen Rechtsrucks und der zunehmenden öko-imperialen Spannungen, stärken?

Kritische Analysen und ein bewusstes Begreifen der komplexen Wirklichkeit sind wichtige Bestandteile von solidarischen Alternativen. Politik, so Pierre Bourdieu, beginnt mit der Aufkündigung des »unausgesprochenen Vertrags über die Bejahung der bestehenden Ordnung; mit anderen Worten: Politische Subversion setzt kognitive Subversion voraus, Subversion der Weltsicht.«[6] Strategisches Handeln mit dem Ziel, die gesellschaftlichen und politischen Kräfteverhältnisse zu verändern, gehört ebenso zur politischen Subversion, wie auch solidarisch gelebte alltägliche Beziehungen, bereits heute und oft unspektakulär entstehende Alternativen sowie andere Gewohnheiten und Subjektivitäten dazugehören.

Produktionsweisen wie solidarische Ökonomien oder ein transparenter öffentlicher Sektor, die nicht zuvorderst an Profit orientiert sind, enthalten oft bereits Elemente einer möglichen anderen Gesellschaft. Prinzipien des Rückbaus bestimmter Branchen und des Aufbaus einer solidarischen und an Gebrauchswerten orientierten Wirtschaft können entlang dieser Vorbilder gestärkt und alltagspraktisch erfahren werden.[7] Entscheidend ist dabei, das Prinzip von Sorge oder *care* zu stärken und von ihm ausgehend die Ökonomie zu denken und zu gestalten. Das beinhaltet, die gesellschaftliche Reproduktion und die damit verbundene Arbeitsteilung solidarisch zu reorganisieren und die klassen-

und geschlechtsspezifische sowie rassifizierte Ausbeutung und Herrschaft zu überwinden. »Care, commons und Suffizienz in der Produktion und im Konsum« – so nennt Christa Wichterich die Eckpunkte einer solidarischen Alternative.[8]

Der Staat und das internationale politische System sind zentral bei der rechtlichen, finanziellen, administrativen und diskursiven Absicherung emanzipatorischer Errungenschaften. Gleichzeitig sind sie Teil der vielfältigen Krisen und Probleme und müssen in ihren Strukturen und Funktionslogiken verändert werden. Das gilt vor allem für die Ausrichtung staatlicher und internationaler Politiken an Wirtschaftswachstum und dominanten Kapitalinteressen.

Wir sind nicht so naiv zu denken, dass »die Menschen« eigentlich nur darauf warten, vom Joch der Kapitalmacht befreit zu werden. Wir haben auch keine »Weltverbesserungsphantasien«, wie uns von Fred Luks vorgeworfen wurde.[9] Die imperiale Lebensweise ist für viele Menschen mehr oder weniger gut lebbar und attraktiv – oder zumindest erscheint sie alternativlos. Dennoch gibt es vielversprechende Ansätze und praktische Erfahrungen, die zeigen, dass und wie transformative Politik machbar ist. Wir möchten einige von ihnen im Folgenden zum Ausgangspunkt nehmen, um die verbindenden Elemente und strategischen Fluchtpunkte transformativer Politik aufzuzeigen: solidarische Begrenzungen, Vergesellschaftung als Basis für eine sozial-ökologische Wirtschaft, solidarische Resilienz, Reparatur sowie ein anderes Verständnis und eine andere Praxis von Freiheit.[10]

Solidarität ist der Geist, der alle diese Elemente durchweht und beseelt. Wir verstehen sie mit Raul Zelik als eine soziale Praxis, die sich der »Zerstörung des Zwischenmenschlichen« durch den Marktliberalismus und den von diesem begünstigten Aufstieg der autoritären Rechten widersetzt.[11] Solidarität kann die systemischen Grenzen der kapitalistischen Produktions- und der imperialen Lebensweise transzendieren. Sie markiert den Horizont einer emanzipatorischen Perspektive jenseits der bestehenden zerstörerischen Ordnung. Dabei ist sie notwendigerweise international, überwindet also auch die territorialen Grenzen des Nationalstaats.[12] Es geht um eine »Praxis systemsprengender Solidarbeziehungen«: Die in der zeitlichen, räumlichen und sozialen Ferne liegenden Folgen der imperialen Lebensweise werden in deren Nahbereich zurückgeholt, das Leid der einen wird als notwendige Folge exklusiver Freiheiten der anderen sichtbar gemacht. Andreas Lob-Hüdepohl bezeichnet dies treffend als »entgrenzende, universale Zuständigkeit der prima facie Nichtzuständigen [...] – um aller notleidenden Menschen willen«.[13]

Solidarität in diesem Sinne ist zunächst eine Haltung, eine Ethik und ein Empfinden, um andere Menschen zu unterstützen und das Gemeinwohl zu stärken. Sie ist auch ein Horizont von sehr unterschiedlichen, pluriversen Kämpfen.[14] Johannes Siegmund schlägt den Begriff der »Klimasolidarität« vor, weil er darin die gemeinsame Antwort der ideologisch, organisatorisch und strategisch höchst diversen Klimabewegung sieht. Gelebte Klimasolidarität organisiert vielfältige Widerstände gegen den fossilen und kolonialen Kapitalismus, sie ist aber auch die »Vorwegnahme einer gewaltfreien Welt, in der alle ein gutes Leben haben können. Klimasolidarität ist als Krisenintervention notwendig und ›gewaltwendig‹. Anstatt sich in den Teufelskreisen der Gewalt zu verlieren, wendet sie Not und die Gewalt ab und sucht einen Weg der gegenseitigen Hilfe und Kooperation.«[15]

Bei dieser in den Kämpfen vorweggenommenen besseren Welt geht es auch um den Anspruch darauf, überhaupt Rechte zu haben und Solidarbeziehungen zu institutionalisieren. Bestehende verrechtlichte Solidarbeziehungen, wie etwa der Sozialstaat, sind ambivalent. Vom Anspruch her universalistisch, sind sie bislang weitgehend nationalstaatlich organisiert und basieren auf globalen Gewalt- und Ausbeutungsverhältnissen. Zudem sind sie auch innerhalb der Nationalstaaten ungleich.

Inklusive globale Solidarität als gewollte und gelebte, institutionalisierte und verrechtlichte Beziehung ist eine der großen

Herausforderungen des 21. Jahrhunderts. Denn nur damit kann die kapitalistische Barbarei abgewendet werden. Eine Bedingung dieser überlebensnotwendigen Solidarität sind politisch erkämpfte solidarische Grenzziehungen.

Solidarische Begrenzungen politisch erkämpfen

Grenzen sollen überwunden werden – das ist die dominante Logik und Handlungsorientierung im Kapitalismus, auch im Grünen Kapitalismus: mehr Produktion, mehr Konsum, mehr Lohnarbeit, mehr Energie und Rohstoffe – und vor allem mehr Profite. Voraussetzung dafür ist die Nicht-Anerkennung von Grenzen. Der britische Ökonom Tim Jackson schreibt dazu: »Die Leugnung von Grenzen ist ein wesentlicher Bestandteil des Wachstumsmythos. Dass dieser es im Kapitalismus nicht schafft, klar zwischen dem zu unterscheiden, was begrenzt ist, und dem, was es nicht ist, ist die Wurzel allen Übels.«[16] Wir haben gezeigt, dass und wie die kapitalistischen Gesellschaften strukturell dazu tendieren, planetare Grenzen zu überschreiten, und eben deshalb an ihre eigene harte Grenze stoßen, nämlich jene der bio-physischen Reproduktion.

Doch der Kapitalismus ist nicht nur expansiv und Grenzen verschiebend, sondern setzt seinerseits auch Grenzen. Eine wichtige Grenze markiert das Privateigentum, vor allem an den Produktionsmitteln. Wird es von emanzipatorischen Kräften in Frage gestellt, dann werden im Extremfall die staatlichen Gewaltapparate mobilisiert, um es zu schützen.[17] Andere Grenzen werden von Regierungen gesetzt, um als unerwünscht erachtete Menschen, auch wenn sie in Not und auf der Flucht sind, physisch an Grenzübertritten zu hindern. Damit gehen durchaus Konflikte zwischen den herrschenden Kräften einher, denn was Regierungen verhindern wollen, ist von Unternehmen unter Umständen erwünscht, weil sie Arbeitskräfte benötigen.

Auch große Teile der Bevölkerung erleben diese Doppelbewegung der Entgrenzung und Grenzziehung. Die Mobilität hat in der kapitalistischen Moderne immer weiter zugenommen, die andernorts produzierten Waren wie Handys, Lebensmittel oder Kleidung werden als willkommen angesehen. Menschen kommen eher in Lohnarbeit unter Bedingungen eines expandierenden Kapitalismus. Das Begehren nach »Mehr« ist tief in die gesellschaftlichen und individuellen Alltagspraktiken und die Psyche eingeschrieben.

Gleichzeitig gab es historisch und gibt es heute gegenüber den Ansprüchen des Kapitals, immer mehr Menschen und Natur auszubeuten, Kämpfe um Grenzziehungen. Menschen wehren sich gegen die Zerstörung ihrer Lebensgrundlagen durch Bergbaukonzerne, gegen die Verschmutzung von Luft und Wasser.[18] Am 20. August 2023 haben in einem historischen Referendum fast 60 Prozent der Wahlberechtigten in Ecuador dafür gestimmt, das Öl in der Kernzone des Yasuní-Gebietes im Boden zu lassen. Damit bleibt eines der an Biodiversität reichsten Gebiete der Welt intakt. Zu hoffen ist nun, dass sich die Regierung an diese Grenzsetzung hält; weitere politische Konflikte sind dafür notwendig.[19]

Eine wichtige historische Errungenschaft von Grenzziehungen ist der Sozialstaat mit seinen vielfältigen Mechanismen der Umverteilung und der Unterstützung von Menschen, die auf Solidarität angewiesen sind. Im Kapitalismus ist der Sozialstaat notwendigerweise defizitär, produziert Ein- und Ausschlüsse, seine Institutionen sind umkämpft und ständigen Angriffen ausgesetzt. Im Prinzip handelt es sich bei ihm aber um eine wichtige Grenzziehung, die soziale Ungleichheit zumindest korrigiert, die Existenzgrundlagen absichert und die Unterstützung von Menschen in Not von einem Almosen in einen Rechtsanspruch transformiert.[20] Der Sozialstaat ist dabei keineswegs gegen den Kapitalismus per se gerichtet, im Gegenteil: Zu seinem Funktionieren benötigt er bis heute eine expandierende, in vielen Bereichen grenzüberschreitende Ökonomie. Soziale Sicherheit und

Verteilungsspielräume werden derart gewährleistet. Wir haben es also mit einer permanenten Doppelbewegung der Grenzüberschreitung und Grenzsetzung zu tun.

Mit anderen Worten: Wir benötigen ein sinnvolles Verhältnis zwischen dem Begrenzten, dem zu Entgrenzenden und dem Unbegrenzten. Da der Begriff der Grenzen durchaus problematische Assoziationen trägt und wir einen Fokus auf den Prozess setzen wollen, sprechen wir von *solidarischen Begrenzungen*.[21] Diese sind notwendig, weil die imperiale Produktions- und Lebensweise zu immer stärkeren Verwüstungen und Ungleichheiten führt und global nicht verallgemeinerbar ist.

Solidarischer Begrenzungen bedarf es in Form von Regeln, die die imperiale Lebensweise in ihrem expansiven Charakter zurückdrängen und es Menschen ermöglichen, nicht auf Kosten anderer und der Natur leben *zu müssen*: Die Begrenzung von Flügen, von motorisiertem Individualverkehr und industrieller Landwirtschaft muss einhergehen mit einem universellen und gleichberechtigten Zugang zu nachhaltigen Mobilitätssystemen und zu qualitativ hochwertigen, saisonal und regional erzeugten Lebensmitteln. Damit verbunden ist die Begrenzung der Macht und des Verfügungsanspruchs des Kapitals, bis hin zu Eingriffen in Eigentumsrechte und zur Vergesellschaftung der (Re-)Produktion.

Es geht aber auch um eine »Ethik kollektiver Selbstbegrenzung«, die ein selbstbestimmtes Zusammenleben ermöglicht.[22] Andere Werte und Formen des Wohlstands, nämlich jene eines sinnerfüllten Lebens, müssen gesehen und positiv erfahren werden, damit Menschen nicht länger (nur) von den Konsumversprechen der Werbeindustrie getrieben sind.[23] Friederike Habermann hat den Begriff der »Ecommony« vorgeschlagen, um eine wesentlich auf Gemeingütern basierende Wirtschaft zu fassen, in der Eigentum zunehmend durch Besitz ersetzt wird. Dafür muss die Welt nicht neu erfunden werden; es gibt unzählige Beispiele.[24] Frank Adler weist in seinem Überblickswerk zum Thema Postwachstum darauf hin:

»Transformative Politiken der Selbstbegrenzung können zurückgreifen auf ein großes Reservoir an Praktiken, Werten, Traditionen und Erfahrungen, auf ein Pluriversum von Bewegungen, Initiativen, Weltsichten und Prinzipien aus verschiedenen Regionen, Kulturen, Epochen, sozialen Gruppen, die zeigen, wie gutes Leben und Grenzen verknüpft werden können.«[25]

Diese vielfältigen Begrenzungen müssen politisch erkämpft werden und mit gesellschaftlichen Lernprozessen einhergehen. Kohei Saito betont in seinen Vorschlägen für einen »Degrowth-Kommunismus«, dass die planetaren Grenzen nicht als Orientierung ausreichen: Die Bestimmung von Grenzen sei

»ein Produkt politischer Prozesse, die von wirtschaftlichen, sozialen und ethischen Entscheidungen begleitet werden. [...] Ein Werturteil darüber, in welcher Welt wir leben wollen, muss wirklich demokratisch, unter möglichst großer Berücksichtigung der Stimmen der zukünftigen Generationen erörtert und debattiert werden.«[26]

Es wäre politisch töricht, zu glauben, dass die zunehmenden wissenschaftlichen Einsichten über die ökologischen Zerstörungen die Regierungen, Staaten und Unternehmen zum Handeln bringen.[27] Es braucht dafür emanzipatorische Kämpfe.

Vergesellschaftung und sozial-ökologische Infrastrukturen

Eine ebenso ermutigende wie politisch und konzeptionell zentrale Initiative der jüngeren Zeit ist »Deutsche Wohnen & Co. enteignen« (DWE). Sie hat mit einem längeren politischen Vorlauf das erfolgreiche Referendum zur Enteignung großer Immobilienunternehmen 2021 in Berlin organisiert. Anfang 2024 ist es zwar fraglich, ob die Berliner Politik den mehrheitlichen Wunsch der

Bevölkerung respektiert und die großen Wohnungsunternehmen tatsächlich vergesellschaftet. Klar ist jedoch, dass eine großmaßstäbliche Vergesellschaftung von Wohnraum die Lebenssituation vieler Menschen unmittelbar verbessern und gleichzeitig sehr konkret ein Strukturprinzip des Kapitalismus in Frage stellen würde, nämlich die private Verfügung über eine basale Infrastruktur. Durch eine Vergesellschaftung würde diese der Profitlogik entzogen und in ihrer Gebrauchswerteigenschaft gestärkt.

Ähnlich ließe sich mit anderen Infrastrukturen verfahren. Auch im Energiebereich wird über Vergesellschaftung diskutiert, in der Wasserversorgung wurden vielerorts privatisierte Unternehmen rekommunalisiert. Im italienischen Campi Bisenzio nahe Florenz besetzten die Beschäftigten des Automobilzulieferers GKN 2021 ihre Fabrik, nachdem der Eigentümer deren Schließung angekündigt hatte. Mit Unterstützung von Wissenschaftler*innen und der Klimabewegung erarbeitete das Collettivo di Fabbrica einen Konversionsplan, der vorsieht, statt Autoteilen Lastenräder und Fotovoltaik-Anlagen zu produzieren. Eine Genossenschaft soll als Rechtsform für die geplante alternative Produktion fungieren.[28]

Die (wiederbelebte) wissenschaftliche Debatte über Vergesellschaftung, demokratische Wirtschaftsplanung, Gebrauchswertorientierung und Konversion ist ein Ausdruck dieser Entwicklungen. Gleichzeitig wirkt sie orientierend auf diese ein. Beide – die Debatte und die Entwicklung – stehen also in einem wechselseitigen Zusammenhang, der sich nicht zuletzt daraus ergibt, dass die Bewegungen ihre eigenen Intellektuellen hervorbringen.[29]

Das mag angesichts der dominierenden Dynamiken von rechts als randständig erscheinen. In der Tat ist die Vergesellschaftungsdiskussion weit davon entfernt, in großem Umfang gesellschaftlich wirkmächtig zu werden. Aber dennoch ist sie ein wichtiger Gradmesser der fundamentalen Krise, die wir derzeit erleben. Sie macht zudem deutlich, dass die Grenzen kapitalistischer Krisenbearbeitung erreicht sind, dass eine andere Gesellschaft für die Vielen zu einer Frage des Überlebens geworden ist. Und schließlich zeigt sie auf, was denkbar und möglich wäre, wie also konkrete Reformen, deren Notwendigkeit und Machbarkeit für die Vielen unmittelbar einsichtig sind, für die sich also prinzipiell Mehrheiten organisieren ließen, zu gestalten wären, damit sie den Weg in eine grundlegende Veränderung der Produktions- und Lebensweise ebnen.

Vergesellschaftung bedeutet im Kern Demokratisierung. Den Wenigen in den Unternehmensleitungen oder an der Spitze von Staaten und internationalen Organisationen wird die Möglichkeit genommen, Entscheidungen zu treffen, die zu Lasten anderer in Raum und Zeit gehen, ohne dass diese anderen die Möglichkeit hätten, an den Entscheidungen mitzuwirken. Positiv gewendet: Alle haben das Recht, gleichberechtigt an den Entscheidungen, von deren Auswirkungen sie betroffen sind, beteiligt zu werden. Und, darauf besteht Hans Thie: »Alles Eigentum, das über das Persönliche hinausgeht und – in welcher Form auch immer – Macht über andere Menschen begründet, wäre demokratiepflichtig. Das ist der Sprung, den man gedanklich machen muss.«[30]

Das klingt abstrakt, hat aber zwei konkrete Implikationen: Erstens beinhaltet es, dass die reproduktionsnotwendigen gesellschaftlichen Bereiche der Profitlogik entzogen und einer demokratischen Kontrolle unterworfen werden.[31] Dabei handelt es sich vor allem um soziale und sozio-technische Infrastrukturen: Krankenhäuser, Wohnungen, Einrichtungen der Pflege und Kinderbetreuung, Bildungseinrichtungen, Versorgungssysteme in den Bereichen Mobilität, Wasser, Energie und Kommunikation. Viele dieser Bereiche sind oder waren zumindest einst unter öffentlicher (nicht notwendigerweise demokratischer) Kontrolle und gehorchten der Logik der Daseinsvorsorge, bis sie im Neoliberalismus entweder privatisiert oder aber als öffentliche Bereiche einem Wettbewerbs- und Profitabilitätszwang unterworfen wurden. Wie schädlich das ist, zeigte besonders eindringlich die Coronakrise.

Eine Politik der Vergesellschaftung würde auf den noch existierenden Erfahrungen und Wissensbeständen der öffentlichen oder gar demokratischen Bewirtschaftung von Infrastrukturen aufbauen. Zudem könnte sie die Bezeichnung »Infrastruktur« auf andere, bisher nicht als solche bezeichneten, nichtsdestotrotz reproduktionsnotwendigen Bereiche ausdehnen. Dazu gehört etwa das Landwirtschafts- und Ernährungssystem. Es ist nicht nur essenziell für alle, sondern stellt auch ein zentrales Feld des sozial-ökologischen Umbaus dar.[32] Insofern ist nicht einzusehen, warum große profitorientierte Unternehmen die Produktion und Distribution von Lebensmitteln bestimmen sollten.

Das Landwirtschafts- und Ernährungssystem zu vergesellschaften würde nicht bedeuten, dass es keine selbständig wirtschaftenden Betriebe mehr gäbe. Jedoch wäre deren Größe beschränkt. Vor allem aber wäre die Verfügungsgewalt über den Boden vergesellschaftet oder genossenschaftlich organisiert. Es gäbe beispielsweise keine Finanzinvestoren mehr, die sich riesige Landflächen unter den Nagel reißen, um aus der agrarindustriellen Produktion von Lebensmitteln oder Energiepflanzen Profit zu schlagen. Die Bodenvergabe würde stattdessen demokratisch kontrolliert und an eine solidarische und sozial-ökologische Bewirtschaftung gebunden. Entsprechende Ansätze gibt es bereits heute. Ein Beispiel ist die Kulturland-Genossenschaft, die landwirtschaftliche Flächen erwirbt, um sie dem Zugriff von Finanzinvestoren und Großunternehmen zu entziehen und sie einer solidarischen und ökologischen Landwirtschaft zur Verfügung zu stellen.[33] Derartige Ansätze müssten gestärkt und zum allgemeinen Prinzip der Bodenbewirtschaftung gemacht werden.

Die zweite Implikation einer als Demokratisierung begriffenen Vergesellschaftung besteht darin, dass sie eine Voraussetzung für die solidarische Selbstbegrenzung schafft.[34] Damit meinen wir nicht den Verzicht auf die Güter und Dienstleistungen, die für ein gutes Leben notwendig sind. Im Gegenteil, darauf liegt sogar der Fokus. Es geht um die Fülle des für ein gutes Leben

Notwendigen, dessen Vorhandensein im Kapitalismus strukturell verknappt wird. Denn es ist ja nicht so, dass Knappheit den Wohnungen, Lebensmitteln, Kleidung oder den Infrastrukturen für Gesundheit, Bildung, Pflege, Kommunikation, Mobilität oder Energie per se innewohnen würde. Tatsächlich ließen sie sich für alle Menschen in ausreichendem Maße und unter Berücksichtigung ökologischer Restriktionen zur Verfügung stellen.[35] Dass das nicht passiert, dass also viele Menschen keinen oder nur einen eingeschränkten Zugang zu lebensnotwendigen und das Leben lebenswert machenden Gütern haben, liegt daran, dass die Verfügungsmacht in den Händen weniger Menschen liegt und dass diese Wenigen aus der Produktion und dem Verkauf des Lebenswerten und Lebensnotwendigen den höchstmöglichen Profit zu ziehen versuchen. Selbst dort, wo sich Infrastrukturen in staatlicher Hand befinden, sind sie der Marktlogik unterworfen beziehungsweise mit budgetären Zwängen wie der Schuldenbremse konfrontiert, die letztlich den Besitzer*innen großer Vermögen zugutekommen. Das bedeutet nicht selten, dass die Bezahlung und die Arbeitsbedingungen etwa in der Pflege oder im öffentlichen Personentransport schlecht sind und deswegen zu wenig Menschen dort arbeiten.

Umgekehrt wird ein großer Teil des gesellschaftlichen Arbeitsvermögens in *bullshit jobs* verausgabt, die ebenso gut bezahlt wie gesellschaftlich sinnlos oder gar schädlich sind. David Graeber hat diese Diskrepanz brillant beschrieben:

> »Offensichtlich gilt in unserer Gesellschaft die Regel, dass eine Arbeit umso schlechter bezahlt wird, je offensichtlicher sie anderen Menschen nützt. Auch hier ist es schwierig, ein objektives Maß zu finden, aber einen Eindruck kann man sich mit einer einfachen Frage verschaffen: Was würde geschehen, wenn diese ganze Berufsgruppe einfach verschwinden würde? Man kann über Krankenschwestern, die Mitarbeiter der Müllabfuhr oder Automechaniker sagen, was man will, aber eines liegt auf der

Hand: Würden sie sich plötzlich in Luft auflösen, die Folgen wären sofort spürbar und katastrophal. Auch eine Welt ohne Lehrer und Hafenarbeiter würde schnell in Schwierigkeiten geraten, und selbst ohne Science-Fiction-Autoren oder Ska-Musiker wäre sie sicher weniger schön. Dagegen ist nicht ganz klar, wie die Welt leiden würde, wenn alle Privat-Equity-Manager, Lobbyisten, Public-Relations-Forscher, Versicherungsfachleute, Telefonverkäufer auf ähnliche Weise verschwinden würden.«[36]

Man könnte diese Liste problemlos erweitern. In Zeiten der ökologischen Krise würden sicherlich auch solche Jobs dazu gehören, die – wie der Bau von zu vielen und großen Autos – Mensch und Natur großen Schaden zufügen und deshalb manchen von denen, die sie ausüben, zunehmend Unbehagen bereiten.

Der Auf- und Ausbau der reproduktionsnotwendigen Infrastrukturen muss folglich mit dem Rückbau von solchen wirtschaftlichen und gesellschaftlichen Tätigkeiten einhergehen, die aus der Perspektive der sie Ausübenden sinnlos und aus sozial-ökologischen Gründen nicht zu legitimieren sind. Die entscheidenden Maßstäbe von Legitimität sind dabei die Verallgemeinerbarkeit und die Reversibilität. Die Produktion und die Nutzung von Autos für den Individualverkehr, zumal von immer größeren, sind nicht verallgemeinerbar. Sie beinhalten einen überproportionalen Zugriff auf Ressourcen und Senken und untergraben damit die Lebensbedingungen von Menschen andernorts und in der Zukunft. Ihre Folgen sind auch nicht reversibel, denn die für die Automobilität nötige Extraktion von Metallen und fossilen Rohstoffen hinterlässt zerstörte Ökosysteme, und die CO_2-Emissionen des Transportsektors sind einer der wichtigsten Treiber der Klimakrise. Der Übergang zur Elektro-Automobilität – das haben wir im fünften Kapitel gezeigt – wird daran im Grundsatz nichts ändern. Mit ihm verschieben sich die sozial-ökologischen Probleme nur, etwa von der Extraktion fossiler auf die metallischer Rohstoffe. Aber sie werden nicht überwunden. Auch die

Elektro-Automobilität verursacht sozial-ökologische Kosten, die sie in Zeit und Raum externalisiert. Das aber ist hochgradig undemokratisch. Die von der Kostenexternalisierung Betroffenen haben keine Chance zur Mitsprache, sei es, weil sie woanders leben, oder weil sie erst künftig leben werden. Zudem verstärkt die Externalisierung die öko-imperialen Spannungen. Faktisch handelt es sich bei der Automobilität um ein sozial-ökologisches Herrschaftsverhältnis. Allerdings erscheint sie nicht als solches, denn das Herrschaftsverhältnis schreibt sich in die Institutionen, Infrastrukturen, Kräfteverhältnisse und Alltagspraxen vor allem des globalen Nordens ein und wird dadurch dort, wo sich die Vorteile der Automobilität konzentrieren, unsichtbar.

Das Problem lässt sich nicht dadurch lösen, dass nun alle Beschäftigten der Autokonzerne, die Arbeiter*innen in den Eisenerzminen oder die Bevölkerung der Erdölregionen an den Entscheidungen der Konzerne beteiligt werden. Dagegen steht nicht nur die nationalstaatliche Fragmentierung des kapitalistischen Weltsystems, sondern auch die kaum zu bewältigende Komplexität entsprechender Entscheidungsverfahren. Zukünftige Generationen können ihre Stimme schlicht noch nicht erheben. Deshalb bleibt nur der Rückbau der Autoindustrie als Akt der solidarischen und demokratischen Selbstbegrenzung. Und die Automobilität ist nur einer von vielen Bereichen, die zurückgebaut werden müssen. Die hier vorgebrachten Argumente betreffen genauso die Kohleverstromung, die Atomenergie (aus der zumindest Deutschland 2023 ausgestiegen ist), die Rüstungsindustrie oder die industrielle Fleischproduktion. Die Vergesellschaftung dieser und weiterer Bereiche würde die Voraussetzung für einen Rückbau schaffen, der unter privatkapitalistischen Eigentumsverhältnissen nicht möglich wäre.

Die beiden Implikationen einer demokratischen Vergesellschaftung sind eng miteinander verbunden: So setzt der Rückbau des autozentrierten Verkehrssystems voraus, dass andere soziale und sozio-technische Infrastrukturen auf- und ausgebaut werden. Die meisten Menschen pendeln nicht freiwillig mit dem Auto zur Arbeit, sie nutzen es möglicherweise auch für andere Wege nur mangels Alternativen. Automobilität ist deshalb auch *erzwungene Mobilität.* Als solche lässt sie sich nur überwinden, wenn die Mobilitätszwänge beseitigt werden. Dies geschieht etwa dadurch, dass ländliche Räume mit den Infrastrukturen ausgestattet werden, die in den Jahrzehnten des Neoliberalismus systematisch zerstört wurden. Wo Gesundheits- und Pflegeeinrichtungen, Kindertagesstätten, Schulen, Kulturzentren, Bibliotheken, schnelles Internet und Ähnliches vorhanden sind, müssen Menschen nicht länger große Distanzen zurückzulegen, um ihren Alltag zu bewältigen. Das ist auch eine Lehre aus den Gelbwesten-Protesten in Frankreich, die sich dagegen richteten, dass die fossile Automobilität verteuert werden sollte, ohne dabei auch die Rahmenbedingungen zu verändern, die die Menschen zum Autofahren zwingen.

Der Zusammenhang zwischen Rückbau und Aufbau zeigt sich noch in einem anderen Punkt. Soziale Infrastrukturen oder eine sozial-ökologische Landwirtschaft sind arbeitsintensiv. Sie schaffen dort, wo sie entstehen, gesellschaftlich sinnvolle Arbeitsplätze. Die Arbeitsplatzverluste durch den Rückbau großer und volkswirtschaftlich zentraler Industrien und durch den Abbau von *bullshit jobs* ließen sich so zum Teil kompensieren. Das ist alles andere als ein Selbstläufer, denn Rückbau und Arbeitsplatzbedarf können räumlich auseinanderfallen. Jedoch besteht flächendeckend ein Bedarf an Arbeitskräften in der Pflege und im Gesundheitsbereich, der nicht zuletzt aufgrund niedriger Löhne und schlechter Arbeitsbedingungen nicht gedeckt werden kann. Das gilt auch in anderen Bereichen der Daseinsvorsorge wie dem öffentlichen Personentransport und stellt eine Herausforderung für die Gewerkschaften dar, der diese – siehe die Kampagne *#wirfahrenzusammen* – teilweise in einer neuen Allianz mit der Klimabewegung gerecht zu werden versuchen.[37] Hans-Jürgen Urban spricht diesbezüglich von »Transformationsallianzen«.[38] Weitere

Kompensationsmaßnahmen wären der kostenlose Zugang zu den lebensnotwendigen Infrastruktursystemen und eine Arbeitszeitverkürzung bei vollem Lohnausgleich, die die Produktivitätsgewinne an die unmittelbaren Produzent*innen zurückgeben würde und dazu beitragen könnte, sowohl bezahlte als auch unbezahlte gesellschaftlich sinnvolle Arbeit anders, vor allem geschlechtergerecht, zu verteilen.

Der demokratisch organisierte Rückbau von sozial-ökologisch nicht tragbaren Industrien und Dienstleistungen wird notwendigerweise partiell sein. Denn die Kompetenzen der Beschäftigten ebenso wie ein Teil der Produktionsmittel werden gebraucht, um die sozial-ökologisch erwünschten Infrastrukturen auf- und auszubauen. Das Stichwort hier lautet *Konversion*.[39] Ein großer Teil der heutigen Autoindustrie etwa

> »könnte auf die Schienenfahrzeugproduktion umgestellt werden. Statt großer SUVs und spritfressender Verbrenner könnten dann bei VW, Daimler, Ford und ihren Zulieferern Komponenten für öffentliche Verkehrsmittel wie Eisenbahnen oder auch Busse produziert werden. Die dort tätigen Arbeiter:innen und Ingenieur:innen besitzen eine hohe Kompetenz in der Blechumformung, der allgemeinen Metallbearbeitung, der Maschinennutzung, der Montage und der Steuerungstechnik. Genau das befähigt sie aber auch, Eisenbahnen und Busse herzustellen. Das ist ein wesentlicher Grund, warum sich die Klimabewegung strategisch gegen eine Zerstörung der Arbeitsplätze und Fertigungskapazitäten bei VW, Ford oder Continental wenden sollte. Nicht zuletzt ergibt sich hieraus eine gemeinsame Perspektive für Arbeiter- und Klimabewegung.«[40]

Der Arbeitskräftebedarf einer Mobilitätswende ist enorm. Mehrere Studien gehen davon aus, dass er den Arbeitsplatzabbau in der Automobilproduktion überkompensieren würde.[41] Die Voraussetzung dafür wäre, die Autokonzerne in gesellschaftliches Eigentum zu überführen.

Solidarische Resilienz

Der Historiker Adam Tooze sieht bei der Klimakrise eine dreifache Ungleichheit: »Die Ungleichheit der Verantwortung für ihre Entstehung, die Ungleichheit der Betroffenheit von den Auswirkungen und die Ungleichheit an verfügbaren Ressourcen für den Schutz vor den Folgen und die Anpassung an die Erderwärmung.«[42] Die letzte Dimension der Ungleichheit wird bislang unterschätzt. Doch sie wird umso dramatischer, je mehr sich die disruptiven Ereignisse häufen. Es sind vor allem die Vermögenden und große Teile der Gesellschaften des globalen Nordens, die sich eher vor den negativen Folgen schützen und an diese anpassen können. Es handelt sich in gewisser Weise um eine weitere, viel Leid, Gewalt und Tod verursachende Form der Krisenexternalisierung.[43] Damit werden die (welt-)gesellschaftlichen Spaltungen vorangetrieben, die wiederum den rechtsautoritären politischen Kräften zugutekommen. Insbesondere staatliche und internationale Politik werden immer stärker mit Vorsorge- und Aufräummaßnahmen befasst sein und die Kosten dafür werden zunehmen. Dazu kommen militärische Auseinandersetzungen und Aufrüstungsprogramme in einer scheinbar außer Rand und Band geratenden Welt, wodurch die dafür nötigen enormen finanziellen Mittel, die Produktionskapazitäten, das Wissen und die Arbeitskraft andernorts fehlen.

Die demokratische Kontrolle von Infrastrukturen ist für das gute Leben aller entscheidend. In Zeiten der Klimakrise wird sie zudem zur Bedingung für das *Überleben*. Wir haben uns im zweiten Kapitel kritisch auf das Konzept der Resilienz bezogen. In seiner neoliberalen Variante, so haben wir im Anschluss an Stefanie Graefe argumentiert, affirmiert Resilienz den Status quo. Anstatt die Krisenursachen transparent zu machen und zu bekämpfen, betrachten Resilienzstrategien diese als gegeben und konzentrieren sich darauf, die gesellschaftliche und vor allem die individuelle Widerstands- und Anpassungsfähigkeit zu steigern.

Diese Form der affirmativen Resilienz ist gleichzeitig exklusiv: Sie blendet die unterschiedlichen Kapazitäten der Krisenanpassung aus, die sich aus den ungleichen gesellschaftlichen und internationalen Verhältnissen ergeben.

Mehr noch: Affirmative Resilienz hier untergräbt die Anpassungsfähigkeit dort. Wenn Länder wie Deutschland krisenfest zu werden versuchen, indem sie etwa ihre Gasversorgung räumlich diversifizieren und Gas aus dem Senegal importieren, dann ist das nur vordergründig der von Bundeskanzler Olaf Scholz proklamierte Deal »auf Augenhöhe«. Denn zum einen verursacht die Gasextraktion selbst sozial-ökologische Kosten in den Herkunftsländern. Zum anderen wird Gas zwar oft als Brücke auf dem Weg in eine Zukunft bezeichnet, die von den Erneuerbaren, etwa in Form von grünem Wasserstoff, geprägt sei. Faktisch handelt es sich aber um einen fossilen Energieträger, dessen Verbrennung die Klimakrise weiter anheizt und dessen Nutzung mit dem Bau zusätzlicher Terminals für Flüssigerdgas an der deutschen Nord- und Ostseeküste infrastrukturell festgeschrieben wird. Die Folgen einer derartigen Perpetuierung des fossilen Energieregimes treffen letztlich den globalen Süden stärker als den globalen Norden.

Resilienz im globalen Süden setzt deshalb den Rückbau und Begrenzungen im globalen Norden voraus. Eine autoritär stabilisierte ebenso wie eine ökologisch modernisierte imperiale Lebensweise im globalen Norden macht es vielen Menschen im globalen Süden unmöglich, sich an die nicht mehr vermeidbaren Folgen der ökologischen Krise anzupassen. Die Ökonomie, die mit affirmativen Resilienzstrategien krisen- und energiesicher gemacht werden soll, ist »keine Ökonomie, die um das Lebensrecht aller herum organisiert ist, sondern eine der automobilisierten, privaten Hausbesitzer, der ausschließenden Politiken und der strukturellen Produktion von Abfall.«[44] Es ist eine Ökonomie, die auf ungleichen Verhältnissen im internationalen und innergesellschaftlichen Maßstab beruht.

Solidarische Resilienz setzt an dieser Stelle an. Sie sieht im Außerkraftsetzen der krisengenerierenden Mechanismen einer imperialen Produktions- und Lebensweise die notwendige Bedingung für eine Klimaanpassung im Interesse der Vielen. Gleichzeitig erkennt sie an, dass diese Bedingung nicht hinreichend ist. Denn die Klimakrise bedroht und zerstört bereits heute menschliches Leben, die Natur und Ökosysteme, und sie wird auch dann noch weiterwirken, wenn die imperiale Produktions- und Lebensweise bereits Geschichte ist. Hinreichend ist solidarische Resilienz also erst dann, wenn sie die Gesellschaften in einer Weise umbaut, die ein (Über-)Leben trotz der Katastrophe gewährleistet. Das betrifft vor allem die gesellschaftlichen Infrastrukturen. Insofern bedingen sich die beiden strategischen Elemente »Vergesellschaftung« und »solidarische Resilienz« wechselseitig.

Das lässt sich am Beispiel des Wohnens, der Erhöhungen der Mietpreise und der Energiekosten sowie der damit einhergehenden Auseinandersetzungen, die derzeit etwa in deutschen Städten darum geführt werden, anschaulich zeigen. Der Gebäudesektor verursacht in Deutschland circa 30 Prozent der Treibhausgasemissionen und ist für 35 Prozent des Endenergieverbrauchs verantwortlich.[45] Die Wärmewende ist deshalb ebenso wie die Energie- und die Mobilitätswende ein Schlüssel zu wirksamerem Klimaschutz. Darüber hinaus ist sie für eine solidarische Klimaanpassung wichtig, denn schlecht isolierte Gebäude, in denen meist Menschen mit niedrigem Einkommen leben, schützen nicht vor den sich häufenden Hitzewellen. Den Gebäudebestand energetisch zu sanieren, wäre folglich eine Maßnahme, in der sozial- und klimapolitische Ziele konvergieren.

Dem steht allerdings die im Bereich Wohnen vorherrschende Profitorientierung entgegen. In deren Rahmen, so Armin Kuhn, »ist der klimagerechte Umbau im Zeitraum, der für die Umsetzung des 1,5-Grad- (oder selbst des 2-Grad-) Ziels nötig ist, unmöglich. Die profitorientierte Bewirtschaftung von Wohnungen und Immobilien will die dabei entstehenden klimatischen

Kosten immer externalisieren. Denn wie in anderen Wirtschaftsbereichen auch ist die klima- und umweltschädlichste Lösung kurzfristig oft die billigste und damit gewinnträchtigste.«[46] Dort, wo energetisch saniert beziehungsweise das Wohnumfeld durch Begrünung an die steigenden Temperaturen angepasst wird, können Mietsteigerung, »grüne Gentrifizierung« und damit die Verdrängung von einkommensschwächeren Gruppen die Folge sein. Solidarische Resilienz im Gebäudesektor würde deshalb bedeuten, die Eigentumsfrage zu stellen und das Wohnen als soziale Infrastruktur zu begreifen, die weitgehend zu vergesellschaften oder genossenschaftlich zu organisieren wäre.

Der klimagerechte Umbau sozialer und sozio-technischer Infrastrukturen setzt deren gesellschaftliche Kontrolle voraus und kann gleichzeitig als mehrheitsfähiges Einstiegsprojekt in die Vergesellschaftung und den grundlegenden Umbau der Produktions- und Lebensweise fungieren. Die sich intensivierende Kooperation zwischen Mieten- und Klimabewegung in Deutschland verleiht dem einen politischen Ausdruck.[47] Wie der Stadtsoziologe Mike Davis bereits vor zehn Jahren schrieb, bieten »die egalitären Aspekte des Stadtlebens die besten soziologischen und physikalischen Voraussetzungen für Ressourcenschonung und Reduktion des CO_2-Ausstoßes«.[48] Das lässt sich auf die Klimaanpassung und auf ländliche Regionen übertragen. Es markiert den Horizont einer Anpassungspolitik, in der sich der Abbau von sozialer Herrschaft und der Abbau von Naturbeherrschung wechselseitig bedingen und gemeinsam die Grundlage für eine solidarische Bewältigung der Klimakrise schaffen – dafür, dass im Schlechten etwas Gutes entstehen kann.

Eine Strategie der solidarischen Resilienz verbindet folglich den Schutz vor den nicht mehr vermeidbaren Auswirkungen der Klimakrise und den Fokus auf die am stärksten Betroffenen mit der Frage, wie wir eigentlich leben wollen und können. Es geht, so Philipp Staab, um die »Entfaltung von Freiheit im Kontext kollektiver und individueller Selbsterhaltung. Positiv bedeutet

Anpassung die Mobilisierung für diese Freiheit.«[49] Wir kommen auf diesen Aspekt noch zurück.

Die Aufwertung der für das Überleben und ein gutes Leben aller nötigen Infrastrukturen ist die Essenz zahlreicher progressiver Kämpfe, wie sie sich derzeit weltweit beobachten lassen. Sie wird umso wichtiger, je stärker und häufiger die Infrastrukturversorgung durch die Klimakrise bedroht wird und gleichzeitig in den Mittelpunkt der Klimaanpassung rückt. Vergesellschaftetes Wohneigentum, lokale und klimaangepasste Ernährungssysteme, funktionierende Einrichtungen der Pflege und Gesundheitsfürsorge oder ein nachhaltiges Mobilitätssystem – das waren schon immer Kernanliegen progressiver Kräfte. In Zeiten der Klimakrise werden sie zu einer Frage des Überlebens.

Reparatur als solidarische und transformative Praxis

E. Tendayi Achiume, die ehemalige Sonderberichterstatterin der Vereinten Nationen zu Rassismus und Fremdenfeindlichkeit, schrieb 2022 in einem Bericht an die UNO-Vollversammlung:

> »Systemischer Rassismus diente als grundlegendes Organisationsprinzip für die globalen Systeme und Prozesse, die den Kern der Klima- und Umweltkrise bilden. [...] Völker in ehemals kolonisierten Gebieten, die rassifizierend als nicht-weiß bezeichnet wurden, tragen die unverhältnismäßige Umweltbelastung infolge der Gewinnung, Verarbeitung und Verbrennung von fossilen Brennstoffen.«[50] Entsprechend wichtig sei »die Entkolonialisierung des internationalen Systems und die Wiedergutmachung von Rassendiskriminierung, die ihre Wurzeln in Sklaverei und Kolonialismus hat«.[51]

Diese bis heute anhaltende enorme Ungleichheit und Gewalt wird in der internationalen Politik zunehmend thematisiert, auch in Bezug auf die ökologische Krise. Es geht zum einen, wie bereits gezeigt, um den Kampf gegen den erdzerstörerischen Reichtum der Wenigen und für den Rückbau der von ihnen kontrollierten Produktion. In den ehemals kolonisierten Regionen geht es, neben Wiedergutmachung, auch um Unterstützung beim Umgang mit den sozial-ökologischen Schäden und Verlusten. Viele davon, wie etwa der Meeresspiegelanstieg, die Wüstenbildung, abgeholzter Regenwald, der Biodiversitätsverlust oder ausgetrocknete Seen und Flüsse, sind irreversibel. Das betrifft auch Krankheit und Tod von vielen Menschen, seelische Verletzungen und Traumatisierung durch Gewalt und den Verlust kultureller Errungenschaften. In anderen Fällen ist die Heilung von Menschen, Gemeinschaften und Natur durchaus möglich. Die Reparatur von Schäden, wie sie etwa beim Abbau von großes Seltenen Erden oder Uran verursacht werden, wird jedoch die Arbeit vieler Generationen in Anspruch nehmen. Wiederum andere Schäden wie die Wegnahme von Land müssen sofort wiedergutgemacht werden, um die Lebensbedingungen geschädigter Menschen und Regionen zu sichern. Adressat*innen von Reparatur- und Wiedergutmachungsleistungen sind oft enteignete indigene Völker, übrigens auch im globalen Norden. Doch die katastrophalen Überschwemmungen in Pakistan vom Sommer 2022 zeigen, dass Reparationen für die Folgen der Klimakrise auch von Regierungen gefordert werden. Die Zahlungen für die erlittenen und noch folgenden Schäden sollen von den verantwortlichen Unternehmen und Ländern geleistet werden.[52]

In der offiziellen Klimapolitik wird das seit einigen Jahren als *loss and damage* (Verlust und Schäden) diskutiert.[53] So wichtig das Thema ist, so sehr bleibt es beim politischen Ton der humanitären Hilfe des Nordens an den Süden. Es wird nicht nur zu wenig Geld zur Verfügung gestellt, sondern es gibt auch kein *Recht* auf solidarische Unterstützung im Fall von klimawandelbedingten Verlusten und Schäden. Deutlich wird in diesen Diskussionen, dass bei den offiziellen Maßnahmen die nördlichen Akteure und Teile der Eliten des Südens die Prozesse kontrollieren wollen. Allerdings ist aktuell, dass heißt Anfang 2024, die Finanzierung des von der Weltbank verwalteten Fonds viel zu gering.

Von großen Teilen der sozialen Bewegungen und kritischen Wissenschaftler*innen werden über die Kompensation von Verlust und Schäden hinaus Klimaschulden und Klimareparationen betont, um transformative Gerechtigkeit einzufordern.[54] Klimareparationen sind »Politiken und Maßnahmen, die von einem Staat oder einem Unternehmen ergriffen werden, um vergangene und gegenwärtige systematische Ungerechtigkeiten im Zusammenhang mit der Klimakrise zu beseitigen und die (Welt-)Wirtschaft so umzubauen, dass Klimagerechtigkeit, Wohlergehen und Gleichheit für alle Menschen weltweit gewährleistet sind.«[55]

Dabei geht es erstens um Kompensationen und Unterstützung, die in den geschädigten Bevölkerungsgruppen und Regionen ankommen. Damit soll der Gefahr begegnet werden, dass unverantwortliche Regierungen in Nord und Süd die Gelder für andere Zwecke einsetzen. Die Kompensationen können Schuldenerlasse, Technologietransfer, Geldflüsse oder Unterstützung bei Maßnahmen zum Katastrophen- und Klimaschutz und zur Anpassung oder Renaturierung umfassen.

Zweitens ist es wichtig, dass die Hauptverursacher der Klimakrise – nördliche Regierungen und fossile Konzerne – ihre historische und aktuelle Verantwortung anerkennen und entsprechend handeln. Zentral ist dabei der Ausstieg aus der Förderung und Nutzung fossiler Energieträger und das Verantwortlichmachen der fossilen Erdzerstörer. Doch auch die Extraktion anderer Rohstoffe, das haben wir an vielen Stellen des Buches gezeigt, muss drastisch zurückgehen. Die Rückgabe von Land und Territorien ist eine andere Maßnahme der Begleichung von Klimaschulden, wobei die zu beteiligenden Akteure und die einzurichtenden Mechanismen konkretisiert werden müssen. Zudem sind die Anerkennung des Klimawandels als Fluchtgrund und entsprechend offene Migrationspolitiken eine wichtige Maßnahme. Klimareparationen sind schließlich ein Lernfeld für Versöhnung, praktizierten Antirassismus und für Geschichtsarbeit, bei der die Verletzungen der Betroffenen des Klima-Kolonialismus aufgearbeitet werden.[56]

Entscheidend ist jedoch drittens, dass die transformative Gerechtigkeit verbunden wird mit Forderungen nach strukturellen Reformen der neokolonialen und rassifizierten Weltwirtschaft, die dauerhaft Abhängigkeiten und Ausbeutung schafft und für den Klimanotstand verantwortlich ist. Es geht nicht um einmalige Zahlungen, die vielleicht noch mit paternalistischem und selbsterhöhendem Gestus erfolgen, sondern um grundlegende Veränderungen der kapitalistischen Wachstums- und westlichen Fortschrittslogik sowie um solidarische Formen der internationalen Arbeitsteilung und des entsprechenden Investitions- und Handelsregimes. Dafür sind unter anderem quantitative Obergrenzen der Rohstoffextraktion sowie Begrenzungen für die Produktion von und für den globalen Handel mit besonders klimaschädlichen Waren notwendig.

Die Anerkennung von Klimaschulden und entsprechende Reparationen können damit Teil von umfassenden Umbauprozessen sein, die darauf zielen, dass Menschen auskömmliche und gerechte Lebensbedingungen haben und diese auch gestalten können: ein gutes Ernährungs-, Wohn-, Bildungs-, Mobilitäts- und Gesundheitssystem, vielfältige Identitäten und ein Leben ohne Angst. Doch dafür bedarf es anderer weltwirtschaftlicher und -politischer Strukturen und Machtverhältnisse. Die Forderungen nach Klimareparationen sind damit Teil struktureller Veränderungen der Weltwirtschaft.[57]

Freiheit und Bleiberecht

Die abrupten, nicht vorhersehbaren Veränderungen des globalen Klima- und Erdsystems haben unabsehbare Folgen. Eine Zahl des IPCC-Berichts von 2022 sprengt dabei die Vorstellungskraft: 3,3 bis 3,6 Milliarden Menschen leben bereits heute in Kontexten, die stark vom Klimawandel betroffen sind. Das gilt insbesondere für jene sozialen Gruppen im globalen Süden, die historisch am wenigsten zum Klimawandel beigetragen haben. Aber auch im globalen Norden werden die Folgen der Klimakrise zunehmend spürbar, etwa in Form von Hitzewellen, und auch hier sind die Betroffenheit und die Möglichkeiten, sich zu schützen, höchst ungleich verteilt. In bestimmten Regionen steigt aufgrund der zunehmenden Trockenheit der Bedarf an künstlicher Bewässerung in der Landwirtschaft. Und die zunehmende Extremhitze erhöht die Sterblichkeitsraten.

Immer mehr Menschen müssen aus wirtschaftlichen, politischen und klimatischen Gründen ihr zerstörtes Lebensumfeld verlassen und werden zur Migration oder gar Flucht getrieben. Der Sommer der Migration 2015 war ein erster Höhepunkt massiver Fluchtbewegungen nach Europa. Der Hohe Flüchtlingskommissar der Vereinten Nationen schätzte Mitte 2023, dass über 100 Millionen Menschen weltweit auf der Flucht vor Verfolgung, Krieg und Gewalt sind.[58] Das führt in den Zielländern zu Unsicherheiten und Ängsten, die vor allem von rechten Kräften politisch kapitalisiert werden. Die Regierenden antworten mit einer zunehmenden Abschottung. Doch, so Benjamin Opratko, »was passiert mit der politischen Kultur einer Gesellschaft, die ihre Lebensweise systematisch mit mörderischer Gewalt an ihren Außengrenzen absichert: Kann verhindert werden, dass die Gewalt in ihr Inneres zurückschlägt …?«[59] Dystopische Einstellungen nehmen angesichts solcher Politiken, der damit verbundenen Diskurse und sich zuspitzender Krisen zu.

Und doch gilt es, an einem emanzipatorischen Freiheitsverständnis festzuhalten, das nicht auf ein individualistisches Verständnis von Freiheit reduziert wird, sein eigenes Leben ungeachtet der problematischen sozialen wie ökologischen Konsequenzen zu leben und sich tendenziell aus der Verantwortung für diese Konsequenzen zu befreien.[60] Ein freies und selbstbestimmtes Leben bedeutet auch Befreiung aus vielfältigen Unterdrückungsverhältnissen und damit Kampf gegen die Ursachen der aktuellen Krisen.

Ein sinnerfülltes, sicheres und auskömmliches Leben wird für die Menschen attraktiv, wenn sie etwa weniger arbeiten können und weniger konsumieren wollen und müssen, wenn sie mehr Zeit für sich und andere haben.[61] Wichtig sind daher sich verändernde Subjektivitäten, Bedürfnisse, Wünsche und Affekte, die nicht weiter die imperiale Produktions- und Lebensweise reproduzieren. Freiheit bedeutet dann, mehr Optionen im Leben zu haben, als die produktivistische und konsumistische Engführung auf Erwerbsarbeit, Einkommen und Warenkonsum. Damit stellt sich notwendig die Frage nach gesellschaftlichen Macht- und Eigentumsverhältnissen sowie nach dem kapitalistischen Profit- und Wachstumsimperativ, die sehr grundlegend verändert werden müssen.

Es geht darum, sich der eigenen Verantwortung zu stellen, bei der Gestaltung gesellschaftlicher Verhältnisse mitzuwirken, die ein möglichst freies und selbstbestimmtes Leben ermöglichen. Es bedarf der Bereitschaft, sich zu informieren und sich zu beteiligen. Verantwortung zu übernehmen, muss gelernt und gesellschaftlich ermöglicht werden.[62]

Doch, so die feministische Philosophin Andrea Maihofer, »das inhaltliche Verständnis von Emanzipation ist dabei jeweils historisch spezifisch und gesellschaftlich-kulturell bedingt und als Ausdruck der jeweiligen Vorstellung von der zukünftigen Entwicklung nicht nur ständig umkämpft, sondern auch angesichts neuer gesellschaftlicher Problemlagen und Einsichten ständig in Bewegung.«[63] Vielleicht blicken wir in ein paar Jahren auf erfolgreiche Kämpfe gegen die politische Rechtsentwicklung in diesem Sinne zurück. Denn wir lernen in diesen Zeiten dramatisch, dass selbst die liberalen Freiheitsrechte in vielen westlichen Gesellschaften nicht so selbstverständlich sind, wie von vielen angenommen wird. In Zeiten der sich zuspitzenden Klimakrise ist es daher geboten, ein breites und emanzipatorisches Verständnis von Freiheit zu entwickeln.

Eva von Redecker sieht ein solches Verständnis in der »Bleibefreiheit«, einem Gegenbegriff zum liberalen Freiheits- und Fortschrittsbegriff der Moderne, der den Menschen Freiheit zusichert, solange andere dabei nicht eingeschränkt werden. Das derzeit vorherrschende, moderne Verständnis von Freiheit basiere vor allem auf der freien Verfügung über Besitz und der entsprechenden Anhäufung von Reichtum, der Vorstellung unbegrenzter Beweglichkeit und der Sehnsucht nach Unendlichkeit (auch des eigenen Lebens). Auch der Besitz am eigenen Körper beziehungsweise die Annahme einer eigenen und autonomen Verfügung darüber gehören dazu.[64] Es gehe vielen Menschen nur noch darum, auf die eigenen Kosten zu kommen. Wenn dieses Freiheitverständnis weiterhin dominiert, werden Kollaps und Inferno immer wahrscheinlicher. Ein Leben in Freiheit wird immer weniger möglich.

Das individualistische Verständnis von Freiheit übergehe die fundamentale Tatsache, dass Menschen seit der Urerfahrung des Geborenwerdens in Abhängigkeit voneinander und von den biophysischen Lebensgrundlagen leben. Daher bedürfe es eines Umdenkens, eines solidarischen Denkens und Ausübens von Freiheit: Freiheit nicht gedacht als zunehmende Mobilität und Handlungsreichweite auf Grundlage einer immer weiteren wirtschaftlichen Expansion und Naturausbeutung – sondern Freiheit als Möglichkeit, bleiben zu können, ohne dass die Zerstörung der Lebensgrundlagen zum Migrieren zwingt, Bleiben überhaupt in einer bewohnbaren Welt.[65]

Freiheit bedeute deshalb auch, in harten Konflikten politische Grenzen zu setzen. »Die Bleibekämpfe gegen Abschiebung und Abbaggerung könnten als Speerspitze der Selbstrücknahme beschrieben werden. Die Forderung, dass jemand oder etwas bleiben soll, ruft zu dessen Verteidigung nach neuen Schranken im Hier und Jetzt [...]. Das Ziel besteht darin, eine Zukunft zu sichern, in der Freiheit für alle Bestand haben könnte«.[66] Bleibefreiheit, so von Redecker, ermögliche ein Leben in Fülle, ein Leben des Gemeinsamen und des Teilens – und zwar in einer Gesellschaft, die sich nicht weiter ruiniert, sondern fortdauert.[67]

Ein solches Verständnis von Freiheit beinhaltet eine fundamentale Kritik an der imperialen Produktions- und Lebensweise. Diese zeichnet sich gerade dadurch aus, dass sie für viele das Bleiben systematisch verunmöglicht. Sie zerstört die Lebensbedingungen unzähliger Menschen und zwingt sie zu Flucht und Migration. Die Überwindung von Produktions- und Konsummustern, die zu Lasten anderer gehen, die radikale Reduzierung der Reichweite der zerstörerischen Dimensionen unserer Handlungen und die Vermeidung von irreversiblen Handlungsfolgen für andere ist deshalb die Voraussetzung einer solidarischen Freiheit, die das Recht zu bleiben beinhaltet.

Analog dazu kann ein Verständnis von Solidarität in Zeiten der existenziellen Klimakrise formuliert werden. Bisherige Solidarität war zwischenmenschlich und gesellschaftlich, insbesondere durch den Sozialstaat institutionalisiert. Doch die materiellen Mittel zur Solidarisierung kamen aus einer expansiven Wirtschaft, die auf intensiver Naturausbeutung basierte. Zukunftsfähige Solidarität muss breiter gedacht werden, nämlich als Solidarität unter Bedingungen zunehmender ökologischer Schäden und Verluste und einer nicht mehr expansiven kapitalistischen Wirtschaft. Solidarität bedeutet auch Solidarität mit der nicht-menschlichen Natur. Die breiten Diskussionen und ersten konkreten Maßnahmen zur Anerkennung der »Rechte der Natur« deuten in diese Richtung.[68]

Transformative Zellen

Wir haben in diesem Kapitel – und an einigen anderen Stellen des Buches – gezeigt, dass es umfassende Vorschläge, Initiativen und praktische Erfahrungen gibt, die sich der kapitalistischen Raserei und der tiefen Verankerung der imperialen Lebensweise entgegenstellen. Immer wieder haben wir darauf hingewiesen, dass vor allem emanzipatorische soziale Bewegungen grundlegende Veränderungen anstoßen. Breite, meist themenspezifische politische Kampagnen wollen progressive Anliegen öffentlich stärken und sind möglicherweise in der Lage, Diskurse zu verschieben. Doch der Fokus auf emanzipatorische soziale Bewegungen ist zu eng.

Das trifft auch für eine zweite Perspektive zu. Individuelle Verhaltensänderungen können gesellschaftlich wirksam werden, wenn immer mehr Menschen auf das Auto verzichten, nicht fliegen oder sich vegetarisch beziehungsweise vegan ernähren. Emanzipatorische Veränderungen finden ebenso statt, wenn eine jüngere Generation teilweise oder sogar mehrheitlich andere Orientierungen ausbildet, etwa im Hinblick auf den Stellenwert von Erwerbsarbeit und Karriere oder darauf, wie Erwerbs-, Haus- und Sorgearbeit gerechter aufgeteilt werden. Doch entgegen einem immer wieder zu hörenden Argument, dass »die« Menschen oder »die« Konsument*innen über ihr individuelles Verhalten oder ihre Kaufentscheidungen den Schlüssel zur Nachhaltigkeit in der Hand hielten, betonen wir die zu verändernden wirtschaftlichen, politischen und sozialen *Bedingungen* eines guten Lebens für Alle.

Zentral ist dafür die gesellschaftliche Aufdauerstellung von transformativen Forderungen, Praktiken und Errungenschaften. Insbesondere der Staat und die internationale Politik spielen hier eine wichtige Rolle. Denn die finanziellen, legalen und administrativen Ressourcen des Staates können dazu beitragen, der (fossilen) Kapitalmacht etwas entgegenzusetzen und jene Prozesse voranzutreiben, die wir in diesem Kapitel beispielhaft dargestellt haben.

Doch damit beginnen schon die Probleme. Wir haben darauf hingewiesen, dass der Staat, die EU und das internationale politische System eher Teil des Problems als der Lösung sind – denn sie sind organisatorisch und in ihrem Handeln von mächtigen Interessen durchsetzt und folgen dominanten gesellschaftlichen Logiken. Derzeit können allenfalls einzelne staatliche Initiativen durchgesetzt werden. Viele sinnvolle und wichtige Projekte werden dagegen von anderen politischen Kräften und vielen Medien verhindert, von privatwirtschaftlichen Akteuren blockiert oder in Kompromissen verwässert.

Dazu kommt der »strukturelle Konservatismus der Bürokratie«.[69] Die staatliche Bürokratie ist ein Machtfaktor ersten Ranges. Sie ist nur schwer kontrollierbar und hebelt Reformversuche immer wieder aus. Das politische Spitzenpersonal kann die staatlichen Apparate meist gar nicht überschauen. Im Unterschied zur auf Zeit eingesetzten politischen Spitze haben die Bürokrat*innen meist stabilere Arbeitsbedingungen, das Fachwissen und kennen ihre Apparate. Eigene Interessen und Routinen, Karrieren und Konkurrenz, Anerkennung und Neid spielen eine wichtige Rolle.

Mittelfristig geht es also nicht nur um andere staatliche und internationale Politiken, sondern um die *Struktur des Staates* selbst. Seine Handlungslogiken und seine enge Verbindung mit kapitalistischen Interessen müssen verändert werden. Das gelingt aber nur, wenn Wirtschaft und Gesellschaft selbst umgestaltet werden. Hier historische und aktuelle Erfahrungen gründlich aufzuarbeiten und aus ihnen zu lernen, ist ein aufwändiges, aber lohnenswertes Projekt.

Über den Staat hinaus ist für uns eine Einsicht wichtig, um konkrete Ansatzpunkte für emanzipatorisches Handeln zu ermitteln. In unserer Gesellschaft geschieht politische Gestaltung insbesondere durch *organisierte Interessen*: durch Parteien, Unternehmensverbände, Gewerkschaften oder durch Organisationen, die sich für den Erhalt der Umwelt, für Menschenrechte oder andere Anliegen engagieren. Der Begriff der »Verbände-Demokratie« deutet in diese Richtung. Dazu kommen die erwähnten sozialen Bewegungen in verschiedenen Bereichen und mit unterschiedlicher, oft heterogener politischer Ausrichtung. Das alles sind wichtige Akteure, mit denen sozial-ökologische Umbauprozesse in bestimmte Richtungen vorangetrieben werden – oder aufgehalten werden sollen. Die konkrete Richtung der Veränderung, das haben wir ausreichend dargelegt, ist umkämpft.

Vor diesem Hintergrund wollen wir abschließend eine Überlegung im Hinblick auf *emanzipatorische Handlungsfähigkeit* formulieren. Der marxistische Staatstheoretiker Nicos Poulantzas diagnostizierte, dass die herrschenden Klassen und Klassenfraktionen auch vermittels bestimmter staatlicher Apparate über Macht verfügen beziehungsweise sich dort ihre Macht kristallisiert – man denke heute an die Wirtschafts- und Finanzministerien. Umgekehrt könnten die beherrschten Klassen nicht auf staatliche Apparate zählen; ein Sozialministerium ist zwar offener gegenüber den Interessen der Regierten, bleibt aber eng mit kapitalistischen Interessen und Logiken verbunden.[70] Doch, so Poulantzas, es gebe »Oppositionszentren« in den staatlichen Apparaten. Diese seien »die notwendige, aber nicht hinreichende Bedingung« einer Transformation des Staates.[71] Das heißt, sie können nur dann transformativ wirken, wenn sie mit den Kämpfen »aus der Distanz«, also den gesellschaftlichen Kämpfen, interagieren. »Genau in diesem Fall *werden* die Effekte des Kampfes am nachhaltigsten in das Regime *interiorisiert*.«[72]

Aus unserer Sicht kann dieser Gedanke über den Staat hinaus auch auf organisierte Interessen erweitert werden. Nehmen wir die Gewerkschaften als Beispiel: Sie sind zuvorderst dafür da, die Interessen der Beschäftigten an guten Arbeitsbedingungen, angemessenem Lohn und sozialer Absicherung zu vertreten und entsprechende Regeln in den Betrieben und Unternehmen, durch gute Ausbildungsinstitutionen oder durch die staatliche Politik zu erreichen. Lange spielten die Interessen von Frauen oder feministische Themen kaum eine Rolle und mussten innerhalb der Gewerkschaften von entschiedenen Menschen und Gruppen erkämpft werden. Dasselbe gilt für angemessene Antworten auf die ökologische Krise.[73] Es braucht konkrete Menschen, Initiativen und Entscheidungen (auch Personalentscheidungen), um Organisationen zu verändern – und strategische Klärungen, was wie geschehen soll. Die von der Wiener Arbeiterkammer im Jahr 2022 initiierte »Akademie für sozialen & ökologischen Umbau«

als Austauschraum zwischen Gewerkschaften, Arbeiterkammer, Klimabewegungen und kritischer Wissenschaft ist ein Ansatzpunkt, um solche Klärungsprozesse zu fördern.[74] Inwiefern die Analysen und Diskussionen dann in die Strategiebildung der Interessenvertretungen einfließen, muss sich zeigen. Doch dazu bedarf es handelnder Akteure.

In Österreich ist zudem auch spannend zu sehen, inwiefern es zu einer Stärkung linker parteipolitischer Kräfte kommt und sich gar Regierungsoptionen verbessern. Die Wahl von Andreas Babler zum Parteivorsitzenden der SPÖ im Juni 2023, gute Wahlergebnisse der KPÖ in einigen Bundesländern und Städten sowie sich möglicherweise aus der Umklammerung der ÖVP befreiende Grüne könnten dann auch einen Resonanzboden für emanzipatorische Anliegen in den Staatsapparaten bilden – und Initiativen für einen grundlegenderen sozial-ökologischen Umbau stärken.

Auch die großen Umweltverbände ringen intern um die strategische Ausrichtung: Geht es eher in Richtung ökologischer Modernisierung des Kapitalismus und »Umwelt(-schutz)« als Politikfeld oder geht es um strukturelle Veränderungen der kapitalistisch-imperialen Naturverhältnisse?[75]

Das zeigt: Nicht nur der Staat, auch die Interessenorganisationen sind nicht homogen. Es finden interne Auseinandersetzungen darüber statt, wie reale Probleme und Krisen einzuschätzen sind, wo eindeutiger Handlungsbedarf besteht und wie angemessen gehandelt wird. Hier sehen wir ein wichtiges Feld für emanzipatorische Veränderungsprozesse im Rahmen einer sozial-ökologischen Transformation. Ein entscheidender Ansatzpunkt für Veränderungen ist also die Heterogenität, teilweise Widersprüchlichkeit der Organisationen in Bezug auf die handelnden Akteure, aber auch auf Ziele und Organisationshandeln. Wir können diese Überlegung auf öffentliche und private Unternehmen, nachgeordnete staatliche Behörden, Schulen, Hochschulen, Kirchen und Sozialverbände, Stiftungen, Medien und andere Organisationen ausweiten.

Die Veränderungspotenziale einzuschätzen, dann kluge Initiativen zu starten, gegebenenfalls Bündnisse zu schließen, sich dabei innerhalb der Organisationen zusammenzutun, das könnte durch »transformative Zellen« geschehen. Darunter stellen wir uns dauerhaftes kollektives Handeln von Gruppen von Menschen in organisierten Interessenvertretungen, Schulen, im Pflege- oder Gesundheitsbereich vor. Sie wollen ganz konkret in ihrem professionellen Umfeld Veränderungen anstoßen und voranbringen. Dadurch entsteht Handlungsfähigkeit, der Unmut über die Verhältnisse im Nahbereich und in der Gesellschaft endet nicht in Frustration. So können »radikal-reformerische« Einstiege in den Umbau entstehen.[76]

Auch wenn der Staat und seine Apparate einer anderen Logik unterliegen als Bildungsinstitutionen oder Interessenverbände,[77] gilt dies auch für Teile der staatlichen Bürokratie. Hier könnten sich »transformative Zellen« bilden, um wegen einer begrenzten Kontrollierbarkeit sozial-ökologische Projekte gegen Widerstände voranzubringen. Wenn solche Projekte an Stärke und Sichtbarkeit gewinnen, könnte sich das Bonmot von Roswin Finkenzeller auf paradoxe Art verwirklichen: »In geordneter Hierarchie hält die Basis die Spitze auf Trapp.«[78] Raul Zelik analysiert dies am Beispiel der erwähnten Initiative »Deutsche Wohnen & Co. enteignen«:

> »Diese Kampagne, die sich auf den weitgehend vergessenen Vergesellschaftungsparagrafen im Grundgesetz berief, erhielt nach einigem Zögern die Unterstützung von Teilen der rot-rot-grünen Regierungskoalition (der Linken und einigen Grünen), obwohl die Kampagne sich auch kritisch gegenüber dem Berliner Senat positionierte. Im Windschatten des Volksentscheids wurde der Senatskoalition schließlich von einem kritischen Verwaltungsjuristen eine juristische Strategie zur Einführung eines Mietendeckels vorgeschlagen. Diese Initiative aus der Stadtgesellschaft wurde zunächst nur von einzelnen Abgeordneten und Regierungsmitgliedern auf-

gegriffen und gegen den Widerstand der Immobilienwirtschaft, teilweise auch der eigenen Fraktionen (die ein Auseinanderbrechen der Koalition fürchteten) vorangetrieben. Man könnte also resümieren, dass eine widerständige Forderung aus der Berliner Stadtgesellschaft von Abgeordneten und Regierungsmitgliedern in die Institutionen hinein verlängert wurde. Obwohl keine der beteiligten Seiten eine Führungsrolle innehatte, ergänzten sich die Kräfte außer- und innerhalb der Institutionen.«[79]

Dieses Beispiel zeigt aber auch die Widersprüche und Begrenzungen des Staates als Terrain emanzipatorischer Politik: Der Mietendeckel wurde 2021 vom Bundesverfassungsgericht kassiert, das dem Land Berlin die Gesetzgebungskompetenz für Mietobergrenzen absprach, ohne damit allerdings über deren Verfassungsmäßigkeit zu urteilen. Der Volksentscheid zur Enteignung großer Wohnungskonzerne war zwar im selben Jahr erfolgreich, harrt aber seitdem der Umsetzung. Je mehr sich progressive Initiativen also den kapitalistischen Kern-Institutionen wie dem Privateigentum nähern, desto stärker werden die Gegenkräfte, die sich innerhalb und außerhalb des Staates formieren.

Für solche Initiativen beziehungsweise Zellen gilt deshalb, sich immer wieder zu vergewissern, welche konkreten Handlungsspielräume in bestimmten Konjunkturen es gibt, wo potenzielle Widerstände entstehen, inwiefern Unterstützung innerhalb der Organisation oder von außen notwendig ist. Erfahrung und Klugheit, Vertrauen und Glaubwürdigkeit, aber auch Mut sind für erfolgreiche Strategien wichtig. Mittelfristig geht es auch um eine andere, nämlich professionelle und politisch radikalere Sozialisation der Aktiven von morgen in den unterschiedlichen Organisationen.

Wir wollten in diesem Kapitel verschiedene Horizonte einer emanzipatorischen Krisenpolitik darstellen und beschreiben, wie sie sich möglicherweise überschneiden: Solidarische Selbstbegrenzungen und Suffizienz bedingen die Verwirklichung von Freiheit.

Sie erfordern ihrerseits die Vergesellschaftung des Rückzubauenden, denn unter den Bedingungen kapitalistischer Konkurrenz sind Selbstbegrenzung und Rückbau nicht denkbar. Und schließlich setzt die Freiheit zu bleiben Sicherheit voraus, die angesichts der sozial-ökologischen Krise nur durch solidarische Resilienz und die Stärkung der dafür nötigen Infrastrukturen geschaffen werden kann.

Dies sind keine abstrakten Prinzipien, sondern die verbindenden Elemente oder auch Fluchtpunkte vieler emanzipatorischer Kämpfe weltweit – sei es innerhalb bestehender Organisationen oder als selbstorganisierte Prozesse. Die zahlreichen Initiativen und Bewegungen, die diese Kämpfe führen, stehen ohne Zweifel in einem rauen Gegenwind. Aber sie halten die Erinnerung an die Machbarkeit einer anderen Produktions- und Lebensweise wach, die in Zeiten existenzieller Krisen für die Vielen zu einer Notwendigkeit wird. Insofern zeigen sie die Möglichkeit einer emanzipatorischen Alternative jenseits der Grenzen des Kapitalismus auf, für die es sich zu kämpfen lohnt.

Anmerkungen

Kapitel 1

1 Pablo Stefanoni, 2022, Pensar y actuar de manera anfibia. Entrevista a Maristella Svampa, in: *Nueva Sociedad*, https://www.nuso.org/articulo/pensar-actuar-de-manera-anfibia/ (letzter Zugriff am 4.1.2024). Alle fremdsprachigen Zitate wurden von uns ins Deutsche übertragen.

2 Kemp u. a. (2022).

3 ORF, 8.11.2023, Wohl wärmstes Jahr seit 125.000 Jahren, in: *ORF*, https://science.orf.at/stories/3222022/ (letzter Zugriff am 23.12.2023).

4 Akteure ist für uns eine verallgemeinernde Kategorie, weshalb wir den Begriff im Gegensatz zu anderen nicht gendern.

5 Selbst wenn die Frage aufgeworfen wird, dann bleibt sie in der Regel ohne Konsequenz für den Forschungsprozess. So merkten Rockström u. a. (2009b) an, dass sich künftige Forschung auch mit den sozialen Dynamiken befassen müsse, die in die gegenwärtige Situation eines Überschreitens oder Nahezu-Überschreitens von planetaren Grenzen geführt haben (Rockström u. a. 2009b). Ähnlich wiesen Steffen u. a. selbstkritisch darauf hin, dass das Konzept der planetaren Grenzen die grundlegenden Fragen von Gleichheit und Verursachung nicht berücksichtige. Die ökologischen Krisenerscheinungen seien »ungleich von verschiedenen menschlichen Gesellschaften und verschiedenen sozialen Gruppen verursacht worden« (Steffen u. a. 2015). Der interdisziplinäre Dialog kam allerdings bislang kaum über Absichtserklärungen hinaus.

6 Kemp u. a. (2022), S. 8.

7 Siehe S. 5 des Koalitionsvertrags: SPD/Grüne/FDP (2021), S. 5.

8 Offe (1973), S. 78.

9 Vgl. etwa den Überblick und die Einschätzungen von Radke (2024), die wir teilen.

10 Marx (2006 [1844]), S. 385.

11 Gleichwohl wird noch immer versucht, Grenzen zu verschieben. Wir gehen im weiteren Verlauf des Buches darauf ein.

12 Reimer (2022), S. 15; ausführlich Götze/Joeres (2022).

13 Wallace u. a. (2020); Brad u. a. (2021).

14 Zu diesem Begriff siehe Patel/Moore (2018).

15 IEA (2023).

16 Das gilt vor allem für Öl. Siehe Witt (2023).

17 IEA, 10.10.2023, Verteilung der weltweiten Energieerzeugung nach Energieträger im jahr 2022, in: *Statista*, https://de.statista.com/statistik/daten/studie/167998/umfrage/weltweiter-energiemix-nach-energietraeger/ (letzter Zugriff am 9.1.2024).

18 Zeller (2023), S. 223; ähnlich argumentierend und prominent in den lateinamerikanischen Diskussionen Viale/Svampa (2020).

19 Vgl. Servigne/Stevens (2022).

20 Vgl. Hartmann (2022). Es kann denn auch nicht verwundern, dass einer Umfrage zufolge, die in den USA Mitte des Jahres 2021 durchgeführt wurde, über die Hälfte der jungen Menschen der Generation Z (zwischen 18 und 24 Jahren) den Kapitalismus negativ sieht (Laura Wronski, o. J., Axios|SurveyMonkey Poll: Capitalism and Socialism, in: *SurveyMonkey*, https://www.surveymonkey.com/curiosity/axios-capitalism-update/ (letzter Zugriff am 9.1.2024).

21 Vgl. Graf u. a. (2023).

22 Eversberg (2023), S. 141.

23 In einer Studie zu den vielfältigen ökonomischen, (geo-)politischen, gesellschaftlich-alltagspraktischen und diskursiven Gründen unzureichender Klimapolitik kommt das Autor*innenteam um Isak Stoddard u. a. (2021) zu dem Schluss, dass es immer wieder um Machtfragen geht.

24 Siehe Autor*innenkollektiv Climate. Labour.Turn (2021) sowie https://klimaschutzundklassenkampf.org/.

25 Der relativ jungen Disziplin der *Environmental Labour Studies* verdanken wir wichtige Einsichten in diese Ansätze. Siehe das von Nora Räthzel, Dimitris Stevis und David Uzzell herausgegebene Handbuch (Räthzel u. a. 2021) sowie die kritische Rekonstruktion und Erweiterung des Ansatzes durch Stefan Schoppengerd (2023).

26 Siehe Sultana (2022) sowie Heft 2/2022 der Zeitschrift *LuXemburg* zum Thema Klimafolgenanpassung, https://zeitschrift-luxemburg.de/ausgaben/unangepasst/ (letzter Zugriff am 21.11.2023).

27 Siehe Hickel (2022). Wichtige jüngere Einführungen, Überblicke und Einschätzungen finden sich bei Frank Adler (2022) sowie Matthias Schmelzer und Andrea Vetter (2021). Die Ergebnisse der internationalen Degrowth-Konferenz in Wien im Jahr 2020 zu strategischen Fragen wurden 2022 publiziert. Siehe https://www.degrowthstrategy.org/ (letzter Zugriff am 25.11.2023). Im Mai 2023 fand auf eine parteiübergreifende Initiative von 20 Mitgliedern des Europäischen Parlaments hin im Brüsseler Parlamentsgebäude die Konferenz »Beyond Growth« statt, auf der die vorherrschenden Vorstellungen von Wohlstand und Wachstum kritisiert und nachhaltige Alternativen diskutiert wurden. Siehe https://www.beyond-growth-2023.eu/ (letzter Zugriff am 24.12.2023).

28 Saito (2023).

29 Herrmann (2022), S. 258ff.

30 Mit ähnlichen Unterscheidungen arbeitet etwa die DFG-Forschungsgruppe »Zukünfte der Nachhaltigkeit« an der Universität Hamburg. Ihr zufolge konkurrieren Projekte einer ökologischen Modernisierung des Kapitalismus, einer zunehmend autoritären Kontrolle der Auswirkungen der ökologischen Krise und einer solidarischen Transformation des Kapitalismus miteinander (siehe https://www.zukuenfte-nachhaltigkeit.uni-hamburg.de/kolleg/programm/1-foerderphase.html, letzter Zugriff am 25.11.2023). Andreas Novy (2020) unterscheidet zwischen einer weiteren Hyperglobalisierung, autoritären Formen der Krisenbearbeitung auf nationalstaatlicher Ebene und emanzipatorischen Formen der Deglobalisierung für eine friedliche planetare Koexistenz.

Kapitel 2

1 Shiva (2016), S. 102.

2 Vgl. Reimer/Staud (2021).

3 Vgl. Sablowski u. a. (2022).

4 Wir sind uns bewusst, dass wir im Kontext materiell wohlhabender und wirtschaftlich bisher einigermaßen stabiler Gesellschaften argumentieren. Auch hier gelten die Erfahrungen von Normalität für viele von Armut, Ausgrenzung und chronischen Krankheiten betroffene Menschen nicht oder nur sehr eingeschränkt. In vielen Ländern und für Milliarden von Menschen ist das umso mehr der Fall.

5 Lessenich (2022). Vgl. Tooze (2020).

6 Lessenich (2022), S. 114.

7 Link (2018), S. 20.

8 Graefe (2019), S. 21.

9 Pirani (2023).

10 Lalon Sander, 25.3.2023, Zu viel Knete killt das Klima, in: *taz*, https://taz.de/Ungleiche-Emissionen-in-Deutschland/!5922585/ (letzter Zugriff am 29.1.2024).

11 Wallace u. a. (2020).

12 McMichael (2009).

13 Siehe etwa die Landwirtschaft in der andalusischen Region Almería. Wegen des subtropischen Wüstenklimas ist sie enorm bewässerungsintensiv. In ihren ausgedehnten Treibhäusern, die von oben einem »Plastikmeer« gleichen, schuften afrikanische Migrant*innen unter miserablen Bedingungen, damit nordeuropäische Supermärkte auch im Winter Erdbeeren und Tomaten verkaufen können. Vgl. Behr (2022), S. 214ff.

14 Brand/Wissen (2017).

15 Gramsci (1993 [1931–1932]), S. 1039. Ein vorzüglicher Überblick über Gramscis Verständnis des Alltagsverstands und die Weiterentwicklung, insbesondere im Hinblick auf politische Bildung bei Hammermeister (2023).

16 Harvey (2005).

17 Sablowski (2019a); Solty (2021); Smith (2016).

18 Huber (2017), S. 348.

19 Siehe unter anderem Dörre (2018a, 2018b); Hürtgen (2020, 2021); Sablowski (2018); Thien (2018), S. 223ff.; Wichterich (2021); Novy (2018); Kleinschmidt (2023). In Wissen/Brand (2021) sowie im Vorwort zur englischen Ausgabe unseres Buches Brand/Wissen (2021), S. xvff., setzen wir uns mit den Kritiken im Einzelnen auseinander.

20 Mies (2015): 13f., 132; vgl. Biesecker/von Winterfeld (2014); Fraser (2016); Wichterich (2021).

21 Vgl. Aglietta (2015 [1979]), S. 151ff.

22 Florian Dünckmann, Jonas Hein und Silja Klepp (2022) konzeptualisieren mit dem Begriff der imperialen Lebensweise dieses sozial-räumlich wirkungsmächtige »Andernorts« als zentralen Mechanismus für globale Ungerechtigkeiten.

23 So die Kritik von Hürtgen (2021), S. 373.

24 Aglietta (2015 [1979]).

25 Nixon (2013), S. 3.

26 Mit »Kapitalfraktionen« meinen wir Gruppen von Einzelkapitalen, die ihre Interessen aggregieren und politisch verfolgen. Wir nutzen den Begriff, um deutlich zu machen, dass das »Gesamtkapital« als Akteur nicht existiert. Vielmehr zerfällt es in eine Vielzahl von Fraktionen, die miteinander nicht nur ökonomisch, sondern auch politisch um die für sie jeweils günstigsten Verwertungsbedingungen konkurrieren. »Kapitalfraktion« ist dabei nicht identisch mit »Branche«. In ein und derselben Branche und

branchenübergreifend gibt es vielmehr gegensätzliche Interessen, die miteinander um ihre politische Verallgemeinerung kämpfen. So stehen sich im Energiesektor »grüne« und »graue« Kapitalfraktionen gegenüber, die die Interessen fossiler Einzelkapitale beziehungsweise solcher Kapitale vertreten, die die Wende hin zu einem System erneuerbarer Energien forcieren. Siehe zu diesem konkreten Fall Sander (2023). Zum Begriff der »Kapitalfraktion« siehe Sablowski (2008), S. 203 ff.

27 Vgl. in diesem Zusammenhang die Arbeiten von Brie (2021) und von Lehndorff (2021) zum *New Deal* in den USA.

28 Siehe ARD, 30.4.2019, Die Erdzerstörer, in: *ARD*, https://programm.ard.de/TV/arte/die-erdzerstoerer/eid_287241511896513 (letzter Zugriff am 13.10.2023).

29 Schaupp (2021).

30 Ausführlich dazu Wissen (2020).

31 Huber (2013), S. 189; vgl. Pirani (2018), S. 2.

32 Hürtgen (2020).

33 Candeias (2021a).

34 Martinez-Alier (2002).

35 Vgl. Graf (2022), S. 257 f.

36 Barca (2012).

37 Vgl. Wainwright/Elliott (1982) und Wuhrer (2007).

38 Sablowski (2018); Herrmann (2022).

39 Marx trifft die Unterscheidung zwischen absolutem und relativem Mehrwert im ersten Band des *Kapital* (Marx 1988 [1890], S. 531 ff.). Beide Formen des Mehrwerts wachsen mit der sogenannten Mehrarbeitszeit, die zusammen mit der notwendigen Arbeitszeit den Arbeitstag bildet. In der notwendigen Arbeitszeit produziert die/der Lohnabhängige einen Wert, der dem Wert jener Güter entspricht, die sie/er für den (familiären) Lebensunterhalt benötigt. Sie/er produziert mit anderen Worten ein Äquivalent für den Wert ihrer/seiner Arbeitskraft. In der Mehrarbeitszeit arbeitet sie/er dagegen nicht für die eigene Reproduktion, sondern für den Kapitalbesitzer. Der *absolute* Mehrwert wächst, wenn unter ansonsten gleichen Bedingungen der Arbeitstag verlängert, die Mehrarbeitszeit also absolut vergrößert wird. Bei einer Steigerung des *relativen* Mehrwerts dagegen verändert sich das Verhältnis zwischen notwendiger und Mehrarbeitszeit, ohne dass sich an der Länge des Arbeitstags unbedingt etwas ändern muss: Die notwendige Arbeit verkürzt sich, weil der Wert der Arbeitskraft, d. h. der Wert der für den Lebensunterhalt nötigen Güter, sinkt. In der Folge steigt die Mehrarbeitszeit auch bei einem gleichbleibenden Arbeitstag. Letzterer kann sogar verkürzt werden, sofern die Verkürzung der notwendigen Arbeitszeit jene der Gesamtarbeitszeit überkompensiert. Die Steigerung des relativen Mehrwerts kann aus dem Wachstum der Produktivität in jenen Industrien resultieren, in denen die für den Lebensunterhalt der Lohnabhängigen nötigen Güter hergestellt werden. Sie kann aber auch – darauf kommt es uns hier an – auf die Verbilligung von Inputs für die Produktion bei gleichbleibender Produktivität zurückgehen. Dies ist dann der Fall, wenn die Extraktion von Rohstoffen und die Herstellung von Vorprodukten aus Kostengründen in den globalen Süden verlagert oder dort die Ausbeutung von Arbeitskraft intensiviert wird.

40 Hornborg (2019), S. 80; vgl. Fraser (2021), S. 114; Schaffartzik/Kusche (2020), Lauesen (2016, 2021) sowie Marini (1974), S. 107, bei dem es heißt: *»Durch seine Eingliederung in den Weltmarkt der notwendigen*

Lebensmittel spielt Lateinamerika eine relevante Rolle bei der Erhöhung des relativen Mehrwerts in den Industrieländern.« Zentral ist bis heute, was Felix Malte Dorn, Robert Hafner, Fernando Ruiz Peyré und Julieta Krapovickas (2022) als »Infrastruktur-Kolonialismus« bezeichnen, nämlich die historisch gewachsenen materiellen Infrastrukturen der globalen Wertschöpfungsketten.

41 Pichler/Wissen (2022), S. 169; vgl. Smith (2021), S. 24.

42 So die Kritik von Hürtgen (2021), S. 375.

43 Vgl. Lessenich (2017), S. 59ff.

44 Man denke nur an die offene, nicht selten tödliche Gewalt gegenüber sozialen Aktivist*innen, in der sich der Unterschied zwischen der Peripherie in der Peripherie und jener im Zentrum besonders eindrücklich offenbart. Vgl. Dorsch (2021); Graf/Landherr (2019). Vgl. weitere Analysen mit dem Begriff der imperialen Lebensweise zu Brasilien (Theis 2022), zu Landwirtschaft und Bergbau in Lateinamerika (Dorn u.a. 2022) sowie vergleichend zum Lithiumabbau in Argentinien und Portugal (Dorn 2021). Siehe ferner die Beiträge zur Anwendbarkeit beziehungsweise »Übersetzung« des Begriffs in Lateinamerika: Massuh u. a. (2021), Krams/Preiser (2021) und Acosta u. a. (2022).

45 Siehe dazu vor allem Hirsch (1995); (2005).

Kapitel 3

1 Scott (2020), S. 19.

2 Wikipedia, 2024, Anthropozän, in: *Wikipedia*, https://de.wikipedia.org/wiki/Anthropoz%C3%A4n (letzter Zugriff am 8.1.2024).

3 Rockström u. a. (2009a); Rockström u. a. (2009b); Steffen u. a. (2015). Siehe den Debattenüberblick in Dixson-Declève u. a. (2022), S. 27ff.

4 Crutzen (2002); zur Bedeutung von Crutzen siehe Müller (2021).

5 Steffen u. a. (2011).

6 Lövbrand u. a. (2015), S. 212.

7 Braudel (1977), S. 51.

8 »Alle Etagen der Geschichte, alle ihre tausend Etagen, all die tausend Explosionen der Zeit der Geschichte lassen sich aus dieser Tiefe, aus dieser halben Unbeweglichkeit verstehen, alles kreist um sie.«(Braudel 1977, S. 58f.).

9 Chakrabarty (2022), S. 57.

10 Braudel (1977), S. 55, 58.

11 Lenton u. a. (2019).

12 Chakrabarty (2022), S. 309; ähnlich Redecker (2021), S. 116f., 120.

13 Jenseits der Geologie, vor allem in den Sozialwissenschaften, wird die Frage der Datierung kritisch diskutiert. Denn je nachdem, welche menschlichen Einwirkungen und von Menschen produzierten Störungen natürlicher Prozesse für entscheidend gehalten werden, kämen auch andere Zeitpunkte als Beginn des Anthropozäns in Frage. Vgl. Görg (2016a), S. 31f.; Bonneuil/Fressoz (2017), S. 14ff.; Brunnengräber/Görg (2017).

14 Steffen u.a. (2011), S. 742.

15 Christoph von Eichhorn, 11.7.2023, Willkommen in der neuen Erdepoche, in: *Süddeutsche Zeitung*, https://www.sueddeutsche.de/wissen/anthropozaen-crawford-lake-kanada-holozaen-1.6019160?reduced=true (letzter Zugriff am 27.1.2024).

16 Crutzen (2002), S. 23, Hervorh. U. B./M. W.

17 Steffen u. a. (2011), S. 741, Hervorh. U. B./M. W.

18 Malm/Hornborg (2014).

19 Rockström u. a. (2021), S. 2 ff.

20 Rammelt u. a. (2022).

21 Vgl. Brand u. a. (2021); Malm/Hornborg (2014); Lövbrand u. a. (2015); Bonneuil/Fressoz (2017); Horn/Bergthaller (2022).

22 Görg (2016a), S. 32.

23 Vgl. Malm/Hornborg (2014); Malm (2015); Moser (2015). Eine präzise Darstellung und Einschätzung der Arbeiten von Andreas Malm bei Hansen/Schmidt (2022).

24 Marx (1988 [1890]), S. 198.

25 Crutzen (2002).

26 Simonis (2018).

27 Brad/Schneider (2023).

28 Barca (2020), S. 12.

29 Swyngedouw (2010).

30 Lövbrand u. a. (2015), S. 214.

31 Blühdorn u. a. (2020), S. 15.

32 Blühdorn u. a. (2020), S. 310; Blühdorn (2007); kritisch Brand (2021); Acosta/Brand (2018).

33 Blühdorn u. a. (2020), S. 310.

34 Blühdorn u. a. (2020), S. 103.

35 Blühdorn u. a. (2020), S. 105.

36 Blühdorn u. a. (2020), S. 18.

37 Blühdorn u. a. (2020), S. 105.

38 Blühdorn u. a. (2020), S. 196.

39 Blühdorn u. a. (2020), S. 215.

40 Mock argumentiert aus einer praxistheoretischen Perspektive gegen ihre Mitautoren und nennt viele Beispiele, bei denen die Veränderung der Rahmenbedingungen wie Infrastrukturen oder Anreizsysteme durchaus zu sozial-ökologischen Veränderungen führen können (Blühdorn u. a. 2020, S. 245 ff.). Vgl. dazu auch Görg u. a. (2023).

41 Selbst wenn es keine Bezüge auf Michel Foucault gibt, wird in gewisser Weise die Gouvernementalität der Nicht-Nachhaltigkeit thematisiert.

42 Blühdorn u. a. (2020), S. 33, sagen das auch, doch die Analyse bleibt in den Vereindeutigungen stecken und geht nicht auf strukturelle Bedingungen der Nicht-Nachhaltigkeit ein. Am ehesten leistet dies noch Daniel Hausknost in seinen demokratietheoretischen Überlegungen und seinem Plädoyer für deliberative und partizipative Demokratie. Er sieht unter bestimmten Umständen auch den Staat durchaus mit der Legitimität ausgestattet, um auf Krisen zu reagieren; siehe (Blühdorn u. a. 2020, S. 162); Hausknost/Hammond (2020).

43 Meadows u. a. (1972).

44 Sachs (1997). Für jüngere Kritiken siehe Brand u. a. (2021), Lövbrand u. a. (2015), Malm/Hornborg (2014) und Wissen (2021).

45 Für eine frühe Kritik siehe Altvater/Brunnengräber (2008).

46 Zu einer sehr prägnanten Kritik von »Kohlenstoff-Märkten« sowie generell von marktförmigen Versuchen, die ökologische Krise in den Griff zu bekommen, siehe Buller (2022).

47 Chakrabarty (2022), S. 104.

48 Chakrabarty (2010), S. 19 ff.

49 Chancel u. a. (2023), S. 23 Die innergesellschaftlichen Ungleichheiten bei der Emission von CO_2 sind mittlerweile größer als die zwischen den Ländern. Noch 1990 war dies umgekehrt (Chancel u. a. 2022, S. 126).

50 Siehe dazu den instruktiven Aufsatz von Neckel (2023).

51 Bonneuil/Fressoz (2017), S. 116. Neben der ungleichen Verteilung der Verantwortung ist auch jene der Betroffenheit in Rechnung zu stellen. So sind vor allem jene Gruppen für die Folgen der Klimakrise anfällig, die am wenigsten für deren Ursachen

verantwortlich sind. Vulnerabilität, so betont der IPCC (2022), S. 14, werde durch soziale Ungleichheit in den Geschlechterverhältnissen sowie im Hinblick auf Einkommen und Ethnizität verstärkt. Vor allem koloniale Ungleichheitsmuster spielten eine wichtige Rolle. Sie beeinflussten die Vulnerabilität indigener Gemeinschaften gegenüber der Klimakrise.

52 Chancel u. a. (2023), S. 17.

53 Chancel u. a. (2023), S. 87.

54 Siehe zum Folgenden Malm (2016) sowie Altvater (2005) und Bonneuil/Fressoz (2017).

55 Malm (2016), S. 96ff.

56 Malm (2016), S. 121ff. und 165ff.

57 Moore (2016b).

58 Herrmann (2022).

59 Bonneuil/Fressoz (2017), S. 233; vgl. Bhambra (2021).

60 Im Unterschied zum Landfußabdruck beinhaltet der ökologische Fußabdruck neben den land- und forstwirtschaftlichen Flächen auch jene Flächen, die für die Extraktion mineralischer Rohstoffe, die Entsorgung von Müll und die Absorption von CO_2 in Anspruch genommen werden.

61 Bonneuil/Fressoz (2017), S. 249f.

62 Bonneuil/Fressoz (2017), S. 250.

63 Marx (1980 [1846]), S. 553. Jüngere Forschungen bestätigen diesen Zusammenhang. So kommen Stephan Heblich, Stephen Redding und Hans-Joachim Voth in ihrer empirischen Untersuchung des Beitrags der Sklaverei zur industriellen Entwicklung Großbritanniens zu der Schlussfolgerung, dass «Britannien ohne den von den Sklaven in Übersee produzierten Reichtum substanziell ärmer und stärker landwirtschaftlich geprägt wäre. Insgesamt decken sich unsere Befunde mit der Ansicht, dass der der Sklaverei geschuldete Reichtum Britanniens industrielle Revolution beschleunigt hat.« (Heblich u. a. 2022, S. 1).

64 Jaurès, zit. n. James (2021), S. 59.

65 Haraway (2015). Haraway betont, dass die Sklavengärten auf den Plantagen gleichzeitig ein Hort der Vielfalt und des Widerstands gewesen seien. In ihnen habe sich angedeutet, was an symmetrischen Beziehungen zwischen Menschen sowie zwischen Menschen und nicht-menschlichen Lebewesen möglich ist. Die Bedeutung der Plantagen als Modell für die Organisation von Industriearbeit betonen auch Patel/Moore (2018), S. 128ff.

66 Der Begriff *racial capitalism* geht auf Cedric J. Robinson zurück, der ihn in seinem Buch *Black Marxism* einführte (Robinson 2020 [1983]). Gonzalez (2021) setzt den Begriff zu verwandten Konzepten in Beziehung und macht ihn für die Anthropozän-Debatte fruchtbar. Siehe auch Tobias Kalt, der pointiert feststellt: »Das Problem des Klimawandels ist nicht ein bloßes Zuviel an CO_2, sondern das Problem sind die kapitalistischen, kolonialen und patriarchalen Naturverhältnisse, die Klimawandel und Klimaungerechtigkeiten hervorbringen.« (Kalt 2022, S. 179).

67 Hickel (2022), S. 70f. *Enclosure* meint die Einhegung und Privatisierung von zuvor gemeinschaftlich genutztem Land. Dieser Prozess beraubte einen Großteil der ländlichen Bevölkerung Englands ab dem 18. Jahrhundert seiner Existenzgrundlage. Er machte Bauern und Bäuerinnen zu Proletarier*innen, die in den entstehenden Industriestädten ihre Arbeitskraft an Kapitalisten verkaufen mussten, um zu überleben.

68 Gerstenberger (2020). Zu den Übergangsformen von Lohnarbeit und

Sklaverei siehe van der Linden (2017), S. 41 ff.

69 Kojola (2021).

70 Bonneuil/Fressoz (2017), S. 112.

71 Altvater (2016); Malm (2016), S. 389 ff.; Moore (2016a). Siehe auch Heft 3/2022 der LuXemburg. Gesellschaftsanalyse und linke Praxis, https://www.rosalux.de/fileadmin/rls_uploads/pdfs/LUXEMBURG/LUX_3_22_WEB_52dc1b1f24.pdf (letzter Zugriff am 8.1.2024).

72 Sultana (2023), S. 7, Endnote 1. Die »Kolonialität der Macht« (Quijano 2000) tritt heute folglich auch im Gewand der »Klima-Kolonialität« (Sultana 2022) auf. Für die deutschsprachige Debatte siehe den von Sybille Bauriedl und Inken Carstensen-Egwuom (2023) herausgegebenen Band »Geographien der Kolonialität«.

73 Siehe etwa die berühmte Formulierung im ersten Band des *Kapital*, der zufolge die kapitalistische Produktion strukturell dazu tendiert, die sozialökologischen »Springquellen alles Reichtums« zu untergraben (Marx 1988 [1890], S. 530). Siehe auch die exzellente Rekonstruktion des späten Marx als eines ökologischen Denkers durch Kohei Saito (2016).

74 Polanyi (1995 [1944]), S. 70.

75 Jessop (2002), S. 109.

76 Fraser (2023).

77 Siehe etwa die Dobb-Sweezy-Debatte (Sweezy u. a. 1978).

78 In diesem Punkt treffen sich marxistische Analysen (Sablowski 2018) mit keynesianischen (Herrmann 2022).

79 Fraser (2016), S. 103. Jason Moore (2015) ist daran durchaus anschlussfähig, insofern er, wie gesehen, in der Aneignung »billiger Natur« eine Voraussetzung der Kapitalakkumulation sieht. Vgl. Biesecker/von Winterfeld (2014).

80 Winker (2015), S. 141.

81 Auf die daraus resultierenden öko-imperialen Spannungen gehen wir im fünften Kapitel ein.

82 So Nancy Fraser (2023), so aber auch schon James O'Connor (1988), der auf den »zweiten Widerspruch« des Kapitalismus hinwies. Diesen sah O'Connor darin, dass die kapitalistische Produktion dazu tendiere, ihre eigenen (ökologischen) Bedingungen zu untergraben, so dass diese nicht mehr in ausreichender Qualität beziehungsweise nur noch zu steigenden Kosten zur Verfügung stünden – ein Argument, das sich dann später in der These vom »Ende der billigen Natur« von Jason Moore und Raj Patel wiederfand. Siehe Moore (2015); Patel/Moore (2018).

83 Luxemburg (1970 [1913]), S. 361.

84 Vgl. Lutz (1989); Dörre (2009).

85 Galeano (1973). Die Dialektik von Angleichung und Differenzierung, von In- und Außerwertsetzung, ist von der kritischen Geographie sowie von den darauf aufbauenden neueren imperialismustheoretischen Arbeiten aufgezeigt worden. Siehe Harvey (1999 [1982]); Smith (1984); Harvey (2005). Eine Einführung und einen Überblick bietet der Reader von Belina/Michel (2007).

86 van der Linden (2020).

87 Chakrabarty (2022), S. 20 f.

88 Bonneuil/Fressoz (2017), S. 4 f.

89 Chakrabarty (2022), S. 234. Dabei scheint er mit seinem eigenen Befund zu hadern, denn an anderer Stelle (2022, S. 19) heißt es: Die »beträchtliche biologische und geomorphologische Rolle des Menschen lässt sich nicht von der Geschichte trennen, die Kapitalismus und globale Erwärmung verbindet.«

90 Bonneuil/Fressoz (2017), S. 67.

91 Chakrabarty (2022), S. 70.

92 Chakrabarty (2022), S. 105.

93 Als »Formation« oder »Entwicklungsweise« bezeichnen wir im Anschluss an die Regulationstheorie eine räumlich und zeitlich spezifische Ausprägung der kapitalistischen Produktionsweise. Kapitalistische Formationen unterscheiden sich in den jeweils vorherrschenden Produktions- und Konsumnormen, Klassen-, Natur- und Geschlechterverhältnissen, staatlichen Interventionsformen, internationalen Beziehungen und dominanten Kapitalfraktionen. Die Formation, die die Nachkriegsjahrzehnte in den entwickelten kapitalistischen Ländern prägte, war der »Fordismus«. Idealtypisch beruhte er auf der Massenproduktion und dem Massenkonsum standardisierter Waren, einem Klassenkompromiss zwischen Arbeit und Kapital, der eine Beteiligung der Lohnabhängigen an den Wohlstandssteigerungen ermöglichte, einer strikten geschlechtsspezifischen Arbeitsteilung, einer Beschleunigung des Naturverbrauchs, die einherging mit der Überzeugung, die Naturverhältnisse über den technologischen Fortschritt rational gestalten zu können, einer starken Rolle des Staates, einer Dominanz des industriellen gegenüber dem Finanzkapital und einer internationalen Arbeitsteilung, die den globalen Süden zum großen Teil auf die Rolle des Rohstofflieferanten festschrieb. Der Fordismus geriet in den 1970er-Jahren in eine Krise. Für die Zeit danach hat sich die Bezeichnung »Postfordismus« etabliert. Oft ist auch von »Neoliberalismus« die Rede. Damit wird zum Ausdruck gebracht, dass marktbegrenzende Institutionen wie Sozialversicherungssysteme und soziale Infrastrukturen vielerorts unter Druck gerieten und zurückgebaut wurden, so dass sich marktförmige Beziehungen zahlreicher gesellschaftlicher Bereiche bemächtigten. Der Postfordismus war beziehungsweise ist jedoch nicht überall neoliberal. Das chinesische Modell etwa beruht auf einem starken und industriepolitisch aktiven Staat. Mit dem Präfix »post« soll zudem deutlich gemacht werden, dass die neue Formation wichtige Kontinuitäten gegenüber der alten aufweist. Dies betrifft etwas die gesellschaftlichen Naturverhältnisse, die dadurch gekennzeichnet sind, dass sich der Anstieg des Naturverbrauchs, wie er zu Beginn des Fordismus einsetzte, im Postfordismus noch intensiviert hat.

94 Vgl. Görg (2016b).

95 Damit befassen wir uns ausführlich im vierten Kapitel.

96 Gramsci (1991 [1930]), S. 354.

97 Candeias (2023).

Kapitel 4

1 Bonneuil/Fressoz (2017), S. 101.

2 András Szigetvari/Joseph Gepp, 17.10.2023, Regierung streicht Komplettausstieg bei Öl- und Gasheizungen, in: *Der Standard*, https://www.derstandard.at/story/3000000191501/regierung-streicht-komplettausstieg-bei-oel-und-gas (letzter Zugriff am 7.1.2024).

3 Umweltbundesamt, 27.1.2023, Tempolimits könnten mehr Treibhausgase einsparen, als bisher gedacht, in: *Umweltbundesamt*, https://www.umweltbundesamt.de/themen/tempolimits-koennten-mehr-treibhausgase-sparen-als (letzter Zugriff am 1.12.2023).

4 dpa, 19.1.2019, Für Verkehrsminister Scheuer sind Tempolimits »gegen jeden Menschenverstand«, in: *Handelsblatt*, https://www.handelsblatt.com/politik/deutschland/umwelt

debatte-fuer-verkehrsminister-scheuer-sind-tempolimits-gegen-jeden-menschenverstand/23886030.html (letzter Zugriff am 1.12.2023)

5 Selbst 54 Prozent der ADAC-Mitglieder würden ein Tempolimit befürworten. Siehe ADAC, 15.5.2023, Tempolimit: Die Fakten, in: *ADAC*, https://www.adac.de/verkehr/standpunkte-studien/positionen/tempolimit-autobahn-deutschland/ (letzter Zugriff am 1.12.2023).

6 Eine klare Unterscheidung zwischen »ökologischen« und »fossilen« Kapitalfraktionen ist schwierig. Denn in der Realität produziert nicht nur Tesla E-Autos. Auch fossile Automobilunternehmen stellen ihre Produktion auf E-Autos um, und fossile Konzerne wie Shell erhalten Subventionen für die Produktion von Wasserstoff. Wir wollen hier eine Entwicklungstendenz zunehmender »ökologischer« Investitionen im Sinne einer Dekarbonisierung der Wirtschaft anzeigen.

7 In einer umfassenden Untersuchung zeigen Green u. a. (2022), dass zwischen 2004 und 2019 keiner der großen internationalen Öl- und Gaskonzerne die Förderung von fossilen Energieträgern eingeschränkt hat. Stattdessen gehen sie in Richtung Diversifizierung der Produktion und Risikostreuung.

8 Vgl. Schneider (2023b), Kap. 4

9 In den USA sollen 369 Milliarden US-Dollar im Rahmen des IRA zur Reduktion von Treibhausgasen investiert werden, wobei ein großer Teil aus Subventionen für private Investitionen besteht. Die meisten Mittel gehen in den Ausbau erneuerbarer Energien, weitere Gelder etwa in die Kohlendioxidabscheidung und in den Ausbau der Atomenergie. Der Kauf von Elektroautos wird mit 4.000 US-Dollar für ein gebrauchtes Auto und 7.500 US-Dollar für ein neues Auto bezuschusst. Siehe Sachverständigenrat zur Begutachtung der gesamtwirtschaftlichen Entwicklung, Policy Brief 1/2023, in: *Sachverständigenrat zur Begutachtung der gesamtwirtschaftlichen Entwicklung*, https://www.sachverstaendigenrat-wirtschaft.de/publikationen/policy-brief.html, (letzter Zugriff am 5.12.2023). Indiens Stromproduktion erfolgt heute weitgehend mit Kohle, doch es bestehen in dem Land mit stark steigendem Energiebedarf ehrgeizige Pläne, Strom aus erneuerbaren Energien zu gewinnen. Siehe BDEW, 6.7.2023, Länderportrait: Fünf Fakten über das Energieland Indien, in: *BDEW*, https://www.bdew.de/online-magazin-zweitausend50/markt/listicle-fuenf-fakten-ueber-energie-in-indien/ (letzter Zugriff am 5.12.2023).

10 Auch wenn (Ende 2023) Deutschland wie Österreich weiterhin viel (Flüssig-)Gas aus Russland und anderen Ländern beziehen.

11 European Council, 2023, Infographic – An EU critical raw materials act for the future of European supply chains, in: *European Council*, https://www.consilium.europa.eu/en/infographics/critical-raw-materials/ (letzter Zugriff am 5.12.2023).

12 European Council, Press release 13.11.2023, Council and Parliament strike provisional deal to reinforce the supply of critical raw materials, in: *European Council*, https://www.consilium.europa.eu/en/press/press-releases/2023/11/13/council-and-parliament-strike-provisional-deal-to-reinforce-the-supply-of-critical-raw-materials/ (letzter Zugriff am 5.12.2023).

13 Vgl. Gerstetter (2023).

14 Siehe Bundesverfassungsgericht, 29.4.2021, Verfassungsbeschwerden gegen das Klimaschutzgesetz teilweise erfolgreich, Pressemitteilung

Nr. 31/2021, in: *Bundesverfassungsgericht*, https://www.bundesverfassungsgericht.de/SharedDocs/Pressemitteilungen/DE/2021/bvg21-031.html (letzter Zugriff am 5.12.2023).

15 So etwa die Klage eines peruanischen Bauern gegen den deutschen Energiekonzern RWE oder das Urteil, mit dem ein niederländisches Gericht den Erdölkonzern Shell zu Emissionsreduktionen im Einklang mit dem Pariser Klimaabkommen verpflichtete (Gerstetter 2023, S. 161 f.).

16 So auch Sander (2016) in seiner Studie zur Energiewende in Deutschland. Zu einer anderen Einschätzung kommt Zeller (2023), der in den letzten Jahren einen »fossilen Backlash« diagnostiziert und das mit den hohen Profiten im Bereich der fossilen Energieträger und den geringen Profiten im Bereich der Erneuerbaren begründet. Nach einer gewissen Zurückhaltung der fossilen Industrie habe diese in den letzten Jahren die Investitionen deutlich erhöht. Seine Schlussfolgerung: »Ein nichtfossiler Kapitalismus scheint bis auf Weiteres eine unmögliche Entwicklungsperspektive zu sein.« (Zeller 2023, S. 245). Wir schreiben das Adjektiv »grün« groß, um den Charakter des Grünen Kapitalismus als Konstrukt starker gesellschaftlicher Kräfte zu betonen, das gleichzeitig alltagspraktisch relevant wird (etwa in Form der Elektro-Automobilität). Eine Kleinschreibung von »grün« könnte suggerieren, dass der Kapitalismus die von ihm verursachten sozial-ökologischen Probleme tatsächlich effektiv, das heißt in einem raum-zeitlich verallgemeinerbaren Sinn, bearbeitet. Das halten wir jedoch für ausgeschlossen.

17 Wir möchten an dieser Stelle auf das wunderbare Buch *The Value of a Whale. On the Illusions of Green Capitalism* von Adrienne Buller (2022) verweisen, das 2024 in deutscher Übersetzung erscheint; Buller (2024). In einer eindringlichen Sprache beschreibt und analysiert die Autorin darin die Mythen und Triebkräfte eines Grünen Kapitalismus sowie dessen neokoloniale Implikationen. Sie macht die Gesellschaftlichkeit dessen sichtbar, was im ökonomischen Mainstream und der von diesem geprägten Politik als »natürlich« erscheint und öffnet eben damit den Blick auf Alternativen, die die ökologische Zerstörung ebenso überwinden wie die gesellschaftliche und internationale Ungleichheit.

18 Die Einschätzung einer dominierenden geopolitischen Motivation teilen Sablowski u. a. (2022), S. 246 f., und Mahnkopf (2022), S. 43 f.

19 Gramsci (1994 [1932–1935]), S. 1243. Siehe einführend den einschlägigen Beitrag von Mario Candeias zum *ABC der Transformation* der LuXemburg (Candeias o. J.). Die passive Revolution impliziert die Kooptation oder den Übertritt wichtiger politischer Persönlichkeiten oder Gruppen der Führung der untergeordneten Klassen – Gramsci (1993 [1931–1932], S. 966) nennt das »Transformismus« – oder die Marginalisierung bestimmter Kräfte, die sich bewusst den herrschenden Entwicklungen widersetzen oder diesen aus anderen Gründen entgegenstehen.

20 In anderen Ländern wie China blieb der Kapitalismus staatlich gesteuert, worauf wir in Kapitel 5 eingehen.

21 Vgl. schon Narr (1990). Zur Krise des Fordismus Röttger (2010).

22 Peck/Tickell (2002).

23 Bieling/Steinhilber (2000); Hermann (2007); Oberndorfer (2016), S. 181 ff.

24 Prausmüller (2019); vgl. auch Scherrer (2000).

25 Eine letzte Bastion des Neoliberalismus scheint der Alltagsverstand vieler

Menschen zu sein, indem sie die Anrufungen hinnehmen, dass jede und jeder vor allem individuell für das eigene Fortkommen verantwortlich sei.

26 Syrovatka (2022). Bei beiden Initiativen hapert es jedoch an einer weitreichenden Umsetzung.

27 Gramsci (1996 [1932–1934]), S. 1578.

28 Gramsci (1991 [1929]), S. 117f. Zum Hegemoniebegriff vgl. auch Davidson (2004).

29 Vgl. Candeias (o. J.).

30 Christoph Scherrer (2007) hat früh die Elitenfixierung von Analysen in der Tradition Gramscis kritisiert.

31 Eine weitere denkbare Variante wäre, dass unter dem Druck der sich zuspitzenden ökologischen und anderen Krisen der Staat gegen mächtige Wirtschaftsinteressen agiert.

32 Vgl. auch Opratko (2012).

33 Wright (2017), S. 377; vgl. auch Brand/Schickert (2019), S. 173ff.

34 Vgl. Gramscis beeindruckendes 22. Gefängnisheft zu diesem Thema (Gramsci 1999 [1934]); vgl. auch Brand/Wissen (2017), Siehe Kap. 4. Wir meinen mit dem Begriff der Konsumnorm nicht Konsumstile der Menschen, sondern – in Anlehnung an Michel Aglietta – die umfassende Lebensweise der Lohnabhängigen, inklusive ihrer Arbeitsverhältnisse (siehe Kapitel 2).

35 Gramsci (1999 [1934]), S. 2069.

36 Gramsci (1999 [1934]).

37 Zu der Unterscheidung zwischen hegemonialem und Hegemonieprojekt siehe Forschungsgruppe »Staatsprojekt Europa« (2012).

38 Deshalb betrachten wir in Kapitel 5 die Länder des globalen Südens genauer. Mit unserer Skepsis hinsichtlich des hegemonialen Potenzials eines Grünen Kapitalismus revidieren wir auch die Einschätzung, die wir noch in Brand/Wissen (2013), Brand (2020), Kap. 2, und in Wissen (2012) vertreten haben.

39 Bei genaueren Untersuchungen müsste in den Blick genommen werden, dass sich die konkreten Interessen von Branchen und Unternehmen oft als Reaktion auf staatliche Politiken formieren und innerhalb von Unternehmensverbänden ausgehandelt werden; vgl. die Studie von Schneider (2023b).

40 Keil/Wissel (2019); Forschungsgruppe »Staatsprojekt Europa« (2012).

41 Zu zentralen Strategien und Politiken, die mit dem EGD verbunden sind, vgl. Vela Almeida u. a. (2023), S. 3.

42 European Commission (2019), S. 2; Überblick und Einschätzung bei Haas u. a. (2022).

43 European Commission (2019), S. 2.

44 Wir werden in diesem Kapitel nicht allzu häufig Zahlen nennen, weil bei den Ankündigungen der EU-Kommission oft unklar ist, ob es sich um öffentliche Gelder der EU oder die Besicherung privater Investitionen handelt; unklar ist oft auch, ob die Summen bereits in anderen Budgets zur Verfügung gestellt werden oder es sich um *fresh money* handelt. Für unsere Argumentation ist das auch nicht so entscheidend. Vgl. zur Dekonstruktion einiger im Rahmen des EGD genannten Summen etwa Yanis Varoufakis/David Adler, 7.2.2020, The EU's green deal is a colossal exercise in greenwashing, in: *The Guardian*, https://www.theguardian.com/commentisfree/2020/feb/07/eu-green-deal-greenwash-ursula-von-der-leyen-climate (letzter Zugriff am 5.12.2023).

45 Bruff (2014).

46 Bieling (2013); eine keynesianisch inspirierte Interpretation der Krise in

der EU nach 2008 bei Schulmeister (2018, Teil IV).

47 Wissel (2015); Ryner (2023); Sablowski u. a. (2022), S. 237 ff.

48 Eine detaillierte Auseinandersetzung mit dem Pariser Klimaabkommen bei Spash (2016).

49 Bieling (2022), der auch die geopolitischen Diskurse der EU seit 2016 nachzeichnet.

50 Vgl. Schneider (2023b), Kap. 4.

51 Schneider (2023b).

52 Prausmüller (2023).

53 Gabor (2023).

54 IPCEI – Important Project of Common European Interest.

55 Bieling (2022).

56 Der Begriff der »strategischen Autonomie« bedeutet, dass die EU im außen- und sicherheitspolitischen, aber auch im außenwirtschaftspolitischen Bereich eigenständig Prioritäten setzen und Kooperationen aufbauen soll; vgl. Lippert u. a. (2019).

57 Ein vorzüglicher Überblick über die globale politische Ökonomie der Elektroautos bei Brunnengräber (2020). Im Jahr 2021 wurden 78 Prozent der weltweit produzierten Batterien für Elektroautos in China hergestellt, nur 6 Prozent in Europa: vgl. Alejandro Gonzalez u. a., o. J., The big battery boom, in: *SOMO*, https://stories.somo.nl/the-big-battery-boom/ (letzter Zugriff am 2.2.2024).

58 Siehe dazu vor allem die Arbeiten von Timo Daum (2018, 2022a, 2022b). Daum berichtet u. a. von der strategischen Partnerschaft zwischen Daimler und dem chinesischen Batteriezellen-Hersteller CATL, die die lange Zeit vorherrschenden Hierarchien in der globalen Autoindustrie auf den Kopf zu stellen droht, denn: »Daimler (seit 1. Februar 2022 in Mercedes-Benz Group umbenannt) droht die Übernahme. Der chinesische Partner CATL ist fast doppelt so viel wert wie die Stuttgarter, das zu 20 Prozent bereits chinesischen Investoren gehört, Geely hält 9 Prozent, BAIC, ein weiterer chinesischer Autohersteller, 5 Prozent.« (Daum 2022b) Für China ist der Technologietransfer auch ein Vehikel des Marktzugangs: Verschiedene chinesische Autobauer drängen derzeit mit Macht auf den deutschen Markt, auf dem sie ihre gegenüber den deutschen Modellen technologisch überlegenen E-Autos anbieten. »China dreht den Spieß um: Technologietransfer gegen Marktzugang – dieser Deal läuft jetzt andersherum.« (Daum 2022b).

59 Allan u. a. (2021), S. 6.

60 Grohol/Veeh (2023), S. 1; Überblick und kritische Einschätzung der Rohstoffstrategien der EU von Küblböck (2023).

61 Für eine Auseinandersetzung mit der europäischen Klimapolitik siehe auch Peukert (2021), S. 110 ff., dessen Buch insgesamt eine sehr ausführliche und instruktive Darstellung und Kritik von Klimapolitiken auf der nationalen, supranationalen und internationalen Ebene bietet.

62 Grohol/Veeh (2023).

63 Vgl. auch Ryner (2021).

64 Abels/Bieling (2022); Sablowski u. a. (2022).

65 Pianta/Lucchese (2020).

66 Schneider (2023a).

67 Die NGO Corporate Europe Observatory spricht angesichts des großen Einflusses der fossilen Industrie auf die Ausgestaltung des EGD von einem »grauen Deal«. Siehe Corporate Europe Observatory, 7.7.2020, A grey deal? Fossil fuel fingerprints on the European Green deal, in: *Corporate Europe Observatory*, https://corporate

europe.org/en/a-grey-deal (letzter Zugriff am 6.12.2023).

68 Zeller (2023), S. 235. Zur Rolle der Banken bei der Finanzierung der Förderung fossiler Energieträger die jährlichen Berichte von »Banking on Climate Chaos«; https://www.bankingonclimatechaos.org/ (letzter Zugriff am 2.2.2024).

69 Brunnengräber/Haas (2020); Wang u. a. (2023).

70 Gregoir/van Acker (2022).

71 Carrara u. a. (2023).

72 Siehe Groneweg u. a. (2021) sowie die Arbeiten von Nina Schlosser (2020, 2024) zur Lithium-Extraktion in Chile. Diese zeigen eindringlich die Externalisierung der sozial-ökologischen Kosten auf, die die Elektro-Automobilisierung verursacht. Sie machen zudem verständlich, wie diese Kosten von gesellschaftlichen Gruppen im Norden Chiles im Rahmen eines »grün«-extraktivistischen Entwicklungsmodells »internalisiert« werden. Siehe dazu Kapitel 5.

73 Vgl. auch den Überblick von Prause/Dietz (2020) zu den Folgen und Konflikten des Rohstoffabbaus in Ländern des globalen Südens für den Aufbau der E-Automobilität in Deutschland.

74 Zografos (2022); Conde u. a. (2022).

75 Küblböck (2023).

76 Vela Almeida u. a. (2023), S. 5.

77 Sachs (1993).

78 Sultana (2022).

79 Dunlap/Laratte (2022).

80 EuroMemo Group; Roithner (2022).

81 Dieser Abschnitt ist teilweise unserem Aufsatz zu den Grenzen des Grünen Kapitalismus in der PROKLA 207 entnommen (Wissen/Brand 2022, S. 268 ff.).

82 Gemessen in Kohlendioxid-Äquivalenten. Siehe Umweltbundesamt, 14.8.2023, Treibhausgasemissionen in der Europäischen Union, in: *Umweltbundesamt*, https://www.umweltbundesamt.de/daten/klima/treibhausgas-emissionen-in-der-europaeischen-union#hauptverursacher (letzter Zugriff am 6.12.2023). In Deutschland gibt es bekanntlich den Sondereffekt der starken Deindustrialisierung Ostdeutschlands.

83 Hickel/Kallis (2020). Vgl. EEA (2021), die Literaturübersichten bei Vadén u. a. (2020) und Haberl u. a. (2020).

84 Dowling (2021).

85 Schaupp (2021).

Kapitel 5

1 Sablowski (2019a), S. 7.

2 Mercosur steht für gemeinsamer Markt des Südens, spanisch *Mercado Común del Sur*.

3 Jürgen Vogt, 5.7.2023, Lula lässt sich nichts aufzwingen, in: *die tageszeitung*, https://taz.de/Mercosur-Gipfel-zum-Handelsvertrag/!5945591/ (letzter Zugriff am 3.1.2024).

4 Fahrzeuge mit Verbrennungsmotor, die exportiert werden, können über das Jahr 2035 hinaus in der EU produziert werden.

5 Boddenberg (2023); Diana Zimmermann, 14.3.2023, »Eifersüchtig«: Wie Habeck um Brasilien wirbt, in: *ZDF heute*, https://www.zdf.de/nachrichten/politik/habeck-brasilien-mercosur-regenwald-klima-100.html (letzter Zugriff am 3.1.2024).

6 European Commission, 13.6.2023, In Brazil, President von der Leyen announces EUR 10 billion of Global Gateway investments in Latin America and the Caribbean, in: *European Commission*, https://ec.europa.eu/

commission/presscorner/detail/en/ac_23_3265 (letzter Zugriff am 10.1.2024).

7 Jürgen Vogt, 14.6.2023, Werben für Freihandelsabkommen, in: *die tageszeitung*, https://taz.de/Von-der-Leyen-in-Suedamerika/!5940685/ (letzter Zugriff am 3.1.2024).

8 IWD, 30.8.2023, EU muss beim Freihandelsabkommen Tempo machen, in: *iwd.de*, https://www.iwd.de/artikel/eu-muss-beim-freihandelsabkommen-tempo-machen-594954/ (letzter Zugriff am 3.1.2024).

9 Vgl. etwa die Erklärung eines breiten Bündnisses zivilgesellschaftlicher Organisationen: Bettina Mueller, 16.7.2023, Stoppt ungerechten Handel! – Stoppt EU-Mercosur, EU-Chile und EU-Mexiko!, in: *Seattle to Brussels Network*, 16.07.2023, https://s2bnetwork.org/civil-society-statement-stop-unjust-trade-stop-eu-mercosur-eu-chile-and-eu-mexico/ (letzter Zugriff am 3.1.2024).

10 Vgl. die klassische Studie von Chang (2002); jüngst dazu Herrmann (2022), S. 70ff.

11 Maihold/Sangmeister (2023).

12 Mercosur: Importanteile der wichtigsten Handelspartner an den Gesamteinfuhren von Gütern in den Mercosur-Raum im Jahr 2022, in: *Statista*, https://de.statista.com/statistik/daten/studie/1052028/umfrage/anteile-der-wichtigsten-importlaender-des-mercosur-im-gueterhandel/ (letzter Zugriff am 4.1.2024); Mercosur: Exportanteile der wichtigsten Handelspartner an den Gesamtausfuhren von Gütern aus dem Mercosur-Raum im Jahr 2022, in: *Statista*, https://de.statista.com/statistik/daten/studie/1052187/umfrage/anteile-der-wichtigsten-exportlaender-des-mercosur-im-gueterhandel/ (letzter Zugriff am 4.1.2024).

13 Dietz (2022); Müller u. a. (2022).

14 Welche Produzenten in einer Güterkette beziehungsweise in globalen Produktionsnetzwerken am ehesten in der Lage sind, Druck auf andere auszuüben, damit ihre Interessen zu verfolgen und höhere Profite zu erzielen, ist eine empirische Frage; vgl. zum Ansatz der Güterketten Gereffi (1996); Fischer u. a. (2010).

15 Es gibt auch innerhalb der nationalen Ökonomien Abhängigkeitsverhältnisse zwischen Firmen und Sektoren sowie unterschiedliche Lohnhöhen in den Sektoren und bis in die Betriebe selbst (vgl. Kapitel 5). Wir konzentrieren uns hier auf die internationale Dimension.

16 Es ist nicht der einzige Anreiz, denn Faktoren wie Marktnähe, Planungssicherheit, ausgebildete Arbeitskräfte, Subventionen und andere spielen auch eine Rolle.

17 Quijano (2019) spricht von der »Kolonialität der Macht«.

18 Dorninger u. a. (2021); Schaffartzik/Kusche (2020); Hickel u. a. (2022). In Bezug auf Lateinamerika: Infante-Amate u. a. (2022).

19 Ausnahmen bilden oligopolitisch organisierte Märkte wie der Ölmarkt, bei dem die Förderländer und Ölfirmen starke Preissetzungsmacht haben, weil sie sich in der Organisation ölexportierender Länder OPEC zusammengeschlossen haben.

20 Wallerstein (2019); Fischer u. a. (2016). Ein theoretisch und empirisch informierter Blick auf die historischen Zyklen des globalen Kapitalismus bei Grinin u. a. (2018).

21 Vgl. Ludwig (2021); Fischer/Grandner (2022); zur klassischen und neueren dependenztheoretischen Diskussion

das Schwerpunktheft 3/2015 des Journal für Entwicklungspolitik sowie das Schwerpunktheft zu globalen Stoffströmen und internationaler Arbeitsteilung der PROKLA 1/2020.

22 Die USA sind ebenfalls hochverschuldet, mit einer Nettoauslandsverschuldung im Jahr 2022 von 18 Billionen US-Dollar, was 70 Prozent des Bruttoinlandsprodukts entspricht. Doch als Weltmacht mit der Verfügung über das Weltgeld US-Dollar und aufgrund hoher Kapitalerträge im Ausland sind sie stabiler als andere Länder.

23 Vgl. die Studien von Altvater (1992); Gill (1995).

24 Die globalen ökonomischen und ökologischen Abhängigkeitsverhältnisse strukturieren auch die Machtverhältnisse in den Gesellschaften. Entsprechend haben die einzelnen Gesellschaften je spezifische Muster des Stoffwechsels mit der Natur und der gesellschaftlichen Naturverhältnisse: Auch im globalen Norden gibt es Landwirtschaft und Bergbau, Länder wie Kanada und Australien sind sehr abhängig von Rohstoffförderung und -export. Aber in vielen Ländern sind der industrielle Sektor und die damit verbundenen sozialen Kräfte einflussreich. Umgekehrt sind Bergbau, die Förderung fossiler Energieträger, Landwirtschaft, Wald- und Landbesitz in vielen Ländern des globalen Südens zentral für Vermögensbildung, Macht und Einfluss.

25 Für Unternehmen und Kapitalakkumulation ist zudem wichtig, dass indirekt unbezahlte Arbeitskraft angeeignet wird, weil die Lohnabhängigen nicht nur von ihrem Lohn leben, sondern auch von anderen Aktivitäten wie der Reproduktionsarbeit oder der Subsistenzwirtschaft. Dies gilt insbesondere dann, wenn Löhne relativ gering sind und für die Reproduktion der Lohnabhängigen nicht ausreichen.

26 Vgl. ausführlich Arrighi/Moore (2001); Brand (2010); Bieling (2007).

27 Vgl. auch Brand/Wissen (2017) Kap. 5.

28 Vgl. Hirsch (1995); Altvater/Mahnkopf (1996).

29 2008/2009 gab es einen starken Einbruch beim Handel, der im folgenden Jahr ausgeglichen wurde. Zwischen 2011 und 2019 liegt die Zunahme des globalen Handels immer unter der Zunahme der globalen Produktion (mit Ausnahme 2016/2017). Vgl. Bundeszentrale für politische Bildung, 29.09.2023, Entwicklung des grenzüberschreitenden Warenhandels, in: *Bundeszentrale für politische Bildung*, https://www.bpb.de/kurz-knapp/zahlen-und-fakten/globalisierung/52543/entwicklung-des-grenzueber schreitenden-warenhandels/ letzter Zugriff am 5.1.2024).

30 Vgl. IGBP, Great Acceleration, in: *IGBP*, http://www.igbp.net/global change/greatacceleration.4.1b8ae 20512db692f2a680001630.html (letzter Zugriff am 9.12.2023).

31 Vgl. Scherrer (1999); Panitch/Gindin (2003).

32 Helleiner (2017).

33 Die meisten Länder mit kolonialer Vergangenheit wurden insbesondere im Zuge der Verschuldungskrise seit den 1980er-Jahren durch sogenannte Strukturanpassungsprogramme zur wirtschaftlichen Außenöffnung gezwunge (vgl. Altvater 1991, S. 219ff.). Die wirtschaftlichen »Schocktherapien« in vielen osteuropäischen Ländern und in Lateinamerika stehen dafür.

34 Joachim Hirsch (1995) nannte den sich neoliberal transformierenden Staat einen »nationalen Wettbewerbsstaat«.

35 Gill (1995); Hobsbawm (1995); Slobodian (2019).

36 IMF, 5.10.2023, China: Bruttoinlandsprodukt (BIP) in jeweiligen Preisen von 1980 bis 2022 und Prognosen bis 2028 (in Milliarden US-Dollar), in: *Statista*, https://de.statista.com/statistik/daten/studie/19365/umfrage/bruttoinlandsprodukt-in-china/ (letzter Zugriff am 4.1.2024).

37 Zum Washington-Konsens Williamson (1990); für das Beispiel Südkorea vgl. Chang (1993); zur Frage, warum China diesem Beispiel in den 1980er-Jahren nicht gefolgt ist, Weber (2021).

38 Meadows u. a. (1972).

39 Der Klimawandel war zu Beginn der 1970er-Jahre noch kein Thema, in der Studie Global 2000 dann schon.

40 Deutsche Ausgabe als Hauff (1987).

41 Görg u. a. (2020).

42 Siehe die wegweisende Studie des Weltbank-Ökonomen Branco Milanović (2016) zu den sozialen Spaltungseffekten der Globalisierung. Sie zeigt für die Jahre 1988 bis 2008, dass vor allem die Mittelschichten in den Ländern des globalen Südens und die globalen Eliten im Globalisierungsprozess gewinnen, während die Armen im globalen Süden sowie die Arbeiter*innen und unteren Mittelschichten in den frühindustrialisierten Ländern (konkret: die gemessen am Einkommen unteren 40 Prozent der Weltbevölkerung) verlieren. Das sind die von der neoliberal-kapitalistischen Globalisierung tendenziell »überflüssig« Gemachten. Für Österreich siehe Schürz (2019).

43 van Bergeijk (2019).

44 Vgl. van Bergeijk (2019); Schmalz (2022). Für die diese Prozesse begleitenden Analysen spricht Stefan Schmalz von einer »globalisierungskritischen Konjunktur in den Sozialwissenschaften« Schmalz (2022), S. 349, dort auch ein instruktiver Überblick über aktuelle Debatten), um diese durchaus widersprüchlichen Entwicklungen zu begreifen.

45 Den Begriff verwendet auch Schmalz (2022), S. 356, allerdings mit einer anderen Bedeutung: Deglobalisierung »von oben« sind für ihn Regierungsprojekte, »von unten« bezeichnet von Unternehmen ausgehende wirtschaftliche beziehungsweise wirtschaftsstrategische Veränderungen. Bereits im Jahr 2002 schlug Walden Bello, philippinischer Soziologe, Direktor der Denkfabrik *Focus on the Global South* und einer der wichtigsten Intellektuellen der globalisierungskritischen Bewegung, den Begriff der Deglobalisierung mit einer anderen Bedeutung vor. Die Regierungen und Bevölkerungen des globalen Südens seien im Zangengriff der transnationalen Unternehmen, deren Macht insbesondere über Freihandelsabkommen abgesichert werde. Es bedürfe einer »Deglobalisierung von unten«, um Handlungsspielräume für eigenständige nationale und lokale Entwicklungen zu öffnen. (Bello 2005).

46 Schneider (2023b).

47 Boos u. a. (2022).

48 Gereffi u. a. (2021).

49 Maihold (2022), S. 2.

50 Tagesschau, 18.4.2023, BYD löst VW als Marktführer in China ab, in: *Tagesschau*, 18.4.2023, https://www.tagesschau.de/wirtschaft/unternehmen/vw-china-id7-elektro-strategie-101.html (letzter Zugriff am 4.1.2024). Ausführlich zu den Veränderungen in der chinesischen Autoindustrie Lüthje (2022).

51 Babić u. a. (2022).

52 Butollo/Staritz (2022), S. 398.

53 Zur Legitimation des »Gold-Standards« marktbasierter Versuche, die Klimakrise zu bearbeiten, nämlich die »Verrechnung« von Treibhausgasemissionen mit Klimaschutzmaßnahmen

andernorts, (sogenannte *offsettings)*, vgl. Blum/Lövbrand (2019).

54 Wir wollen mit dem Begriff der Weltunordnung nicht suggerieren, dass die frühere, US-dominierte Weltordnung gut war. Wir zeigen vielmehr, dass auch sie mit Ausbeutung und Zerstörung, Dominanz und Abhängigkeit einherging. Weltunordnung bezieht sich vielmehr auf die aktuell instabile weltpolitische Situation, deren Ursache auch die ökologische Krise und ihre unzureichende Bearbeitung sind. Zur Entstehung und Ausformung dieser Rivalität seit der Krise von 2008 vgl. Schindler u. a. (2023).

55 van der Pijl (2016), S. 47 ff.; Schmalz (2016), Kap. 3. Allerdings hat der Begriff des »Herausforderer-Staats« eine problematische Konnotation, denn er bezeichnet diese als Unruhestifter, solche, die die aktuellen Regeln nicht akzeptieren wollen. Während – um in der Terminologie von van der Pijl zu bleiben – die »Kernländer« vermeintlich für Stabilität sorgen. Doch aktuell sind es wohl eher die US-Regierung und die dahinterstehenden wirtschaftlichen Interessen, die international Unruhe stiften.

56 Schmalz (2022).

57 IMF, 10.10.2023, China: Anteil am kaufkraftbereinigten globalen Bruttoinlandsprodukt (BIP) von 1981 bis 2022 und Prognosen bis 2028, in: *Statista*, https://de.statista.com/statistik/daten/studie/167632/umfrage/anteil-chinas-am-globalen-brutto inlandsprodukt-bip/ (letzter Zugriff am 4.1.2024). Zur historischen Entwicklung des »staatlich durchdrungenen Kapitalismus« in China vgl. Fuchs (2015).

58 Von 28 Billionen US-Dollar weltweit in 2022 in China knapp 7,2 Millionen, in den USA knapp 4,2 Billionen und in der EU 3,9 Billionen; The World Bank, 18.12.2023, Industry (including construction), value added (current US$): World Bank national accounts data, and OECD National Accounts data files, in: *World Bank Group*, https://data.worldbank.org/indicator/NV.IND.TOTL.CD?year_high_desc=true (letzter Zugriff am 4.1.2024).

59 Rudd (2023), S. 39.

60 Zenglein/Holzmann (2019).

61 S&P Global Market Intelligence, 28.2.2021, Produktion von Lithium-Ionen-Batterien nach Ländern von 2018 bis 2021 und angekündigte Produktion bis 2025 (in Gigawattstunden) , in: *Statista*, https://de.statista.com/statistik/daten/studie/1323944/umfrage/lithium-ionen-batterien-produktion-nach-laendern/ (letzter Zugriff am 4.1.2024).

62 Diese Veränderungen haben starke Auswirkungen auf die Klassenzusammensetzung in China; vgl. Fuchs (2023).

63 Hoering (2023). Gleichwohl gibt es auch innerhalb des chinesischen Machtblocks erhebliche Differenzen, etwa in Bezug auf den Umgang mit den USA oder mit Russland, vgl. Mayer 2022, o. J., »Der eigentliche Konflikt ist jener zwischen China und den USA«, in: *Tagebuch*, https://tagebuch.at/2022/11/der-eigentliche-konflikt-ist-jener-zwischen-china-und-den-usa/ (letzter Zugriff am 5.1.2024).

64 Vgl. Hoering (2022). Bei der digitalen Seidenstraße geht es auch darum, die digitale Infrastruktur – insbesondere Glasfaserkabel – international und in vielen Ländern auszubauen und chinesische Standards im Internet zu setzen. In Afrika kontrollieren chinesische Firmen etwa 70 Prozent der digitalen Infrastruktur. Vgl. Gerd Mischler, 16.5.2022, Chinas Digitale Seidenstraße, in: *golem*, https://www.golem.

de/news/internetinfrastruktur-chinas-digitale-seidenstrasse-2205-164888.html (letzter Zugriff am 10.12024).

65 Zur Rolle des chinesischen Staates bei der Gestaltung der internationalen Finanzbeziehungen siehe Simon (2022). Aktuelle Überblicke über wichtige wirtschaftliche Aktivitäten Chinas in anderen Ländern bei https://thepeoplesmap.net/; sachkundige Analysen zu China und insbesondere zu seiner Rolle in der internationalen Politik und Wirtschaft finden sich auf dem belt-and-road-Blog von Uwe Hoering; https://www.beltandroad.blog/de/startseite/ (letzter Zugriff am 27.1.2024).

66 Vgl. die empirische Untersuchung der Rolle chinesischer Investoren in afrikanischen Ländern von Lee (2017).

67 Christiane Kühl, 18.09.2023, Chinas Neue Seidenstraße bekommt Konkurrenz: Indien und der Westen planen Handelskorridor nach Europa, in: *Frankfurter Rundschau*, https://www.fr.de/politik/seidenstrassekonkurrenz-g20-handelsweg-china-indien-zr-92513724.html (letzter Zugriff am 4.1.2024).

68 Bond (2023).

69 Scherrer/Abernathy (2017).

70 Schmalz u. a. (2022).

71 Solty (2020).

72 Vgl. dazu Schindler u. a. (2023).

73 Thomas Sablowski (2019b), S. 318, unterscheidet zwischen der Möglichkeit, dass die USA ihre Führungsposition verteidigen, dass China diese übernimmt, dass es zu multipolaren Konstellationen kommt – oder zu dauerhaftem Chaos.

74 Tagesschau, 26.11.2019, »Europa muss Sprache der Macht lernen«, in: *Tagesschau*, https://www.tagesschau.de/ausland/von-der-leyen-rede-101.html (letzter Zugriff am 4.1.2024).

75 Michael Pettits sieht angesichts massiver Investitionen in den Produktionssektor die Gefahr einer Überproduktionskrise und empfiehlt eine deutliche Ausweitung des Binnenkonsums, vgl. Michael Pettits, 7.11.2023, The global constraints to Chinese growth, in: *Financial Times*, https://www.ft.com/content/4075ac49-f3b6-42a0-88c4-168292048feb (letzter Zugriff am 4.1.2024). Das *Wall Street Journal* sieht vor allem eine Wachstums-, Profit-, Schulden- und eine Immobilienkrise, dazu kommen hohe Jugendarbeitslosigkeit und sinkende Exporte. Der Umgang mit diesen Krisenphänomenen seitens des chinesischen Staates ist unklar. Vgl. Lingling Wei/Yifan Stella Xie, 20.8.2023, China's 40-Year Boom Is Over. What Comes Next? The economic model that took the country from poverty to great-power status seems broken, and everywhere are signs of distress, in: *Wall Street Journal*, https://www.wsj.com/world/china/china-economy-debt-slow down-recession-622a3be4 (letzter Zugriff am 10.1.2024).

76 Herrmann (2022).

77 Vgl. Volkswagen Group Components 2021, o. J., Battery recycling: Facts and figures about the pilot plant in Salzgitter, in: *Volkswagen Newsroom*, https://www.volkswagen-newsroom.com/en/publications/more/battery-recycling-facts-and-figures-about-the-pilot-plant-in-salzgitter-605/download (letzter Zugriff am 5.1.2024).

78 Gudynas (2020); Acosta (2013); Brand u. a. (2016); Brand/Wissen (2017), S. 115ff.; Svampa (2020); Chagnon u. a. (2022), S. 763; Burchardt/Peters (2019). Die folgenden Ausführungen treffen auch auf die rohstoffexportierenden Länder in Afrika, Asien und Osteuropa zu.

79 McKay u. a. (2021).

80 Anlauf (2019).

81 Schaffartzik/Kusche (2020), S. 62.

82 Pye (2022).

83 Zografos (2022).

84 Svampa (2020), S. 22 ff.

85 Boos (2019).

86 Graf/Landherr (2019); Landherr/Graf (2021).

87 DERA, o. J., Preismonitor November 2023, in: *DERA*, https://www.deutsche-rohstoffagentur.de/DERA/DE/Aktuelles/Monitore/2023/11-23/2023-11-preismonitor.pdf?__blob=publicationFile&v=2 (letzter Zugriff am 4.1.2024).

88 Dietz (2022).

89 Bringel/Svampa (2023).

90 Bruna (2022); Dietz (2022); Dorn (2022); Andreucci u. a. (2023).

91 Überblick von Dorn (2023).

92 US Geological Survey, 9.1.2023, Lithium, in: *USGS*, https://pubs.usgs.gov/periodicals/mcs2023/mcs2023-lithium.pdf (letzter Zugriff am 4.1.2024).

93 US Geological Survey, Lithiumcarbonat: Preisentwicklung in den Jahren 2012 bis 2022 (in US-Dollar pro Tonne), in: *Statista*, https://de.statista.com/statistik/daten/studie/1323981/umfrage/preisentwicklung-fuer-lithiumcarbonat/ (letzter Zugriff am 4.1.2024).

94 Olarte-Sánchez u. a. (2022); vgl. S. 45 des Sustainablity Reports 2022, SQM, o. J., Sustainability Report 2022, in: *SQM*, https://www.sqm.com/wp-content/uploads/2023/07/SQM-Reporte-2022-ing-Final.pdf (letzter Zugriff am 10.12.2023).

95 Dietz (2022), S. 7.

96 Dietz (2022), S. 8.

97 Vgl. S. 5 der nationalen Wasserstoffstrategie, Bundesministerium für Wirtschaft und Energie, 2020, Die Nationale Wasserstoffstrategie, in: *BMWK*, https://www.bmwk.de/Redaktion/DE/Publikationen/Energie/die-nationale-wasserstoffstrategie.pdf?__blob=publicationFile&v=20 (letzter Zugriff am 5.1.2024), kritische Einschätzungen von Dietz (2022), Kalt/Müller (2021) und Witt (2022). Vermutlich wird grüner Wasserstoff vor allem als Material zur Dekarbonisierung der industriellen Produktion eingesetzt werden und weniger zu energetischen Zwecken im Wärme- oder Transportsektor. Die entsprechenden Implikationen für die Stahlindustrie sowie für gewerkschaftliche Kämpfe um eine *just transition* untersucht Stefan Schoppengerd (2024).

98 Bundesministerium für Wirtschaft und Klimaschutz, o. J., Internationale Wasserstoffzusammenarbeit, in: *BMWK*, https://www.bmwk.de/Navigation/DE/Wasserstoff/Internationale-Wasserstoffzusammenarbeit/internationale-wasserstoffzusammenarbeit.html (letzter Zugriff am 4.1.2024).

99 Voskoboynik/Andreucci (2022).

100 Olarte-Sánchez u. a. (2022).

101 Schlosser (2024); Olarte-Sánchez u. a. (2022), S. 92.

102 Scheidel u. a. (2020), Tittor (2023).

103 Svampa (2020).

104 Urry (2013), S. 132.

105 Vgl. etwa Tänzler u. a. (2022).

106 Zum sogenannten Rebound-Effekt vgl. Santarius (2015).

107 Anlauf/Backhouse (2022) und Dobelmann (2019) weisen darauf hin, dass *frontier* nicht nationalstaatliche Grenze bedeutet, sondern einen Raum und eine Bewegung des Übergangs. Historisch bezog sich das oft auf die Ausweitung von Siedlungsgrenzen, in jüngeren Arbeiten – insbesondere

von Jason Moore – geht es um die Ausweitung von kapitalistischen Warenbeziehungen. Vgl. hierzu auch Komlosy (2016). Daher sollte eher der englische Begriff *frontier* und nicht der deutsche Begriff der *Grenze* verwendet werden.

108 Die Datenbank der Universität Oregon weist Mitte 2023 über 1.400 multilaterale und fast 2.300 bilaterale Umweltabkommen nach. Siehe https://iea.uoregon.edu/iea-project-contents (letzter Zugriff am 27.1.2024).

109 Vgl. bereits Wissen (2009, 2010); Brunnengräber/Walk (2007).

110 Mechler u. a. (2019).

111 Boos u. a. (2022).

112 Jaitner (2022).

113 Tagesschau, 30.08.2023, EU importiert mehr Flüssigerdgas aus Russland, in: *Tagesschau*, https://www.tagesschau.de/wirtschaft/energie/eu-gas-lng-russland-100.html (letzter Zugriff am 5.1.2024); zu den Sanktionen insgesamt Becker (2023a).

114 Marc Widmann, 2.11.2023, Womit keiner rechnet, in: *Die Zeit*, https://www.zeit.de/2023/37/russland-duengemittel-eu-importe-landwirtschaft (letzter Zugriff am 5.1.2024).

115 Mitchell (2011).

116 FR|Klima Nr. 38 vom 9. Juni 2023.

117 Andres (2022). Wenn das US-Militär ein Land wäre, so Oliver Belcher u. a. (2020), entsprächen seine jährlichen Gesamtemissionen denen von Portugal, Peru oder Rumänien. Der Panzer »Leopard 2« benötigt bei Betrieb pro Stunde 530 Liter Dieselöl, ein Eurofighter-Flugzeug 4.200 bis 6.000 Liter Kerosin pro Stunde (Auernheimer 2022).

118 Kalkuliert in Preisen von 2021; vgl. Stockholm International Peace Research Institute (2022).

119 Vgl. die Schwerpunktausgabe »Rüstung« der Zeitschrift »Ausdruck«, herausgegeben von der Informationsstelle Militarisierung in Tübingen. Dort geht es unter anderem um die Rolle des Militärs und von Rüstung in Deutschland und der EU, um Korruption bei Rüstungsgeschäften und die Verteilung der 100 Milliarden Euro »Sondervermögen« zur besseren Ausstattung der Bundeswehr (https://www.imi-online.de/publikationen/ausdruck/ausdruck-inhaltsverzeichnisse/#September2022 (letzter Zugriff am 27.1.2024).

120 Zum Begriff des »militärisch-industriellen Komplexes«, den in kritischer Absicht der damalige US-Präsident Dwight D. Eisenhower im Jahr 1961 prägte, und seiner Existenz in Deutschland, vgl. Schmidt (2020), S. 618ff. Dort wird unter anderem gezeigt, dass im Bereich der Beschaffung für die Bundeswehr nicht nur bei der deutschen Rüstungsindustrie eingekauft wird.

121 Werner Raza (2023) zeigt auf, dass die neoliberale Globalisierung ihre Versprechen nicht eingehalten hat. Es kam nicht zu vermehrtem demokratischen Wandel durch Handel, nicht zu mehr Wohlstand für alle, nicht zu mehr Versorgungssicherheit. Handelspolitik der Zukunft müsse sozial-ökologische Fragen ins Zentrum stellen.

Kapitel 6

1 Fernandes (2022), S. 64.

2 Žižek (2010).

3 Gramsci (1991 [1930]), S. 354.

4 Siehe etwa D. Klein (2019), Kap. 4, zusammenfassend zum Diskurs der extremen Rechten.

5 Altreiter u. a. (2020).

6 Strobl (2021); Wodak (2023). Siehe auch die historische Darstellung der demokratischen wie autoritären und antidemokratischen Tendenzen der europäischen konservativen Parteien von Wolkenstein (2022), die zum besseren Verständnis aktueller Entwicklungen beiträgt. Eine beeindruckende Darstellung und Kritik der europäischen Flüchtlingspolitik mit einem Fokus auf das Flüchtlingslager Moria in Griechenland findet sich bei Ziegler (2022).

7 Die autoritäre Stabilisierung der imperialen Lebensweise ähnelt in gewisser Hinsicht dem Entwicklungspfad »Nachhaltigkeit als Kontrolle«, wie ihn Frank Adloff und Sighard Neckel (2019) als dystopischen Gegenentwurf zu den Pfaden »Modernisierung« und »Transformation« beschreiben. Allerdings gibt es einen wichtigen Unterschied: Bei Adloff und Neckel wird Kontrolle »zum Zwecke der Nachhaltigkeit« (Adloff/Neckel 2019, S. 176) ausgeübt, Freiheitsrechte werden aus ökologischen Gründen beschnitten. Mit der autoritären Stabilisierung der imperialen Lebensweise wird die ökologische Krise (in ihrem anthropogenen Charakter) dagegen gerade verharmlost oder gar negiert. Autoritäre Kontrollpraktiken richten sich gegen diejenigen (Geflüchtete, Menschen im globalen Süden), die von der Krise am stärksten betroffen sind, damit die Verursacher und Nutznießer mit ihrer erdzerstörenden Art des Produzierens und Konsumierens exklusiv fortfahren können. Siehe auch Haas (2023).

8 Vgl. Eversberg (2018).

9 Daggett (2023).

10 Was wir in diesem Kapitel nicht leisten können, ist eine Bestandsaufnahme, Systematisierung und vergleichende Analyse von Autoritarismen in einem internationalen Kontext. Dazu verweisen wir auf die instruktive Studie von Wolfram Schaffar (2019) und die Arbeiten aus der internationalen Forschungsgruppe der Rosa-Luxemburg-Stiftung zu Autoritarismus und Gegenstrategien (International Research Group on Authoritarianism 2022).

11 Eribon (2016), S. 120.

12 Eribon (2016), S. 122.

13 Siehe etwa das Schröder-Blair-Papier, SPD, 8.6.1999, Der Weg nach vorne für Europas Sozialdemokraten, in: *Glasnost*, http://www.glasnost.de/pol/schroederblair.html (letzter Zugriff am 8.1.2024).

14 Dörre u. a. (2018), S. 58f. Vgl. Betzelt und Bode (2017), die in der Re-Kommodifizierung der Arbeits- und Lebensverhältnisse einen »Angsttreiber« sehen, den sich rechtsautoritäre Kräfte zunutze machen. Naumann (2021) befasst sich mit den räumlichen und infrastrukturellen Dimensionen des Aufstiegs der autoritären Rechten und zeigt, dass diese gerade auch dort erfolgreich ist, wo soziale und technische Infrastrukturen abgebaut, privatisiert und vernachlässigt wurden. Lessenich (2019), S. 36ff., unterscheidet neben dem vertikalen Konflikt zwischen Besitzenden und Nicht-Besitzenden drei weitere, mit diesem gleichwohl verwobene Konflikte. Diese verlaufen jeweils entlang einer bestimmten Achse: der »horizontalen« Achse (Alter, Geschlecht, Konkurrenz unter Lohnabhängigen), der »transversalen« Achse (Staatsbürger*innen vs. Nicht-Staatsbürger*innen) und der »externalen« Achse (der Konflikt um die gesellschaftlichen Naturverhältnisse). Wir halten die Unterscheidung dieser Konflikttypen für sinnvoll. Allerdings ist ihre Zuordnung zu verschiedenen Achsen und deren jeweilige Bezeichnung nicht immer

nachvollziehbar und trennscharf. Wir differenzieren deshalb im Folgenden zwischen dem vertikalen Konflikt zwischen Arbeit und Kapital einerseits und verschiedenartigen horizontalen Konflikten andererseits, wobei letztere ersteren überhaupt erst bearbeitbar machen.

15 Siehe Robert Roßmann, Seehofer zeigt Verständnis für Demonstranten, in: *Süddeutsche Zeitung*, 6.9.2018, https://www.sueddeutsche.de/politik/horst-seehofer-chemnitz-1.4118883?piano-screen=login&logout= (letzter Zugriff am 29.12.2023). Ein sehr guter Überblick über die österreichische Migrations- und Integrationspolitik zwischen 2013 und 2019 bei Rosenberger/Gruber (2020). Zum Anteil von CDU und CSU am Aufstieg der AfD siehe von Lucke (2023).

16 Siehe die Rekonstruktion der Vorgänge durch eine internationale Kooperation aus Journalist*innen von MONITOR, Lighthouse Reports, dem SPIEGEL, El PAÍS und weiteren Medien unter https://www1.wdr.de/daserste/monitor/sendungen/fluechtlinge-sterben-lassen-100.html (letzter Zugriff am 1.11.2023). Zur selben Zeit löste das Verschwinden eines mit wohlhabenden Abenteuertouristen besetzten Tauchboots, das das Wrack der Titanic erkunden wollte, eine groß angelegte internationale Rettungsaktion aus.

17 Siehe dazu die Untersuchung von Sonja Buckel und Judith Kopp (2022). Darin wird eine »internalistische Perspektive« auf Migration kritisiert, die die Fluchtursachen vor Ort suche und die Migration damit aus ihren internationalen Zusammenhängen löse. Notwendig sei es stattdessen, über globale Ungleichheitsverhältnisse zu reden; siehe auch Kohlenberger (2022). Heins/Wolff (2023) weisen auf die innergesellschaftlichen Konsequenzen restriktiver Grenzpolitiken und -diskurse für Prinzipien wie Rechtsstaatlichkeit und ein friedliches Zusammenleben hin; siehe auch Opratko (2023).

18 Siehe die Beschreibungen und Analysen von Alexander Behr (2022), die feministischen und staatstheoretischen Analysen zu den internationalen Dimensionen von Reproduktionsarbeit in dem von Antonia Kupfer und Constanze Stutz (2022) herausgegebenen Sammelband sowie die in dem Sammelband von Maya John und Christa Wichterich (2023), Teil II, dokumentierten Erfahrungen indischer Krankenpflegerinnen in Deutschland.

19 Sachs (1997), S. 97.

20 Hirsch (1995), S. 32.

21 Darauf hat Joachim Hirsch in seinen staatstheoretischen Arbeiten immer wieder hingewiesen, etwa wenn er schreibt, dass die »Verallgemeinerung von Gleichheit auf nationaler Ebene […] an internationale Ungleichheit gebunden« blieb (2005), S. 64.

22 Vgl. Dörre (2006); Friedrich (2019), S. 144ff.

23 Hall (2012), S. 88; siehe auch Candeias (2018), S. 45ff., sowie Sablowski/Thien (2018), S. 65.

24 Höcke zit. n. Friedrich (2019), S. 137f.

25 Friedrich (2019), S. 138f.

26 So zwei Formulierungen aus dem Schröder-Blair-Papier vom Juni 1999, SPD, 8.6.1999, Der Weg nach vorne für Europas Sozialdemokraten, in: *Glasnost*, http://www.glasnost.de/pol/schroederblair.html (letzter Zugriff am 8.1.2024).

27 Auch die ökologische Krise und der angemessene Umgang damit werden in diesen Deutungsrahmen eingepasst. Zwar ist unter Rechten ein Klimawandel- und Wissenschaftsskeptizismus

weit verbreitet: Die Klimakrise wird (in ihren anthropogenen Ursachen) negiert, Klimaschutz gilt als elitäres Projekt, das die soziale Ungleichheit verschärft, individuelle Freiheiten beschränkt und den »natürlichen Wettbewerb« verzerrt. Naturschutz dagegen ist Bestandteil rechter Programmatiken. Er lässt sich gegen klima- und energiepolitische Maßnahmen wie die Förderung von Windkraft ausspielen und mit rechten Argumentationsmustern verknüpfen: Ähnlich wie die nationalen Arbeitsmärkte und die »nationale Identität« vor Migrant*innen geschützt werden sollen, geht es darum, die heimischen Ökosysteme vor invasiven Arten zu bewahren. Die Abwehr von Migration selbst wird als Naturschutzmaßnahme verkauft, trage sie doch dazu bei, die »heimischen« Ressourcen vor »Übernutzung« zu bewahren. Naturschutz ist demnach »Heimatschutz«, ökologische Fragen werden – so z. B. im Diskurs der österreichischen FPÖ – unter dem Leitbild »Heimat, Identität, Umwelt« zum Thema gemacht. Siehe Brunnengräber (2019); Söding/Callison (2023); Sommer u. a. (2022), S. 55ff., 82f.; Hartmann (2022), S. 135ff.

28 Vgl. Demirović (2018a), S. 34; Candeias (2018), S. 47.

29 So der treffende Ausdruck von Wilhelm Heitmeyer in einem von Peter Laudenbach geführten Interview mit der *Süddeutschen Zeitung* (»Anerkennungsverluste gehen an die Substanz«. Was sind die gesellschaftlichen Voraussetzungen für den Aufstieg der AfD? Der Soziologe Wilhelm Heitmeyer über Statusängste, kulturelle Veränderungen und autoritären Nationalradikalismus, in: *Süddeutsche Zeitung*, 10. Juli 2023, S. 9.

30 Amlinger/Nachtwey (2023), S. 111.

31 Candeias (2018), S. 36.

32 Räthzel (1991).

33 Vgl. Neckel/Wagner (2013), S. 14.

34 Vgl. Kadritzke (1997); Sauer/Penz (2023), S. 144f.

35 Eversberg (2023), S. 151f. Hier zeigen sich Parallelen zum »autoritären Populismus«, den Stuart Hall in den 1980er-Jahren als zentrales Element des Thatcherismus identifizierte. Wichtig für dessen Erfolg war Hall zufolge das Scheitern der Sozialdemokratie. Diese habe die Arbeiter*innenklasse korporatistisch eingebunden und damit als politische Kraft desorganisiert. Die Rechte habe dann die Unzufriedenheit der popularen Klassen ausgenutzt, indem sie einen alternativen Block um Themen wie »Anti-Etatismus« und »Anti-Kollektivismus« konstruiert habe (Hall 2014, S. 108). In diesem Diskurs erschien die Sozialdemokratie als Teil eines Machtblocks, der den »kleinen Mann« (und seine Familie) mittels einer unfähigen Staatsbürokratie unterdrückt. Thatcher dagegen sei »draußen ›mit dem Volk‹« gewesen (Hall 2014: 115). Hall begreift den autoritären Populismus als Moment einer passiven Revolution. Doch »wenn die Ausführung sozialdemokratischer Politik durch die Betätigung des Staates die Züge einer ›passiven Revolution‹ von oben hatte, so gab der strikt populistische Charakter der Interventionen der radikalen Rechten ihr den unverkennbaren Stempel einer passiven Revolution von unten.« Die radikale Rechte ist populistisch, »weil sie nicht ›popular-demokratisch‹ sein kann.« (Hall 2014: 119) Der *populus* der Rechten, so Andreas Lob-Hüdepohl (2017, S. 6), ist ein *ethnos*, kein *demos*.

36 Friedrich (2019), S. 134.

37 Schaffar (2019), Kap. 3.

38 Schaffar spricht in diesem Fall von »autoritär-populistischen« Regimen. Als

Beispiele nennt er die Regierungen von Rodrigo Duterte auf den Philippinen und von Viktor Orbán in Ungarn (der allerdings in jüngerer Zeit zunehmend neoliberal agiert). Zu nennen wäre auch die polnische PiS mit ihrer konservativen Sozial- und Familienpolitik. Siehe dazu auch die vergleichende Studie zu Polen unter der PiS und Kaczyński sowie Ungarn unter Fidesz und Orbán von Dorothee Bohle u. a. (2023). Diese zeichnet die umfassenden innergesellschaftlichen und EU-kritischen Strategien nach, mit denen die politischen Machteliten mit ihren nationalistischen, ultrakonservativen und »christlichen« Projekten die kulturelle Hegemonie zu erlangen versuchen.

39 Der »autoritäre Konstitutionalismus« – den Begriff übernimmt Schaffar von Lukas Oberndorfer (2012) – zeichnet sich dadurch aus, dass eine Austeritätspolitik verfassungsrechtlich verankert und damit gegenüber demokratischen Prozessen abgeschottet wird. Zudem werden die repressiven Staatsapparate (Militär, Polizei) gestärkt.

40 Schaffar (2019), S. 38.

41 Vgl. Brand/Wissen (2017), S. 58.

42 Daggett (2023), S. 53.

43 Daggett (2023), S. 53f.

44 Malm/Zetkin Collective (2021), S. 394. Für eine Analyse der Selbstwahrnehmungen petromaskuliner Subjekte siehe Niederhauser (2023). Siehe des Weiteren die instruktive Studie von Melissa Büttner (2021), die auf die fossile Prägung gesellschaftlicher Mentalitäten und Vorstellungswelten verweisen.

45 Sommer u. a. (2022), S. 84f. Malm und das Zetkin Collective (2021), S. 394, führen die Tatsache, dass der Klimaskeptizismus bei weißen Männern besonders ausgeprägt ist, auch auf deren Alltagsverhältnisse zurück: Männer in fortgeschrittenen kapitalistischen Ländern fahren länger Auto und essen mehr Fleisch als andere. Zudem arbeiten sie in den schmutzigsten Industrien (Stahl, Öl, Bau, Auto).

46 Diese Überlegung verdanken wir Julian Niederhauser. Siehe auch Dörre u. a. (2023).

47 Sauer/Penz (2023), S. 132.

48 Sauer/Penz (2023), S. 137.

49 Hochschild (2018), S. 307.

50 Hochschild (2018), S. 304, 305; siehe auch van Dyk (2021).

51 Hochschild (2018), S. 187ff.

52 Vgl. Demirović (2021), S. 510.

53 Hochschild (2018), S. 207.

54 Sauer (2022); Sauer/Penz (2023).

55 Der jüngsten Leipziger Mitte-Studie zufolge (Zick u. a. 2023) sind rechtsextreme Ansichten stark angestiegen und weiter in die gesellschaftliche Mitte gerückt. Gerade auch Menschen aus der sozioökonomischen Mitte gehen »auf gefährliche Distanz zu demokratischen Normen und Werten der Gleichwertigkeit aller Menschen.« (zitiert aus der Zusammenfassung der Ergebnisse, Friedrich-Ebert-Stiftung, 2023, Mitte-Studie. Die distanzierte Mitte, in: *Friedrich-Ebert-Stiftung*, https://www.fes.de/referat-demokratie-gesellschaft-und-innovation/gegen-rechts extremismus/mitte-studie-2023; letzter Zugriff am 9.1.2024).

56 Siehe dazu auch die Arbeit von Lukas Oberndorfer zu den Entwicklungen im Anschluss an die Finanzkrise 2008 sowie John Kannankulams an Nicos Poulantzas anschließende Analyse des »autoritären Etatismus« (Kannankulam 2008; Oberndorfer 2012).

57 Die Wiener Politikwissenschaftlerin und Publizistin Natascha Strobl zeichnet den Aufstieg von Sebastian Kurz und seinen Verbündeten innerhalb der ÖVP nach. Deutlich

wird, mit vielen Analogien zu Donald Trump, wie ein »radikalisierter Konservatismus« ganz praktisch agiert: bewusster Bruch von formellen und informellen Regeln, *message control* und Schaffung sowie laufende Wiederholung »eigener Wahrheiten«, starke Polarisierung in Diskursen und der Modus von Dauerwahlkampf, Orientierung an einer Führungspersönlichkeit. Einmal an der Macht werden die politischen Apparate bewusst umgebaut und die Medien kontrolliert. Appelle an aufrichtige Argumente, Fakten, Einhaltung von Regeln, Anstand und Ehre laufen leer, Sachpolitik wird schwierig.

58 António Guterres anlässlich der Vorstellung des Berichts »Bewältigung des Klimawandels« des Weltklima-rates im April 2022; António Guterres, 5.4.2022, Post, in: *Twitter*, https://twitter.com/antonioguterres/status/1511294073474367488?lang=en (letzter Zugriff am 19.12.2023).

59 Von Redecker (2023), S. 28.

60 Vgl. Meiksins Wood (2016), S. 208 ff.; Lessenich (2019). Grundlegend Buckel (2017).

61 Mit Blick auf die globalen Verhältnisse war die liberale Demokratie nie nur fortschrittlich, sondern die damit verbundenen emanzipatorischen Errungenschaften basierten immer auch auf postkolonialer Gewalt in den liberaldemokratischen Ländern selbst und vor allem in anderen Ländern; siehe Ludwig (2021).

62 Siehe Becker (2023b) und die Überlegung von Tomasz Konicz (2019), S. 328, dass die kapitalistische Ordnung immer nur Grundlage, niemals aber Gegenstand der öffentlichen Debatte ist, weshalb »in Krisenzeiten die schnell ins Faschistische abdriftende Sündenbocksuche so schnell an Popularität« gewinnt.

63 Becker (2018); Candeias (2021b).

64 Siehe Saladin Salmen, 17.7.2023, Linke nominiert Seenotretterin Carola Rackete, in: *Süddeutsche Zeitung*, https://www.sueddeutsche.de/politik/linke-carola-rackete-europawahl-seenotrettung-1.6038397 (letzter Zugriff am 9.1.2024).

65 Siehe Daniel Friedrich Sturm, 10.8.2023, »Geschenk für die AfD«, »Wählerschreck«. Bei der Linken wächst Kritik an Europa-Kandidatur von Rackete, in: *Tagesspiegel*, https://www.tagesspiegel.de/politik/wahlerschreck-geschenk-fur-die-afd-bei-der-linken-wachst-die-kritik-an-europa-kandidatur-von-rackete-10289041.html (letzter Zugriff am 9.1.2024).

66 Dowling u. a. (2017), S. 416.

67 Vgl. Demirović (2021), S. 498 ff. Siehe in diesem Zusammenhang auch die Studie von Jörn Boewe, Stephan Krull und Johannes Schulten zum Lohnabhängigen-Bewusstsein in der deutschen Autoindustrie (Boewe u. a. 2021). Instruktiv ist ferner der Beitrag von Barbara Fried, die betont, »dass Geschlecht nicht ein *weiteres*, wenn auch *gleichgewichtiges* Unterdrückungsverhältnis ist – so die Tendenz in vielen Debatten um *race, class and gender* –, sondern ein Moment von Klassenverhältnissen selbst, ein Arrangement, die gesellschaftliche Arbeitsteilung zu organisieren. Dazu gehört auch die innere *Spaltung* der Klasse, für die die Ordnung der Geschlechter eine zentrale Rolle spielt.« (Fried 2021, S. 487) Analoges gilt für den Rassismus und für die gesellschaftlichen Naturverhältnisse.

68 Siehe Autor*innenkollektiv Climate.Labour.Turn (2021); Kaiser (2023); Lucht/Liebig (2023).

69 Vgl. Artus (2017).

70 Vgl. Birke (2018) Siehe auch den Artikel »Arbeitskampf 2.0« in der WOZ vom 17. August 2023, in dem Jan Ole Arps und Nelli Tügel einen Bogen von den wilden Streiks 1973 zum Gorillas-Streik 2021 spannen, Jan Ole Arps/Nelli Tügel, 17.8.2023, Gastarbeiter 2.0, in: *WOZ – Die Wochenzeitung*, https://www.woz.ch/2333/arbeitskampf-in-deutschland/gastarbeiter-20/!TEV0XMVWDPSA (letzter Zugriff am 9.1.2024).

71 Zit. n. Schaupp (2021), S. 448f.

72 Schaupp (2021), S. 449.

Kapitel 7

1 Baldwin (2020 [1964]), S. 111.

2 Die folgenden Ausführungen zu den Protesten von Lützerath sind in Teilen unserem Aufsatz in den *Blättern für deutsche und internationale Politik* 2/2023 entnommen (Brand/Wissen 2023).

3 Siehe Forschungsgruppe FOSSILEXIT (2022); Aurora Energy Research (2022).

4 Eine kluge Begründung des zivilen Ungehorsams der Klimabewegung bei Celikates (2023).

5 Ähnlich auch Raul Zelik (2020), S. 307: »Erst der gesellschaftliche ›Überschuss‹ eröffnet Spielräume für ökologische, demokratische und soziale Reformen im Staat.«

6 Bourdieu (2013), S. 11.

7 Die Debatten um solidarischen Rückbau werden unter den Begriffen Postwachstum und Degrowth seit längerer Zeit intensiv geführt; siehe etwa Asara u. a. (2015); D'Alisa u. a. (2016); Schmelzer/Vetter (2021); Kallis u. a. (2018); Koch (2020); Brand u. a. (2021); Hasselbalch u. a. (2023). Zu Debatten um Degrowth in Europa und Buen Vivir in Lateinamerika Beling u. a. (2018). Zu jüngeren Ansätzen einer Kreislaufwirtschaft siehe Reheis (2022).

8 Wichterich (2013), S. 349; siehe auch Aulenbacher u. a. (2018); Dowling (2021); einen umfassenden Entwurf für eine »solidarische Care-Ökonomie« präsentierte Gabriele Winker (2021).

9 Luks (2023), S. 67; er bezieht sich ausführlich auf den Aufsatz zu planetaren und gesellschaftlichen Grenzen, an dem wir mitgearbeitet haben; siehe Brand u. a. (2021).

10 Fabian Scheidler weist in diesem Zusammenhang auf einen Punkt hin, der auch für unsere Überlegungen zu gesellschaftlichen und politischen Kämpfen um Alternativen maßgeblich ist: »In einer systemischen Perspektive haben alle diese Kämpfe, die auf den ersten Blick unzusammenhängend erscheinen, einen gemeinsamen Fluchtpunkt: Sie streuen Sand in die Akkumulationsmaschine. Was aber noch wichtiger ist: Sie sind von entscheidender Bedeutung, um uns auf systemische Brüche vorzubereiten, die letztlich unvermeidlich sein werden. So wünschenswert eine sanfte, kontrollierte Transformation vom gegenwärtigen räuberischen System zu einer gemeinwohlorientierten Wirtschaft auch sein mag, so wenig ist sie realistisch. Wenn es aber zu massiven wirtschaftlichen Einbrüchen, Großpleiten, mit erheblichen Arbeitsplatzverlusten und politischen Turbulenzen kommt, hängt alles davon ab, wie die Menschen in der Lage sind, sich zu organisieren, welche Auseinandersetzungen und Diskussionen sie in den Jahren zuvor geführt, welche Visionen sie entwickelt haben.« (Scheidler 2017, S. 218f.)

11 Zelik (2020), S. 49.

12 Lob-Hüdepohl (2022), S. 127. Siehe auch Kanzleiter zu strategischen Ansätzen, Zielsetzungen und möglichen Organisierungsformen globaler Solidarität (Boris Kanzleiter, 2020, Globale Solidarität, *in: Rosa Luxemburg Stiftung*, https://www.rosalux.de/publikation/id/41998/globale-solida ritaet, letzter Zugriff am 5.1.2024).

13 Lob-Hüdepohl (2022), S. 127. Eine kurze Begriffsgeschichte des Solidaritätsbegriffs findet sich bei Susemichel/Kastner (2021).

14 Kothari u. a. (2023). Ein vorzüglicher Überblick über die Bedeutungen des Solidaritätsbegriffs bei Bargetz u. a. (2019); zu einer kurzen Geschichte der Solidaritätsbewegungen siehe Behr (2022), S. 92 ff.; Dimensionen der Solidarität aus Perspektive des Konzepts der imperialen Lebensweise bei Kierot u. a. (2023).

15 Siegmund (2023), S. 78.

16 Jackson (2021), S. 67 f.

17 Ein Beispiel, das sich 2023 zum 50. Mal jährte, ist der Militärputsch gegen die demokratisch gewählte sozialistische Regierung Allende in Chile. Sie bildete den Auftakt zu einer – so Graf/Landherr (2023) – »permanenten Konterrevolution«, die die kapitalistische Ordnung sowohl gewaltförmig als auch verfassungsrechtlich dauerhaft gegen ihre Gegner*innen abzusichern versuchte.

18 Siehe dazu etwa Rodríguez-Labajos u. a. (2019).

19 Knut Henkel, 21.8.2023, Ölförderung im Amazonas abgewählt, in: *die tageszeitung*, https://taz.de/Referendum-in-Ecuador/!5950789/ (letzter Zugriff am 5.1.2024); Albert Denk, 2.9.2023, Der globale Wald Yasuní, in: *amerika21*, https://amerika21.de/blog/2023/09/265655/der-globale-wald-yasuni (letzter Zugriff am 5.1.2024); zur Entstehung der Initiative Acosta/Brand (2018), S. 136 ff.

20 Atzmüller u. a. (2023); Lessenich (2003).

21 Vgl. sehr instruktiv Luks (2023), S. 45–49. Zur Kritik eines zu statischen und vermeintlich naturwissenschaftlich bestimmten Verständnisses von Grenzen siehe Adler (2022), S. 467 ff.

22 Luks (2023); Kallis (2019); Adloff (2018); Scheub/Küttner (2020), Exner (2021).

23 Hickel (2022), S. 260 ff.; zum Ansatz der »Konsumkorridore« siehe Fuchs u. a. (2022).

24 Habermann (2016).

25 Adler (2022), S. 473.

26 Saito (2023), S. 204.

27 So etwa der Club of Rome (Dixson-Declève u. a. 2022) in seiner jüngsten Studie, *Earth for all*, in der er ein »neues wirtschaftliches Betriebssystem« beziehungsweise eine »Wohlergehensökonomie« vorschlägt. Letzteres setzt den Fokus auf die Herstellung und Sicherung der produktiven, natürlichen und sozialen Gemeingüter sowie auf massive Investitionen in den Umbau des Energie- und Landwirtschaftssystems, die Bekämpfung von Armut und Ungerechtigkeit sowie die Herstellung von Geschlechtergerechtigkeit. Es werden »Hebelpunkte« identifiziert, die mit kleinen Veränderungen in verschiedenen Bereichen große Wirkungen entfalten: Ein Bürgerfonds wird aus Vermögensabgaben und der Nutzung kollektiver Gemeingüter gespeist und verteilt; der Finanzsektor wird stärker reguliert und Kreditvergaben in nachhaltige Sektoren werden gefördert; »unfaire Schulden«, vor allem internationale, werden erlassen. Das Buch ist eine ambitionierte Studie voller Beispiele und Vorschläge. So stellen sich progressive wirtschaftliche und politische Eliten Umbauprozesse vor. Vor allem

Regierungen sollen anders handeln, insbesondere »die« Wirtschaft richtig steuern und Geldflüsse umlenken. Soziale Bewegungen werden ab und zu erwähnt, »Bürgerinnen und Bürger« sind passive Profiteure der Veränderungen. Es ist eine weitreichende Vorstellung einer passiven Revolution (siehe Kapitel 4).

28 Julia Kaiser hat die Konflikte eingehend untersucht. Siehe Kaiser (2023) sowie Ferrari/Kaiser (2022).

29 Zu nennen wären hier unter anderem die Arbeiten aus dem Institut für Gesellschaftsanalyse der Rosa-Luxemburg-Stiftung zu Vergesellschaftung und »Infrastruktursozialismus«. Siehe Heft 1/2022 der *LuXemburg* mit dem Schwerpunkt »Besitz ergreifen«. https://zeitschrift-luxemburg.de/ausgaben/besitz-ergreifen/ (letzter Zugriff am 9.12.2023); Brie (2022); Klein (2022); die Arbeiten des *Foundational Economy Collective* (2019) zur Ökonomie des Alltagslebens; die feministischen Arbeiten zu »sorgenden Städten« (Schilliger 2022 sowie Barbara Fried/Alex Wischnewski, 29.4.2022, Sorgende Städte. Vergesellschaftet Care-Arbeit, in: *Rosa Luxemburg Stiftung*, https://www.rosalux.de/news/id/46043 (letzter Zugriff am 5.1.2024); die Commons-Debatte, vor allem die Arbeiten von Silke Helfrich und David Bollier (2019); Klaus Dörre über die »Utopie des Sozialismus« (Dörre 2021); Simon Sutterlüttis und Stefan Meretz' Buch »Make Capitalism History« (Sutterlütti/Meretz (2023); Christian Zellers Überlegungen zu einer ökosozialistischen Alternative (Zeller 2020); die Arbeiten von Sabine Nuss über Privateigentum und Vergesellschaftung (Nuss 2024); im internationalen Kontext das Konzept des »Degrowth-Kommunismus« von Kohei Saito (2023). Das Erbe der ostdeutschen marxistischen Systemkritik und politischen Utopie hat Alexander Amberger (2014) am Beispiel von Rudolf Bahro, Wolfgang Harich und Robert Havemann aufgearbeitet. In Deutschland finden Vergesellschaftungskongresse statt (siehe https://vergesellschaftungskonferenz.de/, letzter Zugriff am 9.12.2023). Für einen Debattenüberblick siehe das von Timo Daum und Sabine Nuss herausgegebene Buch »Die unsichtbare Hand des Plans« Daum/Nuss (2021), den von Alex Demirović herausgegebenen Band »Wirtschaftsdemokratie neu denken« Demirović (2018b) sowie Heft 215 (2024) der *PROKLA* zum Schwerpunkt »Demokratische Planwirtschaft in Zeiten von Digitalisierung und Klimakrise«.

30 Thie (2013), S. 149.

31 Dazu auch Smith (2021), S. 25ff.

32 Siehe Görg u. a. (2023).

33 Siehe https://www.kulturland.de/ (letzter Zugriff am 9.12.2023).

34 Ulrich Grober (2023), S. 136, spricht von der »Kunst des sorgfältigen Minimalismus«.

35 Hickel (2022), Kap. 5; Wagenaar/Prainsack (2021), Kapitel 3.

36 Graeber (2018), S. 18f.

37 https://www.wir-fahren-zusammen.de/ (letzter Zugriff am 9.12.2023).

38 Urban (2021: 132f.).

39 Siehe dazu die anregende, von Eva Brunnemann und Tobi Rosswog Brunnemann/Rosswog (2023) herausgegebene Broschüre »VW steht für Verkehrswende«.

40 Meier (2023), S. 18.

41 Candeias/Krull (2022); Schade u. a. (2020); zu künftig solidarischen Arbeitsverhältnissen siehe Seidl/Zahrnt (2019).

42 Adam Tooze, 30.11.2012, Wie die dreifache Ungleichheit der Klimakrise Widerstand erschwert, in: *Der Freitag*,

https://www.freitag.de/autoren/the-guardian/kein-verantwortungsgefuehl-die-kaelte-der-reichen (letzter Zugriff am 5.1.2024).

43 Vgl. Götze/Joeres (2022). Chris Methmann und Angela Oels (2021) untersuchen Diskurse um »Klimamigration« und die vermehrten Verbindungen zum Begriff der Resilienz.

44 Hildyard u. a. (2012), S. 69.

45 Umweltbundesamt, 18.12.2022, Energiesparende Gebäude, in: *Umweltbundesamt*, https://www.umweltbundesamt.de/themen/klima-energie/energiesparen/energiesparende-gebaeude#gebaude-wichtig-fur-den-klimaschutz (letzter Zugriff am 6.1.2024).

46 Armin Kuhn, 2023, Klimagerechte Nachbarschaften. Vorschlag für eine ökologische Klassenpolitik beim Wohnen, in: *LuXemburg*, https://zeitschrift-luxemburg.de/artikel/klimagerechte-nachbarschaften/ (letzter Zugriff am 10.12.2023). Siehe auch Wagenaar/Prainsack (2021), Kap. 4.

47 Arendt u. a. (2023).

48 Davis (2010), S. 33.

49 Staab (2022), S. 198.

50 Vereinte Nationen (2022), S. 5.

51 Vereinte Nationen (2022), S. 5.

52 Rudhof-Seibert (2022).

53 Zur genauen Definition siehe IPCC Arbeitsgruppe II (2022), S. 2914; zum Stand der Diskussion Vera Künzel u. a., 16.11.2023. Den Fonds für Schäden und Verluste handlungsfähig machen und angemessen ausstatten – Zentrale Aufgaben für COP28, in: *Deutsche Klimafinanzierung*, https://www.deutscheklimafinanzierung.de/blog/2023/11/den-fonds-fuer-schaeden-und-verluste-handlungsfaehig-machen-und-angemessen-ausstatten-zentrale-aufgaben-fuer-cop28/?hilite=%27K%C3%BCnzel%27 (letzter Zugriff am 5.1.2024).

54 Überblicke bei Anita Bhadani, 29.11.2021, A Guide to Climate Reparations, in: *Yes! Magazine*; https://www.yesmagazine.org/environment/2021/11/29/climate-reparations (letzter Zugriff am 5.1.2024); Fitz-Henry/Klein (2024); Salehi (2023) mit historischen Beispielen zu Reparationsforderungen und -zahlungen und den eher technokratischen liberalen Ansätze um *Transitional Justice* der 1980er und 1990er Jahre.

55 Schmelzer/Nowshin (2023).

56 Fischer (2023); Sultana (2022).

57 Veit/Fuchs (2023); der in Lateinamerika vieldiskutierte »öko-soziale und interkulturelle Pakt des Südens«. Pacto Ecosocial del Sur, 2023. Für einen sozialen, ökologischen, wirtschaftlichen und interkulturellen Pakt für Lateinamerika, in: *Pacto Ecosocial del Sur*, https://pactoecosocialdelsur.com/home-2/#1592362596651-6eec51bd-3641 (letzter Zugriff am 4.1.2024).

58 UNHCR, o. J., Zahlen im Überblick, in: *UNHCR*, https://www.unhcr.org/dach/de/ueber-uns/zahlen-im-ueberblick (letzter Zugriff am 8.1.2024)

59 Opratko (2023).

60 Siehe Kapitel 3 und den Essay von Strenger (2017).

61 Zum Thema Zeitwohlstand ein umfassender Überblick in Konzeptwerk Neue Ökonomie e. V. (2013).

62 Strenger (2017), S. 107ff., nennt das »Freiheit als Disziplin«.

63 Maihofer (2019), S. 192.

64 Von Redecker (2023).

65 Siehe dazu auch Fabian Georgis Überlegungen zu einer globalen Bewegungsfreiheit, die er in einer kritischen Auseinandersetzung mit den Widersprüchen linker Migrationspolitik entwickelt. Bewegungen im globalen Süden, so Georgi, »streiten vor allem

für bessere Lebensbedingungen vor Ort und nicht dafür, dass individuelle Flucht und Mobilität einfacher werden soll.« (Georgi 2016), S. 161 f.

66 Von Redecker (2023), S. 12, 16.

67 Von Redecker (2023), S. 107 f.

68 Waldmueller/Rodríguez (2018); Adloff/Busse (2021); das Online-Dossier zu »Rechten der Natur« von Imke Horstmannshoff/Barbara Unmüßig, *2023, Rechte der Natur,* in: *Global Assembly,* https://www.globalassembly.de/rechte-der-natur (letzter Zugriff am 5.1.2024).

69 Häußermann (1977), S. 12.

70 Poulantzas (2002 [1978]), S. 174; Shahyar (2023). Shahyar zeigt in einer Studie zu den Mobilisierungen der globalisierungskritischen Bewegung gegen den G8-Gipfel 2007 in Heiligendamm, dass innerhalb der Mobilisierung formelle und informelle »strategische Zellen« zentral waren, um Handlungsfähigkeit herzustellen und aufrechtzuerhalten.

71 Poulantzas (2002 [1978]), S. 174f.

72 Poulantzas (1977), S. 76.

73 Wichtige und weitreichende Vorschläge diesbezüglich, welche die vielfältigen Probleme anerkennen und Potenziale nutzen sollen, kommen von Hans-Jürgen Urban von der IG Metall; siehe etwa Urban (2021) sowie seine Publikationen unter: https://hans-juergen-urban.de/

74 https://sozialundoekologisch.org/ (letzter Zugriff am 28.1.2024).

75 Siehe etwa jüngere Strategiediskussionen des BUND mit dem Ziel, eine »sozialökologische Gemeinwirtschaft« gegen die Dominanz des Profitmotivs zu schaffen (Rohde/Polotzek 2020).

76 Zum Begriff der »Einstiegsprojekte« siehe Brangsch (2009).

77 Hans Thie (2013), S. 169, beschreibt eindrücklich seine Erfahrungen im Deutschen Bundestag: »Von 100 engagierten Aktivistinnen und Aktivisten, die voller Tatendrang in nationale Parlamente ziehen, verwandeln sich 95 in Paragrafenreiter und Fraktionsopportunisten. Die Revolutionäre ziehen ins Hohe Haus, aber das einzige, das sich verändert, sind die Revolutionäre selbst. Zu groß ist die korruptive Kraft der kleinen Privilegien. Zu stark ist der Sog verrechtlichter Verfahren, die den Gedanken an Veränderungen jenseits des kleinkarierten Antragswesens schon im Keim ersticken.«

78 Roswin Finkenzeller, »Schach«, in: *FAZ*, 30.3.2004, zitiert aus Pasternack (2005), S. 19.

79 Zelik (2020), S. 308 f.

Literatur

Abels, Joscha / Bieling, Hans-Jürgen (2022): Jenseits des Marktliberalismus? Europäische Industrie- und Infrastrukturpolitik im Zeichen neuer globaler Rivalitäten. In: PROKLA 208 52(3): S. 429–449. DOI: https://doi.org/10.32387/prokla.v52i208.2004.

Acosta, Alberto (2013): Vom guten Leben. Der Ausweg aus der Entwicklungsideologie. In: Blätter für deutsche und internationale Politik 58(2): S. 91–97.

– Brand, Ulrich / Moreno, Camila / Preiser, Anna (2022): The Imperial Mode of Living: (Re)conceptualising Unequal North-South Relations. In: Journal für Entwicklungspolitik 38(1): S. 40–65.

– / Brand, Ulrich (2018): Radikale Alternativen. Warum man den Kapitalismus nur mit vereinten Kräften überwinden kann. München.

Adler, Frank (2022): Wachstumskritik, Postwachstum, Degrowth. Wegweiser aus der (kapitalistischen) Zivilisationskrise. München.

Adloff, Frank (2018): Politik der Gabe. Für ein anderes Zusammenleben. Hamburg.

– / Busse, Tanja (Hg.) (2021): Welche Rechte braucht die Natur? Wege aus dem Artensterben. Frankfurt.

– / Neckel, Sighard (2019): Modernisierung, Transformation oder Kontrolle? Die Zukünfte der Nachhaltigkeit. In: Dörre, Klaus u. a. (Hg.): Große Transformation? Zur Zukunft moderner Gesellschaften. Sonderband des Berliner Journals für Soziologie. Wiesbaden: S. 167–180.

Aglietta, Michel (2015 [1979]): A theory of capitalist regulation. The US experience. London.

Allan, Bentley / Lewis, Joanna I. / Oatley, Thomas
(2021): Green Industrial Policy and the Global Transformation of Climate Politics. In: Global Environmental Politics 21(4): S. 1–19. DOI: https://doi.org/10.1162/glep_a_00640.

Altreiter, Carina / Flecker, Jörg / Papouschek, Ulrike / Schindler, Saskja / Schönauer, Annika (2020): Umkämpfte Solidaritäten. Spaltungslinien in der Gegenwartsgesellschaft. Wien.

Altvater, Elmar (1991): Die Zukunft des Marktes. Ein Essay über die Regulation von Geld und Natur nach dem Scheitern des »real existierenden Sozialismus«. Münster.

– (1992): Der Preis des Wohlstands oder Umweltplünderung und neue Welt(un)-ordnung. Münster.

– (2005): Das Ende des Kapitalismus, wie wir ihn kennen. Eine radikale Kapitalismuskritik. Münster.

– (2016): The Capitalocene, Or, Geoengineering against Capitalism's Planetary Boundaries. In: Moore, Jason W. (Hg.): Anthropocene or Capitalocene? Nature, History, and the Crisis of Capitalism. Oakland: S. 138–152.

– / Brunnengräber, Achim (Hg.) (2008): Ablasshandel gegen Klimawandel? Marktbasierte Instrumente in der globalen Klimapolitik und ihre Alternativen. Hamburg.

– / Mahnkopf, Birgit (1996): Grenzen der Globalisierung. Ökonomie, Ökologie und Politik in der Weltgesellschaft. Münster.

Amberger, Alexander (2014): Bahro – Harich – Havemann. Marxistische Systemkritik und politische Utopie in der DDR. Paderborn.

Amlinger, Carolin / Nachtwey, Oliver (2023): Libertär und autoritär. Wie das Ich auf Kosten der Gemeinschaft regiert. In: Blätter für deutsche und internationale Politik 68(2): S. 107–117.

Andres, Jaqueline (2022): Militär, Manöver und der Sprit. Auswirkungen von Militärmanövern auf den Klimawandel und die Umwelt. In: IMI-Analyse (12).

Andreucci, Diego / Radhuber, Isabella u. a. (2023): The coloniality of green extractivism: Unearthing decarbonisation by dispossession through the case of nickel. In: Political Geography 107: S. 102997. DOI: https://doi.org/10.1016/j.polgeo.2023.102997.

Anlauf, Axel (2019): Eine »tickende geostrategische Zeitbombe«? In: PROKLA 194 49(1): S. 119–135. DOI: https://doi.org/10.32387/prokla.v49i194.1417.

– / Backhouse, Maria (2022): Weltökologie. In: Fischer, Karin u. a. (Hg.): Handbuch Entwicklungsforschung. Wiesbaden: S. 1–13.

Arendt, Rosalie / Gralke, Tobias / Vollmer, Lisa (2023): Bezahlbar und klimagerecht wohnen? In: PROKLA 210 53(1): S. 117–135. DOI: https://doi.org/10.32387/prokla.v53i210.2034.

Arrighi, Giovanni / Moore, Jason W. (2001): Kapitalismus in welthistorischer Sicht. In: Das Argument 239 43(1): S. 43–58.

Artus, Ingrid (2017): Das »ungewöhnlich intensive« Streikjahr 2015. Ursachen, Ergebnisse, Perspektiven. In: PROKLA 186 47(1): S. 145–162. DOI: https://doi.org/10.32387/prokla.v47i186.187.

Asara, Viviana u. a. (2015): Socially sustainable degrowth as a social–ecological transformation: repoliticizing sustainability. In: Sustainability Science 10(3): S. 375–384. DOI: https://doi.org/10.1007/s11625-015-0321-9.

Atzmüller, Roland / Décieux, Fabienne / Ferschli, Benjamin (2023): Ambivalenzen in der Transformation von Sozialpolitik und Wohlfahrtsstaat. Soziale Arbeit, Care, Rechtspopulismus und Migration. Weinheim und Basel.

Auernheimer, Georg (2022): Krieg schädigt Umwelt und Klima. In: Hintergrund. URL: https://umwelt-militaer.org/ukraine-krieg-krieg-schaedigt-umwelt-und-klima/ (letzter Zugriff am 10.1.2024).

Aulenbacher, Brigitte u. a. (2018): Care und Care-Arbeit. In: Böhle, Fritz u. a. (Hg.): Handbuch Arbeitssoziologie. Wiesbaden: S. 747–766.

Aurora Energy Research (2022): Auswirkungen eines adjustierten Kohleausstiegs auf die Emissionen im deutschen Stromsektor. Analyse für Europe Beyond Coal. URL: https://kohlecountdown.de/wp-content/uploads/2022/12/Aurora-Kohleausstiegspfad-und-Emissionen_01122022.pdf (letzter Zugriff am 10.1.2024).

Autor*innenkollektiv Climate.Labour.Turn (2021): Mein Pronomen ist Busfahrerin. Die gemeinsame Kampagne von FFF und Ver.di zur Tarifrunde im öffentlichen Nahverkehr. Ein Beispiel für ökologische Klassenpolitik. Berlin.

Babić, Milan u. a. (2022): Geoeconomics in a Changing Global Order. In: Babić, Milan u. a. (Hg.): The Political Economy of Geoeconomics: Europe in a Changing World. Cham: S. 1–27. DOI: https://doi.org/10.1007/978-3-031-01968-5_1.

Baldwin, James (2020 [1964]): Nach der Flut das Feuer. München.

Barca, Stefania (2012): On working-class environmentalism. A historical and transnational overview. In: Interface 4(2): S. 61–80.

– (2020): Forces of Reproduction. Notes for a Counter-Hegemonic Anthropocene. Cambridge.

Bargetz, Brigitte u. a. (2019): Umkämpfte Solidaritäten. In: FEMINA POLITICA – Zeitschrift für feministische Politikwissenschaft 28(2-2019): S. 9–25. DOI: https://doi.org/10.3224/feminapolitica.v28i2.02.

Bauriedl, Sybille Carstensen-Egwuom, Inken (Hg.) (2023): Geographien der Kolonialität. Geschichten globaler Ungleichheitsverhältnisse der Gegenwart. Bielefeld.

Becker, Joachim (2023a): Westliche Sanktionspolitik gegenüber Russland – Reaktionen und Gegenreaktionen. In: ISW-Wirtschaftsinfo (62): S. 55–63.

Becker, Lia (2018): Die Linke vor der Hegemoniefrage. »Aufstehen« oder verbindende Klassenpolitik für eine sozial-ökologische Transformation? In: Sozialismus (12): S. 20–25.

– (2023b): Blockierte Transformation und Rechte Offensive. Was folgt aus dem Scheitern der »Fortschrittskoalition«? In: LuXemburg - Gesellschaftsanalyse und linke Praxis (2): S. 14–21.

Behr, Alexander (2022): Globale Solidarität. Wie wir die imperiale Lebensweise überwinden und die sozial-ökologische Transformation umsetzen. München.

Belcher, Oliver u. a. (2020): Hidden carbon costs of the »everywhere war«: Logistics, geopolitical ecology, and the carbon boot-print of the US military. In: Transactions of the Institute of British Geographers 45(1): S. 65–80. DOI: https://doi.org/10.1111/tran.12319.

Belina, Bernd / Michel, Boris (Hg.) (2007): Raumproduktionen. Beiträge der Radical Geography. Eine Zwischenbilanz. Münster.

Beling, Adrián E. u. a. (2018): Discursive Synergies for a ›Great Transformation‹ Towards Sustainability: Pragmatic Contributions to a Necessary Dialogue Between Human Development, Degrowth, and Buen Vivir. In: Ecological Economics 144: S. 304–313. DOI: https://doi.org/10.1016/j.ecolecon.2017.08.025.

Bello, Walden (2005): De-Globalisierung. Widerstand gegen die neue Weltordnung. Hamburg.

Betzelt, Sigrid / Bode, Ingo (2017): Angst im Sozialstaat. Hintergründe und Konsequenzen. Friedrich-Ebert-Stiftung, WISO direkt, 38/2017. URL: https://library.fes.de/pdf-files/wiso/13889.pdf (letzter Zugriff am 29.1.2024).

Bhambra, Gurminder K. (2021): Colonial global economy: towards a theoretical reorientation of political economy. In: Review of International Political Economy 28(2): S. 307–322. DOI: https://doi.org/10.1080/09692290.2020.1830831.

Bieling, Hans-Jürgen (2007): Internationale Politische Ökonomie. Eine Einführung. Wiesbaden.

– (2013): Das Projekt der Euro-Rettung und die Widersprüche des europäischen Krisenkonstitutionalismus. In: Zeitschrift für Internationale Beziehungen 20(1): S. 89–103. DOI: https://doi.org/10.5771/0946-7165-2013-1-89.

– (2022): Die Europäische Union im Zeitalter der »neuen Geopolitik«. In: Das Argument (338): S. 411–426.

– / Steinhilber, Jochen (Hg.) (2000): Die Konfiguration Europas. Dimensionen einer kritischen Integrationstheorie. Münster.

Biesecker, Adelheid / von Winterfeld, Uta (2014): Extern? Weshalb und inwiefern moderne Gesellschaften Externalisierung brauchen und erzeugen. Working Paper der DFG-KollegforscherInnengruppe Postwachstumsgesellschaften, Nr. 02/2014. Jena.

Birke, Peter (2018): Der Eigen-Sinn der Arbeitskämpfe. Wilde Streiks und Gewerkschaften in der Bundesrepublik vor und nach 1969. In: Gehrke, Bernd / Horn, Gerd-Rainer (Hg.): 1968 und die Arbeiter. Studien zum »proletarischen Mai« in Europa. Hamburg: S. 62–84.

Blühdorn, Ingolfur (2007): Sustaining the Unsustainable. Symbolic Politics and the Politics of Simulation. In: Environmental Politics 16(2): S. 251–275. DOI: https://doi.org/10.1080/09644010701211759.

– / Butzlaff, Felix / Deflorian, Michael / Hausknost, Daniel / Mock, Mirijam (2020): Nachhaltige Nicht-Nachhaltigkeit. Warum die ökologische Transformation der Gesellschaft nicht stattfindet. Bielefeld.

Blum, Mareike / Lövbrand, Eva (2019): The return of carbon offsetting? The discursive legitimation of new market arrangements in the Paris climate regime. In: Earth System Governance 2: S. 100028. DOI: https://doi.org/10.1016/j.esg.2019.100028.

Boewe, Jörn / Krull, Stephan / Schulten, Johannes (2021): »E-Mobilität, ist das die Lösung?« Eine Befragung von Beschäftigten zum sozial-ökologischen Umbau der Autoindustrie. Berlin.

Boddenberg, Sophia (2023): Scholz in Lateinamerika: Der Mythos vom nachhaltigen Rohstoffabbau. In: Blätter für deutsche und internationale Politik, März, 21–24.

Bohle, Dorothee / Greskovits, Béla / Naczyk, Marek (2023): The Gramscian politics of Europe's rule of law crisis. In: Journal of European Public Policy: S. 1–24. DOI: https://doi.org/10.1080/13501763.2023.2182342.

Bond, Patrick (2023): Der Hype um den BRICS-Gipfel in Johannesburg. Kann der Gipfel die Fundamente des fragmentierten BRICS-Staatenbunds erneuern? URL: https://www.rosalux.de/news/id/50909 (letzter am Zugriff: 10.1.2024).

Bonneuil, Christophe / Fressoz, Jean-Baptiste (2017): The Shock of the Anthropocene. The Earth, History and Us. London.

Boos, Tobias (2019): Populismus und Mittelklasse. Bielefeld. DOI: https://doi.org/10.14361/9783839457825.

– u. a. (2022): Pandemische politische Ökonomie: Zur kapitalistischen Verarbeitung der Corona-Krise. IfS Working Paper 2/2023. Wien. URL: https://www.soz.univie.ac.at/fileadmin/user_upload/i_soziologie/5_Ueber_uns/5.5_Rising_Scholars/IfS_Working_Papers/WP_2_2023_AutorInnenkollektiv_Governance__Demokratie__Solidaritaet.pdf (letzter Zugriff am 6.1.2024).

Bourdieu, Pierre (2013): Politik. Schriften zur Politischen Ökonomie 2. Berlin.

Brad, Alina / Brand, Ulrich / Krams, Mathias (2021): Über Möglichkeiten und Herausforderungen sozial-ökologischer Transformation in der Corona-Krise. In: Corona-Monitor (Hg.): Corona und Gesellschaft. Soziale Kämpfe in der Pandemie. Wien: S. 54–64.

– / Schneider, Etienne (2023): Carbon dioxide removal and mitigation deterrence in EU climate policy: Towards a research approach. In: Environmental Science & Policy 150: S. 103591. DOI: https://doi.org/10.1016/j.envsci.2023.103591.

Brand, Karl-Werner (2021): Das schwarze Loch der »Nicht-Nachhaltigkeit«. Eine kritische Auseinandersetzung mit Ingolfur Blühdorns Forschungsansatz. In: Berliner Journal für Soziologie 31(2): S. 279–307. DOI: https://doi.org/10.1007/s11609-021-00438-6.

Brand, Ulrich (2010): Internationale Politik. In: Langthaler, Ernst / Sieder, Reinhard (Hg.): Globalgeschichte 1800-2000. Wien.

– Dietz, Kristina / Lang, Miriam (2016): Neo-Extractivism in Latin America – one side of a new phase of global capitalist dynamics. In: Ciencia Política 11(21): S. 125–159. DOI: https://doi.org/10.15446/cp.v11n21.57551.

– (2020): Post-Wachstum und Gegen-Hegemonie. Klimastreiks, Krise der imperialen Lebensweise und Alternativen zur autoritären Globalisierung. Hamburg.

– u. a. (2021): From Planetary to Societal Boundaries: An argument for collectively defined self-limitation. In: Sustainability: Science, Practice and Policy 17(1): S. 264–291. DOI: https://doi.org/10.1080/15487733.2021.1940754.

– / Schickert, Christine (2019): Ökosozialistische Strategien für eine sozial-ökologische Transformation 165 Ökosozialistische Strategien für eine sozial-ökologische Transformation. Postkapitalismus als wachstumskritische Praxis. In: Dörre, Klaus / Schickert, Christiane (Hg.): Neosozialismus. Solidarität, Demokratie und Ökologie vs. Kapitalismus. München: S. 165–185.

– / Wissen, Markus (2013): Strategien einer Green Economy, Konturen eines grünen Kapitalismus. Zeitdiagnostische und forschungsprogrammatische Überlegungen. In: Atzmüller, Roland u. a. (Hg.): Fit für die Krise? Perspektiven der Regulationstheorie. Münster: S. 132–148.

– / Wissen, Markus (2017): Imperiale Lebensweise. Zur Ausbeutung von Mensch und Natur im globalen Kapitalismus. München.

– / Wissen, Markus (2021): The Imperial Mode of Living. Everyday Life and the Ecological Crisis of Capitalism. London.

– / Wissen, Markus (2023): Lützerath als Fanal. Warum wir transformative Strategien im Kampf gegen die Klimakrise brauchen. In: Blätter für deutsche und internationale Politik 68(2): S. 89–93.

Brangsch, Lutz (2009): Der Unterschied liegt nicht im Was, wohl aber im Wie. Einstiegsprojekte als Problem von Zielen und Mitteln linker Bewegungen. In: Radikale Realpolitik. Plädoyer für eine andere Politik. Berlin: S. 39–51.

Braudel, Fernand (1977): Geschichte und Sozialwissenschaften. Die longue durée. In: Honegger, Claudia (Hg.): M. Bloch, F. Braudel, L. Febvre u. a. Schrift und Materie der Geschichte. Vorschläge zur systematischen Aneignung historischer Prozesse. Frankfurt am Main: S. 47–85.

Brie, Michael (2021): Transformation heißt, das Ganze wagen. Ökonomische Mobilisierung im Kampf gegen den Faschismus. USA 1940–1945: eine Flugschrift. Hamburg.

– (2022): Sozialismus neu entdecken. Ein hellblaues Bändchen von der Utopie zur Wissenschaft und zur Großen Transformation. Hamburg.

Bringel, Breno / Svampa, Maristella (2023): Del »Consenso de los Commodities« al »Consenso de la Descarbonización«. In: Nueva Sociedad (306): S. 51–70.

Bruff, Ian (2014): The Rise of Authoritarian Neoliberalism. In: Rethinking Marxism 26(1): S. 113–129. DOI: https://doi.org/10.1080/08935696.2013.843250.

Bruna, Natacha (2022): A climate-smart world and the rise of Green Extractivism. In: The

Journal of Peasant Studies 49(4): S. 839–864. DOI: https://doi.org/10.1080/03066150.2022.2070482.

Brunnemann, Eva / Rosswog, Tobi (Hg.) (2023): VW steht für Verkehrswende. Konversion & Vergesellschaftung zwischen Theorie und Praxis. Heidelberg.

Brunnengräber, Achim (2019): Das Klimaleugnertum im gesellschaftlichen Abseits? In: Forum Wissenschaft (4): S. 4–7.

– (2020): Die ressourcenpolitische Absicherung des E-Autos. Zur Rohstoff-Governance in Deutschland, der Europäischen Union und im Lithiumdreieck Argentinien, Chile und Bolivien. In: Brunnengräber, Achim / Haas, Tobias (Hg.): Baustelle Elektromobilität. Sozialwissenschaftliche Perspektiven auf die Transformation der (Auto-)Mobilität. Bielefeld: S. 279–306.

– / Görg, Christoph (2017): Nuclear Waste in the Anthropocene. Uncertainties and Unforeseeable Time Scales in the Disposal of Nuclear Waste. In: GAIA 26(2): S. 96–99. DOI: http://dx.doi.org/10.14512/gaia.26.2.8.

– / Haas, Tobias (Hg.) (2020): Baustelle Elektromobilität. Sozialwissenschaftliche Perspektiven auf die Transformation der (Auto-)Mobilität. Bielefeld.

– / Walk, Heike (Hg.) (2007): Multi-Level Governance. Klima-, Umwelt- und Sozialpolitik in einer interdependenten Welt. Baden-Baden.

Buckel, Sonja (2017): Dialektik von Kapitalismus und Demokratie heute. In: Eberl, Oliver / Salomon, David (Hg.): Perspektiven sozialer Demokratie in der Postdemokratie. Wiesbaden: S. 19–41. DOI: https://doi.org/10.1007/978-3-658-02724-7_2.

– / Kopp, Judith (2022): Fluchtursachen. Das Recht, nicht gehen zu müssen, und die Politik Europas. Berlin.

Buller, Adrienne (2022): The value of a whale. On the illusions of green capitalism. Manchester.

– (2024): Grüne Illusion des Kapitalismus. The Value of a Whale. Heidenrod.

Burchardt, Hans-Jürgen / Peters, Stefan (2019): Extraktivismus. In: Brunner, Jan / Dobelmann , Anna / Kirst , Sarah / Prause, Louisa (Hg.): Wörterbuch Land- und Rohstoffkonflikte. Bielefeld: S. 65–71.

Butollo, Florian / Staritz, Cornelia (2022): Deglobalisierung, Rekonfiguration oder Business as Usual? COVID-19 und die Grenzen der Rückverlagerung globalisierter Produktion. In: Berliner Journal fur Soziologie 32(3): S. 393–425. DOI: https://doi.org/10.1007/s11609-022-00479-5.

Büttner, Melissa / Schmelzer, Matthias (2021): Fossile Mentalitäten. Zur Geschichte der fossilen Durchdringung moderner Vorstellungswelten. Working Paper Nr. 3. Jena. URL: https://www.flumen.uni-jena.de/wp-content/uploads/2021/06/Working-Paper-Nr.-3_Schmelzer-und-Buettner_Fossile-Mentalitaeten-Zur-Geschichte-der-fossilen-Durchdringung-moderner-Vorstellungswelten-1.pdf (letzter Zugriff am 10.1.2024).

Candeias, Mario (o. J.): Passive Revolution. In: LuXemburg. Gesellschaftsanalyse und linke Praxis (Hg.): ABC der Transformation. URL: https://zeitschrift-luxemburg.de/abc/passive-revolution/ (letzter Zugriff am 10.1.2024).

– (2018): Den Aufstieg der radikalen Rechten begreifen. Wie hängen unterschiedliche Erklärungsmuster zusammen? Dimensionen einer verallgemeinerten Kultur der Unsicherheit. In: Candeias, Mario (Hg.): Rechtspopulismus, radikale Rechte, Faschisierung. Bestimmungsversuche, Erklärungsmuster und Gegenstrategien. Rosa-Luxemburg-

Stiftung. Materialien Nr. 24. Berlin: S. 33–60. URL: https://www.rosalux.de/fileadmin/rls_uploads/pdfs/Materialien/Materialien24_Rechtspopulismus_web.pdf (letzter Zugriff am 10.1.2024).
– (2021a): Crashkurs Klassenanalyse – eine Einleitung. In: Candeias, Mario (Hg.): Klassentheorie. Vom Making und Remaking. Hamburg: S. 9–35.
– (2021b): Eine Frage der Klasse. Neue Klassenpolitik als verbindender Antagonismus. In: Candeias, Mario (Hg.): Klassentheorie. Vom Making und Remaking. Hamburg: S. 459–470.
– (2023): Wir leben in keiner offenen Situation mehr Thesen zum Ende des Interregnums und warum es gerade jetzt einen Neustart der LINKEN braucht. In: LuXemburg. Gesellschaftsanalyse und linke Praxis. URL: https://zeitschrift-luxemburg.de/artikel/wir-leben-in-keiner-offenen-situation-mehr/ (letzter Zugriff am 10.1.2024).
– / Krull, Stephan (Hg.) (2022): Spurwechsel. Studien zu Mobilitätsindustrien, Beschäftigungspotenzialen und alternativer Produktion. Hamburg.

Carrara, Samuel u. a. (2023): Supply Chain Analysis and Material Demand Forecast in Strategic Technologies and Sectors in the EU – a Foresight Study. Luxembourg. DOI: https://doi.org/10.2760/334074.

Celikates, Robin (2023): Protest in der Klimakrise. Die Legitimität zivilen Ungehorsams. In: Blätter für deutsche und internationale Politik 68(2): S. 99–106.

Chagnon, Christopher W. u. a. (2022): From extractivism to global extractivism: the evolution of an organizing concept. In: The Journal of Peasant Studies 49(4): S. 760–792. DOI: https://doi.org/10.1080/03066150.2022.2069015.

Chakrabarty, Dipesh (2010): Europa als Provinz. Perspektiven postkolonialer Geschichtsschreibung. Frankfurt am Main/New York.
– (2022): Das Klima der Geschichte im planetarischen Zeitalter. Berlin.

Chancel, Lucas / Piketty, Thomas / Saez, Emmanuel / Zucman, Gabriel (2022): World Inequality Report 2022. URL: https://wir2022.wid.world/ (letzter Zugriff am 10.1.2024).
– Bothe, Philipp / Voituriez, Tancrède (2023): Climate inequality report 2023. World Inequality Lab Study 2023/1. URL: https://wid.world/wp-content/uploads/2023/01/CBV2023-ClimateInequalityReport1.pdf (letzter Zugriff am 10.1.2024).

Chang, Ha-Joon (1993): The political economy of industrial policy in Korea. In: Cambridge Journal of Economics 17(2): S. 131–157. DOI: https://doi.org/10.1093/oxfordjournals.cje.a035227.
– (2002): Kicking Away the Ladder: An Unofficial History of Capitalism, Especially in Britain and the United States. In: Challenge 45(5): S. 63–97. DOI: https://doi.org/10.1080/05775132.2002.11034173.

Conde, Marta / D'Alisa, Giacomo / Sekulova, Filka (2022): When Greening is not Degrowth. In: Savini, Federico / Ferreira, António / von Schönfeld, Kim (Hg.): Post-Growth Planning. New York: S. 19–31. DOI: https://doi.org/10.4324/9781003160984-3.

Crutzen, Paul J. (2002): Geology of mankind. In: Nature 415: S. 23.

Daggett, Cara (2023): Petromaskulinität. Fossile Energieträger und autoritäres Begehren. Berlin.

D'Alisa, Giacomo / Demaria, Federico / Kallis, Giorgos (Hg.) (2016): Degrowth – Handbuch für eine neue Ära. München.

Daum, Timo (2018): Das Auto im digitalen Kapitalismus. Dieselskandal, Elektroantrieb, autonomes Fahren und die Zukunft der Mobilität. Berlin. URL: https://www.rosalux.de/fileadmin/rls_uploads/pdfs/sonst_publikationen/Das_Auto_im_digitalen_Kapitalismus.pdf (letzter Zugriff am 10.1.2024).
– (2022a): Agile Methods on the Shop Floor: Towards a »Tesla Production System«? Weizenbaum Series No. 31. Berlin. DOI: https://doi.org/10.34669/WI.WS/31.
– (2022b): Die Zukunft des Autos kommt aus China. Die deutschen Autohersteller stehen vor drei strukturellen und möglicherweise existenzbedrohenden Problemen. In: LuXemburg. Gesellschaftsanalyse und linke Praxis. URL: https://zeitschrift-luxemburg.de/artikel/die-zunkuft-des-autos-kommt-aus-china/ (letzter Zugriff am 10.1.2024).
– / Nuss, Sabine (2021): Die unsichtbare Hand des Plans. Koordination und Kalkül im digitalen Kapitalismus. Berlin.
Davidson, Alastair (2004): Hegemonie. In: Haug, Wolfgang Fritz (Hg.): Historisch-Kritisches Wörterbuch des Marxismus. Band 6/I. Hamburg: Sp. 1–29.
Davis, Mike (2010): Wer wird die Arche bauen? Das Gebot zur Utopie im Zeitalter der Katastrophen. In: Arch+ Zeitschrift für Architektur und Städtebau (196/197): S. 28–33.
Demirović, Alex (2018a): Autoritärer Populismus als neoliberale Krisenbewältigungsstrategie. In: PROKLA 190 48(1): S. 27–42. DOI: https://doi.org/10.32387/prokla.v48i190.30.
– (Hg.) (2018b): Wirtschaftsdemokratie neu denken. Münster.
– (2021): Kein Wesenskern – nirgendwo. Klassen und Identität. In: Candeias, Mario (Hg.): Klassentheorie. Vom Making und Remaking. Hamburg: S. 495–523.
Dietz, Kristina (2022): Energiewende und grüne Ausbeutung. Die Energiewende in Europa kündigt einen grünen Extraktivismus in Lateinamerika an. URL: https://www.rosalux.de/news/id/46906/energiewende-und-gruene-ausbeutung (letzter Zugriff am 10.1.2024).
Dixson-Declève, Sandrine u. a. (2022): Earth for All. Ein Survivalguide für unseren Planeten. Der neue Bericht an den Club of Rome, 50 Jahre nach »Die Grenzen des Wachstums«. München.
Dobelmann, Anna (2019): Frontier. In: Brunner, Jan (Hg.): Wörterbuch Land- und Rohstoffkonflikte. Bielefeld: S. 97–102.
Dorn, Felix M. (2023): Die geopolitische Ökonomie der Energiewende: Das Beispiel Lithium. In: Maihold, Günther / Sangmeister, Hartmut (Hg.): Zwischen Moskau, Peking und Washington: Lateinamerika in der Großmachtkonkurrenz. Baden-Baden: S. 99–108.
– (2021): Inequalities in resource-based global production networks: resistance to lithium mining in Argentina (Jujuy) and Portugal (Região Norte). In: Journal für Entwicklungspolitik 37(4): S. 70–91. DOI: https://doi.org/10.20446/JEP-2414-3197-37-4-70.
– (2022): Green colonialism in Latin America? Towards a new research agenda for the global energy transition. In: European Review of Latin American and Caribbean Studies (114): S. 137–146. DOI: https://doi.org/10.32992/erlacs.10939.
– / Hafner, Robert / Ruiz Peyré, Fernando / Krapovickas, Julieta (2022): (Counter-)Imperial Mode of Living and Surviving: contextualizations from South America. In: Die Erde 153(2): S. 97–108. DOI: https://doi.org/10.12854/erde-2022-620.
Dorninger, Christian u. a. (2021): Global patterns of ecologically unequal exchange: Implications for sustainability in the 21st century. In: Ecological Economics 179. DOI: https://doi.org/10.1016/j.ecolecon.2020.106824.

Dörre, Klaus (2006): Prekäre Arbeit und soziale Desintegration. In: Aus Politik und Zeitgeschichte (40-41): S. 7–14.
– (2009): Die neue Landnahme. Dynamiken und Grenzen des Finanzmarktkapitalismus. In: Dörre, Klaus u. a. (Hg.): Soziologie – Kapitalismus – Kritik. Frankfurt am Main: S. 21–86.
– / Bose, Sophie / Lütten, John / Köster, Jakob (2018): Arbeiterbewegung von rechts? Motive und Grenzen einer imaginären Revolte. In: Berliner Journal für Soziologie 28 (1-2): S. 55–89. DOI: https://doi.org/10.1007/s11609-018-0352-z.
– (2018a): Imperiale Lebensweise – eine hoffentlich konstruktive Kritik. Teil 1. These und Gegenthese. In: Sozialismus (6): S. 10–13.
– (2018b): Imperiale Lebensweise – eine hoffentlich konstruktive Kritik. Teil 2. Ungelöste Ansprüche und theoretische Schwierigkeiten. In: Sozialismus (7/8): S. 65–71.
– (2021): Die Utopie des Sozialismus. Kompass für eine Nachhaltigkeitsrevolution. Berlin
– / Liebig, Steffen / Lucht, Kim / Sittel, Johanna (2023): Klasse gegen Klima? Transformationskonflikte in der Autoindustrie. In: Berliner Journal für Soziologie. DOI: https://doi.org/10.1007/s11609-023-00514-z.
Dorsch, Timo (2021): Der postkoloniale Kapitalismus im lateinamerikanischen Raum. In: PROKLA 204 51(3): S. 517–534. DOI: https://doi.org/10.32387/prokla.v51i204.1953.
Dowling, Emma / van Dyk, Silke / Graefe, Stefanie (2017): Rückkehr des Hauptwiderspruchs? Anmerkungen zur aktuellen Debatte um den Erfolg der Neuen Rechten und das Versagen der »Identitätspolitik«. In: PROKLA 47(3): S. 411–420.
– (2021): The Care Crisis. What Caused It and How Can We End It? London / New York.
Dünckmann, Florian / Hein, Jonas / Klepp, Silja (2022): Challenging the imperial mode of living by challenging ELSEWHERE: spatial narratives and justice. In: Die Erde 153(2): S. 109–115. DOI: https://doi.org/10.12854/erde-2022-617.
Dunlap, Alexander / Laratte, Louis (2022): European Green Deal necropolitics: Exploring ›green‹ energy transition, degrowth & infrastructural colonization. In: Political Geography 97: S. 102640. DOI: https://doi.org/10.1016/j.polgeo.2022.102640.
EEA (2021): Growth without economic growth. Briefing. Copenhagen. URL: https://www.eea.europa.eu/publications/growth-without-economic-growth (letzter Zugriff am 28.1.2024).
Eribon, Didier (2016): Rückkehr nach Reims. Berlin.
EuroMemo Group: A Green New Deal for Europe – Opportunities and Challenges. EuroMemorandum 2020. URL: https://euromemo.eu/wp-content/uploads/pdfs/uploads/euromemorandum_2020.pdf (letzter Zugriff am 10.1.2024).
European Commission (2019): Communication from the Commission to European Parliament, the Council, the European Social and Economic Committee and the Committee of the Regions. The European Green Deal. Com (2019) 640 final. Brussels. URL: https://eur-lex.europa.eu/resource.html?uri=cellar:b828d165-1c22-11ea-8c1f-01aa75ed71a1.0002.02/DOC_1&format=PDF (letzter Zugriff am 10.1.2024).
Eversberg, Dennis (2018): Innerimperiale Kämpfe. Drei Thesen zum Verhältnis zwischen autoritärem Nationalismus und imperialer Lebensweise. In: PROKLA 190 48(1): S. 43–53. DOI: https://doi.org/10.32387/prokla.v48i190.31.
– (2023): Anpassung, Verteilung, Externalisierung. Drei Dimensionen des sozial-öko-

logischen Transformationskonflikts. In: PROKLA 210 53(1): S. 137–159. DOI: https://doi.org/10.32387/prokla.v53i210.2038.

Exner, Andreas (2021): Ökonomien der Gabe. Frühsozialismus, Katholische Soziallehre und Solidarisches Wirtschaften. Wien.

Fernandes, Sabrina (2022): Right-Wing Authoritarianism Against Nature. In: International Research Group on Authoritarianism (Hg.): Global Authoritarianism. Perspectives and Contestations from the South. Bielefeld, S. 57–76. DOI: https://doi.org/10.14361/9783839462096-006.

Ferrari, Lukas / Kaiser, Julia (2022): #Insorgiamo. Fabrikbesetzung fürs Klima, in: LuXemburg. Gesellschaftsanalyse und linke Praxis. URL: https://zeitschrift-luxemburg.de/artikel/insorgiamo/ (letzter Zugriff am 5.1.2024).

Fischer, Karin / Reiner, Christian / Staritz, Cornelia (2010): Globale Güterketten. Weltweite Arbeitsteilung und ungleiche Entwicklung. Wien.

– / Hauck, Gerhard / Boatcă, Manuela (Hg.) (2016): Handbuch Entwicklungsforschung. Wiesbaden. DOI: https://doi.org/10.1007/978-3-658-04790-0.

– (2023): Klima-Kolonialismus. Die Klimakrise als globale Verteilungs- und Gerechtigkeitskrise. In: Die Armutskonferenz. u. a. (Hg.): Es brennt. Armut bekämpfen, Klima retten. Norderstedt: S. 43–49.

– / Grandner, Margarete (Hg.) (2022): Globale Ungleichheit. Über Zusammenhänge von Kolonialismus, Arbeitsverhältnissen und Naturverbrauch. Wien.

Fitz-Henry, Erin / Klein, Elise (2024): From just transitions to reparative transformations. In: Political Geography 108. DOI: https://doi.org/10.1016/j.polgeo.2023.103004.

Forschungsgruppe »Staatsprojekt Europa« (Hg.) (2012): Die EU in der Krise. Zwischen autoritärem Etatismus und europäischem Frühling. Münster.

FOSSILEXIT (2022): Das Rheinische Braunkohlerevier. Aktuelle Zahlen, Daten und Fakten zur Energiewende. URL: file:///C:/Users/wissen/Downloads/Coalexit-Booklet-04-Korrektur05-FINAL-1.pdf (letzter Zugriff am 10.1.2024).

Foundational Economy Collective (2019): Die Ökonomie des Alltagslebens. Für eine neue Infrastrukturpolitik. Berlin.

Fraser, Nancy (2016): Contradictions of Capital and Care. In: New Left Review 100: S. 99–117.

– (2021): Climates of Capital. For a Trans-Environmental Eco-Socialism. In: New Left Review 127: S. 94–127.

– (2023): Der Allesfresser. Wie der Kapitalismus seine eigenen Grundlagen verschlingt. Berlin.

Fried, Barbara (2021): »Feminism is for everyone« – Perspektiven einer feministischen Klassenpolitik. In: Candeias, Mario (Hg.): Klassentheorie. Vom Making und Remaking. Hamburg: S. 480–494.

Friedrich, Sebastian (2019): Die AfD. Analysen – Hintergründe – Kontroversen. Berlin.

Fuchs, Daniel (2015): Die Transformation der Produktions- und Klassenverhältnisse in China seit 1978. Überlegungen zur Herausbildung und den Widersprüchen des chinesischen Kapitalismus. In: Linke, Marlies u. a. (Hg.): China: Gesellschaftliche Entwicklung und globale Auswirkung. Berlin: S. 29–45.

– (2023): Von der Werkbank zur größten Plattformökonomie der Welt: Zur Gegenwart und Zukunft migrantischer Arbeitskämpfe in China. In: Fuchs, Daniel / Klotzbücher,

Sascha / Riemenschnitter, Andrea / Springer, Lena / Wemheuer, Felix (Hg.): Die Zukunft mit China denken. Wien/Berlin: S. 190–216.

Fuchs, Doris / Sahakian, Marlyne u. a. (2022): Consumption Corridors. Living a good life within sustainable limits. London/New York.

Gabor, Daniela (2023): The (European) Derisking State. DOI: https://doi.org/10.31235/osf.io/hpbj2.

Galeano, Eduardo (1973): Die offenen Adern Lateinamerikas. Die Geschichte eines Kontinents. Wuppertal.

Georgi, Fabian (2016): Globale Bewegungsfreiheit und sozialökologische Transformation. Linke Strategien nach dem Sommer der Migration. In: Baumann, Hans u. a. (Hg.): Migration ohne Grenzen. Jahrbuch Denknetz 2016. Zürich: S. 160–168.

Gereffi, Gary (1996): Global Commodity Chains: New Forms of Coordination and Control among Nations and Firms in International Industries. In: Competition & Change 1(4): S. 427–439. DOI: https://doi.org/10.1177/102452949600100406.

– / Lim, Hyun-Chin / Lee, Joonkoo (2021): Trade policies, firm strategies, and adaptive reconfigurations of global value chains. In: Journal of International Business Policy 4(4): S. 506–522. DOI: https://doi.org/10.1057/s42214-021-00102-z.

Gerstenberger, Heide (2020): Zwang und Profit. Direkte Gewalt in der kapitalistischen Produktion. In: LuXemburg. Gesellschaftsanalyse und linke Praxis. URL: https://zeitschrift-luxemburg.de/artikel/zwang-und-profit/ (letzter Zugriff am 10.1.2024).

Gerstetter, Christiane (2023): Gerichtsverfahren und die Kämpfe um eine sozial-ökologische Transformation. In: PROKLA 210 53(1): S. 161–168. DOI: https://doi.org/10.32387/prokla.v53i210.2042.

Gill, Stephen (1995): Globalisation, Market Civilisation, and Disciplinary Neoliberalism. In: Millennium: Journal of International Studies 24(3): S. 399–423. DOI: https://doi.org/10.1177/03058298950240030801.

Gonzalez, Carmen G. (2021): Racial Capitalism and the Anthropocene. In: Atapattu, Sumudu A. / Gonzalez, Carmen G. / Seck, Sara L. (Hg.): The Cambridge handbook of environmental justice and sustainable development. Cambridge / New York: S. 72–85. DOI: https://doi.org/10.1017/9781108555791.007.

Görg, Christoph (2016a): Anthropozän. In: Bauriedl, Sybille (Hg.): Wörterbuch Klimadebatte. Bielefeld: S. 29–35.

– (2016b): Zwischen Tagesgeschäft und Erdgeschichte. Die unterschiedlichen Zeitskalen in der Debatte um das Anthropozän. In: GAIA 25(1): S. 9–13. DOI: https://doi.org/10.14512/gaia.25.1.4.

– / Plank, Christina u. a. (2020): Scrutinizing the Great Acceleration: The Anthropocene and its analytic challenges for social-ecological transformations. In: The Anthropocene Review 7(1): S. 42–61. DOI: https://doi.org/10.1177/2053019619895034.

– u. a. (Hg.) (2023): APCC Special Report: Strukturen für ein klimafreundliches Leben. Berlin / Heidelberg. DOI: https://doi.org/10.1007/978-3-662-66497-1.

Götze, Susanne / Joeres, Annika (2022): Klima außer Kontrolle. Fluten, Stürme, Hitze – Wie sich Deutschland schützen muss. München.

Graeber, David (2018): Bullshit Jobs. Vom wahren Sinn der Arbeit. Stuttgart.

Graefe, Stefanie (2019): Resilienz im Krisenkapitalismus. Wider das Lob der Anpassungsfähigkeit. Bielefeld.

Graf, Jakob (2022): Pluralität der Naturverhältnisse. In: PROKLA 207 52(2): S. 253–262. DOI: https://doi.org/10.32387/prokla.v52i207.1988.

– u. a. (2023): Editorial: Sozial-ökologische Transformationskonflikte und linke Strategien. In: PROKLA 210 53(1): S. 4–12. DOI: https://doi.org/10.32387/prokla.v53i210.2039.

– / Landherr, Anna (2019): Über uns die Sintflut. Zu Klassenverhältnissen in der Internalisierungsgesellschaft am Beispiel Chiles. In: PROKLA 196 49(3): S. 487–493. DOI: https://doi.org/10.32387/prokla.v49i196.1839.

– (2023): Die permanente Konterrevolution. In: PROKLA 213 53(4): S. 685–703. DOI: https://doi.org/10.32387/prokla.v53i213.2077.

Gramsci, Antonio (1991 [1929]): Gefängnishefte. Band 1, Heft 1. Hamburg / Berlin.

– (1991 [1930]): Gefängnishefte. Band 2, Heft 3. Hamburg / Berlin.

– (1993 [1931–1932]): Gefängnishefte. Band 5, Heft 8. Hamburg / Berlin.

– (1994 [1932–1935]): Gefängnishefte. Band 6, Heft 10. Hamburg / Berlin.

– (1996 [1932–1934]): Gefängnishefte. Band 7, Heft 13. Hamburg /Berlin.

– (1999 [1934]): Gefängnishefte. Band 9, Heft 22. Hamburg / Berlin.

Green, Jessica u. a. (2022): Transition, hedge, or resist? Understanding political and economic behavior toward decarbonization in the oil and gas industry. In: Review of International Political Economy 29(6): S. 2036–2063. DOI: https://doi.org/10.1080/09692290.2021.1946708.

Gregoir, Liesbet / van Acker, Karel (2022): Metals for clean energy: pathways to solving Europe‘s raw materials challenge. Leuven/Brüssel.

Grinin, Leonid u. a. (2018): Economic cycles, crises, and the global periphery. DOI: https://doi.org/10.1007/978-3-319-41262-7.

Grober, Ulrich (2023): »… mit liebevollen Blicken« Das Lassen gestalten. In: Ästhetik & Kommunikation, 188/189: S. 133–136.

Grohol, Milan / Veeh, Constanze (2023): Study on the Critical Raw Materials for the EU 2023: Final Report. DOI: https://doi.org/10.2873/725585.

Groneweg, Merle (2021): Weniger Autos, mehr globale Gerechtigkeit. Warum wir die Mobilitäts- und Rohstoffwende zusammendenken müssen. Berlin. URL: https://power-shift.de/weniger-autos/ (letzter Zugriff am 10.1.2024).

Gudynas, Eduardo (2020): Extractivisms. Politics, Economy and Ecology. Black Point, Nova Scotia.

Haas, Tobias (2023): On the links between climate scepticism and right-wing populism (RWP): an explanatory approach based on cultural political economy (CPE). In: New Political Economy: S. 1–14. DOI: https://doi.org/10.1080/13563467.2023.2275017.

– / Syrovatka, Felix / Jürgens, Isabel (2022): The European Green Deal and the limits of ecological modernisation. In: Culture, Practice & Europeanization 7(2): S. 247–261. DOI: https://doi.org/10.5771/2566-7742-2022-2-247.

Haberl, Helmut u. a. (2020): A systematic review of the evidence on decoupling of GDP, resource use and GHG emissions, part II: synthesizing the insights. In: Environmental Research Letters 15(6): S. 65003. DOI: https://doi.org/10.1088/1748-9326/ab842a.

Habermann, Friederike (2016): Ecommony. UmCARE zum Miteinander. Sulzbach.

Hall, Stuart (2012): Ideologie, Kultur, Rassismus. Ausgewählte Schriften 1. Hamburg.

– (2014): Populismus, Hegemonie, Globalisierung. Ausgewählte Schriften 5. Hamburg.

Hammermeister, Juliane (2023): Sinnbilder des Alltagsverstandes. Zur Bedeutung von

Sinnbildungsprozessen in der institutionell gebundenen politischen Bildung. Wiesbaden. DOI: https://doi.org/10.1007/978-3-658-42258-5.

Hansen, Bue Rübner (2022): Zwischen Sabotage und Staatsmacht. In: PROKLA 208 52(3): S. 50–529. DOI: https://doi.org/10.32387/prokla.v52i208.2013.

Haraway, Donna (2015): Anthropocene, Capitalocene, Plantationocene, Chthulucene: Making Kin. In: Environmental Humanities 6: S. 159–165. DOI:10.1215/22011919-3615934.

Hartmann, Kathrin (2020): Grüner wird's nicht: Warum wir mit der ökologischen Krise völlig falsch umgehen. München.

Harvey, David (1999 [1982]): The Limits to Capital. London.

– (2005): Der neue Imperialismus. Hamburg.

Hasselbalch, Jacob A. / Kranke, Matthias / Chertkovskaya, Ekaterina (2023): Organizing for transformation: post-growth in International Political Economy. In: Review of International Political Economy 30(5): S. 1621–1638. DOI: https://doi.org/10.1080/09692290.2023.2208871.

Hauff, Volker (Hg.) (1987): Unsere gemeinsame Zukunft. Der Brundtland-Bericht der Weltkommission für Umwelt und Entwicklung. Greven.

Hausknost, Daniel / Hammond, Marit (2020): Beyond the environmental state? The political prospects of a sustainability transformation. In: Environmental Politics 29(1): S. 1–16. DOI: https://doi.org/10.1080/09644016.2020.1686204.

Häußermann, Hartmut (1977): Die Politik der Bürokratie. Einführung in die Soziologie der staatlichen Verwaltung. Frankfurt am Main.

Heblich, Stephan / Redding, Stephen / Voth, Hans-Joachim (2022): Slavery and the British Industrial Revolution. NBER Working Paper No. 30451. Cambridge, MA. DOI: https://doi.org/10.3386/w30451.

Heins, Volker / Wolff, Frank (2023): Hinter Mauern. Geschlossene Grenzen als Gefahr für die offene Gesellschaft. Berlin.

Helfrich, Silke / Bollier, David (2019): Frei, fair und lebendig. Die Macht der Commons. Bielefeld.

Helleiner, Eric (2017): The Evolution of the International Monetary and Financial System. In: Ravenhill, John (Hg.): Global Political Economy. Oxford: S. 199–224.

Hermann, Christoph (2007): Neoliberalismus und die Europäische Union. In: Kurswechsel (1): S. 2–37.

Herrmann, Ulrike (2022): Das Ende des Kapitalismus. Warum Wachstum und Klimaschutz nicht vereinbar sind – und wie wir in Zukunft leben werden. Köln.

Hickel, Jason u. a. (2022): Imperialist appropriation in the world economy: Drain from the global South through unequal exchange, 1990–2015. In: Global Environmental Change 73. DOI: https://doi.org/10.1016/j.gloenvcha.2022.102467.

– (2022): Weniger ist mehr. Warum der Kapitalismus den Planeten zerstört und wir ohne Wachstum glücklicher sind. München.

– / Kallis, Giorgos (2020): Is green growth possible? In: New Political Economy 25(4): S. 469–486. DOI: https://doi.org/10.1080/13563467.2019.1598964.

Hildyard, Nicholas / Lohmann, Larry / Sexton, Sarah (2012): Energy Security. For Whom? For what? Sturminster Newton. URL: http://www.thecornerhouse.org.uk/sites/thecornerhouse.org.uk/files/Energy%20Security%20For%20Whom%20For%20What.pdf (letzter Zugriff am 10.1.2024).

Hirsch, Joachim (1995): Der nationale Wettbewerbsstaat. Staat, Demokratie und Politik im globalen Kapitalismus. Berlin.

– (2005): Materialistische Staatstheorie. Transformationsprozesse des kapitalistischen Staatensystems. Hamburg.

Hobsbawm, Eric J. (1995): Das Zeitalter der Extreme. Weltgeschichte des 20. Jahrhunderts. München.

Hochschild, Arlie Russell (2018): Fremd in ihrem Land. Eine Reise ins Herz der amerikanischen Rechten. Bonn.

Hoering, Uwe (2022): Internationalisierung des chinesischen Ordnungsmodells? In: PROKLA 208 52(3): S. 409–427. DOI: https://doi.org/10.32387/prokla.v52i208.2009.

– (2023): Was wird aus dem Seidenstraßenprojekt? In: LuXemburg. Gesellschaftsanalyse und linke Praxis. URL: https://zeitschrift-luxemburg.de/artikel/BRI/ (letzter Zugriff 10.1.2024).

Horn, Eva / Bergthaller, Hannes (2022): Anthropozän zur Einführung. Hamburg.

Hornborg, Alf (2019): The Money-Energy-Technology Complex and Ecological Marxism. Rethinking the Concept of »Use-value« to Extend Our Understanding of Unequal Exchange, Part 2. In: Capitalism Nature Socialism 30(4): S. 71–86. DOI: https://doi.org/10.1080/10455752.2018.1464212.

Huber, Matt (2013): Fueling Capitalism. Oil, the Regulation Approach, and the Ecology of Capital. In: Economic Geography 89(2): S. 171–194.

– (2017): Reinvigorating Class in Political Ecology: Nitrogen Capital and the Means of Degradation. In: Geoforum 85: S. 345–352. DOI: https://doi.org/10.1016/j.geoforum.2017.01.010.

Hürtgen, Stefanie (2020): Arbeit, Klasse und eigensinniges Alltagshandeln. Kritisches zur imperialen Lebensweise – Teil 1. In: PROKLA 198 50(1): S. 171–188. DOI: https://doi.org/10.32387/prokla.v50i198.1832.

– (2021): Alltagssubjekt, Nord-Süd und Glokalisierung. Kritisches zur imperialen Lebensweise – Teil 2. In: PROKLA 203 51(1): S. 367–388. DOI: https://doi.org/10.32387/prokla.v51i203.1940.

IEA (2023): Renewable Energy Market Update. Outlook for 2023 and 2024. Paris.

Infante-Amate, Juan Urrego-Mesa, Alexander / Piñero, Pablo / Tello, Enric (2022): The open veins of Latin America: Long-term physical trade flows (1900–2016). In: Global Environmental Change 76: S. 102579. DOI: https://doi.org/10.1016/j.gloenvcha.2022.102579.

International Research Group on Authoritarianism (Hg.) (2022): Global Authoritarianism. Perspectives and Contestations from the South. Bielefeld.

IPCC (2022): Climate Change 2022. Impacts, Adaptation and Vulnerability. Summary for Policymakers. Working Group II contribution to the Sixth Assessment Report of the Intergovernmental Panel on Climate Change. URL: https://www.ipcc.ch/report/ar6/wg2/ (letzter Zugriff am 10.1.2024).

Jackson, Tim (2021): Wie wollen wir leben? Wege aus dem Wachstumswahn. München.

Jaitner, Felix (2022): Russland: Von autoritären Umbrüchen bis zum Krieg. In: Z – Zeitschrift Marxistische Erneuerung 130. URL: https://www.zeitschrift-marxistische-erneuerung.de/de/article/3991.russland-von-autoritaeren-umbruechen-bis-zum-krieg.html?sstr=Felix|Jaitner (letzter Zugriff am 14.12.2023).

James, C. L. R. (2021): Die schwarzen Jakobiner. Toussaint Louverture und die Haitianische Revolution. Berlin.

Jessop, Bob (2002): Time and space in the globalization of capital and their implications for state power. In: Rethinking Marxism 14(1): S. 97–117. DOI: https://doi.org/10.1080/089356902101242071.

John, Maya / Wichterich, Christa (Hg.) (2023): Who cares? Care extraction and the struggles of Indian health workers. New Delhi.

Kadritzke, Ulf (1997): Die Grenzen professioneller Autonomie. Widersprüche moderner Unternehmenskulturen aus der Perspektive qualifizierter Expertenberufe. In: Kadritzke, Ulf (Hg.): »Unternehmenskulturen« unter Druck. Neue Managementkonzepte zwischen Anspruch und Wirklichkeit. Berlin: S. 123–162.

Kaiser, Julia (2023): Rückkehr der Konversionsbewegung? Potenziale und Grenzen der Konversionsbestrebungen sozial-ökologischer Bündnisse rund um Autozuliefererwerke. In: PROKLA 210 53(1): S. 35–53. DOI: https://doi.org/10.32387/prokla.v53i210.2031.

Kallis, Giorgos u. a. (2018): Research On Degrowth. In: Annual Review of Environment and Resources 43(1): S. 291–316. DOI: https://doi.org/10.1146/annurev-environ-102017-025941.

– (2019): Limits. Why Malthus Was Wrong and Why Environmentalists Should Care. Stanford, California.

Kalt, Tobias (2022): Kämpfe für Klimagerechtigkeit. In: Gottschlich, Daniela u. a. (Hg.): Handbuch Politische Ökologie. Theorien, Konflikte, Begriffe, Methoden. Bielefeld: S. 173–182. DOI: https://doi.org/10.14361/9783839456279-014.

– / Müller, Franziska (2021): Zwischen Technikeuphorie und grünem Kolonialismus. Die Wasserstoffstrategie der Bundesregierung ignoriert entwicklungspolitische und sozialökologische Risiken. In: OXI 10: S. 16.

Kannankulam, John (2008): Autoritärer Etatismus im Neoliberalismus. Zur Staatstheorie von Nicos Poulantzas. Hamburg.

Keil, Daniel / Wissel, Jens (Hg.) (2019): Staatsprojekt Europa. Eine staatstheoretische Perspektive auf die Europäische Union. Baden-Baden.

Kemp, Luke u. a. (2022): Climate Endgame: Exploring catastrophic climate change scenarios. In: Proceedings of the National Academy of Sciences of the United States of America 119(34): S. e2108146119. DOI: https://doi.org/10.1073/pnas.2108146119.

Kierot, Lara / Brand, Ulrich / Lange, Dirk (2023): Solidarität in Zeiten multipler Krisen. Wiesbaden. DOI: https://doi.org/10.1007/978-3-658-40794-0.

Klein, Dieter (2019): Zukunft oder Ende des Kapitalismus? Eine kritische Diskursanalyse in turbulenten Zeiten. Hamburg.

– (2022): Regulation in einer solidarischen Gesellschaft. Wie eine sozial-ökologische Transformation funktionieren könnte. Rosa-Luxemburg-Stiftung. Hamburg.

Kleinschmidt, Malte (2023): Zur Kritik der Kritik der Imperialen Lebensweise. Dekoloniale Betrachtungen. In: Kierot, Lara / Brand, Ulrich / Lange, Dirk (Hg.): Solidarität in Zeiten multipler Krisen. Wiesbaden: S. 33–48. DOI: https://doi.org/10.1007/978-3-658-40794-0_3.

Koch, Max (2020): The state in the transformation to a sustainable postgrowth economy. In: Environmental Politics 29(1): S. 115–133. DOI: https://doi.org/10.1080/09644016.2019.1684738.

Kohlenberger, Judith (2022): Das Fluchtparadox. Über unseren widersprüchlichen Umgang mit Vertreibung und Vertriebenen. Wien.

Kojola, Erik (2021): Whose labour, whose land? Indigenous and labour conflicts and alliances over resource extraction. In: Räthzel, Nora / Stevis, Dimitris / Uzzell, David (Hg.): The Palgrave Handbook of Environmental Labour Studies. Houndmills: S. 365–387.

Komlosy, Andrea (2016): Kapitalismus als Frontier. Die Verwandlung von Kulturen in Rohstofflieferanten. In: Fischer, Karin / Jäger, Johannes / Schmidt, Lukas (Hg.): Rohstoffe und Entwicklung. Aktuelle Auseinandersetzungen im historischen Kontext. Wien: S. 36–51.

Konicz, Tomas (2019): Klimakiller Kapital. Wie ein Wirtschaftssystem unsere Lebensgrundlagen zerstört. Wien.

Konzeptwerk Neue Ökonomie e. V. (Hg.) (2013): Zeitwohlstand, Wie wir anders arbeiten, nachhaltig wirtschaften und besser leben. DOI: https://doi.org/10.14512/9783865815859.

Kothari, Ashish u. a. (Hg.) (2023): Pluriversum. Ein Lexikon des Guten Lebens für alle. Neu-Ulm.

Krams, Mathias / Preiser, Anna (2021): Intro: Die imperiale Lebensweise ›at work‹ in Lateinamerika. Zur Wirkungsweise eines ausbeuterischen Verhältnisses. In: Journal für Entwicklungspolitik 37(4): S. 4–26. DOI: https://doi.org/10.20446/JEP-2414-3197-37-4-4.

Küblböck, Karin (2023): Von der Rohstoffinitiative zum Critical Raw Materials Act: Rohstoffstrategien der Europäischen Union. Wien.

Kupfer, Antonia / Stutz, Constanze (Hg.) (2022): Covid, Crisis, Care, and Change? International Gender Perspectives on Re/Production, State and Feminist Transitions. Opladen / Berlin / Toronto.

Landherr, Anna / Graf, Jakob (2021): Territoriale Macht und periphere imperiale Lebensweise – Internalisierungsmechanismen in der chilenischen Bergbaustadt Tierra Amarilla. In: Journal für Entwicklungspolitik 37(4): S. 44–69.

Lauesen, Torkil (2016): Geteilte Welt, geteilte Klasse. In: ak – analyse & kritik (612): S. 26–27.

– (2021): Riding the wave. Sweden's integration in the imperialist world system. Montreal.

Lee, Ching Kwan (2017): The Specter of Global China. Politics, Labor, and Foreign Investment in Africa. Chicago. DOI: https://doi.org/10.7208/chicago/9780226340975.001.0001.

Lehndorff, Steffen (2021): Vom New Deal der 1930er Jahre zum Grünen New Deal. In: PROKLA 202 51(1): S. 149–161. DOI: https://doi.org/10.32387/prokla.v51i202.1924.

Lenton, Timothy M. u. a. (2019): Climate tipping points — too risky to bet against. The growing threat of abrupt and irreversible climate changes must compel political and economic action on emissions. In: Nature 575: S. 592–596. DOI: https://doi.org/10.1038/d41586-019-03595-0.

Lessenich, Stephan (2003): Wohlfahrtsstaatliche Grundbegriffe. Historische und aktuelle Diskurse. Frankfurt am Main.

– (2017): Grenzen der Ausbeutung? Wie der globale Norden über die Verhältnisse des Südens lebt. In: Institut für sozial-ökologische Wirtschaftsforschung (Hg.): Krise des globalen Kapitalismus - und jetzt wohin? isw-Report 109. München: S. 56–64.

– (2019): Grenzen der Demokratie. Teilhabe als Verteilungsproblem. Stuttgart.

– (2022): Nicht mehr normal. Gesellschaft am Rande des Nervenzusammenbruchs. Berlin.

Link, Jürgen (2018): Normalismus und Antagonismus in der Postmoderne. Krise, New Normal, Populismus. Göttingen.

Lippert, Barbara / Beck, Silke (Hg.) (2019): Strategische Autonomie Europas. Akteure, Handlungsfelder, Zielkonflikte. SWP-Studie 2. URL: https://www.swp-berlin.org/publications/products/studien/2019S02_lpt_orz_prt.pdf (letzter Zugriff am 10.1.2024).

Lob-Hüdepohl, Andreas (2017): »Wir sind das Volk!« Demokratisch oder populistisch? ICEP Arbeitspapier 1/2017. Berlin. URL: https://www.icep-berlin.de/fileadmin/icep/content/pdf/arbeitspapiere/ICEP-Arbeitspapier_1-2017_-_Lob-Huedepohl_-_Wir_sind_das_Volk_.pdf (letzter Zugriff am 10.1.2024).

– (2022): »Öffentliche Theologie« im säkularen Staat. In: Jahrbuch für Recht und Ethik / Annual Review of Law and Ethics 30(1): S. 113–131. DOI: https://doi.org/10.3790/jre.30.1.113.

Lövbrand, Eva u. a. (2015): Who speaks for the future of Earth? How critical social science can extend the conversation on the Anthropocene. In: Global Environmental Change 32: S. 211–218. DOI: https://doi.org/10.1016/j.gloenvcha.2015.03.012.

Lucht, Kim / Liebig, Steffen (2023): Sozial-ökologische Bündnisse als Antwort auf Transformationskonflikte? Die Kampagne von ver.di und Fridays for Future im ÖPNV. In: PROKLA 210 53(1): S. 15–33. DOI: https://doi.org/10.32387/prokla.v53i210.2037.

Ludwig, Gundula (2021): Demokratie und die Kolonialität der Gewalt Konstitutive Verwobenheiten und aktuelle Verdichtungen. In: Zeitschrift für Politische Theorie 12(2): S. 218–237. DOI: https://doi.org/10.3224/zpth.v12i2.05.

Luks, Fred (2023): Ökonomie der Großzügigkeit. Wie Gesellschaften zukunftsfähig werden. Bielefeld.

Lüthje, Boy (2022): Foxconnisation of Automobile Manufacturing? Production Networks and Regimes of Production in the Electric Vehicle Industry in China. In: Teipen, Christina / Dünhaupt, Petra / Herr, Hansjörg / Mehl, Fabian (Hg.): Economic and Social Upgrading in Global Value Chains. Basingstoke: S. 311–334. DOI: https://doi.org/10.1007/978-3-030-87320-2_12.

Lutz, Burkart (1989): Der kurze Traum immerwährender Prosperität. Eine Neuinterpretation der industriell-kapitalistischen Entwicklung im Europa des 20. Jahrhunderts. Frankfurt am Main.

Luxemburg, Rosa (1970 [1913]): Die Akkumulation des Kapitals. Ein Beitrag zur ökonomischen Erklärung des Imperialismus. Frankfurt am Main.

Mahnkopf, Birgit (2022): Der große (Selbst-)Betrug. »Klimaneutralität« durch »grünes Wachstum«. In: Aus Politik und Zeitgeschichte 72(3-4): S. 42–46.

Maihofer, Andrea (2019): Feminismus und Emanzipation – und darüber hinaus. In: Demirović, Alex (Hg.): Emanzipation. Zur Geschichte und Aktualität eines politischen Begriffs. Münster: S. 175–205.

Maihold, Günther (2022): Die neue Geopolitik der Lieferketten. »Friend-shoring« als Zielvorgabe für den Umbau von Lieferketten. SWP Aktuell Nr. 45. URL: https://www.swp-berlin.org/publications/products/aktuell/2022A45_geopolitik_lieferketten.pdf (letzter Zugriff am 10.1.2024).

– / Sangmeister, Hartmut (2023): Zwischen Moskau, Peking und Washington. Lateinamerika in der Großmachtkonkurrenz. Baden-Baden.

Malm, Andreas (2015): The Anthropocene Myth. Blaming all of humanity for climate

change lets capitalism off the hook. In: Jacobin. URL: https://jacobin.com/2015/03/anthropocene-capitalism-climate-change/ (letzter Zugriff am 10.1.2024).
– (2016): Fossil Capital. The Rise of Steam Power and the Roots of Global Warming. London / New York.
– / Hornborg, Alf (2014): The geology of mankind? A critique of the Anthropocene narrative. In: The Anthropocene Review 1(1): S. 62–69. DOI: https://doi.org/10.1177/2053019613516291.
– / Zetkin Collective (2021): White Skin, Black Fuel. on the Danger of Fossil Fascism. London / New York.

Marini, Ruy Mauro (1974): Dialektik der Abhängigkeit. In: Senghaas, Dieter (Hg.): Peripherer Kapitalismus. Analysen über Abhängigkeit und Unterentwicklung. Frankfurt a.M.: S. 98–136.

Martinez-Alier, Joan (2002): The Environmentalism of the Poor. Cheltenham.

Marx, Karl (1980 [1846]): Brief an P. W. Annenkow vom 28. Dezember 1846. Marx Engels Werke Band 4. Berlin.
– (1988 [1890]): Das Kapital. Kritik der politischen Ökonomie. Erster Band. Marx Engels Werke Band 23. Berlin.
– (2006 [1844]): Zur Kritik der Hegelschen Rechtsphilosophie. Einleitung. Marx Engels Werke Band 1. Berlin: S. 378–391.

Massuh, Gabriela / Fornillo, Bruno / Moreno, Camila / Brand, Ulrich (2021): The Imperial Mode of Living wins until its own death – On green capitalism and the struggles of social movements at its margins. In: Journal für Entwicklungspolitik 37(4): S. 27–43. DOI: https://doi.org/10.20446/JEP-2414-3197-37-4-27.

McKay, Ben M. / Alonso-Fradejas, Alberto / Ezquerro-Cañete, Arturo (Hg.) (2021): Agrarian Extractivism in Latin America. London / New York.

McMichael, Philip (2009): The World Food Crisis in Historical Perspective. In: Monthly Review 61(3). URL: https://monthlyreview.org/2009/07/01/the-world-food-crisis-in-historical-perspective/ (letzter Zugriff am 10.1.2024).

Meadows, Donella H. / Meadows, Dennis L. / Randers, Jørgen / Behrens III, William W. (1972): The Limits to Growth. New York.

Mechler, Reinhard u. a. (2019): Loss and Damage from Climate Change. Concepts, Methods and Policy Options. Berlin. DOI: https://doi.org/10.1007/978-3-319-72026-5.

Meier, Klaus (2023): Konversion. In: Brunnemann, Eva / Rosswog, Tobi (Hg.): VW steht für Verkehrswende. Konversion & Vergesellschaftung zwischen Theorie und Praxis. Impulse und Perspektiven zur sozial-ökologischen Frage, Beiträge aus Arbeit, Bewegung, Poltik, und Wissenschaft. Heidelberg: S. 18–19.

Meiksins Wood, Ellen (2016): Democracy Against Capitalism. Renewing Historical Materialism. London.

Methmann, Chris / Oels, Angela (2018): Migration als ›rationale Strategie‹ zur Anpassung an den Klimawandel: Wie ›Klimamigranten‹ im Namen der Resilienz regiert werden. In: Dietz, Kristina / Engels, Bettina (Hg.): Klimawandel in Afrika: Gesellschaftliche und politische Folgen, Konflikte und Strategien. Frankfurt am Main, S. 45–68.

Mies, Maria (2015): Patriarchat und Kapital. München.

Milanović, Branko (2016): Die ungleiche Welt. Migration, das Eine Prozent und die Zukunft der Mittelschicht. Berlin.

Mitchell, Timothy (2011): Carbon Democracy. Political Power in the Age of Oil. London / New York.

Moore, Jason W. (2015): Capitalism in the Web of Life. Ecology and the Accumulation of Capital. London / New York.

– (2016a): Über die Ursprünge unserer ökologischen Krise. In: PROKLA 185 46(4): S. 599–619. DOI: https://doi.org/10.32387/prokla.v46i185.134.

– (Hg.) (2016b): Anthropocene or capitalocene? Nature, history, and the crisis of capitalism. Oakland.

Moser, Christine (2015): Anthropolitics. In: 39Null (3): S. 128–131.

Müller, Franziska / Tunn, Johanna / Kalt, Tobias (2022): Hydrogen justice. In: Environmental Research Letters 17(11). DOI: https://doi.org/10.1088/1748-9326/ac991a.

Müller, Michael (2021): Das Anthropozän oder: Wie wir die Erde verkonsumieren. Das Erbe des Jahrhundertwissenschaftlers Paul J. Crutzen. In: Blätter für deutsche und internationale Politik 66(3): S. 107–112.

Narr, Wolf-Dieter (1990): Von den kommenden Segnungen der Europäischen Gemeinschaft. In: Blätter des iz3w 164: S. 38–43.

Naumann, Matthias (2021): Infrastruktureller Populismus. Infrastruktur als Agenda, Instrument und Erklärung rechter Raumproduktionen. In: Geographische Zeitschrift 109(4): S. 208–226. DOI: 10.25162/gz-2021-0004.

Neckel, Sighard (2023): Zerstörerischer Reichtum. Wie eine globale Verschmutzerelite das Klima ruiniert. In: Blätter für deutsche und internationale Politik 68(4): S. 47–56.

– / Wagner, Greta (2013): Einleitung. Leistung und Erschöpfung. In: Neckel, Sighard / Wagner, Greta (Hg.): Leistung und Erschöpfung. Burnout in der Wettbewerbsgesellschaft. Berlin: S. 7–25.

Niederhauser, Julian (2023): Petromaskuline Gefühlswelt und der Kulturkampf ums Auto. In: LuXemburg. Gesellschaftsanalyse & linke Praxis. URL: https://zeitschrift-luxemburg.de/artikel/petromaskuline-gefuehlswelten/ (letzter Zugriff am 10.1.2024).

Nixon, Rob (2013): Slow Violence and the Environmentalism of the Poor. Cambridge, Massachusetts / London.

Novy, Andreas (2018): Kritik der westlichen Lebensweise. In: Luks, Fred (Hg.): Chancen und Grenzen der Nachhaltigkeitstransformation. Ökonomische und soziologische Perspektiven. Wiesbaden: S. 43–57.

– (2020): The political trilemma of contemporary social-ecological transformation – lessons from Karl Polanyi's The Great Transformation. In: Globalizations 19(1): S. 59–80. DOI: https://doi.org/10.1080/14747731.2020.1850073.

Nuss, Sabine (2024): Wessen Freiheit, welche Gleichheit? Die Ideologie des Privateigentums und die Notwendigkeit einer anderen Vergesellschaftung. Berlin.

Oberndorfer, Lukas (2012): Vom neuen zum autoritären Konstitutionalismus. Soziale Bewegungen, Recht und Demokratie in der europäischen Krise. In: Kurswechsel (1): S. 62–67.

– (2016): Der neue Konstitutionalismus in der Europäischen Union und seine autoritäre Re-Konfiguration. In: Bieling, Hans-Jürgen / Große Hüttmann, Martin (Hg.): Europäische Staatlichkeit. Wiesbaden: S. 177–200. DOI: https://doi.org/10.1007/978-3-658-03790-1_9.

O'Connor, James (1988): Capitalism, nature, socialism – A theoretical introduction. In: Capitalism Nature Socialism 1(1): S. 11–38.

Offe, Claus (1973): Strukturprobleme des kapitalistischen Staates. Aufsätze zur politischen Soziologie. Frankfurt am Main.

Olarte-Sánchez, Lorena E. / Preiser, Anna / Schlosser, Nina (2022): Reproducing the Imperial Mode of Living in Times of Climate Crisis. Green (ing) Extractivisms and Ecoterritorial Conflicts in the Chilean, Mexican and Peruvian Mining Sector. In: Forum for Inter-American Research 15(2): S. 85–105.

Opratko, Benjamin (2012): Hegemonie. Politische Theorie nach Antonio Gramscis. Münster.

– (2023): Am Abgrund. Erleben wir einen faschistischen Moment? In: LuXemburg – Gesellschaftsanalyse und linke Praxis. URL: https://zeitschrift-luxemburg.de/artikel/am-abgrund/ (letzter Zugriff am 10.12024).

Panitch, Leo / Gindin, Sam (2003): Global Capitalism and American Empire. In: Panitch, Leo / Leys, Colin (Hg.): The New Imperial Challenge. Socialist Register 2004. London: S. 1–42.

Pasternack, Peer (2005): Politik als Besuch. Ein wissenschaftspolitischer Feldreport aus Berlin. Bielefeld.

Patel, Raj / Moore, Jason W. (2018): Entwertung. Eine Geschichte der Welt in sieben billigen Dingen. Berlin.

Peck, Jamie / Tickell, Adam (2002): Neoliberalizing space. In: Antipode 34(3): S. 380–404. DOI: https://doi.org/10.1111/1467-8330.00247.

Peukert, Helge (2021): Klimaneutralität jetzt! Politiken der Klimaneutralität auf dem Prüfstand: IPCC-Berichte, Pariser Abkommen, europäischer Emissionshandel und Green Deal, internationale freiwillige Klimakompensationsprojekte und die deutsche Klimapolitik. Marburg.

Pianta, Mario / Lucchese, Matteo (2020): Rethinking the European Green Deal: An Industrial Policy for a Just Transition in Europe. In: Review of Radical Political Economics. DOI: https://doi.org/10.1177/0486613420938207.

Pichler, Melanie / Wissen, Markus (2022): Industrielle Politische Ökologie und betriebliche Herrschaft – am Beispiel der Automobilität. In: Gottschlich, Daniela / Hackfort, Sarah / Schmitt, Tobias / von Winterfeld, Uta (Hg.): Handbuch Politische Ökologie. Theorien, Konflikte, Begriffe, Methoden. Bielefeld: S. 165–172. DOI: https://doi.org/10.14361/9783839456279-014.

Pirani, Simon (2018): Burning up. A Global History of Fossil Fuel Consumption. London.

– (2023): Western capital, warmonger Putin and the climate policy disaster. In: People and Nature. URL: https://peopleandnature.wordpress.com/2023/05/ (letzter Zugriff: 10.1.2024).

Polanyi, Karl (1995 [1944]): The Great Transformation. Politische und ökonomische Ursprünge von Gesellschaften und Wirtschaftssystemen. Frankfurt am Main.

Poulantzas, Nicos (1977): Die Krise der Diktaturen: Portugal, Griechenland, Spanien. Frankfurt am Main.

– (2002 [1978]): Staatstheorie. Politischer Überbau, Ideologie, Autoritäter Etatismus. Hamburg.

Prause, Lousia / Dietz, Kristina (2020): Die sozial-ökologischen Folgen der E-Mobilität. Konflikte um den Rohstoffabbau im Globalen Süden. In: Brunnengräber, Achim / Haas, Tobias (Hg.): Baustelle Elektromobilität. Sozialwissenschaftliche Perspektiven auf die Transformation der (Auto-)Mobilität. Bielefeld: S. 329–351.

Prausmüller, Oliver (2019): Die EU als Schutzmacht neoliberaler Global Economic Governance. In: Kurswechsel (3): S. 81–85.
– (2023): »Investment Screenings« in der Permakrise. Grenzen und Widersprüche des geoökonomisierten Staatsinterventionismus. In: Kurswechsel (3): S. 26–38.
Pye, Oliver (2022): Lohnarbeit und Naturverhältnis am Beispiel der Palmölproduktion. In: Gottschlich, Daniela / Hackfort, Sarah / Schmitt, Tobias / von Winterfeld, Uta (Hg.): Handbuch Politische Ökologie. Theorien, Konflikte, Begriffe, Methoden. Bielefeld: S. 215–226. DOI: https://doi.org/10.14361/9783839456279-018.
Quijano, Aníbal (2000): Coloniality of Power, Eurocentrism, and Latin America. In: Nepantla: Views from South 1(3): S. 533–580.
Quijano, Aníbal (Hg.) (2019): Kolonialität der Macht, Eurozentrismus und Lateinamerika. Wien / Berlin.
Radke, Björn (2024): »Übergang weg von fossilen Energien. Die COP28-Klimakonferenez«, in: Sozialismus 1, 11–14.
Rammelt, Crelis F. u. a. (2022): Impacts of meeting minimum access on critical earth systems amidst the Great Inequality. In: Nature Sustainability 6(2): S. 212–221. DOI: https://doi.org/10.1038/s41893-022-00995-5.
Räthzel, Nora (1991): Rebellierende Selbstunterwerfung. Ein Deutungsversuch über den alltäglichen Rassismus. In: links (12): S. 24–26.
– / Stevis, Dimitris / Uzzell, David (Hg.) (2021): The Palgrave Handbook of Environmental Labour Studies. Houndmills.
Raza, Werner (2023): Die Handelspolitik der Zukunft: weder neoliberal noch geopolitisch, sondern solidarisch! URL: https://www.oefse.at/publikationen/aktueller-kommentar/aktueller-kommentar-juni-2023/ (letzter Zugriff am 10.1.2024).
Redecker, Eva von (2021): Revolution für das Leben. Philosophie der neuen Protestformen. Frankfurt am Main.
– (2023): Bleibefreiheit. Frankfurt am Main.
Reheis, Fritz (2022): Erhalten und Erneuern. Nur Kreisläufe sind nachhaltig, Durchläufe nicht. Hamburg.
Reimer, Nick (2022): Deutschland 2050. Was wir jetzt schon über das Leben in der Heißzeit wissen. In: LuXemburg. Gesellschaftsanalyse & linke Praxis. URL: https://zeitschrift-luxemburg.de/artikel/deutschland-2050/ (letzter Zugriff am 10.1.2024).
– / Staud, Toralf (2021): Deutschland 2050. Wie der Klimawandel unser Leben verändern wird. Köln.
Robinson, Cedric J. (2020 [1983]): Black Marxism. The making of the black radical tradition. New York.
Rockström, Johan u. a. (2009a): A safe operating space for humanity. In: Nature 461: S. 472–475.
– u. a. (2009b): Planetary Boundaries. Exploring the Safe Operating Space for Humanity. In: Ecology and Society 14(2).
– u. a. (2021): Identifying a Safe and Just Corridor for People and the Planet. In: Earth's Future 9(4). DOI: https://doi.org/10.1029/2020EF001866.
Rohde, Patrick / Polotzek, Lia (2020): By design, not by disaster! Die Corona-Krise als Chance für eine sozialökologische Gemeinwirtschaft. In: politische ökologie 161: S. 130–133.
Rodríguez-Labajos, Beatriz / Yánez, Ivonne / Bond, Patrick u. a. (2019): Not So Natural

an Alliance? Degrowth and Environmental Justice Movements in the Global South. In: Ecological Economics 157: S. 175–184. DOI: https://doi.org/10.1016/j.ecolecon.2018.11.007.

Roithner, Thomas (2022): Pistole, Panzer, Pandemie. Plädoyer für einen Paradigmenwechsel in der Außen-, Sicherheits- und Friedenspolitik Österreich und der EU. Großebersdorf.

Rosenberger, Sieglinde / Gruber, Oliver (2020): Integration erwünscht? Österreichs Integrationspolitik zwischen fördern, fordern und verhindern. Wien.

Röttger, Bernd (2010): Krise des Fordismus. In: Haug, Wolfgang Fritz / Haug, Frigga / Jehle, Peter (Hg.): Historisch-Kritisches Wörterbuch des Marxismus. Band 7/II. Hamburg: Sp. 2147–2160.

Rudd, Kevin (2023): Wettbewerb statt Waffengang. Wie sich ein Krieg zwischen China und den USA noch verhindern lässt. In: Blätter für deutsche und internationale Politik 68(10): S. 39–46.

Rudhof-Seibert, Thomas (2022): Hilfe? Reparationen! In: medico international – Rundschreiben (3). URL: https://www.medico.de/blog/hilfe-reparationen-18790 (letzter Zugriff am 10.1.2024).

Ryner, J. Magnus (2023): Silent revolution/passive revolution: Europe's COVID-19 recovery plan and green deal. In: Globalizations 20(4): S. 628–643. DOI: https://doi.org/10.1080/14747731.2022.2147764.

Ryner, Magnus (2021): Passive Revolution/Silent Revolution: Europe's Recovery Plan, the Green Deal, and the German Question. Helsinki Centre for Global Political Economy Working Paper, 05/2021. Helsinki. URL: https://www.helsinki.fi/en/networks/global-political-economy/working-paper-52021 (letzter Zugriff am 10.1.2024).

Sablowski, Thomas (2008): Kapitalfraktionen. In: Haug, Wolfgang Fritz / Haug, Frigga / Jehle, Peter (Hg.): Historisch-Kritisches Wörterbuch des Marxismus. Band 7/I. Hamburg: S. 203–220.

– (2018): Warum die imperiale Lebensweise die Klassenfrage ausblenden muss. In: LuXemburg. Gesellschaftsanalyse und linke Praxis. URL: https://zeitschrift-luxemburg.de/artikel/warum-die-imperiale-lebensweise-die-klassenfrage-ausblenden-muss/ (letzter Zugriff am 10.1.2024).

– (2019a): Weltmarkt, Nationalstaat und ungleiche Entwicklung. Zur Analyse der Internationalisierung des Kapitals (Teil 1). In: PROKLA 194 49(1): S. 7–34. DOI: https://doi.org/10.32387/prokla.v49i194.1775.

– (2019b): Weltmarkt, Nationalstaat und ungleiche Entwicklung. Zur Analyse der Internationalisierung des Kapitals (Teil 2). In: PROKLA. Zeitschrift für kritische Sozialwissenschaft 195 49(2): S. 295–321. DOI: https://doi.org/10.32387/prokla.v49i195.1824.

– / Schneider, Etienne / Syrovatka, Felix (2022): Krise und Regulation des Kapitalismus in der Europäischen Union. In: PROKLA 207 52(2): S. 231–252. DOI: https://doi.org/10.32387/prokla.v52i207.1991.

– / Thien, Günter (2018): Die AfD, die ArbeiterInnenklasse und die Linke – kein Problem? In: PROKLA 190 48(1): S. 55–71. DOI: https://doi.org/10.32387/prokla.v48i190.32.

Sachs, Wolfgang (Hg.) (1993): Wie im Westen so auf Erden. Ein polemisches Handbuch zur Entwicklungspolitik. Reinbek bei Hamburg.

– (1997): Sustainable Development. Zur politischen Anatomie eines internationalen Leitbilds. In: Brand, Karl-Werner (Hg.): Nachhaltige Entwicklung. Eine Herausforderung an die Soziologie. Opladen: S. 93–110.

Saito, Kohei (2016): Natur gegen Kapital. Marx' Ökologie in seiner unvollendeten Kritik des Kapitalismus. Frankfurt am Main / New York.

– (2023): Systemsturz. Der Sieg der Natur über den Kapitalismus. München.

Salehi, Miriam (2023): Reparationen für eine gerechte Weltwirtschaftsordnung? In: Veit, Alex / Fuchs, Daniel (Hg.): Eine gerechte Weltwirtschaftsordnung? Bielefeld, S. 225–244.

Sander, Hendrik (2016): Auf dem Weg zum grünen Kapitalismus? Die Energiewende nach Fukushima. Berlin.

– (2023): Zum Potenzial eines grünen Kapitalismus. In: PROKLA. Zeitschrift für kritische Sozialwissenschaft 53(213): S. 745–764. DOI: https://doi.org/10.32387/prokla.v53i213.2079.

Santarius, Tilman (2015): Der Rebound-Effekt. Ökonomische, psychische und soziale Herausforderungen der Entkopplung von Energieverbrauch und Wirtschaftswachstum. Marburg.

Sauer, Birgit (2022): Krise der Männlichkeit? Krise der Demokratie. Anti-Gender-Mobilisierung im Kontext eines autoritären politischen Projekts der politischen Rechten. In: CPD Policy Blog 21.6.2022. URL: https://policyblog.empowermentforpeace.org/2022/06/krise-der-mannlichkeit-krise-der-demokratie-anti-gender-mobilisierung-im-kontext-eines-autoritaren-politischen-projekts-der-politischen-rechten/ (letzter Zugriff am 10.1.2024).

– / Penz, Otto (2023): Konjunktur der Männlichkeit. Affektive Strategien der autoritären Rechten. Frankfurt am Main / New York.

Schade, Wolfgang u. a. (2020): Synthese und Handlungsempfehlungen zu Beschäftigungseffekten nachhaltiger Mobilität. Arbeitspapier im Auftrag der Hans-Böckler-Stiftung, Karlsruhe. URL: https://m-five.de/wp-content/uploads/M-Five-ISI_Synthese_und_Empfehlungen_Besch%C3%A4ftigung_Nachhaltige_Mobilit%C3%A4t_200221_Final.pdf (letzter Zugriff am 10.1.2024).

Schaffar, Wolfram (2019): Globalisierung des Autoritarismus. Aspekte der weltweiten Krise der Demokratie. Studie für das Zentrum für Internationalen Dialog (ZID) der Rosa-Luxemburg-Stiftung. Berlin. URL: https://www.rosalux.de/fileadmin/rls_uploads/pdfs/Studien/Studien_6-19_Globalisierung.pdf (letzter Zugriff am 10.1.2024).

Schaffartzik, Anke / Kusche, Franziska (2020): Ökologisch ungleicher Tausch: Wachstum auf Kosten von Mensch und Natur. In: PROKLA 198 50(1): S. 53–67. DOI: https://doi.org/10.32387/prokla.v50i198.1854.

Schaupp, Simon (2021): Das Ende des fossilen Klassenkompromisses. Die Gelbwestenbewegung als ökologischer Konflikt des »Hinterlands«. In: PROKLA 204 51(3): S. 435–453. DOI: https://doi.org/10.32387/prokla.v51i204.1954.

Scheidel, Arnim u. a. (2020): Environmental conflicts and defenders: A global overview. In: Global Environmental Change 63: S. 102104. DOI: https://doi.org/10.1016/j.gloenvcha.2020.102104.

Scheidler, Fabian (2017): Das Ende der Megamaschine. Geschichte einer scheiternden Zivilisation. Wien.

Scherrer, Christoph (1999): Globalisierung wider Willen? Die Durchsetzung liberaler Außenwirtschaftspolitik in den USA. Berlin.

– (2000): Global Governance: Vom fordistischen Trilateralismus zum neoliberalen Konstitutionalismus. In: PROKLA 118 30(1): S. 13–38. DOI: https://doi.org/10.32387/prokla.v30i118.782.
– (2007): Hegemonie. empirisch fassbar? In: Merkens, Andreas / Rego Diaz, Victor (Hg.): Mit Gramsci arbeiten. Texte zur politisch-praktischen Aneignung Antonio Gramscis. Hamburg: S. 71–84.
– / Abernathy, Elizabeth (2017): Trump: Mit Protektionismus zum Freihandel. In: Kurswechsel (3): S. 15–25.
Scheub, Ute / Küttner, Christian (2020): Abschied vom Größenwahn. Wie wir zu einem menschlichen Maß finden. München.
Schilliger, Sarah (2022): Städtische Care-Infrastrukturen zwischen Küche, Kinderspielplatz und Kita. In: sub\urban. URL: https://zeitschrift-suburban.de/sys/index.php/suburban/article/view/818 (letzter Zugriff am 28.1.2024).
Schindler, Seth u. a. (2023): The Second Cold War: US-China Competition for Centrality in Infrastructure, Digital, Production, and Finance Networks. In: Geopolitics: S. 1–38. DOI: https://doi.org/10.1080/14650045.2023.2253432.
Schlosser, Nina (2020): Externalised Costs of Electric Automobility: Social-Ecological Conflicts of Lithium Extraction in Chile. IPE Working Paper No. 144. URL: https://www.ipe-berlin.org/fileadmin/institut-ipe/Dokumente/Working_Papers/ipe_working_paper_144.pdf (letzter Zugriff am 10.1.2024).
– (2024): Corporate Strategies on »Sustainable« Lithium Extractivism: The Emergence of a Lithium Consensus in the Salar de Atacama. In: Kaltmeier, Olaf / Peters, Mario / Volmer, Ann-Kathrin (Hg.): Environments of Inequality. Crises, Conflicts, Comparisons, Bielefeld (im Erscheinen).
Schmalz, Stefan (2016): Weltsystemansatz. In: Fischer, Karin / Hauck, Gerhard / Boatcă, Manuela (Hg.): Handbuch Entwicklungsforschung. Wiesbaden: S. 55–66. DOI: https://doi.org/10.1007/978-3-658-04790-0_5.
– (2022): Soziologie der Deglobalisierung. In: Berliner Journal für Soziologie 32(3): S. 349–361. DOI: https://doi.org/10.1007/s11609-022-00483-9.
– / Gräf, Helena / Köncke, Philipp / Schneidemesser, Lea (2022): Umkämpfte Globalisierung: Amerikanische und europäische Reaktionen auf Chinas Aufstieg im Hochtechnologiebereich. In: Berliner Journal für Soziologie 32(3): S. 427–454. DOI: https://doi.org/10.1007/s11609-022-00481-x.
Schmelzer, Matthias / Nowshin, Tonny (2023): Ecological Reparations and Degrowth: Towards a Convergence of Alternatives Around World-making After Growth. In: Development 66(1–2): S. 15–22. DOI: https://doi.org/10.1057/s41301-023-00360-9.
– / Vetter, Andrea (2021): Degrowth/Postwachstum zur Einführung. Hamburg.
Schmidt, Dorothea (2020): Gibt es in Deutschland einen militärisch-industriellen Komplex? In: PROKLA 201 50(4): S. 617–641. DOI: https://doi.org/10.32387/prokla.v50i201.1916.
Schneider, Etienne (2023a): Germany's Industrial strategy 2030, EU competition policy and the Crisis of New Constitutionalism. (Geo-)political economy of a contested paradigm shift. In: New Political Economy 28(2): S. 241–258. DOI: https://doi.org/10.1080/13563467.2022.2091535.
– (2023b): Neue deutsche Europapolitik. Währungsunion und Industriepolitik zwischen Eurokrise und geopolitischer Wende. Frankfurt/New York.

Schoppengerd, Stefan (2023): Arbeit und sozial-ökologische Transformation. Eine kritische Rekonstruktion der Environmental Labour Studies. In: PROKLA 211 53(2): S. 343–360. DOI: https://doi.org/10.32387/prokla.v53i211.2058.

– (2024): Hydrogen Corporatism and Working Time Reduction. Union Strategies in the Transformation of German Primary Steel Manufacturing. IPE Working Paper. Berlin.

Schürz, Martin (2019): Überreichtum. Frankfurt am Main.

Schulmeister, Stephan (2018): Der Weg zur Prosperität. München / Salzburg.

Scott, James C. (2020): Die Mühlen der Zivilisation. Eine Tiefengeschichte der frühesten Staaten. Berlin.

Seidl, Irmi / Zahrnt, Angelika (Hg.) (2019): Tätigsein in der Postwachstumsgesellschaft. Marburg.

Servigne, Pablo / Stevens, Raphaël (2022): Wie alles zusammenbrechen kann. Handbuch der Kollapsologie. Wien.

Shahyar, Pedram (2023): Führung in sozialen Bewegungen. Mechanismen von Führung und Repräsentation anhand der Erfahrung der globalisierungskritischen Mobilisierung gegen den G8-Gipfel in Heiligendamm 2007. Dissertation, Universität Jena.

Shiva, Vandana (2016): Earth Democracy. Justice, Sustainability and Peace. London. DOI: https://doi.org/10.5040/9781350219755?locatt=label:secondary_bloomsburyCollections.

Siegmund, Johannes (2023): Klimasolidarität – Verteidigung einer Zukunft für alle. Graz.

Simon, Jenny (2022): Die Rolle des Staates in der Internationalisierung der chinesischen Finanzbeziehungen. In: PROKLA 208 52(3): S. 385–408. DOI: https://doi.org/10.32387/prokla.v52i208.2012.

Simonis, Udo E. (2018): Die Klimamacher kommen. Geoengineering. Pro und Contra. In: Le Monde diplomatique (Mai 2018): S. 20–21.

Slobodian, Quinn (2019): Globalisten. Das Ende der Imperien und die Geburt des Neoliberalismus. Berlin.

Smith, John Charles (2016): Imperialism in the Twenty-First Century. Globalization, Super-Exploitation, and Capitalism's Final Crisis. New York.

Smith, Neil (1984): Uneven Development. Nature, Capital and the Production of Space. Oxford.

Smith, Tone (2021): Wie radikal ist der Green New Deal? In: PROKLA 202 51(1): S. 9–30. DOI: https://doi.org/10.32387/prokla.v51i202.1928.

Söding, Tatjana / Callison, William (2023): Leugnen und verzerren. Der Schulterschluss von rechtsextremen und neoliberalen Kräften in der AfD zeigt sich auch in der Klimapolitik. In: LuXemburg. Gesellschaftsanalyse und linke Praxis. URL: https://zeitschrift-luxemburg.de/artikel/leugnen-und-verzerren/ (letzter Zugriff am 10.1.2024).

Solty, Ingar (2020): Der kommende Krieg. Der USA-China-Konflikt und seine industrie- und klimapolitischen Konsequenzen. URL: https://www.rosalux.de/fileadmin/rls_uploads/pdfs/Analysen/Analysen61_Der_kommende_Krieg.pdf (letzter Zugriff am 10.1.2024).

– (2021): Brauchen wir eine vierte Welle der marxistischen Imperialismustheorie? In: Sablowski, Thomas u. a. (Hg.): Auf den Schultern von Karl Marx. Münster: S. 485–504.

Sommer, Bernd / Schad, Miriam / Kadelke, Philipp / Humpert, Franziska / Möstl, Christian (2022): Rechtspopulismus vs. Klimaschutz? Positionen, Einstellungen, Erklärungsansätze. München.

Spash, Clive (2023): This Changes Nothing: The Paris Agreement to Ignore Reality. In: Globalizations 13(6): S. 928–933.

SPD / Bündnis 90/Die Grünen / FDP (2021): Mehr Fortschritt wagen. Bündnis für Freiheit, Gerechtigkeit und Nachhaltigkeit. Koalitionsvertrag 2021–2025 zwischen der Sozialdemokratischen Partei Deutschlands (SPD), Bündnis 90 / Die Grünen und den Freien Demokraten (FDP). URL: https://www.spd.de/fileadmin/Dokumente/Koalitionsvertrag/Koalitionsvertrag_2021-2025.pdf (letzter Zugriff am 10.1.2024).

Staab, Philipp (2022): Anpassung. Leitmotiv der nächsten Gesellschaft. Berlin.

Steffen, Will u. a. (2011): The Anthropocene. From Global Change to Planetary Stewardship. In: Ambio 40(7): S. 739–761. DOI: https://doi.org/10.1007/s13280-011-0185-x.

– u. a. (2015): Sustainability. Planetary boundaries: guiding human development on a changing planet. In: Science 347(6223). DOI: https://doi.org/10.1126/science.125 9855.

Stockholm International Peace Research Institute (2022): SIPRI Military Expenditure Database. URL: https://www.sipri.org/databases/milex (letzter Zugriff am 10.1.2024).

Stoddard, Isak / Spash, Clive u. a. (2021): Three Decades of Climate Mitigation: Why Haven't We Bent the Global Emissions Curve? In: Annual Review of Environment and Resources 46(1): S. 653–689. DOI: https://doi.org/10.1146/annurev-environ-012220-011104.

Strenger, Carlo (2017): Abenteuer Freiheit. Ein Wegweiser für unsichere Zeiten. Berlin.

Strobl, Natascha (2021): Radikalisierter Konservatismus. Eine Analyse. Berlin.

Sultana, Farhana (2022): The unbearable heaviness of climate coloniality. In: Political Geography 99. DOI: https://doi.org/10.1016/j.polgeo.2022.102638.

– (2023): Whose growth in whose planetary boundaries? Decolonising planetary justice in the Anthropocene. In: Geography and Environment 10(2). DOI: https://doi.org/10.1002/geo2.128.

Susemichel, Lea / Kastner, Jens (2021): Unbedingte Solidarität. In: Susemichel, Lea / Kastner, Jens (Hg.): Unbedingte Solidarität. Münster: S. 13–48.

Sutterlütti, Simon / Meretz, Stefan (2023): Make Capitalism History. Cham. DOI: https://doi.org/10.1007/978-3-031-14645-9.

Svampa, Maristella (2020): Die Grenzen der Rohstoffausbeutung. Umweltkonflikte und ökoterritoriale Wende in Lateinamerika. Bielefeld. DOI: https://doi.org/10.14361/9783839 453780.

Sweezy, Paul u. a. (1978): Der Übergang vom Feudalismus zum Kapitalismus. Frankfurt am Main.

Swyngedouw, Erik (2010): Apocalypse Forever? Post-political Populism and the Spectre of Climate Change. In: Theory, Culture & Society 27(2–3): S. 213–232. DOI: https://doi.org/10.1177/0263276409358728

Syrovatka, Felix (2022): Neue Europäische Arbeitspolitik. Umkämpfte Integration in der Eurokrise. Frankfurt am Main / New York.

Tänzler, Dennis / Ivleva, Daria / Bernstein, Tobias (2022): Twin Transition. Digital Transformation and Climate Policy in Development Cooperation. Bonn. URL: https://www.bmz-digital.global/wp-content/uploads/2023/05/2023_adelphi-Policy-Paper_Twin-Transition.pdf (letzter Zugriff am 10.1.2024).

Teipen, Christina / Dünhaupt, Petra / Herr, Hansjörg / Mehl, Fabian (Hg.) (2022): Economic and Social Upgrading in Global Value Chains. Basingstoke.

Theis, Ivo M. (2022): The Imperial Mode of Living in a semi-peripheral social formation: notes on the case of Brazil. In: Die Erde 153(2): S. 84–96. DOI: https://doi.org/10.12854/erde-2022-615.

Thie, Hans (2013): Rotes Grün. Pioniere und Prinzipien einer ökologischen Gesellschaft. Hamburg.

Thien, Günter (2018): Die verlorene Klasse – ArbeiterInnen in Deutschland. Münster.

Tittor, Anne (2023): Postfossiler Extraktivismus? In: PROKLA 210 53(1): S. 77–98. DOI: https://doi.org/10.32387/prokla.v53i210.2040.

Tooze, Adam (2020): Unsere Normalität kehrt nicht zurück. In: Blätter für deutsche und internationale Politik 65(5): S. 47–52.

Urban, Hans-Jürgen (2021): Sozial-ökologische Transformation und Optionen gewerkschaftlicher Interessenpolitik. In: Franzini, Luzian / Herzog, Roland / Rutz, Simon / Ryser, Franziska / Ziltener, Kathrin / Zwicky, Pascal (Hg.): Postwachstum? Aktuelle Auseinandersetzungen um einen grundlegenden gesellschaftlichen Wandel. Denknetz Jahrbuch 2021. Zürich: S. 125–134.

Urry, John (2013): Societies beyond oil. London / New York.

Vadén, T. u. a. (2020): Decoupling for ecological sustainability: A categorisation and review of research literature. In: Environmental Science & Policy 112: S. 236–244. DOI: https://doi.org/10.1016/j.envsci.2020.06.016.

van Bergeijk, Peter (2019): Deglobalization 2. Trade and Openness During the Great Depression and the Great Recession. Northampton, MA.

van der Linden, Marcel (2017): Workers of the World. Eine Globalgeschichte der Arbeit. Franfurt am Main / New York.

– (2020): Vorläufiges zur Krise der Weltarbeiterbewegung. Manuskript.

van der Pijl, Kees (2016): Kommt die globale autoritäre Oligarchie? Annäherungen und Konflikte zwischen dem Westen und dem Rest der Welt. In: PERIPHERIE 137 35(1): S. 47–73. DOI: https://doi.org/10.3224/peripherie.v35i137.23012.

van Dyk, Silke (2021): Die Krise der Faktizität und die Zukunft der Demokratie. Strukturwandel der Öffentlichkeit in Zeiten von Fake News, Technokratie und Wahrheitskritik. In: Seeliger, Martin / Sevignani, Sebastian (Hg.): Ein neuer Strukturwandel der Öffentlichkeit? Leviathan Sonderband 37. Baden-Baden: S. 68–90.

Veit, Alex / Fuchs, Daniel (Hg.) (2023): Eine gerechte Weltwirtschaftsordnung? Bielefeld. DOI: https://doi.org/10.14361/9783839468814.

Vela Almeida, Diana u. a. (2023): The »Greening« of Empire: The European Green Deal as the EU first agenda. In: Political Geography 105. DOI: https://doi.org/10.1016/j.polgeo.2023.102925.

Vereinte Nationen (2022): Report of the Secretary-General on the Work of the Organization 2022. Contemporary forms of racism, racial discrimination, xenophobia and related intolerance. Bericht für die UN-Vollversammlung, A/77/549. New York.

Viale, Enrique / Svampa, Maristella (2020): El colapso ecológico ya llegó. Una brújula para salir del (mal)desarrollo, Buenos Aires u. a.

von Lucke, Albrecht (2023): Brand ohne Mauer: Der Irrweg der Söder-Merz-Union. In: Blätter für deutsche und internationale Politik (10): S. 5–10.

Voskoboynik, Daniel Macmillen / Andreucci, Diego (2022): Greening extractivism: Environmental discourses and resource governance in the ›Lithium Triangle‹. In:

Environment and Planning E: Nature and Space 5(2): S. 787–809. DOI: https://doi.org/10.1177/25148486211006345.

Wagenaar, Hendrik / Prainsack, Barbara (2021): The Pandemic Within. Policy Making for a Better World. Bristol.

Wainwright, Hilary / Elliott, Dave (1982): The Lucas plan. A new trade unionism in the making? Nottingham.

Waldmueller, Johannes M. / Rodríguez, Laura (2018): Rights of Nature and Buen Vivir Movements. In: Drydyk, Jay / Keleher, Lori (Hg.): Routledge Handbook of Development Ethics. London: S. 234–247.

Wallace, Rob / Liebman, Alex / Chaves, Luis Fernando / Wallace, Rodrick (2020): COVID-19 and Circuits of Capital. In: Monthly Review 72(1). URL: https://monthlyreview.org/2020/05/01/covid-19-and-circuits-of-capital/ (letzter Zugriff am 10.1.2024).

Wallerstein, Immanuel Maurice (2019): Welt-System-Analyse. Eine Einführung. Wiesbaden.

Wang, Seaver u. a. (2023): Future demand for electricity generation materials under different climate mitigation scenarios. In: Joule 7(2): S. 309-332. DOI: https://doi.org/10.1016/j.joule.2023.01.001.

Weber, Isabella (2021): How China Escaped Shock Therapy. The Market Reform Debate. Abingdon, Oxon / New York. DOI: https://doi.org/10.4324/9780429490125.

Wichterich, Christa (2013): Occupy Development – Towards a caring economy. In: Development 56(3): S. 346–349. DOI: https://doi.org/10.1057/dev.2014.12.

– (2021): Covid-19, Care und die Krise als Chance. Zur Aktualisierung des Konzepts der imperialen Lebensweise. In: PROKLA 205 51(4): S. 755–766. DOI: https://doi.org/10.32387/prokla.v51i205.1969.

Williamson, John (1990): What Washington Means by Policy Reform. In: Williamson, John (Hg.): Latin American adjustment: How much has happened? Washington DC: S. 7–20.

Winker, Gabriele (2015): Care Revolution. Schritte in eine solidarische Gesellschaft. Bielefeld.

– (2021): Solidarische Care-Ökonomie. Revolutionäre Realpolitik für Care und Klima. Bielefeld.

Wissel, Jens (2015): Staatsprojekt Europa. Grundzüge einer materialistischen Theorie der Europäischen Union. Münster.

Wissen, Markus (2009): Contested terrains: Politics of scale, the national state and struggles for the control over nature. In: Review of International Political Economy 16(5): S. 883–906. DOI: https://doi.org/10.1080/09692290802529843.

– (2010): Klimawandel, Geopolitik und »imperiale Lebensweise«. Das Scheitern von »Kopenhagen« und die strukturelle Überforderung internationaler Umweltpolitik. In: Kurswechsel (2): S. 30–38.

– (2012): Post-neoliberale Hegemonie? Zur Rolle des Green-Economy-Konzepts in der Vielfachkrise. In: Kurswechsel (2): S. 28–36.

– (2020): Klimakrise und Klassenkampf. Zum Verhältnis von ökologischen sozialen Konflikten. In: PROKLA 200 50(3): S. 441–464. DOI: https://doi.org/10.32387/prokla.v50i200.1900.

– (2021): An den Grenzen des Kapitalismus. Krise und Transformation aus politisch-ökologischer und intersektionaler Perspektive. In: EthikJournal 7(1).

– / Brand, Ulrich (2021): Arbeiter*innenklasse und imperiale Lebensweise. Eine Replik auf Stefanie Hürtgen. In: PROKLA 205 51(4): S. 741–753. DOI: https://doi.org/10.32387/prokla.v51i205.1974.

– / Brand, Ulrich (2022): Emanzipatorische Perspektiven im »Anthropozän«. In: PROKLA 207 52(2): S. 263–281. DOI: https://doi.org/10.32387/prokla.v52i207.1992.

Witt, Uwe (2022): Wasserstoff: zentrales Element für den Industrieumbau. Eine Studie im Rahmen des Projekts »Sozial-ökologische Transformation der deutschen Industrie«. URL: https://www.rosalux.de/fileadmin/images/Dossiers/Industrieumbau/Onl-Studie_9_Industriepolitik-Wasserstoff_web.pdf (letzter Zugriff am 10.1.2024).

– (2023): In die falsche Richtung. Der Markt für Öl wächst wieder, statt zu schrumpfen. URL: https://www.rosalux.de/news/id/51245 (letzter Zugriff am 10.1.2024).

Wodak, Ruth (2023): Analyzing the shift to the far right: the Austrian case. In: International Politics 60(2): S. 482–491. DOI: https://doi.org/10.1057/s41311-023-00443-x.

Wolkenstein, Fabio (2022): Die dunkle Seite der Christdemokratie. Geschichte einer autoritären Versuchung. München.

Wright, Erik Olin (2017): Reale Utopien. Wege aus dem Kapitalismus. Frankfurt am Main.

Wuhrer, Pit (2007): Der Lucas Plan. Sie planten die bessere Zukunft. In: WOZ Die Wochenzeitung, 15.2.2007. URL: https://www.woz.ch/0707/der-lucas-plan/sie-planten-die-bessere-zukunft (letzter Zugriff am 10.1.2024).

Zelik, Raul (2020): Wir Untoten des Kapitals. Über politische Monster und einen grünen Sozialismus. Berlin.

Zeller, Christian (2020): Revolution für das Klima. Warum wir eine ökosozialistische Alternative brauchen. München.

– (2023): Fossile Gegenoffensive – Grüner Kapitalismus ist nicht in Sicht. In: Emanzipation. Zeitschrift für ökosozialistische Strategie 7(2): S. 221–252.

Zenglein, Max J. / Holzmann, Anna (2019): Evolving made in China 2025. China's industrial policy in the quest for global tech leadership. MERICS Papers on China No. 8. URL: https://merics.org/sites/default/files/2020-04/MPOC%20Made%20%20in%20China%202025.pdf (letzter Zugriff am 10.1.2024).

Ziai, Aram (2021): Auswirkungen der globalisierungskritischen Protestbewegung. Institutionelle Reformen, ein neues Politikverständnis und postkoloniale Nachfragen. In: PERIPHERIE 41(161), S. 12–42.

Zick, Andreas / Küpper, Beate / Mokros, Nico (Hg.) (2023): Die distanzierte Mitte. Rechtsextreme und demokratiege-fährdende Einstellungen in Deutschland 2022/23. Bonn. URL: https://www.fes.de/referat-demokratie-gesellschaft-und-innovation/gegen-rechtsextremismus/mitte-studie-2023 (letzter Zugriff am 10.1.2024).

Ziegler, Jean (2022): Die Schande Europas. Von Flüchtlingen und Menschenrechten. München.

Žižek, Slavoj (2010): A permanent economic emergency. In: New Left Review 64. URL: https://newleftreview.org/issues/ii64/articles/slavoj-zizek-a-permanent-economic-emergency (letzter Zugriff am 10.1.2024).

Zografos, Christos (2022): The contradictions of Green New Deals: green sacrifice and colonialism. In: Soundings (80): S. 37–50. DOI: https://doi.org/10.3898/SOUN.80.03.2022.

Über die Autoren

© SBK

Ulrich Brand (rechts) lehrt und forscht als Professor für Internationale Politik an der Universität Wien zur Krise der liberalen Globalisierung, sozial-ökologischer Transformation, Lateinamerika und Postwachstum. Er ist Mitherausgeber der *Blätter für deutsche und internationale Politik* und Vorstandsmitglied von »Diskurs. Das Wissenschaftsnetz« – https://intpol.univie.ac.at/.

Markus Wissen (links) lehrt und forscht als Professor für Gesellschaftswissenschaften an der Hochschule für Wirtschaft und Recht Berlin zu sozial-ökologischen Transformationsprozessen. Er ist Redakteur der *PROKLA. Zeitschrift für kritische Sozialwissenschaft* und Mitglied im wissenschaftlichen Beirat der Rosa-Luxemburg-Stiftung.

AKTUELLE INFORMATIONEN UNTER

https://imperiale-lebensweise.de/